公務倫理

許立一　著

在20世紀當中，科學化與工具化始終是公共行政理論發展的主流取向，因而導致充滿價值意味的「公務倫理」（即公共服務的倫理學，The Ethics of Public Service或傳統上稱為行政倫理Administrative Ethics）淪為冷門的研究領域。即使有人關注，也多半以法規制度作為探討標的，鮮少涉及價值本身的論辯。不過20世紀下半葉1970年代之後，卻有了相當程度的轉變，這主要還是必須歸功於1968年時，第一次敏諾布魯克會議（Minnowbrook Conference I）舉行後，新公共行政（The New Public Administration）思潮的興起。雖然新公共行政在實務上不一定帶來顯著而具體的成果，但至少在潛移默化中其對行政學者或實務專家起著一種思維方式的變革作用。重要的是，其對社會公正（social equity）的關注以及對公共行政僅偏重經濟效率的反思，讓公務倫理的價值思辯得以敗部復活，比以往獲得較多關注，而此當然也得益於在1980年代末期發表之黑堡宣言（Blacksburg Manifesto, 1987）的補充。整體而言，上述的思維轉變對公務倫理的激活作用，主要表現在於以下二個面向：

第一、覺醒人文關懷才是公共行政的本分——對公共行政極端講求科學化而忽視其所應具備的人文關懷本質提出反省。人文關懷正是倫理之所以為倫理的原因，因為倫理正是人際間適當關係的定位（如中國儒家所重視的五倫便是）。其中主要成分就是教人如何正確地做人因而如何正確地做事，此即人文精神的投射，是以倫理必然要以提供為人處事之準則的道德為基礎，而此則為關懷他人之根源。

第二、覺醒民主憲政才是公共行政的本位——正視行政高度技術化的缺陷，重新強調民主行政的重要性，意即公共行政被認為是必須能夠實踐民主價值和憲政精神的知識與實務。而關於何謂民主價值以及如何實踐民主價值的辯證，正是公務倫理的內涵。

公務倫理完全可以科學方法研究，但倫理的課題如果只侷限於實證研究的話，其原可展現的豐富內涵及其先天的規範性質勢必走調。亦即，做為一本關乎倫理的教科書，作者認為，其對價值反思與規範意義的傳遞與對實然現象的描述與解釋，

應該同等重要。換言之，作者相信，公務倫理養成教育的根本應該是公務員的「心性」修為，同時輔以制度與程序對於個人「行為」的約束，始能畢竟其功。但由於前者不易在短期內見到實效，導致政府的公務倫理養成教育，常常放棄了對公務員進行道德價值的形塑工程，僅偏重於法令條文之宣導。然而這樣做的後果，很可能只會造就公務員從工具主義和功利取向思考──趨利避害。當一件事對自己無利可圖，但不作為也不會對自己造成不良後果且無違背法令之虞時，抱持工具主義和功利取向的思維模式，便可能驅使公務員以「不作為」做為對民眾需求的「唯一最佳」回應。如此這般的公共服務，真能有效確保或提升民眾的福祉與生活品質嗎？

據此，本書基於提供一種較為廣泛的視野，認為公共行政的倫理學應該包含善治（good governance）之概念，所以書名訂為《公務倫理》，內容也朝此方向撰寫。在主題規劃方面，全書分為三篇：哲學價值（抽象觀念）、論述觀點（中程理論）、善治實踐（制度實務）三個層次；撰述主題十一章，篇幅計三十六萬餘字，而其中第三篇占全書篇幅六成，因為作者嘗試盡力將性質較屬抽象的倫理課題貼近實務經驗。儘管如此，本書必有未盡之處甚多，尚祈各界方家諒察，希望未來修訂時，能引介更多制度與實務的素材，俾提供讀者更豐富多元的參考資料。

藉本書付梓撰述自序之機會，作者要向曾經在公務倫理相關領域給予本人啟迪的恩師致上最崇高的敬意，他們是：陳德禹教授、彭文賢教授、林鍾沂教授、吳秀光教授、蕭武桐教授、顧慕晴教授、吳瓊恩教授、陳金貴教授、詹中原教授、蔡良文教授以及施能傑教授。其次，感謝在公務倫理課題上研究不倦，於此無法一一細述的先進們，若是缺乏他（她）們的智慧成果之引領，本書不能成作。再者，感謝國立空中大學及公共行政學系給予我諸多栽培，並讓我有機會得以沈澱所學及專心著作。尤值一提的是，本書撰寫於本人研究休假期間，有關學校行政事務的聯絡處理，多賴助教劉嘉慈女士協助，謹此致謝。

最後，感恩我的父親許澤郎先生與母親吳秀霞女士，他們養成我正確的價值觀，讓我一生受用；吾妻廖惠嵐女士，讓我無後顧之憂，始終力挺我在這條路上持續前進；以及舍弟立倫提供其實務方面的寶貴經驗，充實了本書的內涵。

許立一

謹識

台北・芝山

2015年5月27日

目　錄

第一篇

哲學價值

學 習 目 標

◎瞭解道德哲學之直觀論的意涵
◎瞭解直觀論的優點與限制
◎瞭解直觀論對公務倫理的意義
◎瞭解道德哲學之德行論的意涵
◎瞭解德行論的優點與限制
◎瞭解德行論對公務倫理的意義
◎瞭解直觀論與德行論在公務倫理的體現

前　言

　　本章將引介二種關於人性的道德哲學並探討其對公務倫理的意義與影響。所謂關於人性的道德哲學，意指道德哲學的論述內涵與焦點在於人性中是否具備道德本質。此種道德哲學的代表觀點有直觀論（intuitionism）與德行論（virtue theory），而且此二種觀點將做爲本書後續從倫理角度探討與建構公共行政人員人性論的哲學基礎。

第一節　直觀論及其對公務倫理的意義

一、直觀論的內涵

（一）直觀論的意義

直觀論又可譯為直覺論。此派觀點相信人擁有一種與生俱來的能力或直覺，根據此種能力，人可以辨別行動之中的道德性，亦即直觀論的支持者相信人天生的道德意識（moral sense）（或稱道德感）（Garofalo & Geuras, 1999: 58）。所以，直觀論主張，人負有根本性的（fundamental）或非衍生性的（underivative）的道德責任，意即人們的道德責任（moral duties）不是根據或是來自任何理論。相反地，當我們反思我們的道德經驗時，我們自然而然會覺得自己有義務遵守道德，例如我們會覺得自己有義務遵守如下的道德原則：信守諾言、不傷害他人、改正自己所犯的錯誤等。直觀論相信，如果我們反問自己為什麼會知道這些道德原則，那麼答案將是這些道德原則是「自我證成的」（self-evident），也就是人的直觀使然（McNaughton, 2000: 269-270）。此即此派道德哲學名為直觀論的緣由。

20世紀直觀論的代表人物英國哲學家穆爾（George E. Moore）就曾以人類對顏色的知覺比喻此一道德意識為先天的、與生俱來的性質。穆爾主張，道德意識就像人對顏色的知覺一樣，例如人對黃色的認知，不需要經過科學的分析和研判，也不必事先學習黃色是由何種波長的光所組成，而且根本不必去為黃色下任何的定義，只要人們看到黃色，就知道它是黃色。換言之，欲觀察黃色所需要的是（先天的）知覺而不是（後天建構的）理論（Moore, 1996: 74; Garofalo & Geuras, 1999: 58）。

（二）人性本有的道德責任

此外，學者羅司（William D. Ross）曾列舉數種人與生俱來之根本性的、非衍生性的道德責任，對於理解直觀論的道德內涵頗有助益、值得參考，茲將其扼要臚列敘述如下（Ross, 1930: 21; McNaughton, 2000: 275）並繪成表1-1呈現。

1. 忠貞與改過的責任

此乃針對自己先前行動所需負的義務，可分為如下兩類：

（1）**忠貞的責任**（**duties of fidelity**）：此乃針對自己所做之承諾必須採取行動的義務。

（2）**改過的責任**（**duties of reparation**）：此乃針對自己所犯之過錯所需負擔的改正義務。

2. 感恩的責任（duties of gratitude）

此爲針對他人先前行動所需負的義務，稱爲感恩的責任。亦即，對那些曾經幫助過自己的人表達謝意或予以回報。

3. 正義的責任（duties of justice）

此即盡力阻止他人造成損失的義務，稱爲正義的責任。

4. 慈悲的責任（duties of beneficence）

此即改善他人處境的義務，稱爲此即慈悲的責任。

5. 自我提升的責任（duties of self-improvement）

此即改善自己處境的義務，稱爲自我提升的責任。

6. 諸惡莫作的責任（duties of non-maleficence）

此即不傷害他人的義務，稱爲諸惡莫作的責任。

表1-1　人性本有的道德責任

道德責任	意　涵
忠貞與改過的責任	忠貞的責任：實踐承諾的義務
	改過的責任：改正自己過錯的義務
感恩的責任	感謝或回報他人對自己的恩惠之義務
正義的責任	阻止他人造成損失的義務
慈悲的責任	改善他人處境的義務
自我提升的責任	改善自己處境的義務
諸惡莫作的責任	不傷害他人的義務

資料來源：Ross, 1930: 21轉引自McNaughton, 2000: 275。

　　表1-1當中所列的各種道德責任，基本上都是一些初始狀態的根本原則，但在實際的生活經驗當中，這些道德責任經常以高度複雜的方式相互結合。舉例言之，羅司就指出，人們遵守國家法律可能來自於三個根本性的道德原則的結合：感恩、忠貞和慈悲。申言之，我們之所以認為應該遵守法律，乃是因為我們感謝國家對我們的栽培養育之恩—感恩之責，於是我們深信不疑地承諾於我們賴以生存的法律—忠貞之責，並且因為遵守法律可以讓社會變得更好—慈善之責，所以我們自覺應該對之奉行不渝（Ross, 1930: 54-55; McNaughton, 2000: 275）。

二、對直觀論的評述

（一）優點

1. 使得內省倫理的建構獲得哲學基礎

　　直觀論相信人的道德判斷力是一種與生俱來的能力，人先天上就能夠辨別最基本的是非善惡，不需要憑藉任何道德理論，此一對於人性肯定的立場值得正視，它使得內省倫理的建構獲得哲學基礎。

2. 道德意識的確經常是憑藉個人主觀知覺、領悟以及體驗

　　在實際的生活經驗當中，道德意識的確經常是憑藉個人主觀知覺、領悟以及體驗，道德的行動也經常是存在於實踐活動的當下，而難以用概念性的文字加以捕捉，因而更無法以抽象的理論予以系統化地呈現。所以，當論者批判直觀論缺乏系統化的理論以及無法對人為何擁有先天的道德意識提出合理解釋時，此派支持者通常以上述的理由為己辯護（cf. McNaughton, 2000: 271-272）。而直觀論的主張和辯護的確也有其一定的說服力，對公務倫理的思維、知識建構與行動而言，直觀論仍具極大參考價值。

（二）限制

　　不過，直觀論所存在的問題，亦值得認真思考，茲扼要闡述如下（Garofalo & Geuras, 1999: 59）：

　　第一，難以提供統一的道德標準。人們道德意識的差異似乎是直觀論無法解決的難題，尤其是面對高度爭議的道德議題，例如墮胎、死刑、安樂死等，不同的人可能抱持著全然不同的道德意識，而作為一種道德理論，直觀論顯然難以為此提供判斷標準。

　　第二，對攸關道德的議題有所共識並不意味它就是道德。意即，即便所有人對於所有道德議題都有共識，也僅是意味著人們對於何謂道德有一致看法，並不代表它就是正確的事。舉例言之，某個社會中人們普遍接受奴隸制度或種族沙文主義，並不意味奴隸制度或是種族沙文主義就必然為合乎道德。換言之，直觀論無法提供一項道德原則何以值得信賴而可以視為「道德」的合理解釋。亦即某些論者主張，道德理論必須提供理由而不只是感覺或知覺，此種理論才能夠做為道德行動的依據，此正是直觀論所欠缺的特質。

　　第三，綜合言之，論者認為直觀論做為一種道德理論，其顯然未能具備以下所列的四項特質或功能（McNaughton, 2000: 270-271）：

1. 呈現系統化的道德思想結構；
2. 為人們在道德衝突中指引解決之道；
3. 為道德知識提供合理的論述基礎；
4. 為某種行動是否合乎道德提供理由。

三、直觀論對公務倫理的意義與啓發

　　雖然某些論者認為，直觀論做為一種道德的理論有其限制，像是：缺乏有系統的理論架構、未能提供關於道德知識合理的論述基礎，以及無法為某種行動何以合乎道德做出解釋等（cf. McNaughton, 2000: 270-271）。但是直觀論對於公務倫理仍有其意義，稍後本書探討人性論的課題時，便是以此觀點做為哲學基礎之一，意即相信人性之中可以具備某種程度的道德品質。直觀論結合本章稍後將會引介之德行論，使得人以其道德本質做出道德行為而始有可能。於此處，作者先扼要歸納直觀論對公務倫理的意義與啓發如下：

（一）肯定公共行政人員的道德反省能力

　　申言之，如果我們將人「爲何」擁有與生俱來的道德意識？或者道德意識是否眞爲「與生俱來」？此二個哲學上的難題存而不論，但相信人確實可能擁有道德意識，而此一道德意識其實也就是人們慣言之「良知」（conscience），則直觀論對於公務倫理的意義就是，假定公共行政人員從事公務作爲時，會有如下思維過程（Geuras & Garofalo, 2005: 61; 93）：

　　　　我的良知對於此一公務作爲（事件）看法是什麼？
　　　　我對此一行動（事件）的感覺好嗎？

　　直觀論相信人擁有道德意識，人們在行動時會受道德意識的影響（只是事實證明道德意識對行動的影響程度可能因人而異）。依此命題推論，則公共行政人員擁有道德意識，其公務行動必受道德意識影響，因而會有上述思維過程。換言之，直觀論相信人在行動時必有道德知覺過程，此一命題對於公務倫理的意義在於，公共行政人員具有道德反省能力。

（二）公共行政人員道德反省能力具有可塑性

　　誠如前述，直觀論相信人擁有先天道德意識，但懷疑此派的觀點則認爲直觀論無法爲先天的道德意識提供有系統化的與合理的論述，然而作者卻認爲，如果我們先將道德意識究竟是否爲與生俱來的一種直觀能力存而不論，單就肯定人可以擁有道德意識（也就是所謂良知）做爲起點的話，那麼直觀論對於公共倫理的第二層意義就是：公共行政人員道德反省能力具有可塑性。此可分以下三個層面析論之。

　　第一，經由後天的途徑可以培育公共行政人員的道德意識：即便持反對立場者對於道德意識是否與生俱來有所質疑，我們也可經由後天的教育和訓練建構道德意識（道德直觀），此也意謂公共行政人員可以經由適當的倫理教育和訓練途徑，培育其對於公務作爲的道德判斷能力與倫理的行動能力。

　　第二，經由後天的途徑可以建構公共行政人員系統化與一致性的道德意識：誠如反對者所言，直觀式的道德判斷可能導致每一個個體對於何謂是非對錯的認定標準不一，經由適當的教育和訓練以建構公務倫理的系統性與一致性更有其必要性。

　　第三，經由後天的途徑可以增強公共行政人員的道德意識：直觀論者羅司指出

人擁有六種範疇（7項）的道德意識，姑且不論此些道德意識或道德責任是否為先天的直觀，忠貞、改過、感恩、正義、慈悲、自我提升、諸惡莫作總是人們公認的美德。人們既然相信世界上存在著某些根本性的道德責任，因此經由適當的知識建構與教育訓練等後天途徑，將有助於這些根本性的道德責任轉化成為公務倫理的一部分，進而透過教育訓練亦可強化或喚醒公共行政人員本來就擁有的道德意識（可能來自於先天的直觀或後天的社會化教育）。

　　歸納言之，直觀論肯定人具有善性，進而讓孕育或彰顯人的道德反省能力成為一種可欲的課題。是以，此派觀點不啻是給予了以教育訓練途徑培養公共行政人員道德意識（道德直觀）的公務倫理建構取向一個很好的論述起點。

第二節　德行論及其對公務倫理的意義

一、德行論的內涵

（一）德行論的意義

1. 定義

　　簡單地說，所謂德性即美德的人格特性（character traits）。而所謂德行論的倫理學就是主張，人的倫理行動根源於人內在所具有的某些良善人格特質，意即這些人格特質是一種「善性」，它可以產生善行，即一般人所稱之「美德」（virtues）。職此之故，德行論對於公務倫理而言，其意義在於相信道德是公共行政人員人格特質的一環，因此探討公共行政人員的美德（或道德人格特質）以及這些美德如何促成公共價值就是公務倫理的主要內涵。

2. 重視全人（whole person）概念

　　由於德行論重視的是人格特質，因此其倫理學的建構始於「全人」的概念。全人的觀念源自古希臘哲學家的思想，其最簡單的定義就是，一個人必須兼具三種涵養——真、善、美，亦即具備真善美三種涵養之人，才算是一個「完整的」人，所

以稱為全人。全人是完全符合倫理要求的人，也就是道德無瑕、品格無缺而臻於完美之人，所以倫理學的建構應該在彰顯和發掘人的美德與良善的人格特質。透過倫理學的薰陶和啟迪（不論是喚醒人的道德天性還是促使人的美德獲得孕育也好）讓人皆能成為全人，是以德行論者並不認為倫理學的建構應該斤斤計較於行動的細節之上。

3. 善即行動能夠證成良善人格特質或美德

抑有進者，德行論主張一種行動之所以能夠被視為善，乃是根據「該行動所能證成的良善人格特質或美德」。舉例言之，將一個小孩從火場中救出是一種善行，因為此一行動證成了勇敢；捐款給貧窮的人是一種善行，因為此一行動證成了慷慨；到銀行提取存款，將櫃員點鈔時不慎多給的金額返還銀行是一種善行，因為此一行動證成了誠實。反之，違背倫理的行動，諸如逃漏稅或是用餐後總讓別人收拾餐桌等，乃是因為這些行動證成了不良的人格特質（Geuras & Garofalo, 2005: 59）。

4. 採取亞里斯多德（Aristotle）拒斥「善惡兩極論」的觀點

德行論的內涵深受到古代希臘哲學家亞里斯多德之思想影響。整體而言，亞里斯多德的觀點截然不同於從Augustine（奧古斯丁）[1] 以降居於西方主流的倫理思想—善惡二元論（dualism）[2]（Geuras & Garofalo, 1999: 84）。

---

[1] 聖奧古斯丁（Aurelius Augustinus），亦作希坡的奧古斯丁（Augustinus Hipponensis），天主教譯名為「聖思定」、「聖奧斯定」。生於西元354年11月13日，卒於430年8月28日。著名的神學家、哲學家。在羅馬天主教系統，他被封為聖人和聖師，並且是奧斯定會的發起人。他的著作《懺悔錄》被稱為西方歷史上第一部自傳，至今仍被傳誦。請參考：http://zh.wikipedia.org/wiki/%E5%B8%8C%E6%B3%A2%E7%9A%84%E5%A5%A5%E5%8F%A4E6%96%AF%E4%B8%81。檢索日期：2015年5月26日。

[2] 二元論原是本體論（ontology）的一支，而所謂本體論旨在探討宇宙的組成，因此本體論的二元論意指宇宙由兩種不可缺少且獨立的元素組成，至於是哪兩種元素，則不同的學說不盡相同。二元論在不同的領域有不同的哲學發展，如笛卡兒（René Descartes，1596-1650）的精神與物質二元論（心物二元論），或如祆教（Zoroastrianism，又稱拜火教）的善惡、光明黑暗二元論，又如摩尼教的上帝與魔鬼二元論，皆為二元論。歸納言之，不管在何種領域，二元論的哲學就是主張只有兩種主要元素構成一切，除此二種元素之外容不下第三種可能性。因此二元論意味著沒有所謂中間地帶或是灰色地帶的存在，所以又可以稱為「兩極論」。請參考：http://zh.wikipedia.org/wiki/%E4%BA%8C%E5%85%83%E8%AB%96。檢索日期：2015年5月26日。佛家的「不二」法門，其實就是一種建議人們不要陷入兩極端的思維，也就是不要採取兩極論，正好與前述觀點相對。

首先說明何謂西方的「善惡二元論」。此觀點源自基督教，善惡二元論者認為世界由兩種力量統治：善與惡。善是精神、靈魂，惡是物質、肉體，這兩種力量相互對抗，共同支配世界。在激進的二元論者如摩尼教眼中，善的力量與惡的力量相等，並且分別是兩個上帝，一個為善的上帝，一個為惡的上帝。而此二個上帝亦可以理解為：一個是新約聖經的上帝，一個是舊約聖經的上帝，祂們地位相等。而溫和二元論者則是認為，善的力量與惡的力量並不相等，因此只有一個上帝，即善的力量。惡的力量則是地位比上帝低、力量也次於上帝的路西法（Lucifer）[3]。人類也被這兩種力量所支配——善的靈魂，惡的肉體，靈魂藏在肉體之中。如果惡屬性的肉體在較量中占優勢，那麼這個人就會被肉慾所支配，變成「惡」的人。如果善屬性的靈魂占優勢，那麼這個人就會成為「善」的人，即是上帝的子民[4]。倫理學的二元論根源於上述基督教論述，而其主要觀點扼要言之，就是在倫理度量衡中，一個行動非善即惡、非黑即白，所以又可稱之「兩極論」（polarism）。

不同於上述兩極論的看法，亞里斯多德曾具體指出各種美德，諸如勇敢、誠實、慷慨等，就他的觀察，所有這些值得稱頌的行動都是位居兩種極端特質的中間，例如勇敢位於懦弱和魯莽二者中間；誠實位於欺騙和憨直二者中間；慷慨位於吝嗇和揮霍中間。所以他稱這些美德為處事中庸的行動方針，或稱之為「中庸之道」（golden mean）（Aristotle, 1980: 45-46）。從上述得知，由於亞里斯多德所主張的德行都是位居兩種惡行的中間，因此倫理的度量衡就不僅是侷限在二個元素而已，所以他的道德哲學被視為非二元論。雖然亞里斯多德的道德哲學並非二元論，而且對於德行論的影響很大，但並非所有德行論者都採取亞里斯多德的中庸道德觀。例如當代德行論者富特（Phillipa Foot）（1959）就主張，道德的人格特質是就像人體的組成部分——眼、耳、口、鼻、手、腳等器官一樣，人不能喪失美德就好像不能失去手腳一般。所以富特並不和亞里斯多德一樣地將處事中庸視作美德

---

[3] 根據基督教的觀點，路西法曾經是天堂中地位最高的天使（熾天使），在未墮落前任六翼熾天使長的職務，被允許陪侍於神的右側，是深受信賴的天使。他光輝耀眼，擁有凌駕周圍天使的美與勇氣，不但有六對羽翼，更擁有上帝6/7的力量。路西法極端驕傲和自信祂可以推翻上帝。不過，路西法和祂的軍隊都失敗了，因而被放逐並失去了過去所擁有的榮耀。後來，路西法在地獄重新建立了一個類似天堂的新世界，在那裡祂成為了魔王—撒但，而跟隨祂的墮落天使們則成為惡魔（demon）。請參考：http://zh.wikipedia.org/wiki/%E8%B7%AF%E8%A5%BF%E6%B3%95。檢索日期：2015年5月26日。
[4] 引用參考網頁：http://zh.wikipedia.org/wiki/%E4%BA%8C%E5%85%83%E8%AB%96。檢索日期：2015年5月26日。

的基礎，而是將美德視作人類的天性（Geuras & Garofalo, 1999: 84-85）。

（二）人格中的美德

至於，人格特性中有哪些美德？學者平可夫（Edmund L. Pincoffs）認為，美德可以區分為工具性與非工具性兩大範疇，下文扼要臚列敘述之（Pincoffs, 1986: 83-89）。

1. 工具美德（instrumental virtues）

工具美德意指可以促成某種結果或達成某種目的的美德，意即此種範疇的美德是指向外在的特定目標，其又可區分為：

（1）**個體施為者的工具美德（agent instrumental virtues）**：如堅毅、勇敢、機警、謹慎、聰敏（點子多）、精明、精力旺盛、抗壓性強、冷靜、果決。

（2）**團體性的工具美德（group instrumental virtues）**：如合群以及一些領導者與被領導者所必須具備的實務智慧。

2. 非工具美德（noninstrumental virtues）

其次，非工具美德意指與特定結果和目的無關之美德，亦即此類美德都是指向人類自身，也可以說就是口語中通常所稱的涵（修）養，其又可區分為：

（1）**美學性的美德（aesthetic virtues）**：具備此種美德使人成為完美典範，其又可細分成崇高的美德（noble virtues）和魅力的美德（charming virtues）二類——一是崇高的美德：包含尊嚴、氣魄、雅量、雍容、高尚；二是魅力的美德：包含優雅、詼諧、活潑、創意、風趣、朝氣。

（2）**增益性的美德（meliorating virtues）**：此種美德的性質位居工具和非工具美德之間，而其被歸類為非工具美德的原因在於它們對人類共同生活有益而非侷限於個體的成功。增益性的美德可細分為調和的美德（mediating virtues）、性情的美德（temperamental virtues）、正式的美德（formal virtues）三類——一是調和的美德：包括容忍、理智、圓融；二是性情的美德：包括溫文儒雅、幽默、和藹、開朗、親切、寬容、開明、溫和、忍讓、和善；三是正式的美德：包括彬彬有禮、舉止端莊、自制、熱誠、謙遜。

（3）**道德性的美德（moral virtues）**：可以細分為必要的美德（mandatory virtues）和非必要的美德（nonmandatory virtues）二類——一是必要的美德：包括誠實、誠懇、實在、忠誠、言行一致、可以信賴、可以依靠、值得信任、不莽撞、不記仇、不盲從；二是非必要的美德：包括仁慈、利他、無私、善體人意、寬恕、助人、同理心等。

　　以上關於美德的分類畢竟為一家之言，其中有些概念意涵不見得可以釐定清楚和完全切割，在分類上也未能達到充分互斥[5]的效果，例如「雅量」被歸類為美學性的美德，而增益性的美德中另有一項美德為「寬容」，究竟雅量和寬容有何差異？此在概念的界定上，學者平可夫並未明確釐清。如果就語言的習慣用法而言，其二者其實很難精確區分，於是兩個相似的概念被歸納成不同的類別，使得平可夫所做的分類呈現某種程度的問題。不過，他的歸納畢竟將美德的內涵做了頗為完整的介紹，具有參考價值，故予以引介以協助讀者理解美德的內涵。

　　以下茲將平可夫所歸納之各種美德繪成圖1-1以利讀者參閱。

二、對德行論的評述

　　一如其他道德哲學，德行論也有受人爭議之處。德行論總是遭到如後質疑：為何某種人格特質被視之為善而其他則被視之為惡？例如誠實和慷慨為何是善而懦弱和自私則為惡？這些質疑乍看之下似乎很容易回答，但是實際上此一質疑正足以凸顯德行論在理論上欠缺周延（Geuras & Garofalo, 2005: 59），甚至可以發現德行論難以與前述三種道德哲學做出明確的區隔，更可以發現德行論根本是前述三種道德哲學的綜合體。茲簡單析論如下：

（一）德行論隱含直觀論的觀點

　　某些德行論者主張，善的人格特質或美德是人與生俱來的天性，此種觀點與直觀論的看法似乎如出一轍。

---

5 所謂互斥意指類別之間完全無關連性，即所謂涇渭分明之意。也就是某一個概念既然因其屬性和特質被歸為A類就不得再有被歸為B類的可能性。

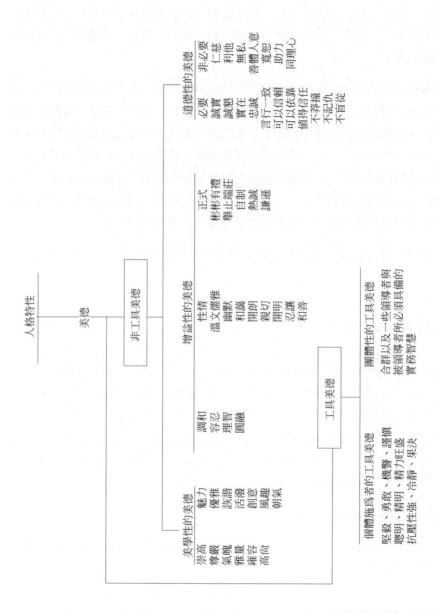

圖1-1　美德的分類

資料來源：Pincoffs, 1986: 85。

（二）德行論隱含目的論的觀點

　　某些論者以後果做為論證某些人格特質或美德確為善行的依據，因為此種論證方式最為簡單並具有說服力，舉例而言，論者可能會論證誠實之所以為善，乃是因為它對於維繫一個有凝聚力和信賴感的公民社會非常重要（Geuras & Garofalo, 2005: 59）。然而，此種論證途徑卻會引發進一步的質疑，因為它使得德行論實質上成為目的論。就前述論證而言，誠實之所以為善並非基於其本身就是一種善，而是基於誠實可以導致一種結果—幸福的社會。

（三）　德行論隱含義務論的觀點

　　如果德行論者主張後天的培養是發展美德非常重要的途徑，就已經肯定了某些普世道德原則的存在（否則要以什麼內涵培養人的美德？）而此似乎又使得德行論與義務論的道德哲學難以區分。

　　雖然德行論似乎與其他道德哲學難以明確切割，在理論體系建構方面遭致欠缺嚴謹性的評價，不過或許此正是其特色所在，亦即它正好可以兼容直觀論、目的論、義務論三種觀點。抑有進者，德行論似乎較能擺脫道德為何可以為道德（善如何為善？）的論證泥淖，而此論證正是直觀論、尤其是目的論與義務論二者長期以來爭辯的主要內涵，德行論直接肯定道德是一種人格特質，至於此種被稱為美德的東西是怎麼來的？在德行論者的觀點下，直觀論、目的論、義務論似乎都有道理，德行論者並不將論述重點置於此一議題之上。

三、德行論對公務倫理的意義與啓發

　　簡而言之，德行論是從人所具有之「本質」（nature）的角度肯定人性中的道德成分，所以作者將此一觀點做為本書後續探討人性論的哲學基礎。於此處，先扼要歸納德行論對公務倫理的意義與啓發。誠如前述，德行論源於亞里斯多德的學說，他的倫理學主要論點為：人有義務超越自利心去關懷「社群」（community）當中的其他成員。在前述定義中至少包含了兩個非常重要的質素：第一是社群的概念；第二是對於人的道德性格的重視，而此二個質素使德行論對於公務倫理的內涵產生如下影響。

（一）公共服務與治理是一種道德事業

亞里斯多德認為，人與人之間的關係應該是一種社群的關係，社群具有以下幾種特性（許立一，2008d：90）：

1. 社群是個體為生存之目的採取合作行為的產物

大致而言早期的社群論者在探討社群的起源時，都立場一致地指出：個體為了生存的目的會願意採取合作行為因而形成社群，而社群的治理者以及政府則是為了處理共同利益所產生的機制。當個體遭遇不幸時，成員可以向社群尋求協助，而社群有責任為個體解決困境，此也正是政府應對人民負責之觀念的起源。至於公共治理的形式是民主還是集權政體，則是與社群成員對政權順服程度的界定有關。

2. 社群是一種命運共同體

「community」一詞可譯為社群、社區以及共同體。事實上，在政治思想家談論社群此一概念之初，就已經界定了社群是一種人與人之間命運相繫、休戚與共的集合體。在命運共同體的觀念下，蘊含著整體大於個體之和的思維（Deutsch, 1980: 82）。從古代希臘時期到近代（17、18世紀），採取社群論的政治思想家的研究重心是，將國家的性質視為社群並加以探討；到了20世紀的現代社群論卻是，將社會的性質視為社群，而研究社會在公共治理中的角色。然而，不論政治研究的重心是在國家還是社會，社群論者對於社群的假定基本一致，其內涵為：社群是命運共同體，其乃為一不可分割的整體，所以整體並不等同於個體的加總；整體優先於個體，個體不能脫離整體而獨立存在。與此命運共同體相對的觀念是，基於自利動機採取合作行為的聚合體，其認為整體利益就是個體利益的總和，故此說為大多數社群論者所否定。

3. 社群蘊含著歸屬感

在社群為一命運共同體的觀念下，歸屬感便成為維繫社群整體性的重要因素（Deutsch, 1980: 82）。社群成員對於社群的歸屬感，使其認知個體為整體不可分的一部分──我群意識，有時候大我比小我還重要，所以感同身受的同理心乃是成員相互理解的方式。所以社群成員彼此相互依賴的互依性（mutuality）超越了功利取向的組合。

社會之中存在著各種社群，國家也是社群的一種，國家是一種政治性質的社群。更重要的是，亞里斯多德認為，國家的治理必須以善為宗旨，稱之為善治（good governance）。換言之，自亞里斯多德起，西方許多政治哲學家都肯定公共治理是一種取向善的、具有道德性質的事業。此種觀點在近代西方啟蒙時期的哲學家思想中尤為突出，並成為現代民主政治的根基。例如英國哲學家John Locke（洛克，1632-1704）主張，主張政府對於它所治理的人民或社群負有責任，強調政府有其必須履行的使命，因此它的權力不可或缺，但此權力卻是源自一項根本的命題：即政府是基於全民的福祉而存在（Sabine & Thorson, 1973: 484）。又如繼洛克之後啟蒙時代最為重要的思想家盧梭（Jean-Jacques Rousseau），他的思想直接影響了法國大革命（1789-1799）以及美國獨立革命（1775-1789）[6]。盧梭認為，不論任何形式的政府，如果它無法平等地保障每一位社群成員的權利、自由和平等，那它就形同毀壞了社會契約（cf. Sabine & Thorson, 1973: 533-535; Deutsch, 1980: 83-85）。

綜上所述，德行論對於公務倫理的意義與啟發之一，就是假定了公共服務和治理是一種道德事業。

（二）公共行政人員應該具備公民美德

既然公共服務與治理是一種道德事業，實際上從事公共服務與治理的人——公共行政人員，就應該具備道德性格。更重要的是，德行論者根據古希臘哲學家特別是亞里斯多德的看法，所謂美德就是公民必備之善的人格特質，而現代民主社會中公共行政人員來自公民，因此公民美德就是公共行政人員應該具備的基本性格。因此依照德行論的看法，公共行政人員在施展作為時，應該會經過以下的思維過程（Geuras & Garofalo, 2005: 61-62; 94）：

此一行動彰顯了何種人格特質？
此一行動對我的人格特質將造成何種影響？
此一行動對他人的人格特質將造成何種影響？

---

[6] 西元1776年7月4日美利堅合眾國（United States of America）宣佈成立，發表「獨立宣言」正式脫離英國殖民統治，這場獨立戰爭從1775年一直持續到1783年，1789年華盛頓（George Washington）當選總統（同年法國大革命爆發），美國獨立革命完成。

此一行動所彰顯的人格特質是否為我所推崇？

　　然而與一般公民不同的是，公共治理涉及公共資源分配與公權運用，做為執行者的公共行政人員因此擁有特殊地位和特別權力，因此公民美德必須做進一步適當延伸建構，使之成為公共行政人員必須具備的道德人格。公共行政學界德行論之代表性著作的旨趣之一，便是在確認和界定公共行政人員應有的美德。以下茲舉白禮（Stephen K. Bailey）、哈特（David K. Hart）、多貝（J. Patrick Dobel）、庫伯（Terry L. Cooper）、凱瑟琳・但浩德（Kathryn G. Denhardt）、全中燮（Jong S. Jun）等人的論述，扼要呈現德行論之下公務倫理的對公共行政人員應具備之美德的見解。

1. 白禮的觀點

　　白禮（1964）就指出，關於民眾和政策之中道德模糊的認知、從事公共服務時因情勢調整倫理優先次序的認知、以及對於程序弔詭的認知等，構成了具有倫理性格的公共行政人員三個主要的道德特質與心理態度：（1）樂觀；（2）勇敢；（3）公平。

　　對白禮而言，這三種態度和道德特質揉合在一起，便構成了公共服務的規範模式與公務員道德素養的準繩（Geuras & Garofalo, 1999: 85）。

2. 哈特的觀點

　　學者哈特（1984; 1994）認為，具有美德的公民和具有榮譽感的公共官僚彼此之間有著道德的聯結關係，以美德為基礎的倫理重視的是人的內在性格發展，而不是對道德原則的服從。

（1）孕育美德的四項條件

　　抑有進者，哈特認為，要孕育具有美德的公民意識，人們應符合以下四項條件：

　　其一，實踐道德哲學：具有美德的公民必須負擔一種基本的和永久的責任，堅信個人擁有道德本性，將前述信念與自身連結（也就是相信自己擁有道德天性），並且在公民的生活中實踐道德本性。

其二，信念：具有美德的公民必須相信所屬政體（regime）的基本價值。

其三，個人的道德責任；具有美德的公民必須表現得像是一個獨立而負責的道德行動者，其不能容許將任何人視爲工具加以利用，也不能默許自己犯下相同的錯誤。

其四，舉止文明：包括禮貌、莊重、謹慎等，最重要的是寬容和忍讓。寬容是減少強制性的公共法規的主要因素，忍讓並非冷漠而是耐心和智慧的結晶（Geuras & Garofalo, 1999: 85-86）。

（**2**）公共行政人員必須承擔四種責任

此外，哈特還主張公共官僚居於雙重處境：首先，一如所有公民，他（她）們負有一項基本義務，就是追求美德；其次則是以前述基本義務（即對於美德的追求）爲基礎建構專業義務。他指出：「一個民主政體有賴於具有美德的公民以爲具有榮譽感的官僚之基礎」（Hart, 1984: 116）。職此之故，公共行政人員要成爲具有榮譽感的官僚，他（她）們必須承擔四種責任（Hart, 1984 cited by Geuras & Garofalo, 1999: 86）：

第一，彰顯與闡釋道德（moral significance）——界定什麼才是對於政體基本價值的完整理解，以及如何才是對於這些基本價值的徹底實踐。例如當政策違背公義時，什麼才是具有榮譽感的官僚應該展現的倫理行爲。

第二，關懷（caring）——胸懷公民的最佳利益。

第三，以道德爲事業（moral entrepreneurism）——願意承擔道德風險，假定公民皆爲可以信任。

第四，奉獻的使命感（noblesse oblige）——道德的崇高性，意謂一個人從社會得到的愈多，就應該對社會奉獻愈多。

3. 多貝的觀點

學者多貝則是以七種承諾做爲公共行政人員實踐廉潔的要素（Dobel, 1990 cited by Geuras & Garofalo, 1999: 87-88）：

（1）眞實地對上級和公眾負起責任；

（2）闡揚政體的公共價值；

（3）尊重並建立達成目標的制度與程序；

（4）確保相關的利害關係人公平和充分的參與；

（5）追求政策與計畫執行的能力績效；

（6）政府有效率的運作；

（7）將政策計畫與公眾參與者的自我利益以一種不破壞基本價值的方式予以連結。

4. 庫伯的觀點

　　庫伯（1987）綜合當代許多倫理學者的觀點，認為美德是一種行動的傾向或處置方式而不只是某種思維或感覺而已。而且美德是一種人格特質，在一般的情形下，它在類似的情境下會具有一致性。然而，庫伯相信美德並非與生俱來而必須加以培養，換言之，美德的發揚涉及的是認知活動（即學習）而不是自我內心的調適與反省。庫伯（1991: 169-170）指出，公共行政人員來自公民，所以他稱之為「公民行政人員」（citizen administrator），而具有倫理性格的公民意識其核心要素就是公民美德，他認為公民美德才是自利的正確理解，因此公共行政人員才會致力於實現共同利益（common good）。抑有進者，根據庫伯的看法，公民美德是民主社會公共行政實務擁有正當性的核心要素，而且必須得到其他三個次級的美德支撐，此三個次級美德分別為：（1）對公眾熱情；（2）謹慎；（3）實質理性[7]。

5. 凱瑟琳·但浩德的觀點

　　對凱瑟琳·但浩德（1991）而言，公共行政的道德核心乃是由榮譽、仁慈與正義所組成。所以它們也是公共行政人員不可或缺的的美德，以下扼要說明之。

　　（1）榮譽：凱瑟琳·但浩德認為榮譽是一種最突出的美德，它被理解為胸襟開闊或度量宏大的特質，並且是其他所有美德的基礎。榮譽使得個人具備高度的責任感，並將致力於善行本身視為目的，而不是將善行視為獲得任何利益或是得到任何褒揚的原因（Denhardt, 1991: 103）。

　　（2）仁慈：仁慈不只是做好事，同時也是把做好事的動機趨向基於他人的緣故（Denhardt, 1991: 104）。意即所謂仁慈的本質就是基於利他而非自利的動機行善。

---

[7] 所謂實質理性就是對於目標和價值的理性思考。與其相對者為工具理性或稱手段理性，工具理性或手段理性是指僅對達成目標之工具或手段的理性思考，並不涉及目標和價值層次。

（3）正義：所謂正義是彰顯公平並重視他人的權利，而且正義的存續完全有賴於公務員的美德行動、法律以及其他保障個人權利的制度（Denhardt, 1991: 106-107）。

凱瑟琳·但浩德相信，德行論的公務倫理擁有可以扭轉公共行政並促使公共治理轉型的力量；她也認為，德行論的公務倫理需要人們具備敏感力、洞察力以及以勇氣判斷與行動的素質；她同時指出，德行論的公務倫理讓公眾可以在自我治理過程中扮演正確的角色。

6. 全中燮的觀點

學者全中燮曾探討公共行政的倫理本質，他指出倫理指涉的是善與惡或對與錯的抉擇，在倫理學中何謂「善」總是先被確定，然後再界定能夠促成善的「對的行動」。倫理和道德上的責任與義務息息相關，誠如亞里斯多德所言，倫理是人類行動的指引。全中燮進一步指出，在公共行政領域，倫理的焦點將置於「公共行政人員應該如何質疑與反省，俾利於能夠負責任地行動」。道德與倫理幾乎是同義詞，道德指涉的主要是善的人格特質。而除倫理一詞之外，正直、崇高、和美德都與道德被視為是同義詞，因而道德意謂舉止公正（equitable conduct）、不偏不倚、品德高尚，以及操守無瑕等。抑有進者，全中燮認為，前述倫理道德的意涵可以引導出公共行政的倫理本質：公正（equity）[8]和正義（Jun, 1986: 275）。

公共行政人員的道德人格便是要從一般人所應具備的道德人格衍生發展而體現在彰顯公正和正義之上。歸納全中燮在探討公正與正義此等公共行政的倫理本質時，他所主張公共行政人員所應具備和展現的道德人格特質有（Jun, 1986: 275-276）：（1）公道（justness）；（2）公平（fairness）；（3）中立無私（impartiality）；（4）正直（integrity）；（5）廉潔（rightness）；（6）誠實（honesty）。

8　論者或將「equity」譯為「衡平」。公正並不等同於平等（equality），公正超越了平等的概念。平等只是單純地意謂「一視同仁」，但公正更重視弱勢者所處的不利地位，申言之，公正的概念主張透過一些措施使劣勢者獲得與強勢者平等的機會和地位。例如制訂政策保障社會中弱勢者之就業機會，所體現的便是公正而不是平等。

第三節　二種道德哲學在公務倫理的體現

在本章之中介紹了二種關於人性的道德哲學及其對於公務倫理的意義，它們各有特色並對於公務倫理知識與實踐產生實質影響，而上述的分析也可一窺各家觀點的限制，本節將說明二種道德哲學如何應用於公共治理與服務的決策實務。

一、二種道德哲學的研究取向對公務倫理建構的影響

首先，根據前述對於二種道德哲學及其對公務倫理意義的分析，以下整體歸納二種道德哲學的特色以及這些研究取向對公務倫理建構的影響。

（一）直觀論著重於人性中的道德判斷能力

直觀論著重人對於其行動是否符合道德倫理的直觀能力，換言之，此派觀點的特色在於肯定人的道德判斷能力。扼要言之，此派觀點對於公務倫理建構的影響就是：

第一，從人性論的假定上肯定公共行政人員判斷是非對錯的能力，此也意謂直觀論的公務倫理研究較侷限於個體的層次。

第二，其道德判斷能力必須被激發並展現於日常的公共服務之中。

（二）德行論著重於人格中的美德

德行論有其歷史悠久的思想淵源，其肯定某些外在的道德標準之存在，但更強調人具有道德性格（即所謂美德）可以將那些外在的道德標準轉化成為具體行動。作者以為，這些美德可能來自後天培養、可能是人與生俱來的本性、也可能是人的本性再加上後天的孕育。扼要言之，此派觀點對於公務倫理建構的影響在於：

第一，姑且不論來自先天或後天，此派觀點從人性論的假定上肯定公共行政人員可以擁有美德。

第二，德行論的重點在於直接指陳公共治理和服務的美德，這些美德並不侷限於目的論與義務論，使公務倫理的建構避免了目的論與義務論的爭辯。

第三，德行論固然源自於個體人格或本性的探討，但對於公共治理和服務美德

的探討，除了可以將分析單元置於微觀的公共行政人員以外，亦可將美德用來評估宏觀的政策，故其研究取向兼具宏觀與微觀、整體與個體。

二、二種道德哲學在公共治理與服務中的應用

直觀論與德行論都可以對公務倫理實務行動產生導引作用，因為在某些研究公務倫理的學者眼中看來，不同觀點的道德哲學其實是可以兼容於公共治理和服務之中，應視具體情境採擇運用（*cf.* Cooper, 2006; Denhardt, 1988; Geuras & Garofalo, 2005）。以下試舉美國阿肯色州（the State of Arkansas）衛生套發送高中校園政策，說明二種道德哲學在公共治理與服務的應用（Geuras & Garofalo, 2005: 78-80）。

（一）個案簡述

1980年代末至90年代初期，美國阿肯色州公共衛生部長艾爾德（Joycelyn Elders）決心推動「發送保險套給高中生政策」，以降低感染性病和懷孕的發生比率。此項政策執行至1990年12月，保險套破裂比率的報告已經達到警戒水準並送到部長手上，亦即保險套破裂比率已經高於一般水準，而衛生部長艾爾德對此訊息充分知悉。到了1992年6月，幾樁投訴案件更凸顯了保險套的品質問題，其中包括三個愛滋病患者投訴保險套的瑕疵導致他們染病。可是在此期間，艾爾德既未收回任何保險套也未對公眾發布警訊。因為她堅信發送保險套給高中生是正確的政策，並且非常不願意做出任何傷害此一政策公信力以及一般大眾對保險套信心的舉動。後來她在解釋自己之所以不採取任何作為的原因時，艾爾德堅稱，雖然少數年輕人使用了有瑕疵的保險套，還是比所有年輕人對保險套喪失信心甚至根本不使用保險套要好得多。

在1992年6月中，艾爾德將發送給高中生的保險套樣本寄給了美國聯邦政府食品暨藥物署（Food and Drug Administration, FDA）進行檢驗，以便確認上述投訴是否屬實。檢驗過後，食品暨藥物署做出了此一政策所使用之保險套的不良率超過標準值十倍，而且認為該製造商所生產的保險套應該立即停止販售與使用。大約一個月之後，該製造商自動回收全部的保險套。

（二）二種道德哲學導引的倫理思維

以下說明根據二種道德哲學，以此個案為例，公共行政人員的倫理思維。

1. 直觀論的作用

根據直觀論的道德哲學，人們進行倫理思考時可能提出如下命題：

我的良知告訴我對於此事應該有何種感受？
我對此一行動的感覺如何？

在前述個案中，艾爾德在政策中的決策和作為，可以上述幾個命題理解之：艾爾德對於自己的決策是否感覺良好？自己的所作所為是否對得起自己的良知？（Geuras & Garofalo, 2005: 82）

2. 德行論的作用

根據義務論的哲學，人們進行倫理思考時可能提出如下命題：

此一行動彰顯了何種人格特質？
此一行動對我的人格特質將造成何種影響？
此一行動對他人的人格特質將造成何種影響？
此一行動所彰顯的人格特質是否為我所推崇？

在前述個案中，艾爾德在政策中的決策和作為，可以上述幾個命題理解之：

就第一道命題而言——是否由於艾爾德關心阿肯色州人民的福祉，使得她的行動彰顯了仁慈的美德？艾爾德的行動是否凸顯了她欠缺誠實的美德？她的人格特質是否缺乏對他人的信任？以及她的人格是否值得信賴？

就第二道命題而言——如果艾爾德的政策獲得成功，是否會使她成為一個缺乏誠信的人？此是否會導致艾爾德更加蔑視一般大眾？

就第三道命題而言——如果此種行動成為政府慣用的手段是否將造成人民更加依賴政府的專家並弱化對自我信心？

就第四道命題而言——對於此一個案的評價正可以反映某人對於政府行動之正當性的信念（Geuras & Garofalo, 2005: 82-83）。如果某位公共行政人員對於艾爾德的行動覺得反感的話，那麼此意味著他（她）對於許多政府的行動中經常展現的父權主義（專制）色彩並不認同，或許他（她）會認為透明、誠實和信賴才是公共行政人員的美德。

(三) 值得進一步深思的倫理議題

以直觀論和德行論的角度思考上述個案，可以進一步深思如下的倫理議題。

1. 在直觀論方面

此一個案值得深思的倫理議題或為：州政府官員是否擁有比大眾更為優越的道德判斷能力？而可以在各種道德標準或行動結果中做出適當的判斷進而決定採取何種行動？

州政府的官員也許會主張，該政策的淨效果（net effect）[9]為正數，亦即從最後結果來看，其所帶來的利仍大於弊。雖然瑕疵的保險套導致些許懷孕和感染性病甚至是愛滋病的個案，但如果不實施此一政策，前述情形將更加嚴重。然而，有些人可能會認為，除非保險套完全沒有問題，否則州政府提供保險套就是一種錯誤的政策，因為此一措施會讓使用瑕疵保險套的學生以為在進行性行為時很安全。換言之，政府官員以為自己的道德判斷和抉擇正確，但人們卻不一定相信官員有這樣的能力。

2. 在德行論方面

此一個案值得深思的倫理議題或有：州政府官員是否具備適當的美德？並且憑藉這些美德為人民做決策？進而可以擁有為人民做決策的道德權威？

舉例而言，前述學者哈特認為「關懷」（公共利益）是公共行政人員應該具備的美德之一，因此艾爾德對於已經發現保險套有瑕疵卻隱而不發的回應態度，就是關懷公共利益？她隱瞞真實資訊的理由是：她相信一旦公開此一訊息，將會導致不只是高中生連一般大眾也都沒有信心使用保險套，並且她也相信，使用可能有瑕疵

---

[9] 意即效益減去成本及損失之後的結果。

的保險套所帶來的後果會比完全未加防護的性行為更安全。其次，她認為自己的決策維護了阿肯色州人民的最佳利益，但她的作法卻是剝奪了民眾自己做決定所需要的資訊，即便艾爾德的作為是一種關懷公共利益的美德展現，但這樣的美德足以讓她擁有為人民完全作主的道德權威？

自我評量

一、請說明直觀論的意義，並說明學者羅司（William D. Ross）所提出之人性本有的道德責任。

二、試評價直觀論的優點與限制。

三、試述直觀論對公務倫理的意義與啟發。

四、請說明德行論的意義。

五、請說明學者平可夫（Edmund L. Pincoffs）提出之工具性與非工具性兩大範疇之美德有哪些？

六、請評述德行論之特性。

七、請說明德行論觀點下所謂公共服務與治理是一種道德事業的意涵。

八、請舉出一位學者之看法，說明公共行政人員應該具備公民美德。

九、試述直觀論與德行論二種道德哲學對建構公務倫理體系的影響

十、請舉例敘述直觀論與德行論二者在公共治理與公共服務中之應用。

學習目標

◎瞭解道德哲學之目的論的意涵

◎瞭解目的論的優點與限制

◎瞭解目的論對公務倫理的意義

◎瞭解道德哲學之義務論的意涵

◎瞭解義務論的優點與限制

◎瞭解義務論對公務倫理的意義

◎瞭解目的論與義務論對在公務倫理體系的體現

前　言

　　本章將引介二種關於行動的道德哲學並探討其對公務倫理的意義與影響。所謂關於行動的道德哲學，意指道德哲學的論述內涵與焦點在於探討何種行動可以視為道德行動，也就是其雖然不免要涉及行動主體的探討但主要還是著重於行動而非人性。此種道德哲學的代表觀點有目的論（teleology）和義務論（deontology），並且此二種觀點將做為本書後續探討公共行政論述與實踐以及公務倫理體系建構取向時的哲學基礎。

第一節　目的論及其對公務倫理的意義

一、目的論的內涵

目的論與直觀論不同，前者為道德判斷提供了明確的理由。目的論有時被稱為「結果論」（consequentialism），意即一個行動的善惡判斷標準是根據其所導致的結果而決定。換言之，目的論認為，目的或目標是道德行動的最終判準，所以如果行動有助於達成善的目的，則行動便可被視為善行，也就是一種道德的行動，反之行動如果不能達成善果即非善行。倫理的自利主義（ethical egoism）主張每一個個人應該採取有利於自己的行動，此即一種目的論的觀點。在政治哲學方面，目的論的道德哲學最具代表性的論述就是功利主義（utilitarianism）。功利主義主張，如果某種行動可以促成所有人的最大幸福（greatest happiness），此種行動就是一種道德上的善行（Garofalo & Geuras, 1999: 59）。功利主義的倫理思維來自於個人對於幸福的期望，它認為人們希望獲得幸福，也希望其所愛的人也能夠幸福，而希望自己和他人都能獲得幸福就是功利主義的基礎，所以在功利主義的觀點下，幸福是一種道德上的善，倫理行動的內涵就是致力促成所有人的最大幸福（Geuras & Garofalo, 2005: 49-50）。因此就公務倫理的角度思考，最理想的行政作為就是促成社會中所有人的最大利益，其次如果無法是「所有人」的最大利益也應是「多數人」的最大利益。以下介紹邊沁（Jeremy Bentham）、密爾（John Stuart Mill）和布蘭德（Richard Brandt）三人的功利主義觀點，俾作為理解目的論道德哲學對公務倫理內涵影響的基礎。

（一）邊沁的功利主義：重視幸福的數量—多就是善

邊沁認為功利主義的內涵應該是一種針對快樂和痛苦的計算，透過計算人們至少在理論上可以從各種備選方案中做出正確抉擇、採取道德的行動，意即：透過計算獲得各個行動方案的相關知識，進而選擇並採取能夠帶來最大幸福的行動，此便是道德上正確的行動（Garofalo & Geuras, 1999: 60）。成本利益分析（cost-benefit analysis）即屬此一觀點在公共政策實務上的應用。舉例言之：某國為發展某地區之觀光產業，擬有三項交通建設政策方案，而且因為經費有限僅能選擇其中一項——甲案是建設國內航線機場，所需經費10億元，預估每年將帶來效益30億元，

成本利益分析結果是30/10 = 3；乙案是擴建高速公路，所需經費15億元，預估每年將帶來效益40億元，成本利益分析結果是40/15 = 2.67；丙案是延長高速鐵路通車路段至該地，所需經費18億元，預估每年將帶來效益35億元，成本利益分析結果是35/18 = 1.94。以上三案若依照邊沁的功利主義，則所謂之合乎公務倫理的抉擇應是採取甲案。

（二）密爾的功利主義：重視幸福的品質—好才是善

密爾的觀點與邊沁大致相同，但密爾卻對於所謂幸福得以量化方法加以計算的看法，抱持較為保守的態度。換言之，密爾認為幸福的品質難以用數字加以衡量，而此正是評估幸福時最為重要的元素（Garofalo & Geuras, 1999: 60）。原因就在於，幸福本身就是一個頗為曖昧和含混的觀念。所以，密爾發現要探討幸福就必須特別關注幸福品質，而不只是關注於幸福的數量，亦即「較多」的幸福並不必然等於「較好」的幸福（Geuras & Garofalo, 2005: 51）。重視幸福品質的功利主義，在行政實務方面體現於政策效能（effectiveness）的考量上。茲以上述所舉之例而論，甲案、乙案、丙案固然可以從成本利益的評估和比較決定採取經濟效益高者為之，但若從品質的角度考量，則決策時不應僅將總體的經濟利益做為評估的唯一因素，更應該關注政策的經濟利益是否可以較為公平地分配到當地居民的身上，意即政策方案所帶來的財富不應該集中由少數分享。此外，政策方案與民眾的接近性，例如機場、高速公路、高速鐵路三者相較，哪一種交通運輸途徑可以較普遍地為民眾所利用，也將是從品質角度衡量幸福的一種考量。在從事研究時，也許有學者會將上述的公平性、接近性以量化方式予以呈現，例如預估不同經濟階層的財富分配比例、預估不同交通建設的使用率等，但其實它們更重要的意義乃是在於政策標的人口的心理感受，此一層面的課題實難以量化。

（三）布蘭德的功利主義：道德原則的存廢取決於其所產生的效益

布蘭德的功利主義被稱為「法則功利主義」（Rule Utilitarianism），因為他接受一種觀點：社會中的確存在著某些源自於經驗的道德原則，並且這些道德原則形成社會成員願意遵循的道德原則。然而，社會中雖然存在某些道德原則，但是布蘭德卻不同意有所謂普世道德原則（universal moral principle）的存在。道德原則的存廢取決於其所產生的效益（結果和目的），所以不可能互古不變。所以，布蘭德的哲學被稱為規則功利主義，「規則」意指道德原則，但對這些道德原則的理解仍

屬功利主義取向。

布蘭德歸納道德原則具有以下特質（Denhardt, 1988: 51）：

1. 道德原則不是普世性的（universal）。因爲它們只適合於特定的社會；

2. 道德原則也不是永久性的（eternal）。因爲這些道德原則可能只在某些特定時期爲人們所遵循；

3. 更重要的是，道德原則不具備本質上的善。因爲這些道德原則的存在以其能夠產生的效益爲前提。

歸納言之，布蘭德主張一個社會中或許存在某些具有共識性的道德典則（moral code），人們願意加以遵從，但是這些典則的有效性卻必須符合集體效益，而一個最理想的道德典則，應能「對每一個人都能產生最大效益」，並持續受到前述條件的考驗。因此它們不應該被視爲是一種歷久不衰的普世價值被無條件地信奉不移，當環境產生變遷，基於「對每一個人都能產生效益」的算計，道德典則也將有所改變（Denhardt, 1988: 51）。

二、對目的論的評述

（一）優點

目的論至少有兩個優點：

1. 爲合乎倫理的行動提供了明確的判準。亦即：結果爲善，則有助於此一善果的行動就是合乎倫理的行動。

2. 爲合乎倫理的決策提供了頗具科學精神的方法。邊沁和密爾對於何謂道德上的善，提供頗爲具體的界定：追求最多人的最大幸福就是善。進而，邊沁更是提倡計算行動結果做爲決策方法的觀點，此使得倫理課題得以數量化予以呈現，因而與科學接軌。

（二）限制

然而，論者指出目的論亦有其限制，而其限制主要來自於人們對於期望或是目

的的態度。目的論的反對者提出如下質疑：

1. 有無可能在某些情形下或對某些人而言，原則比幸福更重要（Garofalo & Geuras, 1999: 61）？

　　哲學家康德（Immanuel Kant）就指出，人們有時會為了更高的價值而拋棄幸福（Geuras & Garofalo, 2005: 52）。舉例言之，19世紀匈牙利爭取獨立的革命時期，詩人山鐸（Petőfi Sándor）曾經寫下一段流傳後世的名言：「生命誠可貴，愛情價更高，若為自由故，兩者皆可拋」。生命為幸福的根本，而愛情也是一種專屬個人的幸福，然某些人為了爭取國家獨立與同胞自由而願意犧牲個人生命，此不啻正是為了崇高原則（理念）而犧牲幸福的具體展現。

2. 誠如前述，目的論是一種倫理的自利主義，因自利而傷害公益的行動是否為道德？

　　目的論蘊含著一種觀點：人們應該提升自我利益；或是一個人確保最大可能的自我利益乃是一種道德上可以接受的行為。目的論也假定沒有利他主義（altruism）或社群意識（community oriented motives）[1]的存在，所以每一個人的行動基本上只需要從自己的立場考量，即便是個人行動的結果對他人有利，也不會是個人行動的理由，個人行動的理由總是出於自利。然而，目的論所採取的自利主義，卻可能導致公共行政人員基於個人的理由追求自我利益而不是公共利益，也是一種符合道德的行為，除非公共行政人員自利行動的後果對公眾造成損失。舉例言之，一個行政人員挪用機關的公款去投資股票，一段時日之後再神不知、鬼不覺地將公款還回機關，如果此一行為的後果是該筆公款分毫無損，依照目的論的邏輯，則此一行為並不違反倫理（Denhardt, 1988: 49）。但證諸實務，今日公部門的法令規章都對前述行為嚴格禁止，此在實際上說明了，目的論的邏輯不見得全盤適用於所有公務行為。

3. 遵從目的論的觀點會不會只能強化公共行政人員追求自利的行為？

　　抑有進者，自利主義雖是當代自由主義政治理論的主流，例如多元論（pluralism）、公共選擇理論（public choice theory），且有許多實證研究成果可以

---

[1] 意即社會當中人與人之間有一種命運共同體的感覺。

解釋許多公共治理的實務現象，亦即事實證明不論是政客、公共行政人員、民眾都經常以自利動機參與公共事務。但是，對於建構一套規範性的、用以指導公共行政人員公務倫理體系而言，目的論的觀點如果只能將公共行政人員追求自利的行動予以合理化，或是僅能強化公共行政人員的自利動機的話，便的確有值得商榷之處。

4. 過度簡單思考和應用目的論之「謀求最大多數人的最大幸福」此一命題，不見得與對當代先進社會的價值觀相容

舉例言之，國會希望通過一個減稅法案，此一法案一旦通過可以降低多數公民的稅賦，但也會同時削減低收入戶的生活補助。就此案例思考，大多數公民的幸福是否比提供低收入戶基本生活保障更為重要（Geuras & Garofalo, 2005: 52）？如果純粹以數量的觀點衡量此一政策議題，無疑是多數公民的幸福重要。然而當我們從質的角度，考量以犧牲對少數人生存至為重要的補助措施換取對多數人生存並無影響減稅措施時，前述目的論的命題是否符合當代社會正義價值觀，便是值得深思的問題。

三、目的論對公務倫理的意義與啟發

誠如前述，目的論有直觀論所未具備的優點，當然其也不可避免地有所限制。然而在實務運作上，當代公共行政或政策運作的主流，應可說是目的論道德哲學與功利主義的體現。尤其是，目的或結果的能見度以及功利主義之計算和數量方法所蘊含的科學精神，與現代公共行政的科學化不謀而合，因此其對公務倫理體系發展的影響居於重要地位。稍後本書將要介紹的工具理性取向之公務倫理便可說是以目的論為其道德哲學基礎，意即工具理性的行政是將行政本身做為一種工具而指向某種目的和價值，而在此觀點下所建構的公務倫理體系就是要確保各種治理作為能夠實現該目的和價值。於此，作者先扼要歸納目的論對公務倫理的意義與啟發如下：

（一）為公共服務和治理的決策與行動提供較為客觀和明確的依據

當公共行政人員以目的論思考其決策和行動時，其價值判斷的依據是事實，或至少是預期的結果，並且藉助現代科學方法，如成本利益分析技術，其決策和行動的依據較為客觀和明確。論者指出，根據目的論的精神，公共行政人員決策與行動

的思維過程大致如下（Geuras & Garofalo, 2005: 61; 93）：

> 我所採取之行動的結果爲何？
> 我所採取之行動的長期效應爲何？
> 我所採取之行動是否可以提升最大利益？

以上思維過程都指向行動所能產生的事實結果或預期結果，事實結果具有可見性，而預期結果來自於依照科學方法進行的預測，所以以結果做爲採取行動的標準，此種標準便具備客觀、明確的特性，據此公共行政人員很容易便可決定所採取的行動是否合乎公務倫理。

（二）以計算方法和數量形式界定公共利益的內涵

功利主義認爲善就是最大幸福，因此所謂公共利益就是社會中所有人或多數人的最大利益，邊沁主張以計算的方法和數量的形式呈現最大幸福，此對於公共利益的意義就是：1.可以經由計算方法加以衡量，例如政策分析當中之成本利益分析可謂即此一觀點發展出來的技術；2.根據前項的基礎，關於公共利益的選項以數量形式呈現，其特色在於可以進行排序、比較，而公務倫理行動的內涵便是根據排序和比較的結果進行選擇和決策。

第二節　義務論及其對公務倫理的意義

一、義務論的內涵

道德理論中義務論的觀點認爲，某一行動是否合乎道德並非取決於結果而是道德原則。換言之，義務論觀點下所謂的道德行動意指合乎道德原則的行動，而不論此些行動的目標或所導致之結果的好與壞（Garofalo & Geuras, 1999: 63）。所以，義務論假定有所謂「普世接受」之道德原則的存在。即使這些道德原則可能無法完全清楚地爲人所瞭解，人們還是有義務盡最大努力去理解並且遵循這些原則。

道德原則可以為實務行動提供充分的指導且作為決策的正當理由（Denhardt, 1988: 45）。誠如人們常說：「這就是事情的道理！」根據某些被認為是道德的原則所採取之行動，經常被認為就是合乎倫理的行為，並且此意味著該行動不必然導致對的結果，但人們卻仍依據原則行事。所以，義務論主張行動的倫理性質並非外附於結果之上，而是內在於「行動本身」（Geuras & Garofalo, 2005: 53）。

很明顯地，不同的個體和不同的社會總是受到各種具有普遍性質的行動規則（rules of conduct）所形塑，而義務論者和目的論者對於前述現象的詮釋卻大相逕庭。目的論者認為，前述現象正足以凸顯一項事實，就是：世界上並不存在所謂「普世的道德原則」；相反地，義務論者的看法則是，普世的道德原則始終存在，只是它尚未獲得人們充分的理解。然而，姑且不論普世法則是否存在，論者認為，所有的社會或是幾乎所有的社會都至少有某些引導行動的道德規則，它們通常以信仰及日常實務的方式展現在我們的社會當中。換言之，雖然不同的社會甚至是同一個社會在不同時期，對於道德原則意義的詮釋並不一致，但仍有某些重要的行動規則為人們普遍接受而視之為道德原則的一部分，例如誠實、人格尊嚴、生命不可侵犯性、遵守承諾以及履行義務等，皆是西方世界的根本思想，因而它們成為指導決策的普遍規則，而且成為特定決策的正當理由，根據義務論的觀點，這些正當理由就是決策事實背後的道德判斷和辯護基礎，即使這些決策的結果不符原先的預期（Denhardt, 1988: 45）。

在西方哲學思想的發展歷程中，早期的義務論基本上與宗教緊密結合，例如舊約聖經出埃及記中的十誡便是重要的道德原則，而宗教的義務論者認為特定原則具有神聖性，因而奉行不疑。然而，此種以宗教為基礎的義務論卻有兩個缺點：

1. 它可能只對信徒或接受教義者發生作用；
2. 它的內容可能並不周延，因為其僅奠基於某一宗教的特定立場。

誠如柏拉圖（Plato）在其《對話錄》（*Dialogue*）《歐伊梯孚容篇》（*Euthyphro*）所言：「女神允准的道德規則並不必然正確」（Garofalo & Geuras, 1999: 63）。然自從康德哲學崛起之後，義務論有了更為堅實的基礎。其次，當代哲學家羅爾斯（John Rawls）提出之正義論（Theory of Justice），則是對當代政治學、行政學以及公共治理產生具體的啟發作用。

（一）康德的無上命令

　　康德哲學對於當代義務論觀點的倫理學影響至為深刻，他主張行動本身界就必須具備倫理性質，不需要依據目的決定行動是否合乎道德與倫理標準（Kant, 2003: 77-78）。根據他的看法，任何原則最為重要的本質就是「一致性」（consistency），亦即「始終如一」，不論在數學、物理學、還是倫理學中皆然。此乃是因為人類擁有理性而且排斥矛盾的本質，因此人無法接受：方形的圓圈、一個靜止的物體正承受無可抗拒的外力。對康德而言，「己所不欲勿加於人」[2]乃為一千古不變的黃金法則，此正是他所謂之一致性原則的展現。但康德為了避免其所謂黃金法則遭到誤解與濫用，他特別強調黃金法則不應出於自私的意圖而加以詮釋和運用，於是他提出「無上命令」（categorical imperative）的哲學概念（Geuras & Garofalo, 2005: 53-54）。無上命令的意義就是「絕對的道德誡律」[3]，康德認為世界上存在著某些義務和責任是我們有充分的理由相信必須遵從不渝者，而且不是出於個人自私的目的，這些道德原則就是所謂無上命令（Hill, Jr., 2000: 228）。康德指出，如果某一行動的善是由其所欲達成之目的所決定的話，則此一行動的道德意涵是假設性的，因為行動的結果是否真能達成目的，總在未定之天，故稱為假設。反之，如果某一行動本身就符合善的原則的話，則該行動的道德意涵便是絕對性的，此即無上命令（Kant, 2003: 77-78）。康德透過以下幾道命題闡述無上命令的內涵，茲臚列說明之：

1. 不應做那些無法成為全稱法則（universal law）之事

　　康德主張無上命令的核心觀念其實就是一致性，而康德又將一致性稱為全稱法則。所謂全稱法則就是不論時空情境為何，可以適用於所有人身上的原則。對康德而言，「根據你可以使之成為全稱法則的誡律行動」就是倫理道德層面的一致性（Kant, 2003: 78）。舉例言之，人們無法讓說謊變成一種全稱法則並且據以行動，因為說謊做為一種全稱法則違背了一致性而存在著矛盾（cf. Garofalo & Geuras, 1999: 64）。例如「你必須總是說謊」就不能成為全稱法則，因為如果人們依照「你必須總是說謊」行動的話，則說謊本身也是一種謊言，那麼謊言就不是謊言了，此即內在矛盾，違背一致性的原則；其次，每個人的謊言將可能永遠無法產生

---

[2]　康德原句之英譯為「*Do undo others as you would have them do undo you.*」
[3]　無上即是絕對。

作用，因為每個人都將預期他人所說全是謊言而不會採信，那麼說謊者的意圖如何達成？說謊的意義何在？換言之，說謊成為全稱法則將導致矛盾後果，完全不符康德所主張之道德或倫理原則應具備的一致性和始終如一的特質。就如何評價說謊此一行為的立場，亦可凸顯目的論和義務論的差異，並呈現二種道德哲學的特色。首先，目的論者會反對某人說謊理由在於，其謊言會導致不良後果或出於惡意（不良目的），然而如果某人說謊的原因出於善意或該謊言能夠導致善果的話，則目的論者並不會反對某人說謊。相反地，依照康德的觀點，義務論者反對說謊的原因不是基於目的或結果，而是基於說謊這一件事本身並不能成為一種全稱法則，所以說謊不能成為一種善行。

2. 應將人及人性本身視為目的而非手段

康德發現，他所提出的第一道命題並不能解決人出於自私之考量而扭曲倫理道德的問題，因此他提出第二道命題（cf. Kant, 2003: 78-79）。例如康德主張「根據你可以使之成為全稱法則的誡律行動」原是基於人具有與生俱來的良知之假定，對康德而言此正是人的理性本質（cf. Kant, 2003: 81），但此一觀點卻很容易令人質疑和濫用，特別是自利行為也是一種理性卻不一定符合良知。因此康德主張，理性人的價值是內在的和與生俱來的，人為理性的主體，所以人不應該為了另一種目的而被當成工具加以利用，成為無上命令的第二道命題。此一命題包含了兩個重點：首先是將人本身視為目的，包含了對於個人幸福的考量，此點與功利主義相同；其次是不將他人視為是達成自己目的的工具，自己必須將他人視為是自由和負責任的行動者，則他人待我亦同，反之則亦然（Geuras & Garofalo, 2005: 55-56）。

3. 根據社會共同目的考量自己所有行動[4]

康德意識到自己所提出的第二道命題仍有限制，因為在某些時候，欲將某人視為目的卻必須以他人為手段作為代價（cf. Kant, 2003: 79-80）。舉例言之，對社會中某些群體的民眾課徵較高稅賦以創造其他群體之民眾的福祉，便是將前者視為手段而將後者當成目的，此種重分配性政策在當代公共治理乃是一種無可避免

---

[4] 英文原句為「Consider all of your acts as if they were laws in a realm of ends.」中文直譯為「將你的所有行動視同為目的王國的法則」。所謂「目的王國」（a realm of ends）是康德建構的一種理想境界，它意味著一種「所有目的統整為一的社會狀態」，亦即一個社會當中所有人的目的與他人的目的相一致。此處以其意義呈現，以避免讀者難以理解。

的現實。所以,康德提出第三道命題,從社會共同目的的角度以彌補第一、第二道
命題的限制。康德認爲有一種理想的社會,在其中所有人擁有某些共同目的,在
這些共同目的的引導下個體的行動必須統整爲一,他稱此理想社會爲「目的王國」
(a realm of ends),此乃康德所主張之一致性的體現。爲了避免個人基於自私的
立場對他人造成傷害,康德主張個人的行動必須不損害社會共同目的(Geuras &
Garofalo, 2005: 56-57)。在此原則下,表面上看來不符合第二道命題的行動,例如
前述的重分配性政策,因爲其符合社會共同目的,並非出於自私之立場,因此不違
背無上命令,也就符合了義務論的倫理原則。

(二)羅爾斯的正義論

當代義務論的代表應屬羅爾斯的正義論。更重要的是,他的論述對公務倫理而
言,可以產生直接的導引作用。羅爾斯以一種初始狀態爲起點建構他的理論,他認
爲人在最初的時候是處於一種他所形容的「無知的簾幕」(veil of ignorance)的之
後,在此情境下人們並不知道自己處境的優劣(利弊得失),因此社會秩序得以設
計,包括權利、責任、政策,以及制度等(Rawls, 1971: 11-12)。進而,個人與社
會可以根據以下的正義原則評價他們的政策和制度,而以下的原則正是羅爾斯正義
論的核心,也是可以做爲公務倫理直接導引的方針:

第一,每一個人擁有平等的基本自由權利。

第二,社會與經濟的不平等,以如下的兩個次原則予以調處:1.促使劣勢者獲
得最大利益;2.獲得地位與職位的機會應向所有人平等開放(Rawls, 1971: 302)。

羅爾斯認爲以上的兩項原則,適用於社會的基本結構,它們導引了權利和義務
的賦予,並且約束社會與經濟利益的分配。首先,在第一項原則方面,就實務上的
應用而言,即公民的基本自由權,諸如言論自由、私有財產權、法治之下的人身自
由權等,此些權利皆應基於第一項原則獲得保障,亦即在一個正義的社會當中,公
民對此享有平等的基本權利(Rawls, 1971: 61)。

其次,對於第二項原則,羅爾斯又稱之爲差異原則(difference principle)(*cf.*
Rawls, 1971: 75)。關於此一原則的應用,羅爾斯認爲應將之用於收入和財富的分
配以及組織的設計之上,在權威、責任或指揮鍊(chains of command)中運用差
異。他指出,收入和財富的分配無須平等,但必須使每一個人獲得利益,但在此
同時,權威的地位(positions of authority)和指揮的職務(offices of command),

應讓所有人皆有機會擔任。因此在實務上，人們可以透過職位對所有人開放此一原則，促成社會和經濟上的不平等，進而促使所有人皆能獲得利益（Rawls, 1971: 61）。

二、對義務論的評述

義務論對倫理道德的研究和理論建構之意義，大致可歸納為如下二端：

第一，著重先驗的方法（*a priori* method）而非經驗的方法（empirical method）——先驗「*a priori*」一詞是拉丁文，意指純粹邏輯推演而無事實根據，因此所謂先驗的方法就是研究時採取純粹邏輯推演的方法，而與經驗的方法相左。經驗的方法重視事實證據，或至少要有在經驗世界有印證的可能性。例如康德相信，道德理論的起點應在道德責任的理念分析，亦即義務論的主要內涵是道德觀念的探討以及人類理性抉擇之基本原理的辯護，對此經驗方法並不適用。換言之，康德主張，道德哲學不是經驗性的科學，有關於道德的論證並不能單純地從人類行為、情緒反應和社會實務的觀察中獲得（Hill, Jr., 2000: 227-228）。因為康德自認為他的研究主要在「發掘」（seeking out）和「建立」（establishing）道德原則（Kant, 1964: 392）。「發掘」意在呈現抽象的、基本的和全面性的原則，這些原則是人們平日道德思考的深層預設；「建立」則是進一步呈現這些原則如何理性地被接受和運用（Hill, Jr., 2000: 229）。此一發掘和建立道德原則的過程就是關於善念與責任觀的假定，本質上就是一種預先給定的價值，所以康德主張只能透過先驗的分析方法而不能使用經驗的實證途徑獲得此一知識。其次又如羅爾斯的正義論假定了一種無知的簾幕的狀態，認為此種狀態下人們並不知道自己的利益何在，所以可以建立一種公平的（fair）的社會秩序，因而發展出他所謂的二項正義原則，特別是第二項原則之一的差異原則，此亦為一種建立在先驗基礎之上的論述。

第二，道德的施為者（moral agent）[5]即是道德主體——康德認為，理性的人既是道德原則的遵從者也是締造者（Hill, Jr., 2000: 228-229）。意即人不但應該思考自己應盡的義務（道德），也應該自覺自己作為理性施為者所具備的自主性（道

---

[5] 施為者意即行動者（actor）。

德主體）。申言之，理性的施爲者必須將道德義務視爲無上命令，此時人便能夠遵循理性而不是個人的幸福和自利展開行動，亦即人們可以基於非工具性的理由做出抉擇。抑有進者，因爲理性施爲者相信道德義務是一種無上命令，因此遵守道德義務就不會是基於對外在的權威和傳統的屈服，也不會是因爲從眾媚俗，而是出自於個人的自主意識。最重要的是，義務論將人視爲道德主體，也就是將人視爲道德行爲的目的，不是將人視爲達成另一目的的手段，而得以避免流於工具主義。從羅爾斯的正義原則中亦明顯得見上述精神。目的論的功利主義主張最大多數人的幸福才是正義，而最大多數人的幸福意味著可能是以少數人的幸福爲代價，亦即最大多數人的幸福可能就是以其他一部份少數人爲手段所達成的目的。與功利主義相反的是，羅爾斯雖然承認社會與經濟的不平等乃無可避免，但是在此種不平等狀態下，他主張應該盡力促使劣勢者利益最大化，所以他採取的不是將居於劣勢地位者做爲手段以促成最大多數人幸福的策略，而是將每一個人都視爲目的，所以他也指出所有職位和地位應向所有人平等開放。

三、義務論對公務倫理的意義與啓發

　　義務論可說是稍後本書將要探討之實質理性的公務倫理的哲學基礎，意即在此觀點下，公共行政與治理不是實踐某種目的手段，而是其本身就應該具備道德性質，所以公務倫理並不只是確保或促使各種治理作爲實現特定價值的外在規章和典則，而是各種治理作爲本身就是道德原則的體現、就是倫理的行動。於此處，作者先扼要歸納義務論對於公務倫理建構的意義和啓發：

（一）公共治理應遵循普世的道德原則

　　簡而言之，義務論對於公務倫理而言，它的意義在於主張：符合道德原則的行動就是政府應該採取的作爲。論者指出，根據目的論的精神，公共行政人員決策與行動的思維過程大致如下（Geuras & Garofalo, 2005: 61; 93）：

何種原則適用於此一個案？
此一原則能夠一致性地適用於此一個案與其他相似個案嗎？

此一原則可能被做為行為的普世原則嗎？

何種行動模式可以做為將所有人自身視為目的之理念的最佳典範？

何種行動模式可以做為最佳典範，而其能夠促進一種由負責任的與自由的人們所組成之社會，在此社會中人們的目的在相互促成彼此的目的，而不是相互掣肘。

根據義務論的哲學，人們在行動與決策時會產生如上所述的思維過程，因此所謂符合倫理的公共治理將會以道德原則為圭臬，亦即根據道德原則所採取的各種作為將是符合倫理的公共治理之內涵。從宏觀的層次論，公務倫理體系建構之重點在於確定何謂普世的道德原則，俾以做為政策制定的價值基礎；從微觀的層次論，個別公共行政人員符合倫理的行政行為，其主要內容在確定和適用道德原則於具體的個案之上。

舉例而言，殺人如果是一種違反道德原則的行為，而此種道德原則普遍適用於所有人和組織，政府自不例外，亦即政府也不應該殺人，則廢除死刑便是政府應該採取的作為。今日社會常見的許多社會福利與救濟政策，多半都蘊含著義務論的色彩，誠如救濟弱勢在今日社會被視為是一種符合社會正義的道德原則，因而可見今日政府多有制訂相關政策並採取實際作為以呼應此一原則者，具體的作法諸如：殘障專屬停車格的設置、身障人士就業名額的法制保障、為原住民族舉辦國家特種考試、對低收入戶提供生活補助措施等。以上事例可以說就是義務論所引導的公務倫理作為，因為它們主要是以某一種道德原則作為制訂政策以及採取行政措施的依據，而不是以政策與行政措施所帶來的結果為依據。

不過，義務論在當代公共治理的實務應用上，的確也有所限制，茲扼要敘述如下：

第一，普世法則是否真的存在？便是一項備受爭議的課題（Denhardt, 1988: 47）。

第二，作為一種政策決策的倫理標準其說服力可能遭致懷疑。義務論不重視結果的特質，對於強調科學和經濟效益的現代政府及其決策者而言，顯然說服力較低。

第三，義務論可能導致政策決策者必須承擔較高的風險。以目的論而言，目的是一種預期的結果，目的論的公務倫理作為乃是以可能發生的事實或現在正在發

生的事實爲依據，準此，現代政府在政策規劃過程中，以科學方法對可能結果所進行的預測通常就是決策的重要基礎，再加上對預測之結果進行經濟效益評估，決策者因此所冒的風險和代價相對減低。相反地，義務論重視行動本身所依循的道德原則，即所具備之善的本質，而並不重視行動之結果，它顯然要政策決策者承擔較高的風險。

　　由以上說明可見義務論的道德哲學雖然普遍地體現在公共治理的實務運作上，但仍有某種程度的限制。

（二）公共治理蘊含著人文關懷的性質

　　許多行政學者認爲，羅爾斯的正義論對於公共行政的倫理行動可以產生重要的導引作用（*cf.* Harmon, 1981: 86-90; Denhardt, 1988: 46）。事實上，羅爾斯的正義論做爲一種規範性的論述，對於政策制訂的實務有其應用性，例如在從事政策方案的抉擇時，依據差異原則，決策者可以從諸多方案中選擇那些對劣勢者最爲有利者加以實施；甚而在從事政策規劃之初，政策決策者依據差異原則，就可以朝對處於劣勢的政策利害關係人最有利的方案內容進行設計。而此種思維透露著將公共服務和治理視爲是一種人文關懷的事業，而不只局限於公共資源分配的功能而已。

第三節　二種道德哲學在公務倫理的體現

　　在本章之中介紹了二種關於行動的道德哲學及其對於公務倫理的意義，它們各有特色並對於公務倫理知識與實踐產生實質影響，而上述的分析也可一窺各家觀點的限制，本節將說明二種道德哲學如何應用於公共治理與服務的決策實務。

一、二種道德哲學的研究取向對公務倫理建構的影響

　　目的論與義務論皆著重於界定道德行動的依據，而根據前述對於二種道德哲學及其對公務倫理意義的分析，以下整體歸納二種道德哲學的特色以及這些研究取向對公務倫理建構的影響。

（一）目的論和義務論是公務倫理領域中引人爭議的課題

由於目的論與義務論二者的觀點相異，甚至相當程度上彼此衝突，因此成為公務倫理領域中備受爭辯的議題。意即，各種治理作為究竟應該依其（預期）結果決定其是否為道德行動？還是依其行動是否符合道德原則判定其為道德的行動？迄今仍是學界頗引人關注的課題，同時也是在實務上經常導致公共行政人員產生道德或倫理衝突的主因。

（二）目的論和義務論為建構公務倫理系統提供了較具實用性論述基礎

不論是目的論還是義務論都將重點置於道德和倫理行動的依據和標準，所以一方面它們可以為各種治理作為設定符合倫理的標準；另一方面，因為此二種道德哲學並不在探討人性，因此對於公務倫理體系建構的影響就不僅止於個體層次，還可以延伸至宏觀政策層面。亦即，目的論與義務論可以提供檢驗公共行政人員個體行動的倫理指標，也可以用來評估政策所具備的倫理意涵。所以，它們頗具實用性。

二、二種道德哲學在公共治理與服務中的應用

目的論與義務論實際上早已為公共治理的實務作為提供指導的作用，關於二者的實際運用並沒有絕對性，亦即公共治理的決策者或執行者總是視情境、政策作為以及對象之不同去決定應該採取何種觀點以評價行動的倫理性。換言之，即便是同一個行動者，在不同的情境下，也可能採擇不同的道德哲學作為其行動的依據，只是行動者通常不一定意識到自己行動的依據為何而已。總之誠如直觀論和德行論，目的論與義務論在某些研究公務倫理的學者眼中看來，其實是可以兼容於公共治理和服務之中，應視具體情境採擇運用（*cf.* Cooper, 2006; Denhardt, 1988; Geuras & Garofalo, 2005）。以下引用電影「Unthinkable」（2010）（台灣片商譯名《戰略特勤組》）的故事為例，說明二種道德哲學在公共治理中的應用。

（一）思考電影「Unthinkable」劇情中的倫理困境與抉擇

1. 故事簡述

穆斯林狂熱主義者楊格（Steven Arthur Younger）宣稱自己在美國三個大城市各放置了一枚定時引爆的核彈（電影最後揭露有四枚核彈），官方估計核彈爆發後

將造成上千萬人喪生。在美國聯邦政府收到楊格所拍攝的威脅影片並經專家研判此一威脅的眞實性後，最高當局下令由軍方、聯邦調查局（以下稱FBI）和中央情報局（以下稱CIA）組成專案小組進行逮捕嫌犯以及解除危機的任務。CIA的主角人物爲審訊專家韓福瑞（Henry Harold Humphries），而FBI的主角人物則爲恐怖活動經驗豐富的探員布洛迪（Helen Brody），當楊格落網後便由韓福瑞主責審訊，布洛迪負責根據嫌犯在審訊過程中透露的蛛絲馬跡研判核彈的放置地點。

審訊專家韓福瑞的專長爲何？就是使用各種慘無人道的手段迫使嫌犯供出犯行的確切資訊。但是，當布洛迪初次目睹韓福瑞所施展的手段後，即大聲抗議：美國是一個法治且尊重人權的國家，身爲政府官員的我們不應該以如此違反人權及憲法、法律的方式對待楊格，要求上級立刻下令停止韓福瑞的酷刑，即便楊格放置了三枚核彈且將造成上千萬人喪生。不過，核彈引爆在即而且後果嚴重，最高當局授權韓福瑞採取必要手段。

經過韓福瑞連番的酷刑拷問，楊格幾乎已體無完膚（10根手指都沒了）卻仍堅不吐實。眼看楊格體力耗盡、精神瀕臨崩潰，布洛迪便展開溫情攻勢，認爲應該可以有所收穫，於是她制止韓福瑞繼續審問，而由她進行柔性勸說。不料楊格只是爲了換取休息時間，向布洛迪透露了一個假訊息——一枚核彈的放置地點，布洛迪率隊親赴現場，結果不但沒有發現核彈的蹤跡，反而是目睹了一場距該地點十分接近的一家商場炸彈（非核彈）爆炸慘劇（楊格預先安排的戲碼），造成50多人喪生。隨後，楊格告訴布洛迪：「妳不是要我提出證明嗎？這是告訴妳，我是玩眞的」！此令一向主張不應以非人道方式對待楊格的布洛迪感到十分憤怒，內心開始懷疑：對待楊格這樣的魔鬼，自己還應該繼續堅持一向主張的道德原則嗎？反觀韓福瑞，他一向主張用一個人的人權作爲代價，但能拯救千萬人的性命，非常划算！

隨著時間流逝，距離核彈引爆的期限愈來愈近，韓福瑞用了各種殘酷手段，楊格口風卻始終未曾鬆動。此時楊格的前妻以及兩個小孩被找到了，當局隨即將她們帶往專案小組現場。布洛迪在審訊楊格的前妻後，認爲她雖不可能涉案，但可以勸說楊格迷途知返。楊格面對前妻聲淚俱下的勸說時，仍然不爲所動，此時韓福瑞則要求上級授權讓他當著楊格的面對其前妻施以酷刑，動搖楊格的意志，迫使其供出核彈放置地點。但布洛迪極力反對，因爲楊格前妻何辜之有。在場多數人也反對韓福瑞此一想法，而且在韓福瑞想要對楊格前妻動手前將他制止，不過就在眾人稍不

留神之際，韓福瑞手中的一把外科手術刀劃過了楊格前妻的頸部，楊格親眼目睹他的前妻血流如注當場斃命，極度悲痛。而眾人則大為吃驚，韓福瑞真的沒有底線！韓福瑞以實際行動向楊格傳遞一個訊息：「我也是玩真的！為了讓你招供以挽救千萬人的性命，犧牲你楊格前妻的一條命，算不了什麼！」接下來，韓福瑞提出了一個令眾人更感驚悚的要求：「把楊格的兩個小孩帶來」。

在專案小組現場的最高當局聯絡人、軍方人士和布洛迪等人，在韓福瑞冷酷地殺了楊格前妻後，都對韓福瑞的決心和手段心驚膽顫，當然不同意韓福瑞的想法，不願讓韓福瑞碰觸楊格的兩個小孩。可是韓福瑞說：「我只想恐嚇楊格，請你們配合演出，必須讓楊格相信我們的決心，才能讓他鬆口，他的小孩是我們最後可用的招數了，我不會真的去傷害小孩！」事實上，眾人也認為已無其他辦法可用，所以同意了楊格的建議。當小孩被帶進審訊室，楊格隔著玻璃眼見自己的小孩將遭韓福瑞的毒手摧殘，再加上稍早才親眼目睹前妻的慘劇，使他不得不相信韓福瑞真的會對他的小孩下手，楊格便一一供出了三枚核彈的放置地點，專案小組立即聯絡當地治安單位進行查證。可是在查證的過程中，韓福瑞卻出乎眾人意料地把審訊室的門反鎖了，不讓任何人進去。此時專案小組人員大為吃驚，要求韓福瑞立刻開門放了小孩，但韓福瑞說：「楊格自始宣稱他放了三枚核彈，但是一定還有第四枚」，說完作勢就要對楊格的小孩下手，布洛迪則是對韓福瑞高喊：「如果要以犧牲楊格小孩的性命換取第四枚核彈的下落，不如就讓核彈爆了吧。不要忘記我們是人！」

幸而專案小組人員及時破門而入，將韓福瑞壓制在地、救了小孩。

（劇情至此尚未完全結束，因與本文無關，不再贅述之。）

2. 二種道德哲學導引的倫理思維在劇情中之體現

以下說明根據二種道德哲學，以前述電影為例，公共行政人員的倫理思維。

（1）目的論的作用

根據目的論的哲學，個人進行倫理判斷時之思維可能提出如下命題（Geuras & Garofalo, 2005: 61; 93）：

我所採取之行動的結果為何？
我所採取之行動的長期效應為何？

我所採取之行動是否可以提升最大利益？

在上述例子中，韓福瑞的行動即屬目的論的範疇。他採取行動時的思維可以上述幾個命題理解之：我對嫌犯楊格施以酷刑是不是可以獲得核彈放置的確切地點？一旦知悉核彈放置地點能夠拯救多少民眾生命？我所施用的手段能不能及時讓三個城市的危機都能獲得解決？我的所作所為是不是有助於苟利國家社稷和確保民眾安居樂業？

（2）義務論的作用

根據義務論的哲學，個人進行倫理判斷時之思維可能提出如下命題（Geuras & Garofalo, 2005: 61; 93）：

何種原則適用於此一個案？
何種行動最能彰顯對待所有人為目的之理念？
何種行動最能促成一種由負責與自由的人們所構成的理想社會？

在前述電影劇情中，布洛迪的行動便屬義務論的範疇。她採取行動時的思維可以上述幾個命題理解之：政府和身為政府官員的我們可以剝奪嫌犯的人權以換取必要資訊嗎？對楊格施以非人道的酷刑能夠彰顯我們自詡為尊重自由和人權的建國理念嗎？犧牲楊格無辜的前妻和小孩以迫使他供出核彈的確切地點，等於將楊格的前妻和小孩當成工具，此種做法應當嗎？社會全體的利益應該優先於個體的利益嗎？亦即犧牲少數生命以維護多數生命，是否符合將人視為目的的理念？最高當局的指令、專案小組領導和其他成員，以及韓福瑞與我的種種作為，是否違背了美國自詡成為由負責任與自由的人們所構成之理想社會的理念？

3. 值得進一步深思的倫理議題

以目的論和義務論的角度思考上述個案，可以進一步深思如下的倫理議題。

（1）在目的論方面

最高當局、韓福瑞以及專案小組一直相信楊格的核彈威脅的真實性，而且施以各種嚴酷手段致力迫使楊格供出核彈放置地點，但如果楊格只是個精神異常的瘋

子，最高當局、韓福瑞以及專案小組採取的行動還會有絲毫的正當性嗎？換言之，目的論本質上是以行動的結果決定行動本身的是否合乎倫理，但其限制就在於人們總是僅能預測而不能確定行動的結果。

（2）在義務論方面

布洛迪堅信政府以及政府官員不應該採取違背憲法、法律和人道精神的行動，但對遭受核彈威脅的民眾而言，他（她）們的生命安全的保障也是政府責無旁貸的使命。換言之，當布洛迪大聲疾呼：「如果要以犧牲楊格小孩的性命換取第四枚核彈的下落，不如就讓核彈爆了吧。不要忘記我們是人！」她對於道德原則的堅持能夠獲得即將因核彈爆炸而喪命的孩子以及他（她）們的父母認同嗎？

（二）思考「軌道電車難題」（Trolley Problem）之中的倫理困境與抉擇

「軌道電車難題」是一個倫理學的思想實驗，其由英國哲學家富特（Philippa Foot）在1967年首次提出。爾後在1996年，學者湯姆遜（Judith Jarvis Thomson）、安格（Peter Unger）、侃牡（Frances Kamm）等人重新提出這個難題，使它更加廣為人知。在哲學與倫理學的領域外，心理學、認知科學與神經倫理學（Neuroethics）都對於這個難題很感興趣。

1. 故事簡述

（1）故事原版

此一難題的故事內容大致是：假設您是軌道電車的駕駛員，不巧您所駕駛的軌道電車發生故障而無法使之停下來，並且即將撞上前方軌道上的5個檢修工人，他們根本來不及逃生，除非你改變軌道。但是，還有另一個選擇：前方有轉轍器及道岔，可使列車轉向進入一條備用軌道，但是備用軌道上卻有1個檢修工人。以下就是這個故事所要提出的問題：

是否可以犧牲備用軌道上一個人的生命而拯救另外五個人呢？
請回答是或否。

（2）修改版本

　　另一個較爲出名修改版本可以提供人們不同的思考角度，但其相同之處仍在於抉擇標準的競爭，故事敘述如下：

　　你站在天橋上，看到有一輛刹車損壞的電車正在行使。但是軌道前方，有五個正在工作的人，他們並不曉得電車正向他們疾駛而來、大難臨頭。此時一個體重很重的路人，正站在你身邊，你發現他的巨大體形與重量，正好可以擋住電車，讓電車出軌，不致於撞上那五個工人。以下是這個修改版本所要提出的問題：

　　你是否應該動手，把這個很胖的路人從天橋上推落，以拯救那五個工人，還是應該坐視電車撞上那五個工人？

　　請回答是或否。

2. 二種道德哲學導引的倫理思維在此難題中之體現

　　此一道德難題和倫理困境涉及人們對群體利益和個體利益之間的取捨，因而牽動道德哲學中目的論和義務論的抉擇標準。當此難題的條件改變時，上述抉擇標準的變動就會浮現。例如將故事原版中的主軌道或備用軌道上檢修工人之人數進行調整予以增減；或者是將主軌道上的人由檢修工人改變成逃亡的罪犯，或是進一步將罪犯的罪行作爲變項進行調整；或是將主軌道上的人由檢修工人的身分改變成受測者的親人等等。再者就修改版本而論，也可以調整天橋路人的身分角色，例如界定他爲十惡不赦的著名通緝犯，或是成就卓越的之著名相撲選手，甚至也可將路人的身分界定爲受測者的親人。透過調整上述變項進行實驗，可以發現受試者的抉擇有所變化。

（1）目的論的作用

　　根據目的論的哲學，個人進行倫理判斷時之思維可能提出如下命題（Geuras & Garofalo, 2005: 61; 93）：

　　我所採取之行動的結果爲何？
　　我所採取之行動的長期效應爲何？
　　我所採取之行動是否可以提升最大利益？

以故事原版爲對象，帶入上述思考過程，決策者的思維可能如下：

　　我不轉換軌道或者是轉換軌道，將會導致多少人喪生？什麼人喪生？
　　我不轉換軌道或者是轉換軌道，將會導致對我個人、社會及喪生者家屬的後果是什麼？
　　我不轉換軌道或者是轉換軌道，兩相比較何者將會導致最大的利益？

以修改版本爲對象，帶入上述思考過程，決策者的思維可能如下：

　　我不推路人或者是將路人推落軌道，將會導致多少人喪生？什麼人喪生？
　　我不推路人或者是將路人推落軌道，將會導致對我個人、社會及喪生者家屬的後果是什麼？

（2）義務論的作用

　　根據義務論的哲學，個人進行倫理判斷時之思維可能提出如下命題（Geuras & Garofalo, 2005: 61; 93）：

　　何種原則適用於此一個案？
　　何種行動最能彰顯對待所有人爲目的之理念？

以故事原版爲對象，帶入上述思考過程，決策者的思維可能如下：

　　我不轉換軌道或者是轉換軌道，能不能符合我的信仰？我自小所受到的道德教化？（此不一定是明顯的思考分析過程，而是一種潛移默化的影響）
　　我不轉換軌道或者是轉換軌道，是否已經愼重考量了人命關天的課題？

以修改版本爲對象，帶入上述思考過程，決策者的思維可能如下：

　　我不推路人或者是將路人推落軌道，能不能符合我的信仰？我自小所受到的道德教化？（同上述，此不一定是明顯的思考分析過程，而是一種潛移默化的影響）

我不推路人或者是將路人推落軌道，是否已經慎重考量了人命關天的課題？

3. 此一倫理實驗的一般發現

綜合言之，就理論上而言，若是採取目的論的角度，其主張追求對最大多數人的最大效益，著眼於行動的後果，故會傾向應該犧牲少數人來拯救多數人。因此，在上述兩個版本的思想實驗中，都應該要犧牲一個人，來拯救五個人。其次，若是從義務論角度而言，其主張道德應該建立在必要的義務責任上。如果不可以殺人是一種道德義務，在上述兩個版本的思想實驗中，都不應該動手，讓一個人犧牲，即使這個行為的後果是犧牲五個人。

而心理學的實驗結果大多呈現如下[6]——

第一，面對故事原版敘述的狀況時：大多數人在面對故事原版敘述的狀況時，即單純的都是檢修工人的條件下，受測者多半認為可以切換軌道，讓電車只撞上一個人。多數人在此狀況中，會傾向採取目的論的抉擇標準。

第二，面對修改版本敘述的狀況時：大多數人不會選擇自己親手將路人推下天橋，讓電車出軌，以拯救軌道上的五個人。多數人在此狀況中，會傾向採取義務論的抉擇標準。

第四節　倫理是以道德修養為基礎的判斷與選擇

不同的道德哲學皆可以對公務倫理實務起著導引作用。尤其是目的論與義務論二者的爭辯，在某些研究公務倫理的學者眼中看來，其實是可以兼容於公共治理和服務之中，而在實務上也是如此，它們總是視具體情境被採擇遵循（*cf.* Cooper, 2006; Denhardt, 1988; Geuras & Garofalo, 2005）。

公共行政人員和政策決策者對於各種施政作為的道德判斷，也可能是四種道德思維綜合作用的結果。申言之，人的思維和心理過程非常複雜且具高度動態性。

6　請參考：http://zh.wikipedia.org/wiki/%E6%9C%89%E8%BD%A8%E7%94%B5%E8%BD%A6%E9%9A%BE%E9%A2%98。檢索日期：2015年5月25日。

對於一件事情的決策，通常歷經繁複的內心轉折，並且人經常會隨著時空局勢的改變，轉換運用不同的思考邏輯或判斷標準，而在內心「比較」、「排序」這些不同的道德判斷標準。當然此處並非否定或漠視成見、意識型態、信仰等對於個人決策和判斷的影響力，只是指出人的道德倫理思維並不是一種一成不變的過程，而且每一個人受到其成見、意識型態、信仰左右的程度並不一致，所以「個人受制於其成見、意識型態和信仰『經常傾向於』某種特定的道德判斷與抉擇，但可能不是『永遠』做出某種特定的道德判斷與抉擇」；又或許，個人的成見、意識型態、信仰的主要影響，就是體現於道德判斷與抉擇的「轉折過程」。

從第一章以及本章的析論以發現，當政策決策者和公共行政人員從事決策與採取行動時，可以採取各種道德哲學的立場進行倫理判斷，然究竟孰優孰劣？作者認為，所謂客觀絕對的標準似乎並不存在。而且通常就是由於客觀標準難以確立，導致公共行政人員或政策決策者陷於倫理衝突的困境。公務倫理相關文獻或教科書對於倫理衝突多有探討，但解決之道似乎就只有視具體情況做出適當抉擇。

舉例言之，在實務上就經常可以看見這樣的決策，當空軍飛行員發現其所駕之戰鬥機發生故障，即將墜毀。他向基地回報事故發生，上級命他跳傘逃生，但飛行員發現若是跳傘逃生將使飛機墜落於人口密集之區域，因而選擇勉力將飛機駛向山區，但終將失去跳傘時機而陣亡。諸如此類故事太多，本書無法一一敘述藉此說明，行政倫理之抉擇經常要視實際情況而做成，也因此法規常有裁量之空間。為免造成較多傷亡此一抉擇本身其實同時蘊含著目的論和義務論的標準在內，只是程度不同，此一抉擇又涉及到飛行員的個人道德修養以及短時間內必須做出判斷道德直觀，所以此一過程乃是是揉合著各種道德哲學之蘊義於其中，無法一一切割。

據此，作者的提出以下一種嘗試性的拙見：

1. 公共行政人員或政策決策者應該採取多元思維，意即可以將不同道德哲學所提供的觀點一一對個案進行分析；

2. 將前述分析所得，併同個案特性與時空情境一一比較，選出較為當的倫理判斷依據。

3. 各種道德判斷和採擇在本質上是個人內在心智活動，換言之，一項倫理行動其內容為何以及能否持續其實是個人的道德修為之投射。

以上建議採取多元思維並審酌個案特性只是一種方法或思考方向，因為個人的

道德判斷和倫理行動仍可能受制於制度結構。其次,道德判斷和倫理行動是一種藝術成分高於科學理性的心智活動,也因此道德判斷能力與倫理行動的培養不能脫離心靈的修練,而且居公務體系位階愈高者,此種心靈修練愈是重要。

自我評量

一、請說明三種觀點之目的論的內涵。

二、試評價目的論的優點與限制。

三、試述目的論對公務倫理的意義與啓發。

四、請說明義務論的意義。

五、請說明康德無上命令的義務論觀點。

六、請說明羅爾斯正義論的義務論觀點。

七、試述義務論對公務倫理的意義與啓發。

八、試析述目的論與義務論二種道德哲學對公務倫理建構的影響。

九、請舉例敘述目的論的倫理思維在公共治理與服務中的體現與應用。

十、請舉例敘述義務論的倫理思維在公共治理與服務中的體現與應用。

十一、請舉例申論不同道德哲學是否可以兼容並蓄於公務倫理體系以及公共治理與服務實務當中?

學習目標

◎瞭解管理主義的人性論
◎瞭解管理主義之人性論的倫理問題
◎瞭解施爲觀點的人性論
◎瞭解施爲觀點之人性論對公共行政人員的倫理意涵
◎瞭解以施爲觀點爲基礎的宏觀倫理思維與實踐行動
◎瞭解兼重外控與內省的行政倫理較符合人性需求

前 言

　　本章將以道德直觀論與德行論爲哲學基礎探討公共行政人員的人性論，意即以肯定人性中具備某種道德本質（不論先天還是後天）做爲起點，看待公共行政人員爲有能力主動且眞誠地採取倫理行動的主體，而不一定總是基於制度的約束或是出於自利的算計才被迫（動）採取倫理作爲。所謂人性論是對於人性的哲學探討，例如孟子主張人性本善就是一種人性論。人性論也可說是對於人性的假定（assumption），而所謂假定就是無須以科學證據加以證實的命題，通常一套理論可能要以某幾條假定爲基礎，然後再做進一步發展和推論，例如經濟學就是奠基於理性人的假定，理性人也就是經濟學之中的人性論。

　　本章所謂管理主義（managerialism）意指一種信念：相信對於公共行政的理解僅需採取管理的途徑爲之，公共行政的改革唯賴管理技術的精進，並將公共行政的內涵等同於公共管理。質言之，公共行政之管理主義意味著，公共行政所面臨的困境，乃是肇因於公共組織與政策「管理」不善所致，因此解決之道在於管理思維

的轉換和管理技術的精進之上。易言之,管理主義將主要焦點置於手段之上,即使涉及價值和思維的層次也僅是工具理性,並不針對手段所欲實現之目標本身進行反思。進而,在管理主義的觀念之下,公共行政的重心乃是如何以理性的規劃和效率的控制爲手段,強化公共組織與政策之管理的內涵與效果,以解決實務上的困境。並且,管理主義的支持者相信,公、私部門在達成目標的手段上,並無二致,所以公共行政所運用的知識和工具,可以全盤師法企業。

以下先從反思管理主義之人性論對於公共行政人員可能造成的扭曲爲起點,進而提出一種較符合於道德哲學之直觀論和德行論的人性論假定,以重新定位公共行政人員的角色,最後根據前述觀點勾勒公共行政人員應採取的宏觀公務倫理思維與實踐行動。

第一節　管理主義的人性論及其反思

公共行政主流論述源於政治與行政分離論,而政治與行政分離論所引導的行政論述又可稱爲管理主義。歸納管理主義的人性論對於公共行政人員的看法,不外乎立於二種觀點之上:一爲將行政人員「去人格化」(impersonalization)(或「去人情化」(impersonality)),認爲制度環境決定人在組織中的角色與性格,此即命定論(determinism);一爲將個體與整體分割,視個體純粹以自利做爲行爲動機,此即原子論(atomism)。以下先說明二種人性論的意義,然後指出它們所引導的倫理思維與實踐行動,進而反思它們的限制。

一、管理主義的人性論:命定論與原子論

(一)命定論

所謂命定論意指人的行動完全由制度結構與環境所決定,個體即便具有自主意識卻仍難改變客觀的環境。依照哈蒙(Michael M. Harmon)在其《公共行政的行動理論》(*Action Theory for Public Administration*, 1981)一書中所述,此屬於

被動一社會的自我（passive-social self）之觀點（Harmon, 1981: 40-41）。因為，此種觀點假定了公共行政人員的行動，完全由制度結構所決定，是以，在理論方面，知識的旨趣在於追求良好的制度結構之設計，期能藉由此一設計，導引正確而且適當的行政行為，進而達成更高層的目標之實現。換言之，行政的論述本質上全然採取工具主義（instrumentalism）[1]的思維，不必涉及實質理性的探討。在實務上，嚴密的控制與監督，成為遏止行政人員不當行為以及確保行政效率的良方。亦即，此種觀點預設了公共行政人員消極、被動的性格，傾向於麥克格理格（Douglas McGregor）所謂的X理論的管理模式。X理論的管理模式主要的內涵為：

1. 行政人員內心之中皆厭惡工作，並會設法逃避之；
2. 因為行政人員不喜歡工作，故必須以懲罰的手段，強迫、控制或威脅他（她）們朝向組織目標工作；
3. 大多數的行政人員會逃避責任，並希望聽命辦事即可，不願承擔責任；
4. 他（她）們胸無大志，但求保持現狀（*cf.* 李茂興等，1994：74）。

（二）原子論

所謂原子論意指，在邏輯上自我的存在先於社會互動，並且個體可以獨立於社會互動之外，整體等於個體之加總，整體並無個體所不具備的特性。抑有進者，在社會系絡當中，個體可以「完全自由」決定是否加入或退出制度結構。在此觀點之下，所謂的制度結構基本上乃是個體行動的總和（Harmon, 1981: 41）。同時此一原子論之個體其行動乃是以自利最大化為動機，其實就是經濟學理性人的假定。是以個體加入整體是因為有利於自我利益最大化的目的，因此個體與個體之間，並不會產生如同現象社會學（phenomenological sociology）學者許志（Alfred Schutz）所稱之「我群關係」（we-relation）[2]（*cf.* 盧嵐蘭，1991），也不會有政治學社群主義（communitarianism）所強調的「社群意識」（sense of community），當然更不存在行政學者懷德（Orion F. White）所言之人與人或是民眾與政府之間的協同合作（collaboration）[3]關係（*cf.* White, 1990: 196-197），進而亦不容易孕育行政學者史蒂芙（Camilla Stivers）所主張之積極主動的公民意識[4]（*cf.* Stivers, 1990: 246-

---

[1] 將一切人事物視為達成目標的手段，只考慮它們在達成目標的過程中可以發揮的效用。
[2] 個體之間彼此認為同屬社會整體的一分子的一種情感。
[3] 人與人致力合作促成某一件事。
[4] 作為公民自覺對社群整體負有責任。

273）。最後，由於原子論採取了自利個人主義的假定，所以其對於社會關係的理解就是採取功利主義式的工具性組合為其觀點（Harmon, 1981: 41）。

二、管理主義之人性論基礎上的倫理原則與實踐行動

在上述觀點之下，公共行政人員的角色界定和倫理思維及其實踐行動呈現如下的特徵：

（一）行政中立意味價值中立

傳統公共行政蘊含價值中立的屬性，因而其重視公共行政人員在治理過程保持超然、中立的能力（Denhardt & Denhardt, 2003）。雖然，在新公共管理的觀點之下，公共行政人員在治理過程中，雖然不免要調和政治的衝突，但對於價值仍應保持超然、中立的立場。

（二）公務倫理焦點在於服務傳輸的控管

由於公共行政的範疇被界定為就是服務傳輸，因此傳統公共行政認為，最佳的組織結構為集權的官僚體制（Denhardt & Denhardt, 2003）。因此，公共行政人員的倫理行為，乃是在層級節制體系當中恪遵上級的命令，並將依法行政作為主要的衡量標準。其次，新公共管理也將焦點集中於服務的傳輸之上，但修正官僚體制嚴密層級控制的缺失，其認為最佳的組織為分權的結構和程序設計。因此，公共行政人員的倫理行為乃是在較大的裁量權之下，有效率地滿足顧客的需求，亦即，成果與績效成為衡量的標準之一。

（三）公共管理就是忠誠執行政策

所以，公共行政人員在政策制定的過程中並非核心的要角，他（她）們的任務就是管理政策的執行（Denhardt & Denhardt, 2003）。易言之，公共行政人員被視為只是公共目的之有效率的執行者，忠誠地執行政策便是合乎倫理的行為。而在新公共管理的觀念之下，雖然引進了市場機制、不斷創新、調和政治衝突等觀念和實務。公共行政人員的角色乃是公共經理人，並非憲政過程的參與者，忠誠地執行政策似乎仍為倫理行為的唯一標準。

（四）公共行政偏重於以經濟效率為基礎的工具價值

　　所謂工具理性是追求達成目標之手段的理性思維，基本上就是經濟效率的衡量，而實質理性追求的是目標本身的合理性，例如目標本身是否符合公平正義的性質。在管理主義的思維下，公共管理最重要的基礎價值是達成目標之手段的經濟效率性，所以它著重的是工具價值並非實質理性的價值。

三、反思管理主義的人性論

　　以下就前述兩種人性論之下的倫理思維與實踐行動的限制，進行扼要地反思。

（一）價值中立所呈現的弊病

　　命定論和原子論，皆傾向於將公共行政人員視為價值中立的個體。價值中立要求公共行政人員進行政策分析與規劃時，扮演如同科學家的角色，不應受到個人主觀信念的干擾，而做出不客觀的政策建議。然而價值中立卻也可能導致一種負面的效應，即公共行政人員缺乏道德意識和人文思考。雖然以客觀的科學方法從事政策分析在釐清公共問題以及提出對策時有其必要性，但另一方面，在各種政策方案中進行選擇，往往不僅是一種理性的評估也涉及價值判斷與道德抉擇。換言之，各項政策方案的成本效益可以運用科學和客觀的評估技術取得，但欲就各項政策方案做出抉擇時，則科學和客觀的方法不一定能夠勝任，因為政策抉擇時必須衡量各項方案對不同政策標的人口造成的結果與影響，更重要的是，還必須思考這些政策結果與影響是否符合社會公平正義。

　　價值中立無疑是要求公共行政人員忽視關於政策方案是否符合公平正義的價值判斷。舉例而言，弱勢團體與強勢團體的競爭實力相去太遠，而公共行政人員視若無睹的結果，只會導致公共行政淪為弱肉強食的過程。亦即，在從事政策規劃時，公共行政人員若缺乏價值判斷和道德思考，只是單純地根據成本效益分析結果提供決策建言的話，那麼將可能導致弱勢團體被邊緣化，其權益將永遠是競爭社會中遭到淘汰的一方。由此觀之，要求公共行政人員價值中立可能導致社會不公，價值中立則可能淪為實質的價值走私（向競爭力強勢者的價值傾斜）。

（二）公共行政人員不應只是工具性的角色

不論是去人格化還是原子論的自利個人主義，皆傾向於將公共行政人員視為工具。在去人格化的觀點之下，公共行政人員在制度結構之中其自主意識完全遭到漠視。而在原子論的自利個人主義之觀點下，其自主意識又被轉化成為自利動機。因此，公共行政人員被視為基於某種誘因而從事行政行為，進而利益交換成為公共行政的本質。新公共管理以自利個人為基本假定，建構其論述的內涵，具有以下理論上的困境：自利傾向的公經理人和公共企業家，致力提升行政績效、滿足顧客之需求的誘因為何？事實上，公共行政與企業管理本質並不相同[5]，其未必能夠如同企業一般提供自利的經理人和企業家，適當和充分的誘因[6]，那麼新公共管理在論述的邏輯上，顯然出現了如後的弔詭：其一方面，假定了公共行政人員為追求自利的個人；但另一方面，又一再鼓吹公共行政人員應該不斷力求創新、變革，以符合顧客導向的理念，然而，在缺乏適當和充分誘因的情況之下，這些公經理人和公共企業家如此戮力以赴的貢獻精神，未免與自利個人的假定格格不入。

綜合而言，在前述兩種觀點之下，公共行政人員皆為達成政策目標的工具，除此之外，並無其他的內涵。事實上，公共行政人員一方面必然受到制度結構的規範，另一方面除了自利的動機之外應該還有利他的觀念。若是一套行政論述無法彰顯公共行政人員的倫理意識，以及強化行政行動之道德意涵的話，此種論述之下僅具工具思維的公共行政人員，將不可能反思其行動所欲達成之目標的意義以及其是否符合道德標準。盱衡歷史，二次大戰期間納粹德國屠殺600餘萬猶太人或是侵華日軍在中國南京的大屠殺，正是缺乏道德反省能力的工具思維所導致的暴行。

（三）造就消極被動的技術官僚

原子論的自利個人主義思維傾向，很可能進一步地造就批判論者所詬病的「技術官僚」（technocrat）。所謂技術官僚存在著如下的數種弊端，限縮了公共行政人員在治理過程中施展作為的潛力（cf. Parkin, 1994: 67-77）：

第一，創新能力受限—技術官僚講求事實但無法容忍模糊的目標，所以只能接

---

5 公共行政的目標在於實現公共利益，企業管理的目標在追求私人的利潤。

6 舉例言之，私人企業可以藉由員工入股分紅的方式，激勵員工提高生產力。但是，公共組織的任務為公共服務，所有的制度設計皆以此為主軸。因此，如何能夠像私人企業一樣，將更多的預算納入公共行政人員的所得？即便可以將績效獎金提高，其空間亦十分有限。

受可以明確計算的得失，而不能忍受人類行動的複雜性與曖昧性（因爲其所抱持的科學信念所致）。因而技術官僚可能缺乏想像力，進而其創新能力受限。

第二，只重量化的利益─因爲強調可以計算的得失，所以傾向功利主義的思維。對技術官僚而言，所謂的公共利益似乎只是能夠量化的價格而不是可以令人的精神層次得到滿足的價值，甚至誤將價格等同於價值。抑有進者，行政措施的良窳，只著重於多少人的利益獲得滿足，而不論何種利益獲得實現。

第三，自利爲行動基礎─既然理性是技術官僚對自我與對他人行爲的判準和原則，自利似乎就是公共行政人員所有決策和行動的基礎。因此公共行政人員與其服務對象以及與社會整體的關係，乃是建立在一種利益算計的基礎之上（至少是避免自己蒙受損失的考量）並非社群（命運共同體）意識。職此之故，即使當公民的權益受損、亟需協助時，技術官僚傾向的公共行政人員，未必願意積極伸出援手，尤其是當他（她）們評估採取行動的風險後，更可能會將精力用於保護自己而不是解決問題之上。

（四）難以建構具有社群意識的公民社會

去人格化的行政論述之下，公共行政人員與民眾的互動，亦爲去人格化的法律關係，所以除了正式的關係之外，並無情感的交流，行政人員亦無須以同理心感受民眾的需求及其困境，因爲民眾只是非人的個案（cases）而已。在原子論的自利個人主義之觀點之下，公共行政人員與民眾的關係，則被理解爲廠商和顧客的交易關係，彼此在自利的前提下互動。在上述兩種觀點之下，公共行政人員與民眾之間不可能產生我群關係或是互依性（mutuality）（*cf.* Harmon, 1981: 82-86），並且社會互動以利益交換爲基礎，因而其只能造就一種功利取向的社會。在其中，公共行政人員規劃和執行政策時，只需考慮社會中多數的利益，因此，弱勢的聲音難以獲得平等的表意機會；民眾只是買方或消費者，根本不必負有任何的社會責任，民粹的氣焰勢將升高而社會的衝突可能日益加劇。在此種氛圍之下，蘊含社群意識（即命運共同體的觀念）的公民社會，根本難以實現。

所謂公民社會的特質就在於：一方面保障個人的權利，並如史蒂芙之主張，提倡積極主動的公民意識，促使公民涉入民主的治理過程之中（*cf.* Stivers, 1990）；另一方面則是，超越自利傾向而願意致力於促成公共利益的實現（*cf.* Denhardt & Denhardt, 2003）。簡言之，此種公民社會的核心在於其能夠實現，個體與集體價

值能夠獲得有效調和之正義的社會。易言之，所謂的社群意識，即社群的成員自我意識到對於他人或社會整體負有責任。具有社群意識的公民社會，對於一個優質的民主政治而言，具有非常正面的價值，誠如巴博（Benjamin Barber）所言：「強勢民主的推動，需要一個涉身其中之公民自我治理的政府，並且不受干涉。它要的是一套制度，讓下至市井小民、上至國家領導者能夠共同對話、共同決策、共同政治判斷、並共同行動」（Barber, 2003: 261; 林鍾沂，2001：695）。巴博所指出的能夠共同對話、共同決策、共同行動的公民自我治理之社會，其實就是公民社會。但在去人格化的觀點之下，個人對於集體的制度無權置喙，可能導致制度結構的宰制，因而造成制度結構與個體異化的結果；在原子論的個人主義觀點之下，個體又被視為以自利動機行為者，公共行政人員與民眾缺乏利他、關懷、以及犧牲的胸懷，只能造成一種利益算計的社會，或是利益團體的自由主義：公共利益偏狹化，公共目的遭到割裂和侵蝕（Wamsley *et al.*, 1990: 33）。因此，去人格化和原子論的人性觀的公共行政人員，根本無助於公民社會的實現，不但無法產生優質的民主政治，甚至扭曲了民主政治的真諦。

第二節　施為觀點的人性論及其影響

簡而言之，以下所謂施為觀點（agency perspective）的人性論就是相信人乃是行動主體，其一方面受到結構制約，但另一方面有能力突破結構。作者認為此一人性觀點其實可與道德直觀論和德行論結合，使人作為道德行動主體的論述更具合理性，也就是說明人願意在某些艱困的情境中仍然願意堅守道德原則採取行動或是根據預期行動結果而貫徹其所採取之作為，此乃部分根源於人性中原有的道德本質。據此，結合了道德直觀論與德行論的施為觀點，肯定人是道德主體不一定總是需要外求於道德原則或行動結果做為標準才展開行動，而是在「某些時候」、「某種情境」根據人性本質就能施展道德作為。不過此處作者必須強調的是，前述的人性假定並不意味人總是能夠如此展開道德行動，但也要指出，如果在邏輯上人不具備任何此種成分的本質（當然作者並不是武斷地認為人性的全部就是如此），那麼人為什麼有能力選擇道德原則加以遵從或者是根據預期結果去判斷應該採取的行動？

以下首先介紹施為觀點的意義，其次析論施為觀點的人性論，然後指出，在施

為觀點的人性論之下，公共行政人員超越了傳統的工具性角色，並且是擁有價值反省能力的理性思維主體。

一、施為觀點的意涵

施為觀點的「施為」一詞英文是「agency」，依據《韋氏辭典》（Webster's Dictionary）的解釋，agency的意義為：1.行動、權力；2.手段、工具性；3.賦有對別人施予行動之權力之個人或公司的實業；4.在前一種意義中所指之實業的辦公場所或地區（葉啟政，2000：334、337-338）。其次，另一個相關的詞彙是「agent」，它意指：1.產生或有能力產生特定效果的人或物：一種主動或具有實效的因；2.實施或運使權力的人；3.對於其行動負有責任者；4.一種手段或工具可以引導理智達成結果；5.代理者（Wamsley, 1990b: 117）。因此，不論是agency或agent，就其字義，它們都意涵著擁有能動（enactment）能力的行動之意思，行動可以說是其意涵的重點所在。

在公共行政領域中，倡議以施為所蘊含之能動性看待公共行人員和行政機關最重要的文獻就是黑堡宣言（Blacksburg Manifesto）。黑堡宣言文中所謂之施為，就是指公共行政人員和行政機關的作為和行動。而黑堡宣言的作者們之所以主張以施為觀點看待公共行政人員和行政機關的原因，則在於批判行為主義（behaviralism），行為主義之行政論述所提供的人性論就是第一節所述的原子論。誠如該文首席作者萬斯來（Gary L. Wamsley）在闡述他（她）們為何要撰寫黑堡宣言以檢討以行為主義為基礎的主流行政論述並提倡施為觀點時指出：「個體的道德和責任乃是受到社會形塑、制約、培養、激發、強化，以及重製而成的」（Wamsley, 1990a: 20），意即公共行政人員不可能脫離他（她）所屬社會加諸於其之上的所有約束，所以行為主義的原子論與事實並不相符。其次，社會和制度也會因為個體的行動而產生改變。所以，萬斯來在說明黑堡宣言一文雖然承襲新公共行政的基本價值但仍差異時指出：「黑堡觀點與敏諾布魯克觀點（Minnowbrook Perspectives）[7]有所不同之處主要在於，我們意識到了欲改變價值以創造社會變

---

[7] 就是指新公共行政一派的基本價值，敏諾布魯克是指美國雪城大學敏諾布魯克會議中心，此

遷，必須從結構和個體兩端同時著手」（Wamsley, 1990a: 21），意即個體並非完全受制於社會結構，個體的行動也會導致社會結構的變遷。此種觀點，也正好是對於去人格化的人性論——人完全淹沒於結構之中而喪失主體地位的反動。

黑堡宣言的施為觀點與社會學者紀登斯（Anthony Giddens）（1979; 1984）提出的「結構化理論」（structuration theory）息息相關。紀登斯認為，agency就是一種在制度結構之中，具有能動能力的社會行動者及其作為。換言之，agency是一種既受制度結構約束，但又能促使制度結構變遷的行動者之集合，而且此一集合中的個體，彼此由社會關係（即制度結構）連結在一起，使得此種集合大於個體的加總，此即結構化理論之要義（Cohen, 1989: 23-25）。萬斯來（1990b: 121）和史蒂芙（1990: 256-257）對於Giddens的觀點，皆特別予以引介和闡釋。亦即，黑堡學者主張之施為觀點乃是強調，公共行政人員的行動一方面受制於制度結構，但一方面仍具有自我意識，而能夠促成制度結構的變遷。也就是認為，應將公共行政人員視為擁有促成制度變遷之能耐（capacity）的社會行動者。

在此必須特別說明的是，本文將「Agency Perspective」稱為施為觀點，而將agency譯為「施為」，不將之譯為「機關」或「機構」[8]，便是強調施為觀點所蘊含之「人為行動主體及其改變結構之能動性[9]」的主張，並且也是沿用國內社會學者的譯法[10]。施為一詞亦可見諸於我國古籍，早已為我國各式文書中的慣用語，其

處是新公共行政的發源地，1968年美國行政學者 Dwight Waldo在此處召開學術研討會，產生了所謂新公共行政。

[8] 國內有學者將Agency Perspective譯為機關觀點，例如余致力教授（2000）所著之〈論公共行政在民主治理過程中的正當角色：黑堡宣言的內涵、定位與啟示〉，便作上述譯法。

[9] 所謂能動性意謂主動、自主、創造之意。

[10] 舉例言之，中原大學室內設計系李謁政教授所著之論文〈建構社區美學：邁向台灣集體記憶之空間美學〉（文建會主辦「1999社區美學研討會」）。在前言中有一段文字提及施為：「研究者於本論文中，企圖揭櫫塑造『地方性（Locality）美感經驗』與空間現實之相應理論，以此呼應『社區美學』想像下的內容詮釋。……于空間、美感經驗之間生活者扮演著施為、參與的角色，但是這角色的重要性一直為空間專業的研究者所忽略，……」（李謁政，1999：1）；其次，在台灣大學社會系教授葉啟政所著之《進出「結構─行動」的困境》一書中亦將agency譯為「施為」：「……倘若這樣的觀點可以被接受的話，我們實有理由可以把『行為是否理性』這樣一個議題懸擱起來，而在概念與論述的工夫上，……這就引出了所謂的『施為』概念來，……根據《韋氏辭典》，agency（以下譯為『施為』）此一英文名稱……」（葉啟政，2000：333-334）；再者，台灣師範大學地理系講師汪明輝所著之單篇論文〈原住民運動空間性〉，也運用施為一詞：「……社會運動同時是空間運動，狹義為運動施為者之空間實踐作為以展現其訴求與力量，廣義為施為者之空間建構運動，……」（汪明輝，刊載於http://www.geo.ntnu.edu.tw/faculty/tibu/原住民運動空間性摘要.htm）。

意謂能動、行動、作爲和舉措。施爲一詞在佛教經典中尤爲常見，例如《達摩血脈論》、《達摩無心論》[11]、《大乘遍照光明藏無字法門經》[12]等；古典小說《西遊記》中亦運用施爲一詞[13]。此外，還可在官方文書中得見，例如清朝雍正年間福建巡撫毛文銓上奏皇帝的「奏報請撫臺灣生番摺」[14]（雍正四年正月初四日）。綜合言之，本文參考《韋氏辭典》的解釋、Giddens的結構化理論、黑堡觀點的論述、以及國內學者對agency一詞的各種譯法[15]，認爲agency與我國古籍慣用的施爲一詞意境相當，而且又可兼顧中文的美感與習慣，故採取施爲此一譯法。

二、施為觀點的人性論：主動的─社會的自我

　　萬斯來指出，人處於制度結構之中，不可能不受到制度結構的形塑作用，

---

[11] 《達摩血脈論》提及施爲一詞的文字如下：
　　問曰：「若不立文字，以何爲心？」
　　答曰：「汝問吾即是汝心，吾答汝即是吾心。吾若無心因何解答汝？汝若無心因何解問？吾問吾即是汝心，從無始曠大劫以來，乃至施爲運動一切時中，一切處所，皆是汝本佛。即心是佛，亦復如是。除此心外終無別佛可得；離此心外覓菩提涅槃無有是處。……」
　　問曰：「既若施爲運動，一切時中皆是本心；色身無常之時，云何不見本心？」
　　答曰：「本心常現前，汝自不見？」……
　　又問：「汝言語施爲運動與汝別不別？」
　　答曰：「不別。」
　　師曰：「既若不別，即此身是汝本法身；即此法身是汝本心。」此心從無始曠大劫來，與如今不別；未曾有生死，不生不滅。……心量廣大，應用無窮，應眼見色，應耳聞聲，應鼻嗅香，應舌知味，乃至施爲運動，皆是自心。一切時中但有語言道斷，即是自心。……
　　其次，《達摩無心論》提及施爲一詞的文字如後：
　　問曰：「弟子愚昧，心猶未了審。一切處六根所用者，應答曰，語種種，施爲煩惱，菩提生死涅槃，定無心否？」
　　以上所言之施爲的意涵，雖與社會學者所指未必全然相同，但其中皆蘊含行動、作爲、舉措之意義。
[12] 《大乘遍照光明藏無字法門經》中，提及施爲的一段文字爲：「……決定修行最上之法，永離胎藏下劣之身，示現受生，守護國土，諸所施爲，普遍賢善，離於三界，能救三界，其行清淨，善達自他，皆具足如是功德」。以上所言之施爲的意涵，同前註。
[13] 在《西遊記》第六十八回的篇名就出現施爲一詞：〈朱紫國唐僧論前世孫行者施爲三折肱〉。此一施爲亦意謂作爲、舉措。
[14] 福建巡撫毛文銓上奏清雍正皇帝的「奏報請撫臺灣生番摺」中，關於施爲的文字是：「……故全臺文武，自上以下，知番之亟宜勤撫，而終難見諸施爲，今幸天假其緣，兇番合……」（中研院「宮中檔奏摺中臺灣原住民史料」，刊載於http://www.sinica.edu.tw/~pingpu/library/fulltext/npmdatabase/yun021.htm）。以上施爲一詞即行動、作爲之意。
[15] 有將agency譯爲執行者，如桂冠出版吳曲輝等譯之《社會學理論的結構》，1992；或將之譯爲行動者，如韋伯出版陳菁雯等譯之《政治學方法論》，1998。

但是人做爲行動的主體，亦不可能不會對於制度結構的變遷毫無影響能力（*cf.* Wamsley, 1990a: 20-21）。換言之，施爲觀點一方面批判原子論太過於強調個體可以脫離社會互動而獨立存在的看法，另一方面則是反對去人格化的行政論述將個體完全隱沒於制度結構之中，導致公共行政人員成爲一種完全不具自主意識的組織機器之附件（cog of machine）。申言之，韋伯（Max Weber）對於工業社會中官僚體制組織的發展感到悲觀，而產生了以下的悲觀論（pessimism）：

第一，官僚體制幾乎滲透侵入生活的每一個領域。

第二，官僚體制之所以受到青睞，乃是肇因於科學的進展導致現代經濟與生產活動型態的變遷，爲了達成規模經濟所欲追求的效率，規格化的機器生產方式大量被引入工廠，在其中，人成爲機器的附件，人性必須向機器生產模式妥協。

第三，原本官僚體制爲人類的創造，卻逐漸失控於人，彷彿成爲現代世界不可抗力的巨靈。

韋伯認爲，造成前述危機的深層原因在於：現代化以來人類理性[16]受到高度肯定和推崇，理性帶來的成就全面地侵入人類所有的生活領域，尤其在技術掛帥的情況下，以理性爲基礎的官僚體制組織似乎成爲一種必然的、無可避免的、無可阻止的、難以逃脫的、普世皆然的、甚而是牢不可破的生活型態。對韋伯而言，理性化（rationalization）意味著因應變遷社會和處理其中之複雜性的能力。符合理性化的官僚體制存在著化異求同的功能，包括：社會關係的唯理化[17]、現代生活所必須的專業化、知識的學術化等。理性化的結果使人的行爲可以計算、能夠預見，因而將複雜的現象簡化，欲使之處理起來可以依循明確的規則，避免無謂的時間、金錢、精力的浪費而獲得效率。然而，在此一過程，人性必須臣服於冰冷的、無生命的、以及原爲人所創造的規則。此即，官僚體制之「鐵的牢籠」（iron cage）（*cf.* Clegg, 1990: 29-33）。總之，韋伯雖然認爲官僚體制此一理性化的建制是一種「解除魔咒」（disenchantment）的過程，德文的原意是：「將虛幻的魔力從事物中驅除」（周伯戡譯，1983：128），意即合法—理性的官僚體制乃是人類理智戰

---

[16] 理性是人的推理能力，在此處也就是工具理性思維下，理性被強調成爲一種算計能力，它可以使人在各種選項中選擇出達成目的的最佳（效率最高）手段，因而理性也是一種讓自己獲利最大的思維能力。所以在經濟學中，以自利作爲行爲動機的人就是理性人。
[17] 組織中的人際關係摒除人情考量而代之以完全的利益算計，意即純粹從如何達成組織目標的角度設計組織中人際的互動模式。

勝迷思（myth）的一大成就。然韋伯也早已經意識到，理性的官僚體制在「解除魔咒」的同時也釋放了另一種魔咒——官僚體制本身。

　　相反地，黑堡學者認為施為觀點的人性論應可解決上述問題。施為觀點的人性論就是行政學者哈蒙在其《公共行政的行動理論》一書中所提倡之「主動的—社會的自我」（active-social self）（Harmon, 1981: 40-41），請見圖3-1右上角所示。

　　哈蒙認為主動的—社會的自我，對於建立一套具有人文主義色彩的公共行政最有助益。所謂主動的—社會的自我意味著，個體的行動具有主觀的性質，但是必然在與他人社會互動的過程中產生相互依存的關係，哈蒙稱之為互依性（Harmon, 1981: 82-86）。換言之，公共行政人員從事行政行為時，涉及個人主觀的詮釋，並且也包含著服務對象對於其所採取之行動的詮釋，所以公共治理應是一種主客交融

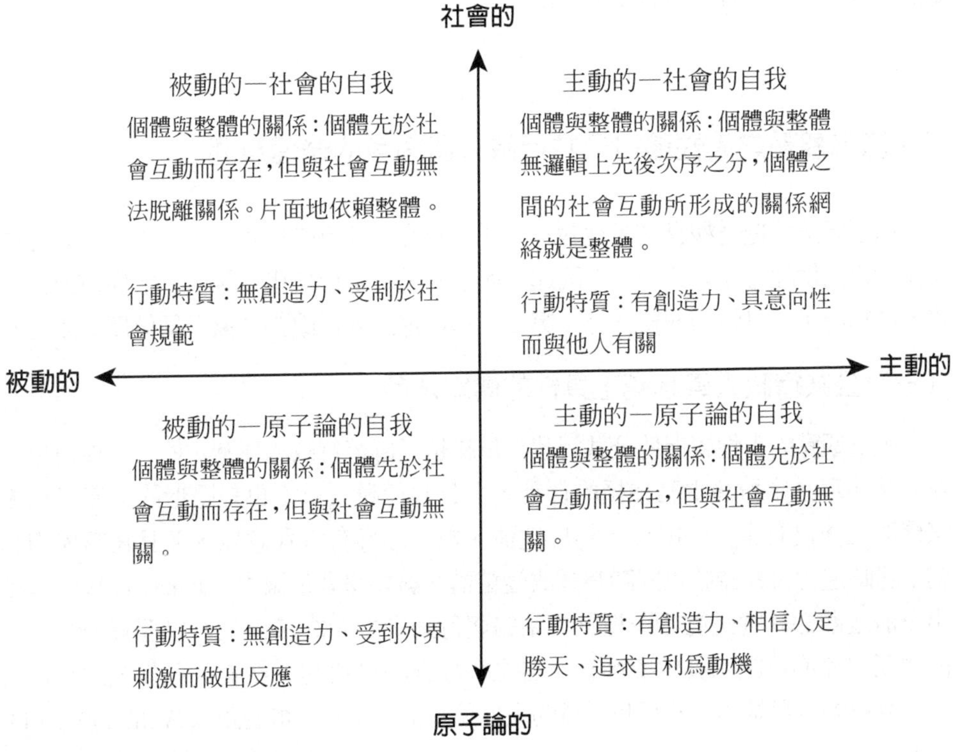

圖3-1　社會研究的四種人性論

資料來源：作者參考Harmon, 1981: 40-42改繪。

的相互作用過程，而不是傳統的行政理論單純的一方施予一方承受之概念；亦非市場取向的新公共管理眼中純粹的利益交換。哈蒙認為相互詮釋的過程，涉及了同理心（empathy）的作用，涉及了情感的交流，進而產生如同Schutz之現象社會學的我群關係（Harmon, 1981: 40-41; *cf.* 盧嵐蘭譯，1991），其意涵遠大於交易的觀念。

　　根據此一人性論，公共行政人員置身於政治的制度結構之中，雖然必會受到制度結構的約束，他（她）們必須依循制度結構所給予的規範採取行動，但是另一方面，在各方行動者和公共行政人員的共同協力合作之下，公共行政人員也能夠重塑制度結構的具體內涵。舉例而言，當代的公共治理重視公民社會的建構以及公民參與政策運作，便是主張公共行政應該建立或維繫一種政策利害關係人得以平等表意的機制，共同參與界定公共利益（*cf.* Wamsley *et al.*, 1990: 40-42），而此種訴求，即蘊含著自主─社會的自我之人性觀。

三、施為觀點之人性論對公共行政人員角色的倫理意涵

　　以下將闡述施為觀點之人性論──「主動的─社會的自我」──對於公共行政人員角色的倫理意涵。此一人性論起了如下的重新定位作用：第一，它促使公共行政人員超越了工具性的傳統角色；第二，它肯定公共行政人員擁有價值反省能力。

（一）公共行政人員超越工具性的傳統角色

　　施為觀點的人性論促使公共行政人員超越了傳統行政論述當中的工具性角色，在公共治理當中扮演主動積極的行動者，公共行政人員不再是隱形的、淹沒在國家機器之中沒有主見的附件，相反地他（她）們具有自我意識，並且在結構的制約下隨時進行自我調整也同時嘗試改變結構。誠如學者伍爾夫（James F. Wolf）指出，前述觀點其實是置於一種社會系絡與行動者之間的關係上，以理解公共行政的內涵，此亦可說明其中所蘊含之自主─社會的自我的人性論。伍爾夫對於以自主─社會的自我做為公共行政人員的人性論，提出了以下的見解（Wolf, 1996: 143-144）：

　　1. 在公共的領域之中，存在著持久的與權力性質的動態，而此種動態形塑了

行動的系絡，這些系絡可以稱為結構、型態（patterns）、或是各種社會力量的匯聚，它們決定了行政的情勢，並且能夠引發公務人員的具體回應；

　　2. 許多行動的規範鑲嵌於前述所謂的系絡之中，而這些規範包含了實務方面的建議，也提供了對於公共行政的理解、詮釋，以及採取行動之依據；

　　3. 前述的人性論，使得行政行動的系絡與公共行政人員的自我意識，能夠進行更為適當的整合。

　　歸納伍爾夫的看法，以主動的—社會的自我人性論看待公共行政人員，呈現了對於公共行政論述建構而言極為關鍵的兩項特質：

　　1. 公共行政人員的行動不可能脫離特定的系絡，而且這些系絡對公共行政人員的行動提供規範同時也形成限制。

　　2. 基於前述觀點所建構的行政論述，絕不能忽視公共行政人員的自我意識與系絡的整合關係。剖析前述兩點特質，其對於系絡的重視，乃是社會意涵的人性論之展現，而對於自我意識的重視，則是主動的人性論之體現。

（二）公共行政人員擁有價值反省能力

　　在管理主義的公共行政論述中，基本上假定了組織成員在組織中的行為必須「去人性化」（dehumanization）──唯理性是從，不涉任何私人情感；以及「去個人化」（depersonalization）──唯組織是從，不得有絲毫個人意識。此種人性論，基本上就是源自於政治與行政分離論，唯有將目的與手段二分即將價值與事實分離，把公共行政定位在手段和追求事實的層次，公共行政人員才能夠在「理論上」完全擺脫價值判斷糾纏。如果可能的話，公共行政人員最佳的行為表現就是能夠像機器一樣的理性。不過，以上觀點卻有著邏輯上的弔詭且與事實相違，反之施為觀點的人性論肯定公共行政人員擁有價值反省能力，則具有邏輯上的一致性並與事實相符。以下分從理性主義哲學和心理學分別論證之。

（三）理性主義哲學的論證

　　支持新公共行政的行政學者以及黑堡學者總是強烈質疑：即使公共行政的內涵只是達成政治目的的手段，它僅居於工具和手段的地位，為了毫無阻礙地貫徹目標，公共行政人員被要求不需從事價值反省。然而公共行政人員在從事政策執行之際，難道真會是沒有靈魂的機器附件嗎？他（她）真能對於自己所要完成的任務目

標沒有任何想法嗎？上述問題其實凸顯了政治與行政分離論及其衍生的管理主義與其哲學基礎之間，出現了極為嚴重的弔詭，意即：以理性主義（rationalism）為哲學根基的政治與行政分離論及其衍生之管理主義，卻反過來侵蝕了理性主義本身。因為，理性主義乃是以肯定人為理性思維之主體以及理性主體所擁有之價值反省能力為起點，但是以理性主義為基礎的政治與行政分離論及其衍生之管理主義卻正好否定了公共行政人員價值反省的可能性。

西方哲學家笛卡兒和康德都是理性主義的提倡者，但他們所謂理性主義就是承認人的推理能力可以成為知識來源，在他們眼中，人是理性主體。首先，笛卡兒是西方理性主義哲學的鼻祖，他的名言「我思，故我在」（Cogito, ergo sum），被哲學家黑格爾（Georg W. F. Hegel）盛讚為：就如同為在茫茫大海之中失去航向的人類文明提供了一盞明燈。笛卡兒將「我思」（就是理性）做為其形上學最基本的出發點，從這裡他得出結論，「我」必定是一個獨立於肉體的、在思維的東西（王又如譯，1995）。簡而言之，笛卡兒肯定了人為理性思維的主體。其次，康德的理性主義則又被稱為「主體哲學」—以人為理性主體的哲學。在康德的思想體系中，他提出了三大批判，具體呈現了人為理性主體的哲學精髓，同時也是人擁有價值反省能力的哲學基礎：1.「純粹理性的批判」肯定了人為認知的主體；2.「實踐理性的批判」闡述人為道德的主體；而3.「判斷力的批判」則是闡述了美學、人生目的在主體中的基礎，以上三大批判肯定了人作為認知、道德、和美學的主體，為人做為一種擁有價值反省能力的主體哲學確立了知識體系（沈清松，1993：10-11）。

從以上笛卡兒和康德理性主義哲學的介紹可以得知，理性主義是以人為理性思維主體做為起點發展出來的哲學體系，而笛卡兒的「我思」以及康德的「批判」都指出了構成理性主體的關鍵要素就是價值反省能力。是以，管理主義顯然背離了它的哲學根基，而施為觀點卻正是西方理性主義傳統的延續。

（四）心理學的論證

從心理學家馬斯洛（Abraham Maslow）所提出之需求層次論（theory of hierarchy of need）而論，人在滿足低層次的需求（如生存和安全的基本需求）後，總是要追求高層次的需求（如歸屬感、尊榮感）直到最高境界——自我實現（self-actualization）為止（Maslow, 1954）。所謂自我實現純屬一種精神層次的滿足，意指一個人對於自我成就的肯定，例如服務人群所得到的心靈上的快樂。作為具備追

求自我實現動機的公共行政人員，他（她）就擁有創新能力與創意，並且有意願讓自己的潛能獲得充分的發展。一個擁有自我實現心靈的公共行政人員將會尋求具有挑戰性的任務，把握機會學習和運用創新能力。馬斯洛指出，願意追求自我實現的個人對於民主的實踐是一項關鍵因素，因為他（她）們懂得運用反省意識（critical consciousness）、有能力採取基進的（radical或謂改革性的）社會行動，並且能夠理解他人的需求。職此之故，在馬斯洛眼中，所謂追求自我實現的個人，意謂一種具有反省能力的人，他（她）不只是接受外界刺激才有所反應的人，相反地，他（她）乃是擁有自我表意之自由以及具備自主意識等心理元素的個體，此種心理元素引導了個人的思想和行動（Jung, 1986: 160）。

此外，心理學家羅潔斯（Car Rogers）進一步補充馬斯洛自我實現的概念，也可用以修正管理主義對於公共行政人員的人性論。羅潔斯也主張人擁有價值反省以及個人學習的能力，他強調個人價值植基於其自我的思想和抉擇，而不是建立在個人對外在環境之影響因素的認同之上。個人有學習新事物的能力，因為他（她）能夠與他人互動，學習發生在人際之間的眞誠溝通和相互信任的基礎上（Rogers, 1961 cited by Jung, 1986: 160）。

除了上述心理學的研究可以論證人具有價值反省能力而且實際上經常運用此種能力之外，行政學者如哈蒙便指出，公共行政人員與其服務對象相互理解的情境可以做為行政行動的基礎，他稱此情境為「面對面的境遇」（face-to face encounter）（Harmon, 1981: 45），而如果要從面對面境遇的過程中發掘公共問題的話，公共行政人員所需具備的就是反省能力——反省現狀、反省價值、反省任務目標、反省制度結構、反省自我與他人的行動和作為等。綜合而言，公共行政人員擁有價值反省能力，對政治所設定之目標進行反省應是其工作的主要內涵之一。學者史蒂芙也根據公民意識和公民社會的理念指出，一個具公民意識的公民社會乃是一個社會學習的社會（cf. Stivers, 1990: 269），也就是從自己和他人互動中學習，此即一種相互理解的過程，在其中價值反省亦為必要的過程。

由以上論證觀之，管理主義的人性論顯然忽視了眞實的情況，而施為觀點的人性論則與眞實的情況較為吻合。亦即，公共行政人員應該是擁有價值反省能力的行動主體，在日常的行政實務中，經常從事著道德抉擇與價值判斷。

第三節　以施爲觀點爲基礎的宏觀倫理思維與實踐行動

優質的民主治理與公共行政人員的素質極爲有關，而建構適當的倫理思維以及培養正確的實踐觀念乃是重要環節。以下將根據施爲觀點的人性論主動的─社會的自我爲基礎，從規範的角度出發，闡述公共行政人員應採取的宏觀倫理思維及其實踐行動。

一、宏觀倫理思維的內涵

傳統的倫理原則對於民主體制的維護發揮極大的功效，至今其重要性依然不減，例如依法行政有助於人權保障、行政中立有助於施政的穩定性和品質[18]等。然而，針對管理主義及其人性論的批判觀點，亦非無的放矢，實有助於補充傳統倫理原則之不足。除了傳統的行政中立、依法行政等倫理原則之外，公共行政人員還應具備夠爲宏觀的倫理思維，茲臚列如下。

（一）實現以社會公正爲前提的公共利益

不同於政治與行政分離論的觀點，此處主張公共行政人員應該時而反省其所作所爲是否能夠維護社會公正（social equity）進而促成公共利益，而不是追求以數量爲衡量標準的公共利益。所謂社會公正一詞包含了平等（equality）的概念，但公正與平等的不同之處在於，公正乃是一種透過刻意的干預措施以調整原有差距所形成的平等（Frederickson, 1990: 229）。現行的諸多社會安全政策與弱勢救助制度，便可說是實現社會公正的具體作爲，因爲這些政策，意在補救個人原先的不平等狀態，透過政策措施將之調整至較爲平等的狀態，而此所達成之平等即可稱爲公正，是以公正一詞具有關懷弱勢的意涵。舉例言之，政府以補貼的方式舉辦助學貸款協助家境清寒的學生就學，即是以社會公正爲價值所施行的政策。因此，以社會公正爲前提的公共利益，不同於功利主義（utilitarianism）所主張之追求多數人利益而犧牲少數利益的思維，因爲在功利主義之下被犧牲的少數人總是社會中

---

[18] 使公共行政人員無須憂慮自己因政治立場的理由遭到不當對待，也不必在選舉過程中表態或被迫爲其上級助選，如此才能發展出專業行政。

的弱勢族群。綜合而言，效率和經濟固然是公共治理不可或缺的一環，但是社會公正更是公共行政人員必須正視的核心價值，應將之做為公共治理的指導原則（cf. Frederickson, 1990: 228-229）。

一個能夠實現公正的社會其特質在於：第一，它具一種積極的公民意識（citizenship），公民願意主動涉入民主的治理過程，公共行政人員也是公民的一分子（cf. Stivers, 1990: 246-273）；第二，公民願意超越自利的考量而致力於促成以共享價值（shared value）為其本質的公共利益（cf. Denhardt & Denhardt, 2003: 72-73）。第三，公共行政人員應該創造的共享價值，並且此一共享價值的內涵是，促使民眾體認協助社會當中的弱勢族群乃是獲致公共利益的過程。此即以社會公正為前提的公共利益。

抑有進者，具備社群意識的公共行政人員對於民主政治而言，具有非常正面的價值。誠如巴博所謂之「強勢民主」（strong democracy）的狀態，其意味著一種公民能夠自我治理（self-governance）的政體，它具備一套能夠促成民眾、政治領袖、公共行政人員彼此對話、共同決策、一起從事政治判斷、採取一致行動的制度（Barber, 2003: 261）。根據巴博的看法，公共行政人員和公民以及公民與公民之間處於一種我群關係之中，亦即命運共同體的社群，因此公民和公共行政人員能夠理解社會當中存在著亟需特別救濟的弱勢族群，並且願意犧牲自己的部分利益去滿足弱勢者的需求，是以社會公正、公共利益於焉得以實現。

（二）實踐以民主憲政為己任的專業主義

公共行政人員在運用其專業時，必須以民主為己任的思維做為前提，以免淪為缺乏價值反省能力的技術官僚。而以民主為己任的思維內涵包括：在公共事務的處理過程，表現出個人的廉潔、真摯、誠實，以及執著，以便鼓舞和誘發公眾對於公部門的信心和信賴（Barth, 1996: 178），此亦即此處所謂的專業主義（professionalism）。易言之，此處的專業精神其重點不只在於公共行政人員是否具備專業技能，亦非將公共行政人員視為只重視撙節公共支出的企業家（cf. Denhardt & Denhardt, 2003: 43; 90-93），而是主張公共行政人員應以民主憲政的維護和實踐做為其職志，此才是公共行政人員的專業主義。簡言之，公共行政人員以專業主義的態度行政，就是運用專業能力達成捍衛民主憲政（cf. Wamsley et al., 1990: 47）。

　　職此之故，公共行政人員發揮專業主義的作為，並非表現在對民眾或民選官員的一味迎合與盲從，而公共行政人員在面對各種利益團體的壓力時，也並非陽奉陰違或者是虛與委蛇，其應該展現於捍衛公共利益以及忠於憲政制度的專業精神。捍衛公共利益和忠於憲政制度的專業主義，是一種將人民的處境而不是成本利益的計算置於首要地位的思維傾向，此有別於傳統倫理原則可能導致的目標錯置，同時也是民主政治的真諦。

（三）努力開創與民眾真誠對話的管道

　　誠如前述，為了實現以社會公正為前提的公共利益，公共行政人員應該創造一種促使民眾體認實現社會公正乃是實現公共利益之前提的共享價值，而此一共享價值必須透過社群成員之間的對話過程才能獲得。論者指出，此種對話過程不但形成政策（達成公共利益的手段）也形塑了公民意識（Denhardt & Denhardt, 2003: 80; *cf.* deLeon & Denhardt, 2000: 94; Wamsley *et al.*, 1990: 34-36），此即一種具備社群意識的公共對話。此一具備社群意識的公共對話有助於調和個體之間的差異以及個體與集體的價值（*cf.* Clay, 1996: 98-100），並且身為社群成員的公共行政人員，他（她）們將會體認到自己對於他人和社會整體負有責任，而且對於社會中的弱勢者的責任更大，更重要的是，公共行政人員有責任促使民眾經此對話過程獲得上述相同的認知。簡言之，公共行政人員在創造、促成和支持公民及其社群的關連性方面，扮演著重要而且關鍵的角色（*cf.* King & Stivers, 1998）。

　　當今社會，因為資訊流通公開與迅速，使得民眾能夠在限制較少與時間較短的情況下，獲得其所關注的訊息，並且擁有更多元的管道可以表達意見，例如電子郵件、call-in節目、平面媒體的讀者投書等。因而社會當中對於公共議題、政策方案的歧見和衝突日趨明顯與頻繁。是以公共行政人員應該扮演政策的催生者以及公共議題的教育者，而其所應該遵循的倫理實踐原則之一就是：對民眾表現出真誠的回應性，謹慎地解答民眾對於政策作為的疑慮，將行政決策的相關資訊回饋給民眾，使其明瞭政府各種作為的意義（*cf.* Barth, 1996: 177）。簡言之，做為民主治理之積極參與者的公共行政人員，傾聽民眾心聲並加以回應乃是其責無旁貸之事（Denhardt & Denhardt, 2003: 43; 95）。

　　然而實際上要實踐此一原則絕非易事，因為位居政府體系領導階層的政客可能基於選票考量，不願意公開或認真檢討政策的得失。於是要求在層級節制當中居

於部屬地位的公共行政人員，致力將政策資訊詳實地回饋給民眾，並且還要以民眾所能理解的語言予以解釋和說明，俾使民眾能夠真確瞭解政策的內涵及效應，公共行政人員必須發揮極大的「耐心」、「毅力」，以及更重要的是「勇氣」。不過，在依法行政與行政中立理念與制度成熟的社會當中，公共行政人員無須考量政客立場，提供詳實資訊予民眾不但是一種基本素養，也是一種法制上的義務，換言之它應該是課責的一環。總之，公共行政人員在實現公共利益的過程中，其必須表現出政治回應性的倫理行為，順應公民或相關團體的期望，但其並不侷限於市場取向的新公共管理所提倡之市場導向的觀念，更包含著公共行政人員應該致力維護多元的訴求可以獲得充分討論的機制，並且應該「重視外部的聲音甚於堅持己見」（Goodsell, 1990: 104）。

二、宏觀倫理思維下的實踐行動

根據前述倫理思維，公共行政人員應採取的實踐行動包括如下數項：

（一）公共行政人員應具備整合各方勢力的能耐

公共行政人員應承受政府外部訴求的抗壓性，以及化解與政府內部的民選首長和政務官員、其他部門、上級主管、利益團體、社區居民等各方歧見的能力。易言之，公共行政人員必須有整合各方勢力以落實政策的能力。

（二）公共行政人員不但要執行政策還應該澄清政策的價值

公共行政人員必須兼顧政策價值之澄清以及政策之實踐的能力。此處所強調的是，公共行政人員應該以一種專業的態度，致力於培養行政能力以達成績效標準外，其同時還必須有能力向民眾闡述政策背後的理念，以獲得民眾認同與支持。

（三）公共行政人員應倡導公共生活的理念

學者巴斯（Thomas J. Barth）認為公共行政人員可以並應該扮演教育者的角色，而公共行政人員做為一位教育者，其內涵為培養公民認知其權利以及協助公民瞭解各種政策抉擇的代價（trade-off）。進而，啟發公民學習參與公共生活與治理過程（Barth, 1996: 173-174）。更重要者，公共行政人員還應該倡議社會公正以及

公民意識等理念，俾以成爲建立公民社會的基礎。最重要的是，公共行政人員必須自覺其負有教育公民的責任，並且願意扮演此一角色。

（四）公共行政人員必須將抽象的政策轉化爲具體的施政計畫

公共行政人員除了強調理念的倡導之外亦應重視實踐的能力。此處所強調的重點不僅止於公共行政人員是否爲具備專業能力，而是在於公共行政人員應該以一種專業的態度，致力於培養行政能力和建立標準，並且更應該具備一種能力——將抽象的公共利益之理念轉化成爲具體可行的政策方案，以及將達成公共利益的計畫付諸實行。

（五）公共行政人員應具備系統性的決策思維能力

學者路克（Jeff. S. Luke）認爲，在交互關連的複雜環境中，政策決策者應該扮演政策催生的領導者，而政策催生者必須具備複雜和系統性的思維能力（capacity of systems thinking），俾以進行決策，作者認爲此亦爲後現代社會中，公共行政人員應具備的能力，茲臚列如下（cf. Luke, 1992: 25-26）：

1. 預估未來的「政策機會之窗」（policy window）[19]（cf. Kingdon, 1984），以便予以掌握使之成爲機會；

2. 思考現行的政策如何導致未來的問題；

3. 探討問題的相互關連性，以及評估其關係的重要性；

4. 預估未來的情勢對於行政作爲的需求，以及行政作爲如何成功地在相互關連的網絡中扮演其角色；

5. 採取系統性的思考（cf. Senge, 1990）——綜觀全局及其各部分，並且多元地觀察而非單一的因果思考；

6. 以網絡的觀念思考策略，並且隨時更新和修正；

7. 對於最後的結果與政策抉擇之第二序的變遷（second-order change）[20]和非預期的效應進行反思；

8. 考量最大可能範圍的政策利害關係人，範圍包括跨領域以及府際之間。

---

[19] 某一公共議題或政策草案可以被制訂爲政策的時機或是系絡。

[20] 所謂第二序的變遷之意義爲，政策的演化改變了原先預估的型態與內容，更重要的是，此種改變不可逆轉（irreversible），無法恢復原狀（cf. 許立一等譯，2000：9-11）。

第四節　外控與內省倫理途徑並重才符合人性

　　本章析論了管理主義的人性論，指出它們在行政倫理上的限制。進而提出一種比較中庸的看法——既不偏倚於命定論業也不過信於原子論，而採取了施爲觀點[21]。基於施爲觀點，本文進一步導引出此處的看法：行政倫理需要兼顧外控與內省二種途徑。

一、改變現狀的能動性需要倫理指引

　　施爲觀點的人性論主張：人，一方面受到制度結構制約，一方面又有改變制度結構的能力。以此推論公共行政人員必然也是一方面受到法規制度、倫理道德和價值觀念的制約，一方面也具備主動改變現狀的能力。然而這種改變現狀的發展方向必須謹愼因應，因爲它可能符合倫理亦可能違背倫理。因此，想要促使公共行政人員實踐民主憲政價值，除了外控途徑的課責制度之外，內省途徑的倫理道德意識的修練亦不可偏廢。

二、當代行政體系應對心智轉換的倫理修練投以更多關注

　　實際上，當代公共行政實務運作情形是重視工具技術和崇尙實用主義，也因此外控的課責制度往往較受重視，至於公務人員內在修爲的培養和理念價值的形塑卻總是比較容易遭到漠視，因爲前者表面上看來較容易在短期內收到效果，也比較易於用量化的實證研究加以具體呈現，後者的潛移默化作用難以觀察。但是，難以觀察和較難運用量化的實證方法進行研究，是否就不重要？作者以爲許多人心中的答案應是：「否」。作者曾多次在對公務人員上課的場合提出以下問題，希望讓學員

---

[21] 施爲觀點主張人有能力改變現行制度與既存結構。作者以爲，舊制度結構的改變之後將以新的取代之，新的制度結構當然又會對個人形成一定的制約影響，這樣才能符合施爲觀點之理論邏輯的一致性。至於，新的制度結構對個人的制約影響之內涵，與原來相較，或許一樣，或許不同。

深思行政倫理內省途徑的重要性和意義：

　　如果三更半夜，你開車經過一個十字路口，紅燈亮了，您停下車來仔細觀察前後左右，發現既沒車也無人，沒有警察、更沒有監視錄影，請問您會闖紅燈嗎？這個問題簡單而言就相當於：如果完全不會有人發現，請問您會為了自利而違法嗎？制式標準答案當然是：不能。但是您內心真誠的答案是什麼？

　　「根本不會有人發現，您會為了自利而違法嗎？」這問題當然涉及個人對道德信念的堅持與自我的倫理修為。亦即，此刻能夠發生作用的不是外控途徑，因為外控的倫理機制正是受到考驗的標的，它需要的是內省途徑的道德倫理自覺意識。所以，內省途徑的倫理修為可以補充外控途徑的限制。反之亦然。若是我們接受施為觀點較接近人性的真實情況——人，一方面受制於制度結構，但一方面有主動改變現狀的能力——那麼唯有兼重外控與內省二種倫理途徑，才能契合人性的需求。更重要的是，由於長期以來行政實務偏重於外控途徑的建構而漠視內省修練的教育，所以當代行政體系似乎應對後者投以供多關注才是。

　　管理學大師聖吉（Peter Senge）（1990）認為心智轉換的修練至為重要，其實也是最為艱難的一項，但絕非不可能之事。作者以為，欲導引公共行政人員確實回應民眾需求甚至能夠扮演理念之倡導者以實踐民主價值，公務人力發展所關注的諸項課題似不應忽視倫理思維的培養此一項目，而且倫理思維的內涵應以超越效率價值和工具主義為重心，兼顧實質的理性，對公平正義、社會公正等價值多予省思。

自我評量

一、請說明管理主義的人性論之內涵。
二、試評述管理主義之人性論的倫理問題。
三、試述施為觀點的人性論之內涵。
四、請說明施為觀點之人性論對公共行政人員的倫理意涵。
五、試述以施為觀點為基礎的宏觀倫理思維有哪些？
六、試述以施為觀點為基礎的倫理實踐行動有哪些？
七、請舉例析論兼重外控與內省的行政倫理為何較符合人性需求？

第二篇

論述觀點

學習目標

◎瞭解工具理性的公共行政之意義

◎瞭解傳統管理途徑的公共行政之內涵

◎瞭解新公共管理內涵

◎瞭解工具理性行政的哲學觀

◎瞭解工具理性的公務倫理建構之取向

◎瞭解工具理性之公務倫理的特色與效用

前　言

　　工具理性取向的公務倫理乃是確保公共行政所欲追求之目標得以實現的機制。意即，當公共行政追求的價值為工具價值時，公務倫理的視野便取向於工具理性。作者認為，此正是道德哲學的目的論之投射，因為倫理行為乃是根據某種目的之實現為前提所建構而成。本章將析論工具理性的公共行政所蘊含的哲學觀與價值主張，進而指出在此些哲學觀與價值主張的引導之下，公務倫理的內涵和特質。

第一節　工具理性的公共行政之意義

　　此處所謂之工具理性的行政論述，基本上是以政治與行政分離論（dichotomy of politics and administration）為基礎，進而以管理主義為中心思維的行政理論和實務，依照發展的時空背景以及對於政府角色看法之不同，本文認為可分為（*cf.* Rosenbloom & Kravchuk, 2002: 16-27）：

1. 「傳統管理途徑的公共行政」（traditional managerial approach to public administration）或稱「舊的公共管理」（The Old Public Management）；

2. 「新公共管理」（The New Public Management）。

　　以下本文將先闡明工具理性以及工具理性的公共行政之意涵，再扼要介紹傳統管理途徑的公共行政，然後介紹新公共管理。

一、何謂「工具理性」及「工具理性的公共行政」

（一）工具理性

　　所謂工具理性就是理性的思維著重於達成目標之手段和工具的精進。與之相對的概念為實質理性（substantive rationality），意指理性的思維著重於目標本身的反省。前者追求的是一種工具價值（instrumental value），而後者所追求的是一種內在價值（intrinsic value）。論者認為，所謂工具價值意謂一件事物之價值在於追求另一事物；而所謂內在價值則是意指一件事物之價值內存於其自身之中。舉例言之，一幅畫對於某人而言，其價值若是在於交易以獲取金錢的話，則該幅畫對於某人而言就是具有工具價值。反之，如果一幅畫對於某人而言，其價值不在於交易所能產生的經濟利益而是在於該幅畫本身，此即內在價值（*cf.* 彭文賢，1986：71）。

　　當然，一件事物對於不同的人會產生不同的價值感，例如達文西的名作「蒙娜麗莎的微笑」，在甲的眼中所呈現的是大把鈔票，但乙卻沈浸在畫中主角深邃渺茫的眼神以及她略微上揚的嘴角所帶給他的冥想之中；其次，一件事物也可能對同一個人「同時」產生雙重的價值感，只是不同價值感之間的強烈程度有別，例如某人既欣賞「蒙娜麗莎的微笑」這幅畫的藝術光采，也對該畫的經濟利益感到興趣，只是他可能重視藝術甚於利益，或是重視利益甚於藝術；此外，更可能在不同的時間點，一件事物對於同一個人會有不同的價值感，例如某人收藏「蒙娜麗莎的微笑」這幅畫時，乃是肇因於自己深受其藝術光采的吸引，但當他不幸家道中落、經濟陷入窘境而必須變賣自己的藝術收藏品時，「蒙娜麗莎的微笑」對他的價值恐怕是經濟利益要大於藝術光采。

（二）工具理性的公共行政

1. 意義：行政就是一種追求效率以達成政策目標之工具

　　根據上述對於工具理性的界定為基礎，所謂工具理性的公共行政意指，公共行政被視為是一種著重於達成目標之手段的理性思維與行動，亦即公共行政所追求的價值是一種工具價值。工具理性的公共行政應是源自於美國學者威爾遜（Woodrow Wilson）（1887 reprinted in 1992）所發表的一篇名為〈行政研究〉（The Study of Administration）論文中，主張公共行政應是達成政治所設定之目標的手段，所以行政的內容是追求手段的效率，而不應在目標的設定或目標的辯證之上。自此之後，更有學者如古德諾（Frank J. Goodnow）（1900 reprinted in 1992）在其著作《政治與行政：政府的研究》（*Politics and Administration: A Study in Government*）一書中，提出對後世影響巨大的名言：「政治為國家意志之表達，行政為國家意志之執行」，與威爾遜相互輝映。此使得整個20世紀迄今，公共行政的發展皆以上述理念為主軸，本書稱之為工具理性的公共行政。

　　整體而言，公共行政在20世紀的發展歷程中，主流的論述與實踐行動總是著重於追求達成政治目標之手段的效率之上。誠如賽蒙（Hebert A. Simon）所言：「所謂的行政理論，就是關注於組織應該如何建構與運作，以便有效率地完成其工作」；進而他又補充：「行政的根本原則就是理性，而所謂的理性就是，在各種備選方案中選擇最能夠達成目的者，以及在各種結果相同的備選方案中選擇成本最低者」（Simon, 1997: 45）。

2. 工具理性的公共行政理論之特色

　　賽蒙的說法將工具理性公共行政之意涵詮釋得淋漓盡致，而他對於公共行政學術與實務的主張，可謂為工具理性的公共行政之典型，論者曾經扼要歸納賽蒙學術研究的哲學觀，本文茲將其臚列如下，俾利讀者一窺工具理性的公共行政之特色：

（1）行政知識科學化

　　賽蒙致力於行政學科學化，在公共行政知識建構的認識論（epistemology）[1]和

---

[1] 對於知識如何形成以及何謂知識的哲學（形上學）探討。

方法論（methodology）[2]上，他堅持以行為主義和邏輯實證論（logical positivism，以下簡稱實證論）的路線研究公共行政（*cf.* Wamsley & Wolf, 1996: 18）。行為主義主張社會科學應該以人的行為作為研究對象，因為只有行為才能夠「觀察」（眼見為憑）。實證論主張，所謂科學知識是一種具備經驗意涵（有可能被驗證和觀察者）的邏輯構成（理論），並採「證據」蒐集以檢證假設之方法所獲得的知識。此種學術研究路線與賽蒙主張公共行政應追求手段的效率性，基本上相呼應。因為唯有採取行為主義和邏輯實證論的認識論和方法論，研究者才能夠獲得必須以計量方法（邏輯演算加上證據的累積）探求的效率。

（2）以實證方法從事行政研究

賽蒙所偏愛的實證方法，假定了符號指涉著具體的意義，而且這些符號可以用來呈現自然世界──一個客觀的、與人類體驗無關而可驗證的實存（verifiable reality），也就是所謂的客觀事實（*cf.* Wamsley & Wolf, 1996: 18）。

（3）追求經濟效率

賽蒙的理念與政治科學中的行為主義相互呼應，從而他對於解決效率、經濟等問題的嘗試，成為當時代公共行政一種嶄新而且令人興奮的研究途徑，並且加深了倡言公共組織應該仿效私人企業者的信念（*cf.* Wamsley & Wolf, 1996: 19）。

（4）強調客觀性與價值中立

賽蒙的對於行政研究的學術主張，對於工具理性的公共行政深具啟迪作用，從認識論和方法論的層面觀之，主流行政論述的後續發展，基本上並未脫離賽蒙主張的範疇。參考上述賽蒙的哲學觀，本文認為工具理性的公共行政具有如下基本特質：

第一，工具理性的公共行政只著重於手段的課題，因此效率乃是此一觀點下公共行政追求的唯一價值。

第二，效率是客觀證據（通常就是數據）的排列和比較結果，所以科學成為達成效率的最佳途徑，而量化研究也因此成為公共行政學術的主流。

第三，科學所蘊含的認識論（如邏輯實證論）反對價值可以作為研究題材（由

---

[2] 對於各種研究方法的哲學探討。

於價值無法觀察之故），且量化方法亦難以將各種價值賦予標準權值加以計算和排序（因為價值充滿主觀性，每一個個體對於同一種價值可能會有不同的評價使然），因此又更加深了工具理性的公共行政對於價值辯證課題的排擠作用。

二、傳統管理途徑的公共行政（舊的公共管理）

傳統管理途徑的公共行政包含20世紀初期發展起來的「行政管理」（Administrative Management）、「行為主義」（Behaviralism）、「系統理論」（Systems Theory）。其著作成果豐碩，本節茲舉其代表人物及論著之熒熒大者，扼要臚列於下（*cf.* Shafritz & Hyde, 1992; Shafritz & Ott, 1996）：

（一）行政管理

1. 代表人物與論著

韋伯（Max Weber）的〈官僚體制〉（Bureaucracy 1900 reprinted in 1992）[3]、泰勒（Frederick Taylor）的《科學管理的原則》（*The Principles of Scientific Management*, 1917）、魏勞畢（William F. Willoughby）的《公共行政的原則》（*Principles of Public Administration*, 1927）、古立克（Luther Gulick）和尤偉克（Lynndal Urwick）合編的《行政科學論文輯》（*Papers on the Science of Administration*, 1937）。

2. 論述重點

著重於探究權威結構、分工、控制幅度等課題，追求放諸四海而皆準的組織設計和管理原則，相信最佳法則的存在並認為根據最佳法則所設計管理的組織可以達成效率。

---

[3] 此篇文獻載於夏福立茲（Jay M. Shafritz）和海得（Albert C. Hyde）合編之《公共行政經典之作》（*Classics of Public Administration*）一書中，原文摘自1946年出版，由萬司（H. H. Gerth）和密爾（C. Wright Mills）編譯的《來自韋伯：社會學論文輯》（*From Weber: Essays in Sociology*）。

（二）行為主義

1. 代表人物與論著

懷特（Leonard White）的《公共行政原則的意義》（*The Meaning of Principles in Public Administration*, 1936）、巴納德（Chester I. Barnard）的《主管的功能》（*The Functions of the Executives*, 1938）、史汀（Edwin O. Stene）的《行政科學的途徑》（*An Approach to a Science of Administration*, 1940）、賽蒙的《行政行為：行政組織中決策過程之研究研究》（*Administrative Behavior: A Study of Decision Making Process in Administrative Organization*, 1947, 1957, 1976, 1997），以及其他以組織行為為主題的研究，諸如領導行為、激勵理論等。

2. 論述重點

追求行政學科學化，認為行政組織研究重點應在建立一套知識體系，以解釋進而預測組織成員的行為，據此發展出引導和控制成員行為的管理技術，俾使組織成員的行為符合組織的預期（Jun, 1986: 65-66; *cf.* Scott, 1992: 45-48）。與行政管理相較，論者或謂此為「人性化的管理」，但亦有學者批判行為主義的公共行政貌似人文主義（humanism），但實質上仍以「管控」為初衷，目標在提升組織的生產力而不是在組織成員本身（Jun, 1986: 71）[4]。從1930年代美國著名行政學者魏勞畢的一席話，正可為行為主義追求行政學科學化的宗旨作一精確的註腳：「如果要確保行政目的之達成以及運作效率的話，就只能嚴謹地應用科學方法去確證行政原則以及它們的作用」（Willoughby, 1927: ix cited by Denhardt, 2004: 53）。在此觀點下，科學能夠產生行政行動的原則和導引，科學可以提供解釋以幫助公共行政人員提升組織效率。歸納言之，行政學追求科學化乃是基於以下預設：1.科學方法可用於從事行政研究；2.科學可以產生導引行政行動的知識和技術；3.科學產生的行動知識和技術可以促進組織效率，而效率乃是評價組織的主要標準（*cf.* Denhardt, 2004: 53-54）。

---

[4] 它假定了組織利益等同於個人利益，以及組織利益能夠迅速地分配給有貢獻的成員，但實際上往往並非如此（Scott, 1973: 52 cited by Jun, 1986: 71）。

（三）系統理論

1. 代表人物與論著

伯恩（Tom Burns）和史托克（G. M. Stalker）合著之《創新管理》（*The Management of Innovation*, 1967）、卡茲（Daniel Katz）和卡昂（Robert L. Kahn）合著之《組織的社會心理學》（*The Social Psychology of Organizations*, 1966）、湯普森（James D. Thompson）《行動中的組織》（*Organization in Action*, 1967）、羅倫斯（Paul R. Lawrence）和羅胥（Jay W. Lorsch）合著的《組織與環境：對於分化和整合的管理》（*Organization and Environment: Managing Differentiation and Integration*, 1967）、卡司特（Fremont E. Kast）和羅森衛（James E. Rosenzweig）合著的《一般系統論：組織和管理的應用》（*General Systems Theory: Applications for Organization and Management*, 1972）、以及敏茲伯格（Henry Mintzberg）的《組織結構》（*The Structure of Organizations*）。

2. 論述重點

系統理論是以生物有機體比喻行政組織或政治系統的運作過程，簡單而言就是將行政組織或政治系統的運作視為輸入、轉換、輸出以及反饋的循環過程。此一過程如同生物為了生存必須從外界環境汲取必要的養分（輸入），經過體內器官的消化吸收（轉換），然後將不需要的剩餘物排出體外（輸出），前述對生物無用的剩餘物對於自然生態環境卻又成為一種資源，其可以孕育生物所需要的養分來源（*cf.* 彭文賢，1986： 130-136; Scott, 1992: 55-56）。將上述循環過程用以觀察行政和政治，便是系統理論的基本假定或論述內涵。因此它與行政管理、行為主義相較，最大的突破就是關注到了「環境」對行政和政治的影響。其次，就是它對行政和政治採取了一種動態的觀點，在行政組織或是政治系統與外界環境是一種交互作用的關係，而其內部各個組成（次級系統）之間也是一種交互作用的關係（*cf.* 彭文賢，1986：130-136）。從工具理性的行政角度而論，系統理論的意義在於，其假定了行政必須運使一套既定（預先設定）的功能，行政組織便得以生存，而行政組織的動態內涵則是可以透過分析行政部門的功能，以及這些功能與組織任務和目標的關係獲得理解（Jun, 1986: 71）。簡而言之，系統理論假定行政組織根據目標預先「完善」設計各部門的功能，便能達成目標。至於何謂完善的功能設計？系統理論基於「動態」的理念，則是主張行政組織必須隨時回應環境的變遷自我調適、改變

設計。是以總結而言，系統理論將焦點置於如何回應環境以及自我調適的功能設計之上，其工具理性的思維顯而易見。

三、新公共管理

　　新公共管理起源於對傳統管理途徑的改革，前者的內涵與後者當然存在極大差異，然從哲學、理論與實務各層面加以分析，又可見二者本質相同。新公共管理著重於政府績效提升，政府再造實務是以管理技術的革新為內容，因此其仍取向於工具理性的視野。以下將介紹新公共管理的論述內涵與改革實務。

（一）從大有為政府轉向小而美政府

　　1970年代，一些經濟學者如海耶克（Friedrich A. Hayek）、傅里曼（Milton Friedman）以保守主義市場經濟學的觀點，批判政府的管制以及公共組織規模過於龐大的現象。這些市場經濟學者提出兩項主要的看法：1.政府的官僚體制限制了個人的自由，因而必須以公共選擇的途徑縮減官僚體制的規模，亦即，人民應該可以透過選票，決定政府的管制範圍及其組織的規模；2.傳統的官僚體制無法提供如同市場一般的誘因和獎酬機制，因此相較於市場，官僚根本缺乏效率。上述觀點又被稱為新保守主義（neo-conservatism）（cf. Stillman II, 1995: 30）或稱新右派。根據前述的思維，以經濟學為途徑從事政治研究的公共選擇理論（public choice theory），便基於個人自由和效率的理由，大力倡導選擇的極大化（maximization of choice）之觀念，鼓吹在公共事務的決策和運作方面，應讓民眾個人擁有最大的選擇權。

　　其次，公共選擇理論基於亞當‧史密斯（Adam Smith）的觀點，認為理想的公共行政應該符合最小國家的角色（minimalist state role），國家機關僅需維護社會安全即可，應該讓私部門的市場機制盡其所能地發揮資源配置的功能。是以，行政學者歐斯壯（Vincent Ostrom）亦從此一的角度指陳官僚體制缺乏效率，他認為官僚體制在效率方面不如市場機制，原因在於（Hughes, 1998: 46-50; Peters, 1996: 16-17）：

　　1.官僚體制回應各種分歧的需求時顯得雜亂無章、囫圇吞棗；

2. 社會成本不斷升高；

3. 無法拿捏回應需求的適當比例；

4. 坐視公共財日益耗損，因爲官僚無能採取行動防杜逐漸增加的對立性現象（某人使用某一公共財後卻導致其他人使用時無法獲得相同的品質和數量）；

5. 官僚體制所採取公共行動與其宣稱所欲達成的公共目的完全無關甚至背道而馳的傾向日益嚴重；

6. 補救措施不但未能減輕問題反而使問題更爲惡化。

由於前述種種原因，官僚體制與市場二者成爲對比強烈的兩種機制，就公共選擇理論的支持者而言，市場的效率遠勝於官僚體制。與歐斯壯立場相互呼應的著名學者包括了克理斯多（Irving Kristol）、衛達夫斯基（Aaron Wildavsky）、衛爾聲（James Q. Wilson）等人，他們的主張對於大有爲政府多半採取敵視的態度，並提出諸多技術以裁減和抑制國家的擴張（Stillman II, 1995: 30）。

到了1980年代，此種以市場理論爲基礎的公共選擇理論，在精簡政府的規模和管制範圍方面，獲得了實踐。例如當時美國總統雷根（Ronald Reagan）以及英國首相柴契爾夫人（Margaret Thatcher），基於國家財政赤字嚴重，試圖減少政府支出，所採取的一連串具體措施諸：解除管制（deregulation）、平衡預算、稅賦限制、民營化（privatization）、公共服務契約委外（contract out）提供等等，皆是基於最小國家之觀念所進行的行政改革作爲（cf. Stillman II, 1995: 30）。此使得1980年代以主流行政論述的內涵，從大有爲政府走向小而美政府的觀念，其所採取的公共管理作爲，主軸環繞在於如何透過組織精簡的方式，減少政府支出以舒緩財政上的壓力。

不過，值得特別注意的是，歐斯壯以公共選擇理論爲基礎所提倡的民主行政，其所蘊含的基本理念乃是雷根和柴契爾夫人的實際作爲所未能及者。歐斯壯根據公共選擇理論的自利人性假定，試圖透過權力分割的手段，以及擴大民眾參與公共決策的途徑，避免政府部門及其人員權力的專擅，提倡小而美的政府乃是爲了確保民主。但盱衡雷根和柴契爾夫人的行政改革，卻僅是基於現實的考量，爲了解決政府財政窘境，不得不進行政府組織的精簡，此一小而美政府的發展趨勢並非爲了追求民主行政。

（二）從官僚體制走向企業型政府

在1994年時，美國共和黨的主席眾議院議長金格利（Newt Gingerich）提出「與美國訂約」（Contract with America）的政綱（*cf.* Wamsley & Wolf, 1996: 6），公共選擇的觀念在此獲得更為寬廣的出路（Stillman II, 1995: 30）。同時，綜觀1990年代，柯林頓（Bill Clinton）主政之下的美國聯邦政府，採取歐斯朋（David Osborne）和蓋伯樂（Ted Gaebler）（1992）所提出之政府再造的理念，由副總統高爾（Al Gore）推行「國家績效評估」（*Report of the National Performance Review*, NPR），進一連串的行政改革措施，在行政學界將此一改革浪潮正式定名為新公共管理，1960和1970年代以來公共行政所興起的公共選擇理論之觀點，於此際獲得更為精緻化的發展。

簡言之，政府再造的主軸乃是在於試圖擺脫官僚體制的僵化，並提倡企業型政府以提升績效。因此，政府再造運動的支持者，以行政管理所主張的管理原則和公共組織的設計原理做為批判的對象，並自詡為新公共管理以為區隔。政府再造的倡導者對於舊的工公共管理之質疑可以歸納為如下二端：

1. 對於行政管理所採行之政治控制行政的模式有所質疑

1887年威爾遜提倡政治與行政分離論，希望將分贓制以及可能干擾效率的政治因素徹底逐出公共行政，強調政策與行政、政客與行政人員應嚴格二分，而公共組織採行韋伯的官僚體制之設計，其中非人情化（impersonalization）和永業化的原則（*cf.* Weber, reprinted in 1992），正符合前述的理念。但是，提倡政府再造的學者指出，在實務上此一分離論的理念似乎未曾真正地實現。意即，政治與行政分離論只確立了永業文官（事務官）與政務官二分的人事制度，進而以政治控制行政的架構，做為政府運作的基本模式（*cf.* Ingraham & Romzek, 1994: 5-6）。但是，政府的運作從來未曾如同威爾遜理想中那麼單純，政客（民選的首長、政治任命的官員、以及議員等）和官僚之間的互動關係十分複雜微妙而且變幻莫測，公共行政人員也未必完全無涉於政策規劃。因此，在政治控制行政的觀點之下，公共行政呈現了兩個問題：（1）採行嚴密的控制手段，監視公共行政人員的行為，俾以確保依法行政與達成效率，但此種做法卻忽視了公共行政人員的做為不只是「遵從訓令」

（following instructions）而已，他（她）們還負有很重要的「管理」[5]角色。（2）政治與行政本來就相互糾結，公共行政人員的任務在本質上就具有政治性，因此認為行政與政治無關，根本就是一套與現實脫節而無效的論述（*cf.* Peters, 1996: 15-16; Hughes, 1998: 39-40）。

2. 不滿官僚體制的組織設計不符民主的要求與缺乏效率

行政管理以韋伯的官僚體制作為公共組織設計的藍圖（*cf.* Weber, reprinted in 1992），但是儘管官僚體制有其優點值得肯定，但是其亦有許多問題，不適合今日的環境。

第一，官僚體制對於命令─服從關係的強調，其所鼓勵的是趨附順從的「官僚」而不是銳意變革的創造者；

第二，官僚體制重視正式理性（formal rationality）、保密義務等特質，卻成為與民主衝突的來源。對此，韋伯實早已提出警語，他指出現代社會中官僚體制伴隨著民主的發展而日漸擴張，但是當其一旦存在於社會當中，試圖將之去除或取代幾乎不可能。官僚組織總是試圖透過專業知識的獨占和保持其意圖的神祕性，俾以提升其優越地位。是以，民主生活所需的民有、民治與民享的實踐，在官僚體制的權威壟斷中遭到斷送；

第三，當官僚的功能與權威深入民眾的各個日常生活領域時，人民對於官僚的力量感到的是不安而非欣慰。韋伯將前述的困境稱為「鐵的牢籠」（iron cage）（*cf.* Clegg, 1990: 29-33）。更嚴重的是，當官僚體制未能符合效率的要求時，此種情形將更為惡化。官僚體制效率不彰的原因有二：一為其層級節制所產生的僵固性，此通常被評為「官樣文章」（red tape）；另一為永業化的原則與官僚體制的持久性（permanence of bureaucracy），此使得公共組織的成員缺乏競爭意識，因而產生怠惰的傾向（Hughes, 1998: 40-46; *cf.* Kettl, 1994: 23-26; Peters, 1996: 17）。

（三）新公共管理的重要主張

新公共管理的政府再造風潮，不僅在美國大行其道，其同時也在其它的英語系國家，如英國、澳洲、紐西蘭、新加坡等，成為不容忽視的行政改革運動。

---

[5] 此處所謂的管理包含了策略的擬定、資源的安排、領導、協調溝通等內涵，此與傳統上將公共行政人員界定為純粹的執行者角色有所差異。

政府再造的內涵可從歐斯朋與蓋伯樂的論述窺其堂奧，其二人在1992年出版的《新政府運動：企業家精神如何扭轉公部門》（*Reinventing Government: How the Entrepreneurial Spirit Is Transforming the Public Sector*）一書中，提出企業型政府如何運作或治理的十項原則，以及爾後並進一步提出的實行策略，以期藉由這些原則與策略的達成，俾能將官僚體系改變為富有創新精神的行政機構（Osborne & Gaebler, 1992; 林鍾沂，2001：163）：

1. 導航式的政府：政府的職能在於引導領航（steering），而非親自操槳。
2. 社區性的政府：政府將更多的決策權和公共服務的提供，回歸社區自主處理。
3. 競爭性的政府：競爭機制是紓解官僚體制運作失靈的良方，政府應將競爭的觀念注入公共服務與產出之中，以取代傳統獨占而造成的保守、浪費與無效率。
4. 分權式的政府：政府應將決策權下授以增加員工的自主權，同時在適當的監督下，充分分權，讓地方政府發揮因地制宜的功能。
5. 前瞻性的政府：政府能夠以遠見來治理國家，並重視事先的防範優於事後的彌補。
6. 任務導向的政府：政府應以目標和任務為導向，而非以法規命令為驅力，並注重任務的優先次序以便集中精力有效運用資源。
7. 成果導向的政府：政府應對其施政結果負責，並以此作為績效評量的標準。
8. 顧客導向的政府：政府的服務要以滿足顧客（人民）的需求為優先，政府的施政績效和品質應由顧客（人民）的滿意度決定。
9. 企業導向的政府：政府除了節流外，更要注重開源。
10. 市場導向的政府：政府面對不同的公共問題，可透過市場機能的自律調理，以舒緩政府機構官僚化的現象。

第二節　工具理性行政的哲學觀

工具理性的行政論述以政治與行政分離論為起點，將公共行政視為手段，著重於效率的達成，進而衍生出如後的哲學觀：以控制為核心的管理主義、去人格化（impersonalization）與原子論的個人主義（atomistic individualism）之人性觀、以

及公共行政知識的科學主義（scientifism）等。

一、政治與行政分離論

　　傳統公共管理之發展，歸根究底即以政治與行政分離論為原點，此一觀點的起源和主張為何，實應追溯威爾遜的〈行政的研究〉（1887, 1992: 11-24）一文中的重要主張。本章先簡單說明此一觀念生成的系絡，再從〈行政的研究〉一文中整理出政治與行政分離論的重要觀點。

　　在威爾遜身處的年代，美國政治的氛圍中「官職輪換」與政黨分贓（spoil system）合而為一，並且其被視為「平民化」與民主參與的政治理念的體現，伴隨美國的立國精神此亦被奉為圭臬。雖然，此為當時民主行政的特質，其優點在於公職開放、平等參政，但是分贓制的後續發展，卻使得公共行政遭受政治勢力不當介入日益嚴重，終於釀成1881年加斐爾總統遭到求職不遂者暗殺的慘劇發生，此一事件造成美國舉國震驚，隨即引發人們反思行政改革的必要性。威爾遜的政治與行政分離論，受到此種時空背景下的影響甚深。威爾遜在〈行政的研究〉一文中所提出的觀點，可以扼要歸納如下數端：

（一）公共行政與政治本質上有所差異

　　威爾遜主張當時美國文官改革（Civil-Service Reform）[6]的重點，應該置於將政治因素完全抽離行政的領域，他道：「文官改革很明確地屬於公職生涯的道德領域，其以公信力與超越黨派的特質，樹立了公務人員的尊嚴，此亦為公職服務師法企業（businesslike）開拓了一條大道。……易言之，行政並不在政治的範圍之內，行政的問題並非政治問題。雖然，政治為行政設定任務，但是行政官員不應受到〔政治〕把持」。威爾遜更進一步引述德國學者Biuntschli的觀點強調，政治是屬於政治家的範疇，而行政則是由技術官員負責處理的層次，因此，政治與行政之所以有著明顯的差異，其理甚明（Wilson, 1992: 18）。

---

[6] 美國在19世紀末，分贓制高度發展，使得文官體制受到政治干預的情形惡化到難以收拾的局面，終於在1883年制訂了「文官法」（又稱潘道頓法）（Civil Service Act 1883，Pendleton Act）。該法確立考試取材的文官體制，並且學習英國的制度成立了「文官委員會」（Civil Service Commission 1883）。此即當時文官改革的梗概。

（二）公共行政是政策執行的工具

進而，威爾遜更為具體地界定行政的地位。他以憲政和行政二者之差異為立論基礎，指出憲政原則是美國民主政治的根基，其為美國政府的運作擬定藍圖、設定目標，而行政只是實現憲政原則的工具（Wilson, 1992: 18）。簡言之，行政與政治最大的差別是，政治的內涵為目標的設定，而行政乃是執行目標的手段。就美國憲法而言，設定政策目標乃是民選行政首長（如總統）、政務官（如各部部長）、以及國會議員的工作內容，而從事行政的事務官只能扮演政策目標的執行者，請見圖4-1所示（Frederickson & Smith, 2003: 17-18）。此處公共行政既被界定為是一種工具，其任務的內涵便不應是目標的設定。誠如威爾遜所言：「公共行政的內容是鉅細靡遺地、系統分明地執行公法（public law）」。換言之，將一般性的法律（general law）適用於具體而微的個案之上，就是行政行為的內容。至於，政府活動的規劃（通常就是以法律的形式呈現）則不屬於行政的範圍，此類計畫的細部施行才是行政的任務。所以，憲法賦予公共行政的角色實為一種政府的工具，其功能在於掌理所謂的一般性法律（Wilson, 1992: 19）。扼要言之，威爾遜眼中良好的行政行為就是：政治家所制定的政策乃以民意為依歸，因此公共行政忠誠地執行政府的政策，就是順應民意的表現，亦為良好行政行為的展現。

（三）行政人員應該扮演管理者的角色

再者，根據前述立場，威爾遜對於行政人員應有的作為亦有說明。他認為行政人員當然應該擁有並且確實擁有自我的意志，不過此種自由意志僅限於運用在達成其任務的手段之選擇上（Wilson, 1992: 19）。意即，儘管他強調行政人員不應只是消極的工具，而應該表現出積極進取的精神，但是在威爾遜的眼中，行政人員的積極性只能展現在思考如何有效達成目標。換言之，他明確地主張公共行政以及行政人員在政治價值或是任務目標方面，完全無權置喙。

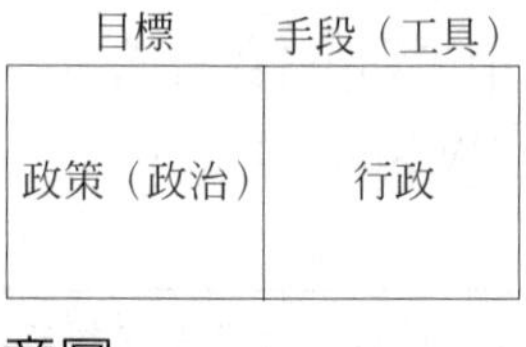

目標	手段（工具）
政策（政治）	行政

圖4-1　政治與行政分離論示意圖
資料來源：Frederickson & Smith, 2003: 18.

（四）行政人員對政治老闆效忠就是實踐民主以及尊重民意

最後，雖然威爾遜主張給予行政人員相當程度的自主性，而且也闡述了該自主性只能展現於達成既定目標之手段的選擇上，但是為了避免其論點陷入他所謂的跋扈、偏執的「官僚主義」（officialism），他仍然進一步具體說明了行政行為的分際，以防範前述惡果的產生。威爾遜認為公共行政必須謹守一項原則，即：「對於民意必須具備高度的敏感性，此為一位訓練有素的公務人員所應展現之良好的行為……」。具體而言，所謂對於民意必須具備高度的敏感性，亦即，良好的行政行為的體現便是謹守分際、忠誠地執行政府的政策，而這些政策乃是由對民意負責的政治家（statesmen）所制訂。威爾遜進一步補充，公務人員所受的訓練是用以執行政策，但不見得可以密切地與民意結合，因此必須透過民選首長和議會作為橋樑，才能避免官僚主義所形成的專斷或隔閡影響民眾的福祉（Wilson, 1992: 21-22）。

二、以控制為核心的管理主義

基於政治與行政分離論，公共行政只需專注於行政組織的管理，無須考慮其與政治的關係，因為它只是個接受政治老闆命令的角色，就威爾遜的看法，行政人員不需也不應碰觸政策的規劃；行政與其他部門（立法與司法）的關係則屬民選或政務首長的權責，更非公共行政所能置喙者。所以，公共行政其實就如同企業管理一般，著重於管理技術的精進，俾以有效率地完成上級所交付的任務。而所謂的「管理」意指，透過組織的結構與過程的安排，以達成特定的目的。從前述所列舉的著作觀之，工具理性行政論述的旨趣，似乎完全集中於此一結構與過程的安排之上。所以，可以發現其幾乎完全將研究的重心置於組織理論和管理技術之上。歸納言之，深究管理主義的核心理念，其實就是控制。所謂控制就是將所有組織以及個人的行動限定於特定範圍內，並促使此些行動朝既定目標邁進。

三、人性論：去人格化的命定論與原子論的自利個人主義

在本書第3章已經介紹了管理主義的人性論，此處工具理性行政對於個人所採取的觀點，就是管理主義的人性論，以下簡單回顧。

（一）去人格化的命定論

此即韋伯所認為之官僚體制的特質之一，此一概念將組織內部每一個人員均視為如同機器中的一粒螺絲釘，不需外力控制便可自動發揮功能，因為唯有如此，官僚組織內部的一切「非理性」（irrational）的情緒才不致對成員的績效造成干擾。韋伯的觀點恰與曾經盛極一時的科學管理運動（scientific management movement），以及行政管理學派的主張不謀而合。深究工具理性行政後期之系統研究途徑，亦可見此去人格化之觀點的作用。系統研究途徑採總體論的觀點，個體幾乎淹沒於整體的視野當中，意即，系統研究途徑未曾思考過，個體在組織之中所能發揮的變革作用。換言之，以制度—結構為基礎的行政論述，將個人視為是組織生產過程中的附件之傾向，此即去人格化的命定論。

（二）原子論的自利個人主義

行為主義興起後，工具理性行政傾向於，將人在社會世界中的地位視為如同原子一般全然獨立，特別是組織行為的探討，例如激勵理論中的過程理論，或是領導理論中的行為學派和權變途徑，似乎都假定組織成員的行為，單純地只是接受刺激而後的反應，而不強調個體與他人之間存在彼此相互學習而產生詮釋體驗、自我調適、包容歧異的過程和結果。同時，原子論的個人主義所建構的行政論述，將個人界定為，可以依循自由意志毫不受限地自由進出社會結構，此使得在此觀念之下的行政論述，幾乎不必考慮個體對於整體的道德責任。此外，此種原子論的個人主義，通常又被認為是根據理性自利的動機而行為，因此，在行政理論的建構方面，組織與個人以及人際之間，通常只單純地被視為利益的交換。是以，如何滿足成員的需求以達成組織目標，成為理論關注的重點。

四、公共行政知識的科學主義

　　工具理性行政強調經由科學方法發展相關知識，迄今為止，此一研究途徑乃屬主流，甚而對其他途徑形成某種排擠作用，故稱之科學主義應不為過。而所謂科學主義就是意指將科學奉為知識取得的唯一途徑，亦即唯有符合科學標準的知識才是知識。行政科學（science of administration）的概念，早在威爾遜的〈行政的研究〉一文中便已出現（1887 reprinted in 1992: 11）。其後，在1937年，古立克與尤偉克合編的《行政科學論文輯》中，更是可以窺見當時行政學者對於公共行政發展科學理論的重視程度，此一觀點直至今日，仍是美國公共行政學科發展的主流價值之一（Rosenbloom & Kravchuk, 2002）。

　　雖然，賽蒙指責早期以制度—結構之研究為旨趣的行政論述，不符合科學的標準，因此，他稱早期行政管理學派所發展的行政原則其實是「行政諺語」（proverbs of administration），根本不能視為科學（1997：29-49）。但此實在也只是研究方法不夠精確所致，並不損及諸如古立克和尤偉克人對於追求行政學術科學化的熱誠。在行為主義盛行並被引介成為行政研究的主要途徑時，行政學術科學化的基礎總算大致底定（cf. Jun, 1986: 66），並且在認識論和方法論上找到定向。事實上，行為主義意味著對於社會領域的研究，可以採取如同自然科學一樣的方法為之，並且應該將重點置於人的「行為」之上，原因是唯有可以透過感官經驗觀察得到的行為，才能夠作為科學研究的題材。行政論述的科學化實與政治與行政分離論、管理主義、工具主義[7]，以及去人格化和原子論的人性觀緊密相連，因為政治與行政分離論，將公共行政定位為無關政治的執行者之角色，所以它的任務在於進行有效率管理功能，追求工具的精進成為首要之務，科學成為相當有益的助力。科學最終目標在於發現「普世法則」（universal law），而此種法則的目的在於控制，此對於工具理性行政之意義為：找到一種放諸四海而皆準的通則，使得行政組織可以預期一切可能發生的變數並且加以操控，使其運作更具效率，而此一管理方法不僅適用於某一特定組織，還可以擴及應用至其他組織。

---

[7] 將一切人事物視為達成目標的手段，只考慮它們在達成目標的過程中可以發揮的效用。

第三節　工具理性的公務倫理建構之取向

　　根據前述對於工具理性行政之哲學觀的分析，不論從理論發展的層面還是從實務運作的層面觀察，其倫理建構取向大致可以歸納如下：倫理的目的在於確保效率之達成、倫理的實務著重外控途徑（approach of external controls）甚於內省途徑（approach of introspection）[8]、倫理的觀照層面將個體行動與整體系絡（context）[9]分開考量、倫理的知識講求科學化與實用性。

一、倫理的目的在於確保效率之達成

　　在工具理性行政的觀點下，公共行政自詡為達成政治目標的手段，而其追求的價值無非是效率，故公務倫理的建構取向亦以確保效率之達成為目的。傳統管理途徑的公共行政重視效率，新公共管理的發展更是以批判前者缺乏效率為起點。今日諸多重要的公務倫理原則皆具有此一底蘊，而大致可從以下四項基本原則的分析中，一窺其堂奧。

（一）公務機關及公共行政人員必須依法行政

　　所謂依法行政意謂公共行政人員以及公務機關必須依據法令從事公務行為。從以追求效率為價值的工具理性行政觀之，法令規章就是公共行政人員在組織中工作的標準作業程序，其主要功能之一就是要讓行政人員專業和迅速地執行其職務以完成任務目標，因此依法行政此一倫理原則蘊含了確保效率之達成的考量。

（二）公務機關及公共行政人員必須政治中立

　　此一原則與依法行政緊緊相扣。論者曾指出，所謂政治中立其並不是意指公共行政人員絕對不得參加政黨或是政黨活動，相反地，在法律的規範之內，公共行

8　學者多將此途徑稱為內控途徑（approach of internal controls）（*cf.* Cooper, 2006: 128-144），本文所謂內省途徑所指涉的意義與之相同。但作者認為，可以將之稱為內省途徑似更為貼切。因為此一途徑強調的是個人自省能力對行為產生的約束作用，所以倫理的效果源自於個人內心的反省，重點不應是「控制」而是「內省」所衍生的影響。故謂之。

9　系絡在語言學中的原意是上下文之間，延伸借用於社會研究之中意指環境。

政人員還是能夠從事上述活動[10]。根據前述觀點，政治中立的眞正意義應是，公共行政人員在從事公務行爲時，不得存有黨派成見亦不得涉入政治鬥爭（陳德禹，1993：6-7；許南雄，1993：9）。相同的，公務機關根據政策和法令訂定施政計畫和規則時，不得存有黨派成見亦不得涉入政治鬥爭。從工具理性行政對於效率價值的追求角度而論，此一倫理原則亦相當有助於效率的提升。因爲一方面公共行政人員及公務機關可以藉此倫理原則，在某種程度上免於各種政治勢力的干擾，讓任務的貫徹執行更加順暢，益於行政效率。另一方面，公共行政人員及公務機關也被要求不得因爲一己的政治立場，致使任務執行有所遲疑，此亦有助於行政效率。

（三）公務機關及公共行政人員必須忠誠執行政策

在政治與行政分離論之下，公共行政人員及行政機關必須對立法機關所制定之政策忠誠加以執行（Ellis, 1989: 86），忠誠執行政策成爲工具理性行政重要的倫理原則。此一倫理原則意味著，公共行政人員及公務機關不需要思考政策目標本身的意義，而不需要思考政策目標的意義，當然就不會在政策執行的過程中對目標產生任何遲疑，是以行政效率將不會因此受損。抑有進者，公共行政人員及公務機關只要專心致力於手段之效率追求之上，因此將更有機會提升行政效率。

（四）公務機關及公共行政人員必須服從上級命令

就章伯看法，官僚體制的重要質素之一就是層級節制，它乃是一個龐大的組織，如普魯士軍隊之所以能夠在戰場上有效率地採取一致行動的主要原因（Morgan, 1986: 23-24）。然而，眞正賦予層級節制此種社會結構生命的靈魂應是「命令」與「服從」。在官僚體制的組織設計之下，公共行政人員必須服從上級長官之命令，俾利上下一體行動、爲達目標、共赴事功，因此服從命令乃是非常重要的公務倫理原則。是以在行政法當中有所謂「特別權力關係」[11]，其意指公共行政人員不能享有一般人民的某些基本自由權力，對於國家必須絕對服從和效忠而不得有所存疑。服從命令的倫理原則讓官僚體系得以成爲執行任務的整體，在分工的情況下取得整合，因此其所產生的重要效用之一就是有效率。

---

[10] 各國相關法律的規範標準寬嚴不一，而且針對不同職務的公務人員也有不同的標準，例如法官就經常被認爲不宜積極參與政黨與政治活動。

[11] 不過晚近此種觀點已有變化，某些國家之行政法規定，公務人員如發現權益遭到國家之不當處置時，得提起行政救濟或行政爭訟。

二、倫理的實務著重外控途徑甚於內省途徑

在工具理性的思維下，公共行政被認為無異於企業或組織管理（即管理主義），而其內涵主要就是「控制」，再加上科學化的推波助瀾，公務倫理的建構取向之一便是著重外控途徑甚於內省途徑。不論是傳統管理途徑的公共行政還是新公共管理都相信法律制度的課責（legal-institutional accountability）最為重要，二者也都幾乎未曾著墨於公共行政人員的自律精神和道德修為。申言之，外控途徑與內省途徑是公務倫理建構的兩種截然不同之取向，其各有優點亦有限制，然此處不對二種途徑的利弊得失進行評價，而將重點置於說明工具理性行政的公務倫理建構取向著重外控途徑甚於內省途徑之原因。以下先行界定外控途徑與內省途徑的概念意涵並作扼要比較說明。

（一）外控途徑與內省途徑的意涵與比較

在工具理性觀的引導下，另一個公務倫理的建構取向是著重外控途徑甚於內省途徑，甚至可以說，工具理性的公共行政視內省途徑為無物，意即對於內省途徑的效用抱持高度質疑的態度。學者費農（Herman Finer）（1936）的看法，將外控途徑之倡導者的理念表露得一覽無遺，扼要言之，他的主張大致就是：唯有在法律和制度的控制下，政府才可以被認為具有產生負責任之作為的可能性（Cooper, 2006: 153-154）。至於主張公務倫理內省途徑亦能發揮作用的論者，則是採取了與前者相對的觀點，例如學者Carl J. Friedrich就認為，個人的心理因素可以對客觀的責任產生補強的功效（Friedrich, 1935: 38; Cooper, 2006: 153）。歸納言之，所謂公務倫理的外控途徑意指，透過明確的制度規範，例如條文嚴謹的法令規章，限制和約束公共行政人員的行為。公務倫理的外控途徑，幾乎完全無關乎個體對於倫理制度的詮釋和理解，它講求以具體的條件、客觀的指標、一體適用的準則指導公共行政人員的各種作為。本質上，一套周延完善的外控倫理法規制度並不容許模稜兩可、曖昧混淆的詞彙和情境描述混雜於其間，因此外控的倫理途徑最理想境界應該是：不能夠讓必須憑藉其採取作為的公共行政人員擁有對它做成不同解釋的模糊空間。總之，外控途徑的特性在於，讓公共行政人員對於做出不負責任（違反法令）之行為可能產生的後果——即必須遭受的懲罰——感到畏懼，因此不得不採取合乎倫理的行動。

（二）外控途徑的哲學基礎

　　工具理性行政之所以會導引公務倫理之建構取向於外控途徑有其哲學基礎，與前揭的哲學觀息息相關，特別是受到工具理性行政論述對人性假定的影響。

　　誠如前述，工具理性行政論述當中的一種思考理路是將組織中的行政人員予以去人格化，而簡單言之，所謂去人格化的人性觀就是將個人視為組織（整體）那部龐大機器的附件（cog of machine）。其次，工具理性行政論述的另一種人性觀點是原子論的個人主義，而原子論的個人主義假定了組織中行政人員的行為，只是被動接受刺激所做出的反應，並且也認定這些反應（行為）純粹出於自利的動機，並不強調個體與他人之間存在彼此相互學習而產生詮釋體驗、自我調適、包容歧異的過程和結果。上述二種觀點都指向一種對於人性的預設，就是並不重視人的「自我反省」能力，同時也可以說是對於人性善念存在與否採取了高度的保留態度。

　　申言之，去人格化的人性觀將個體淹沒於整體之中，因而作為一個「人」的主體性明顯消失。然而對於前述觀點做出反動的原子論卻是另一極端，它相反於去人格化的觀點，極力鼓吹個體的獨立性，假定個體在受到外在環境刺激下將會做出自利的抉擇和行動。主體性消失的預設將導致自我反省能力的匱乏，而極端強調自利的動機同樣地也忽視自我反省能力。職此之故，倚賴自我反省能力的內省途徑，顯然並不合乎此等人性論。反之，強調外部制度監控而非憑藉個人內在良知判斷的公務倫理途徑，用於缺乏自我反省能力而又事事講求自利的公共行政人員身上，至少在邏輯演繹或理論的層次上，顯然較為合理而且可以被輕易推定是較能夠發揮效果的選項。

三、倫理的觀照層面將「微觀個體行動」和「宏觀整體系絡」予以切割

　　學者凱瑟琳‧但浩德（Kathryn G. Denhardt）的研究發現，許多論者認為現代的官僚體制助長其組織成員道德意識的匱乏現象，所以只要對組織進行改造，就可以產生合乎倫理與道德的行為。然而另一種看法則是將焦點置於控制行政人員個體的行為，認為公務倫理的建構應該以行政人員個體為起點（Denhardt, 1988: 3）。上述兩種觀點使得公務倫理的觀照層面總是偏重一方，將個體行動與整體系絡分開

考量。

　　誠如前述，傳統管理途徑的公共行政包含去人格化與原子論的個人主義二種對人性的假定，而新公共管理則是基於公共選擇理論採取原子論的個人主義。去人格化將人視爲組織整體的配件，個體並不重要，所以解決倫理問題的重心置於組織而非個人之上。反之，原子論的個人主義則是預設了人可以脫離整體獨立存在，亦即系絡的因素似乎對個體的行動影響不大。職此之故，一方面，依照去人格化人性觀的邏輯，公務倫理機制的設計重點在於組織結構和管理制度，認爲只要將結構和制度進行完善的設計，防弊的效果便應運而生。另一方面，原子論的個人主義則會導致公務倫理機制偏重於對個體的約束，其認爲只要控制好個體，整體就不會出現問題，同時它也預設了公共行政人員做出違背倫理的行爲，都應該歸咎於個體，而與制度、環境、組織，以及其他的行動者無關。

四、倫理的知識講求科學化與實用性

　　在工具理性的思維下，行政知識以科學化爲努力目標，因而公務倫理的知識研究也漸次朝科學化發展，同時在管理主義的影響下著重實用性。

　　在追求科學化的思潮下，公務倫理的知識研究採取經驗主義（empiricism）[12]以及實證論的認識論乃是一種與現代社會科學合流的必然趨勢。科學以經驗主義及實證論爲認識論，它們主張所謂科學必須是一種「事實」的知識，而所謂事實的認定基礎就是「可經驗的」（即感官可以知覺者，此即經驗主義）和「證據」（此即爲實證論）。此點可從當代公務倫理的主流研究採取調查（survey）、實驗（experimentation）、訪談（interview）、事主（包括罪犯、司法人員、檢舉人等公務倫理案件的當事人）一手資料分析（hotline data analysis）、個案研究（case study）等以經驗實證爲基礎的研究方法看出端倪（cf. Frederickson, 1994: 33-40）。同時，配合著倫理實務的外控途徑以「客觀的」制度限制個人「外顯行爲」之內涵，公務倫理的知識研究當然也要致力符合科學所主張的經驗法則——凡事必須能

---

[12] 即認爲知識必須依靠感官知覺的途徑獲得，而這種知識被認爲是所謂科學的基礎，故科學的認識論基礎之一就是經驗主義。

夠「眼見爲憑」（seeing is believing），因爲建立在此等基礎上的研究發現才能夠取信於人，作爲公務倫理制度的理論基礎、指導倫理制度的設計或用以改進現行制度的缺失。

　　其次，在管理主義的思維下，公務倫理的知識研究還要具備對公共組織管理實務做出「具體」和「有效」貢獻的可能性，似乎才具有正當性。由於科學包括了三個各自獨立又可形成連續體的活動：描述（description）、解釋（explanation）、預測（prediction）（cf. Blaikie, 1993: 12-16; Burrell & Morgan, 1979: 5）。描述現象的狀態、解釋現象發生的原因，以及預測未來的可能性，無一不蘊含著針對（已經發生或未來可能發生的）事實做出回應的實用意味。亦即，科學除了發現事實（或稱眞理）之外，它還有另外一個重要的功能或者企圖，就是解決問題，而解決問題就是一種實用性。申言之，在科學的活動中除了描述可能是針對單一現象所進行的探索外，其他如解釋意在發現現象之間的因果關係，其目的就在將此種因果關係進行推論，希望適用於不同對象身上以確立通則，日後可以不斷的適用於不同對象，並且冀圖在問題尚未發生之前進行預測，防患於未然，此即控制的意圖。誠如哈伯瑪斯（Jürgan Habermas）分析社會研究的三種知識途徑（即三種認識論），如表4-1所指，實證論主張經驗分析是獲取知識的唯一途徑，以及將客觀證據作爲知識信度、效度的判準，其旨趣就在於控制（Blaikie, 1993: 52-53）。總之，將科學的認識論與方法論應用於社會研究的支持者相信，發現人類行爲的律則，用以解釋、預測進而控制人類行爲的發生，不但可欲（desirable）而且正是社會科學的目的，其中所隱含的便是高度實用取向的特質。

　　職此之故，追求科學化的公務倫理知識，其目的也在於試圖發現通則，適用於不同的個體或組織，所以在此觀念下公務倫理知識研究乃具有高度實用取向。尤其

表4-1　哈伯瑪斯的三種認知旨趣及對應的社會生活類型

知識的類型	基本旨趣	社會存在的面向
經驗—分析（實證論）	預測和控制	工作（工具理性行動）
歷史—釋義	理解	互動（語言）
批判理論	解放	權力（鬥爭與革命）

（ ）括弧內文字爲本文作者補充。
資料來源：Blaikei, 1993: 54.

是公務倫理的制度就是一種遏止問題發生，以及在問題發生之後提供解決方案的體系，所以其知識研究的實用性當然備受矚目。凡是能夠針對實際問題提供適當回應措施，並且最好是能夠提供防患於未然的明確方針或行動，如此的公務倫理知識在工具理性的思維下，似乎才可能被認真對待。

第四節　工具理性之公務倫理的特色與效用

　　工具理性的效用確是有目共睹，並且迄今仍是公務倫理實務和理論的主流模式。至少20世紀以來，先進國家的公務人力系統基於工具理性之哲學觀所建置的倫理機制，確實對這些國家的人事行政現代化以及政府績效的提升貢獻卓著。在上個世紀中，許多國家人事行政的改革都與公務倫理機制的重建和更張息息相關，而此些改弦易轍的革新措施之內涵，在本質多半蘊含著工具理性的思維。本節將歸納工具理性之公務倫理的特色與效用，作者認為其至少包括了：制度化—明確易循、透明化—嚇阻與後果可期、操作化（operationalization）—務實可行等，茲臚列敘述如下。

一、制度化—明確易循

　　所謂制度化意指將公共行政人員所需遵循的倫理行動以「明文」加以規範。而這些倫理規範的制度化過程，在民主國家通常必須經過立法程序或法律授權的程序，因此所制訂和訂定出來的倫理規範具備正當性及合法性，更重要的是讓公共行政人員的行政行為有明確的標準可資遵循。換言之，制度化的倫理規範其內涵力求避免混淆和曖昧，誠如稍前提及外控途徑時所言，其通常不會讓個人有詮釋和另作不同理解的空間。因此，由於對明確的制度規範不容易產生歧見，公共行政人員便易於將之做為行動的準則。

　　舉例言之，日本「國家公務員法」、「地方公務員法」以及「人事院規則」等，皆針對公務人員政治中立事項訂有規範，為公務人員參與政治的行為分際提供了明確的指導作用。如「國家公務員法」第102條以及「人事院規則」大致有如下

數項對公務人員而言並不曖昧且易於遵循的政治行為限制之規定：

1. 國家公務員不得基於政黨或政治目的要求或受領捐款及其他利益；
2. 除選舉權之行使外，不得從事「人事院規則」第14條、17條所定義之「政治行為」；
3. 國家公務員不得擔任民選公職候選人；
4. 國家公務員不得擔任政黨或其他政治性團體之領導人、幹部、政治顧問或其他性質相同之職務。此外，在實務的運作上，還有後續的各種補充解釋，將政治中立分際作了更具體的闡述，使日本的公共行政人員易於遵循而得以避免制度的曖昧和混淆導致公共利益或公共行政人員個人受到傷害。這些補充解釋舉其要者有：

1. 公務人員不得從事涉及特定政策之公開演說[13]；
2. 單純出席政黨會議或成為政黨成員不受限制，但若該會議具有特定議題（例如示威、為政治目的而發起的連署行動）而公務人員積極參與議事的話，則屬禁止行為；
3. 對特定候選人發送鼓勵的文書或電報並不違反規則（此屬個人行為不涉及他人亦未公開），但不得在候選人演說會場利用麥克風或公開陳述支持候選人之言論[14]（蔡良文，2007：595-596）。

從前揭日本公務員法制中關於政治中立的規範，正可見倫理機制明文規範之制度化特色，應較能夠產生明確而易於遵循的效用。

二、透明化—嚇阻與後果可期

誠如前述，外控途徑所約束的對象是可見的行為而不是隱晦不明的個人良知，且其多半採取具體的懲罰設計，讓公共行政人員因為畏懼而不願做出違背倫理的行為，故公務倫理機制的透明化是其特色，而透明化的倫理機制則可以產生嚇阻以及後果可期的效用。

---

[13] 因為此屬具有政治目的之行為。
[14] 此即台灣選舉活動中的「站台」或「助講」行為。

　　舉例而言，我國「貪污治罪條例」（2009年04月22日修正）針對各種貪污行為之情節輕重決定刑度，其中各種貪污行為內容的界定及其懲罰當具透明化的特色並因而具有相當的嚇阻作用。更重要的是，刑度（後果）與行為（原因）之間的因果關係透明，具有後果可期的效用，讓人民得以認知政府對違反公務倫理行為的態度與作為。換言之，此種後果可期的倫理機制固然無法完全禁絕投機行為，但其至少可以明白宣示政府不容許違反倫理行為的態度，「某種程度」上可以提高政治效能感[15]。以下茲舉「貪污治罪條例」中刑度最重的第4條為例，供作參考。該條刑度為：「無期徒刑或10年以上有期徒刑，得併科新台幣1億元以下罰金」，而其所規範的貪污行為則具體地予以列舉如下：

　　1. 竊取或侵占公用或公有器材、財物者；

　　2. 藉勢或藉端勒索、勒徵、強占或強募財物者；

　　3. 建築或經辦公用工程或購辦公用器材、物品，浮報價額、數量、收取回扣或有其他舞弊情事者；

　　4. 以公用運輸工具裝運違禁物品或漏稅物品者；

　　5. 對於違背職務之行為，要求、期約或收受賄賂或其他不正利益者。另外，該條的第2項又規定了，上列第1款至第4款之未遂犯也必須懲罰之。

　　再者，如我國「國家賠償法」（1980年07月02日公布）亦屬具備透明化特色與某種程度嚇阻與後果可期之效用的倫理機制。該法第2、3、4條針對以下四種情況，規定國家應對受害人民負起賠償責任：

　　1. 公務員於執行職務行使公權力時，因故意、過失不法侵害人民自由或權利；

　　2. 公務員怠於執行職務，致人民自由或權利遭受損害者權利者；

　　3. 公有公共設施因設置或管理有欠缺，致人民生命、身體或財產受損害者；

　　4. 受委託行使公權力之團體與個人，行使公權力而發生前列第1、2款情事時。

　　其次，「國家賠償法」第7條針對賠償的內容做出規定：國家負損害賠償責任者，應以「金錢」為之。抑有進者，「國家賠償法」第2、3、4條又規定了國家機關對於故意、過失不法侵害人民自由或權利的公務員，或是對怠於執行職務致人民

---

[15] 此處強調「某種程度」四個字，意謂具有嚇阻及後果可期的倫理機制卻不落實，仍然會使人民產生「形式主義」的觀感，政治效能感一樣不會提升。是以，具有完備的倫理機制只是高政治效能感的必要條件而不是充分條件。

自由或權利遭受損害者權利的公務員，以及對受委託行使公權力之團體與個人行使公權力而致人民生命、身體或財產受損害者，擁有求償權利。換言之，當法定條件成立時，國家機關先對人民負起賠償責任，然後國家機關再向必須負責的公務員或受委託之團體或個人請求金錢賠償。此種設計，讓故意、過失不法、和怠忽職守的公務員以及受委託團體與個人，不但可能必須對其行為負起刑責或行政處分外，還必須負擔金錢賠償之責，應對違背倫理的行為具有某種程度之嚇阻作用。最後從另一角度觀之，對於公共服務或是公權力處分作為的接受者—人民而言，透明化的倫理機制意味著人民較易於掌握公共行政人員「應為之作為」，以及讓公共行政人員知道其「應付之責任」因而有嚇阻效用，也意味著當人民權益受到侵犯時有後果可期的救濟途徑與措施。

三、操作化—務實可行

工具理性的公務倫理建構取向深受行政學術與實務走向科學化發展的影響，就實務應用的層面而論，公務倫理機制邁向科學化的意義在於：根據明顯可見的事實以判斷個別公共行政人員之行為是否合於倫理規範，並決定其所要負的責任。

從學術研究的層面而論，科學的方法論（尤指量化的研究）認為一個或一組抽象的概念（a set of abstract concepts）是否為科學的概念，就在於其是否具備經驗意涵，意即其是否能夠實證。概念的經驗意涵意謂一個概念是否能夠在經驗世界當中找到相對應可資觀察的對象，而在科學研究的步驟中，將一個或一組抽象概念轉化成在經驗世界中可資觀察的具體現象之過程，學者稱之為「操作化」（*cf.* Bryman, 1988: 16-17, 20），請參考圖4-2。

工具理性的公務倫理機制亦朝科學化的方向邁進，因此其也顯現操作化的特色，而操作化的公務倫理之效用則是實際可行。操作化對於公務倫理的意義是：公務倫理的相關制度規範具有高度的經驗意涵，意即這些制度規範乃是一套描述事實的系統，即使是較為抽象原則也通常是與適用機關和人員切身的經驗有關。因此，這種公務倫理機制具有務實而可行的效用。

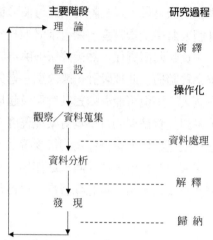

圖4-2 科學（量化）研究過程的邏輯結構

資料來源：Bryman, 1988: 20。

　　舉例而言，我國在1999年2月3日制訂施行了「行政程序法」（2005年12月28日第四次修正），該法立法意旨在於提高行政行為的透明度，要求公務機關及其人員在從事各種施政作為時，必須遵循法定的程序為之。更重要的是，由於我國並無一套統一性質的行政法典，不像「刑法」有總則可以針對一些原則性的概念作一致性的界定，所以長久以來關於行政法的原則性概念成為行政法學探討的課題，而不是法典中的具文規定，「行政程序法」的制訂和施行正彌補了此一不足。而對於實務界的意義就在於，該法讓很多原屬學術理論上的原則或概念，成為實務應用上務實可行的行為標準。例如「比例原則」過去是行政法學抽象的概念，亦是公務倫理的重要原則，它的意義是指公務機關及其人員為公益目的在採取損及人民權益的行政作為時，必須力求損益均衡。當此一原則只是一種學理時，對於公務機關或行政人員不一定具有高度的約束力，除非經過訴訟判決或行政救濟，人民的權益始能獲得明確保障。然而如今「比例原則」已成為我國「行政程序法」當中的第7條，該條文是：行政行為應依下列原則為之——

1. 採取之方法應有助於目的之達成；
2. 有多種同樣能達成目的之方法時，應選擇對人民權益損害最少者；
3. 採取之方法所造成之損害不得與欲達成目的之利益顯失均衡。

就上述條文觀之,其實具有相當程度操作化的特色,雖然它仍是一種「原則」性的條文,但已經爲實務提供相當可行的指導作用。

調查研究顯示,今日許多「經濟合作發展組織」(Organisation for Economic Co-operation and Development,以下簡稱OECD)[16]的主要成員國家,運用了大量務實的公共管理評估指標,俾以確保政府施政作爲的透明度。這些評估指標的主要內容包含如下三項(Comstock, 2007: 170):

1. 設定及時的標準[17];
2. 要求政府決策的依據必須公開;
3. 政府決策必須具備修正與補救機制。

換言之,現今許多民主先進國家爲確保公務機關及其人員的行政作爲合乎倫理,多訂有高度務實可行的行爲準則,而這些行爲準則許多就直接以「手冊」(handbook)或「指引」(guide)命名。例如1998年英國內閣辦公室出版了一本工作手冊名爲《入門指引:如何對你的使用者進行諮商》(*An Introductory Guide: How to Consult Your User*)[18],該手冊開宗明義在第1篇〈緒論〉的第1章〈諮商的目的〉中指陳,政府對公眾進行諮商包含了多項優點,希望該國公共行政人員能夠落實此一行政行爲,此使得該手冊蘊含濃厚的倫理指導色彩。它所列舉的政策諮商優點大致如下:

1. 有助於公共行政人員規劃並提供比使用者所需要和期待的更好的服務內容。
2. 有助於公共行政人員權衡服務提供的輕重緩急,並將有限資源做更好的運用。
3. 有助於公共行政人員設定和監測以使用者需求爲基礎的績效指標。
4. 培養公共行政人員和使用者間的工作夥伴關係,藉此使用者得以瞭解公共

---

[16] OECD是一個位於巴黎的國際合作組織,係以服務其會員國爲主。該成立目的爲提供會員國間可以分享經驗,討論與解決國內經貿難題的論壇。OECD的基本任務爲促使會員國間能夠互相諮詢與合作,以期在經濟發展保有高度成長並且改善其人民的經濟狀況與社會福利;也經常提供建議給會員國以幫助會員國決定其經貿政策;甚或出面擔任協調仲裁的工作並在某些經貿活動建立規範。
[17] 限制各種施政作爲之完成時間的相關規定。
[18] 全文請參考網頁:http://archive.cabinetoffice.gov.uk/servicefirst/1998/guidance/users/index. htm。

行政人員面對的問題以及他（她）們能夠提供何種協助。

5. 迅速地發出遭遇問題的警訊，因此公共行政人員有機會在問題不可收拾之前，將事情導向正軌。

6. 政策諮商具有宣誓性的作用，它意味著公共行政人員堅持開放和願意承擔課責，將民服務視為第一優先。

在列舉上述諮商的優點、確立諮商的倫理意涵後，該手冊便在務實和可行的基礎上，於第二篇〈諮商方法〉之中闡述和介紹各種諮商的實用技術，大致包括：

1. 如何應對和處理公眾的抱怨和建言（第5至8章）

2. 如何與公眾、進行會議以及議題討論，該手冊又稱此類途徑為質化（qualitative）途徑（第9至15章）。內容包括運用代表性團體（representative groups）、面對面的訪談（face-to-face interviews）、焦點團體（Focus groups）、使用人專題討論會（User panels）、公民專題討論會（Citizens' panels）、公民審議會（Citizens' juries）等。

3. 如何探求民意，該手冊又稱此類途徑為量化（quantitative）途徑（第16至17章）。內容包括問卷調查以及運用投票、複決與慎思型民意調查（deliberative polling）[19]等。

4. 如何引導公眾進入諮商過程（第18章）。內容重點在於要求公務機關明文訂定引導公眾進入諮商過程的制式規範，讓公務機關及其人員可以根據標準作業程序，邀請政策利害關係人參與政策對話、表達意見。

5. 如何提升可見度和展現能力（第19至20章）。內容重點在於要求公務機關及其人員要提升政策行銷以及與公眾的溝通能力。

以上所列各項內容具有高度實用性，應是具備操作化特色以及務實可行效用之公務倫理機制的典型代表。

---

[19] 實施民意調查之前先進行充分的政策對話程序，讓民眾對政策議題深入瞭解後，再進行調查。此種民調的倡議者James S. Fishkin指出，它將公平的理念結合在其中，讓所有人都有平等的機會獲選為參與調查的樣本，更重要的是它結合慎思熟慮的概念，讓參與者可以面對面、開誠布公地針對問題充分進行論辯（Fishkin, 1991: 1-13）。

自我評量

一、何謂工具理性？又，工具理性的公共行政的意義爲何？

二、請說明工具理性的公共行政理論之特色爲何？

三、試述傳統管理途徑公共行政的「行政管理」學派之重點內涵爲何？

四、試述傳統管理途徑公共行政的「行爲主義」學派之重點內涵爲何？

五、試述傳統管理途徑公共行政的「系統理論」學派之重點內涵爲何？

六、請扼要敘述新公共管理的內涵。

七、試析論工具理性行政的哲學觀和價值主張。

八、請扼要析論工具理性的公務倫理建構之取向。

九、工具理性的公務倫理之目的在於確保效率之達成，其大致有哪些基本原則？

十、所謂倫理的外控途徑與內省途徑之意涵爲何？請簡單比較說明之。

十一、工具理性取向的行政倫理之觀照層面將「微觀個體行動」和「宏觀整體系絡」予
　　　以切割，其意涵爲何？試說明之。

十二、在知識的層面講求科學化與實用性，此乃是工具理性之公務倫理的建構取向之
　　　一，請說明其內涵。

十三、試就所知對工具理性之公務倫理的特色與效用做一總結性的扼要評述。

十四、請舉例說明工具理性之公務倫理的特色與效用之一「制度化—明確易循」的意
　　　涵。

十五、請舉例說明工具理性之公務倫理的特色與效用之一「透明化—嚇阻與後果可期」
　　　的意涵。

十六、請舉例說明工具理性之公務倫理的特色與效用之一「操作化—務實可行」的意
　　　涵。

學習目標

◎瞭解實質理性取向的公共行政之內涵
◎瞭解實質理性取向的公共行政對公務倫理之意義
◎瞭解對工具理性行政的倫理反思之內涵
◎瞭解澄清公共行政之政治本質對公務倫理建構的意義
◎瞭解釐清公共治理與組織管理的差異對公務倫理建構的意義
◎瞭解反思科學主義的知識觀點對公務倫理建構的意義
◎瞭解價值中立在行政實務上的問題

前　言

　　公共行政的論述與實踐發展，在20世紀下半葉歷經相當幅度的轉折。首先是1970年代新公共行政思潮對傳統行政帶來理念性的衝擊。再者則是1980年代起新右派對於大政府及其效率不彰的批判和挑戰，進而導引了1990年代新公共管理的政府再造運動風靡全球。然而事實上，公共行政究竟應取向於工具理性還是應該兼顧實質理性，在此之前早就是行政學者論戰的主題之一。此類論戰的主要的焦點是置於究竟政治與行政究竟應否二分的議題上，因為對於公共行政而言，政治價值其實就是實質理性的範疇。此種思維的辯證，實際上影響了公務倫理的建構取向，亦即公務倫理的目的到底是了確保手段的效率性還是更高層次政治價值（目標）的實現。現代的公共行政歷經了整個20世紀的發展和辯證，今日似乎不宜再將公務倫理的建構目的侷限在確保工具價值的實現之上，而應採取一種可以觀照工具價值和實質目標的視野，以此視野從事公務倫理的知識建構與實務運作。

第一節　實質理性取向的公共行政

　　實質理性取向的行政觀點下所建構的公務倫理的哲學基礎傾向義務論。因為此一觀點相信公共行政本身就是一種負有道德關懷義務的事業，所以有關公共行政的倫理思維著重於行政本身是否符合道德原則，而不是以行政所要達成的目的決定行政的倫理性（此為目的論）。其次，所謂實質理性就是對於目標本身的理性思考，所以公共行政必須重視價值辯證和價值內涵的探討。本節所要介紹之以實質理性為主軸的行政論述，本質上乃是針對工具理性行政論述——傳統管理途徑的公共行政（行政管理、行為主義、系統論等）和1990年代盛行之新公共管理所提出的反思與批判觀點。

　　20世紀迄今，對於工具理性公共行政提出反思的理論觀點大致包括：傳統主義（Traditionalism）、新公共行政（The New Public Administration）、黑堡宣言（Blacksburg Manifesto），以及新公共服務（The New Public Service）等。以下一一介紹此些論述的內涵並指出它們對公務倫理建構的啟發。

一、傳統主義

　　學者懷德（Orion F. White）和麥斯萬（Cynthia J. McSwain）認為，二次大戰前後有一股對於行政管理不滿的學術力量，其二人稱之為「傳統主義」（White & McSwain, 1990）。他們指出，傳統主義學者的論述旨趣在於試圖將公共行政的內涵，回歸到美國憲政傳統當中「聯邦主義」（federalism）與「反聯邦主義」（anti-federalism）的辯證[1]之上，然後將焦點置於規範性的理論（normative

---

[1] 聯邦主義和反聯邦主義兩派觀點的爭議，其實就是一種對於公共行政在治理過程中之地位與內涵的探討。聯邦主義以Alexander Hamilton為代表，其主張共和國需要一個強而有力的中央政府，以便因應內政和外交的困境、承擔因戰爭產生的債務、促進貿易和製造業的成長。反聯邦主義則是以Thomas Jefferson、James Madison等人為代表，他們將社會對話（social dialogue）與通力合作（collaboration）視為人們參與公共事務的方式，而且認為如果公共的意識體現為一種小規模的、分權的與凝聚的社群，便能使政府的功能立即與直接的展現（Wamsley & Wolf, 1996: 12; cf. McSwite, 1997: 70-74, 79-93）。歸納言之，聯邦主義偏好於計畫性的社會，主張強有力的中央政府；反聯邦主義則是鼓吹比例代表制、社群發展、公民政治參與而反對中央集權。

theory）、公共利益（public interest）、社群（community）、公民參與（public participation）等課題。誠如學者羅爾（John A. Rohr）指出，「行政」一詞之所以並未明文書寫於美國的聯邦憲法之中，乃是因為美國的建國之父們[2]早就認定行政為憲政制度最為根本的基礎，就如同氧氣之於地球上的生物一般，不必畫蛇添足地加以著墨（Rohr, 1986）。是以有學者認為，美國早期關於憲政體制的爭論，尤其是聯邦主義和反聯邦主義兩派觀點的爭議，其實就是一種對於公共行政在治理過程中之地位與內涵的探討（Wamsley & Wolf, 1996: 12）。因為前述都是存在已久的老課題，只是自從政治與行政分離論提倡以來，公共行政不再將它們納入範疇，傳統主義論者卻主張公共行政應該重拾這些課題，所以懷德和麥斯萬二人便將此派稱為傳統主義。

（一）論述觀點

傳統主義的代表人物包括了華鐸（Dwight Waldo）、榮恩（Norton Long）、李福特（Emmette Redford）、謝禮（Wallace Sayre）、柯夫曼（Herbert Kaufman）、道爾（Robert Dahl）、賽尼克（Philip Selznick）、狄墨客（Marshall Dimock）、海曼（Charles Hyneman），他們在二次大戰前後分別提出一些觀點，重點在挑戰行政管理所主張的政治與行政分離論，並就民主對於公共行政的意義被化約成為僅僅是隱性的角色（implicit role）予以質疑，還有就是批判行政管理對於科學和理性主義的強調（Wamsley & Wolf, 1996: 16）

細究傳統主義各個論者的觀點，可以發現他們有三項共同的關鍵旨趣：

1. 強調公共利益的規範性意義；
2. 具備知識基礎的實用主義（informed pragmatism）；
3. 社群的思維（communitarian ethos）。

再者，傳統主義論者認為，公共行政不應該為了追求科學化以及採取實證論的認識論，就忽視了歷史、制度結構（系絡）對於公共行政的重要性。根據White和McSwain的研究，指出了傳統主義包含著如下四項公理（axioms）：

2　包括華盛頓（George Washington）、傑佛遜（Thomas Jefferson）、漢密爾頓（Alexander Hamilton）、亞當斯（John Adams）、麥迪遜（James Madison）、漢考克（John Hancock）、富蘭克林（Benjamin Franklin）等人。

1. 歷史對於公共行政的行動而言，乃是政府在危機時刻回應社會的基礎；

2. 歷史可以在各種勢力彼此對抗的社會系絡中，提供公共行政行動的步驟；

3. 制度的領導者有能力彰顯制度的強制力；

4. 結構主義（structuralism）的觀點對於行政事件的釐清提供了至為明確的洞見[3]（White & McSwain, 1990: 27）。

（二）對公務倫理的意義

傳統主義所主張之公共行政的運作原則（working principles），有別於行政管理僅偏重工具理性的思考，茲將其中頗富規範意味並具有濃厚的倫理色彩臚列如下（White & McSwain, 1990 cited by Wamsley & Wolf, 1996: 17）：

1. 公共利益的觀念可以導引公共行政的行動；

2. 公眾的福祉與行政機關的健全乃是同義語；

3. 透過「對話」達成的通力合作（collaboration），乃是有效率的行政行動和政策制定的基礎。

總結而言，作者認為傳統主義的論者試圖將公共行政回歸憲政傳統，重拾民主政治的規範性議題，其觀點對於公務倫理的建構有以下啟發：

1. 工具理性的公共行政，例如行政管理、行為主義，自我限縮了公共行政參與治理（governance）的層次和範圍，因而導致理論與現實脫節。易言之，公共行政其實參與了公共治理的每一個層面，而且在憲政運作的過程中扮演要角，絕不亞於政客，並非只是政府組織的內部管理或政策執行，公共行政與民主價值的實踐和維護息息相關，因此不應該只偏重工具理性的思考。

---

[3] 結構主義是分析語言、文化與社會的一種方法，而它的根本主張就是將語言視為分析文化和社會現象的媒介或途徑，認為文化與社會現象是結構造成後果。根據結構主義者的看法，一個文化意義的產生與表達就是表意系統（systems of signification）即語言的各種實踐、現象與活動。是以簡而言之，結構主義的基本論點有三：第一，語言是文化和社會的寫照，所以要透過語言瞭解文化與社會；第二，語言本身是一種結構式的體系，就像是機械由各部分零件組合而成；第三，時空情境（系絡）因素也被視為是一種結構，文化意義和社會現象就是受到前述結構影響下的產物。瑞士語言學家索緒爾（Ferdinand de Saussure）被認為是結構主義的創始者，而法國學者李維史陀（Claude Lévi-Strauss）則是將結構主義從語言學帶向人類學、社會學領域從事研究的先驅。本文此處傳統主義論者認為，採用結構主義做為行政研究的方法，有助於釐清紛亂的行政現象。因為結構主義的方法論就是認為社會現象乃是當時系絡因素（結構）影響下的產物。所以欲正確理解公共行政的各種複雜現象，僅憑實證研究的方法並不充分，還必須要觀照現象背後的時空情境所產生的作用力。

2. 更重要的是，工具理性的公共行政漠視了絕大多數具有倫理色彩的治理課題，例如公共利益、公民參與等。尤其是在工具理性之下建構的行政理論，必然要刻意迴避規範性的論述，而偏好於描述性以及實用性的應用科學與技術，但是此一發展趨勢並不能爲經常必須做出價值判斷以及時而遭遇良知衝突的公共行政人員，提供很好的行動指導架構。

二、新公共行政

1960年代末期至70年代初期，美國社會處於動盪不安的局勢，諸如嬉皮運動、學生運動、暗殺事件、反戰示威、經濟蕭條、能源短缺、貪污醜聞、失業問題等。面對此等社會的紛擾，行政學界亦承受來自政治、經濟和社會各方面的壓力，使得學者無法置身事外，必須改變過去與世隔絕社會的閉門造車心態，正視以上種種問題（陳金貴，1990：111）。有感於此，華鐸認爲公共行政正處於「一個危機四伏和問題急迫的時代」（a time of grave happenings and urgent problems）（Frederickson, 1989: 95）。因此1968年時，在華鐸發起與贊助下，聚集了多位年輕的公共行政學者，於紐約雪城大學（Syracuse University）的敏諾布魯克會議中心（Minnowbrook Conference Center）召開會議，論者稱爲第一次敏諾布魯克會議（Minnowbrook Conference I），徹底檢視公共行政所面臨的問題，以及未來應發展的方向。由於其與傳統的行政理論之研究旨趣差異極大，故自稱所提倡之觀點爲新公共行政（林鍾沂，2001：146），此派的立場又被稱爲「敏諾布魯克傳統」（Minnowbrook Tradition）[4]或「敏諾布魯克觀點」（Minnowbrook Pespective）（Wamsley, 1990）。隨後又分別於1988年、2008年，每次間隔20年，陸續舉辦了

---

[4] 根據學者Wamsley的看法，第一次敏諾布魯克會議中提出的主要價值爲：批判政治與行政二分、反對價值中立、認爲公共行政不應侷限於經濟效率的追求、主張民主行政、提倡社會公正（social equity），以及強調行政人員的自主性等主張。上述主張本質上爲對於傳統的行政理論之反動，所以論者將之稱爲新公共行政，而以上的價值主張又被稱爲敏諾布魯克傳統。敏諾布魯克傳統是一種思維模式的標示，它包含了兩次敏諾布魯克會議（第二次會議在1988年於同一地點舉辦）一貫的理念，如果從政治思想的立場，進行大體的區分，敏諾布魯克傳統所主張的民主行政，相對於新公共管理而言，比較傾向於左派（The Left School）的立場，它強調公共行政應該致力於提升社會中弱勢的利益，對於資本主義採取相當程度的批判態度。

第二、三次的敏諾布魯克會議（Minnowbrook Conference II, III）。

「敏諾布魯克觀點」對當代行政倫理的復興產生極為重大的影響，作者認為，在追求價值中立、科學實證的主流氛圍中，新公共行政的支持者建議公平正義乃是價值應為公共行政的目標，故而省思價值中立的限制乃是行政研究的重點所在。從而，行政倫理在新公共行政重視價值、採取後實證途徑的主張下，似乎重新返回公共行政的懷抱。以下將先分別敘述三次敏諾布魯克會議之論述觀點，然後再扼要歸納此派觀點對公務倫理的意義。

（一）論述觀點

1. 第一次敏諾布魯克會議

在此次敏諾布魯克會議中，許多年輕的行政學者，對於功能主義與行為主義在公共行政研究之中的極端發展，大多予以高度地批判與質疑，並且熱切關注於公共行政實務的社會關懷意義（Wamsley & Wolf, 1996: 20; McSwite, 1997: 198-204）。

此次會議提出的論文與評論都收錄於馬里尼（Frank Marini）主編的《邁向新公共行政：敏諾布魯克的觀點》（*Toward a New Pubic Administration：The Minnowbrook Perspective,* 1971）一書之中，根據馬里尼的分析，新公共行政運動的主要特徵為：

第一，趨向相關的（relevant）公共行政：馬里尼歸納指出今後公共行政應致力於研究下列數個問題：（1）研究動盪不安時代的相關問題，如分權、組織演化（organizational evolution）及參與等，與我們日常生活相關的問題；（2）開發行政學術的相關領域，例如比較都市行政、行政區域比較、和組織單元異同的比較等；（3）研究與行政實務者相關的課題，如設計規劃預算制度（PPBS）如何分權化和具有參與管理精神，以成為變遷的機制等（Marini, 1971: 348; 林鍾沂，2001：147-148）。

第二，採取後實證主義（postpositivism）的立場：依照新公共行政學者的觀點，過去的行政研究之所以未能產生「相關性的知識」（relevant knowledge），乃導源於其信守實證主義的緣故，使行政的研究侷限在資料的蒐集與統計分析的經驗性理論（empirically based theory）建構上，而未能正視價值在研究過程中的影響（Denhardt, 2004: 104-105; 林鍾沂，2001：148）。尤其是，社會科學的新近發

展，如人文心理學（humanistic psychology）、存在主義（existentialism）、現象學（phenomenology）、批判理論（critical theory）及其他學說的發展，皆提供了未來公共行政研究與發展之認識論的主要方向與公共行政教育的哲學基礎（Marini, 1971: 350; 林鍾沂，2001：149）。

第三，適應環境的動盪不安：新公共行政的論者認為，如何重新調整組織型態與設計嶄新的工作程序，使之能調和與適應變遷快速的環境，乃是行政運作成敗的關鍵。其中，正面因應的行政（confrontation administration）、參與式管理、顧客導向的組織、行政人員的價值判斷、以及對動盪環境的容忍，皆為不容忽視的行政課題，亦是可行的適應過程（Marini, 1971: 350-351; 林鍾沂，2001：149-150）。

第四，發展新的組織型式：新公共行政的學者指出在傳統工具理性模式下之靜態、穩定的組織設計，根本無法適應動盪不安的環境。換言之，傳統官僚體制（bureaucracy）的組織型態，越來越無法迎合時代的需求，結構彈性的組織勢將成為未來組織設計的重要思考方向（Marini, 1971: 351-352; 林鍾沂，2001：150）。

第五，建立受益者導向的公共組織：在新公共行政學者看來，未來的組織發展應重視受益者的導向與需求，任何組織的目標應與受益者需求的表達密切相關，凡無法迎合受益者的需求，其運作的正當性便會被加質疑。尤其是多元主義的治理過程中，許多的政策作為均在支持既已經建制的穩定結構和社會中的優勢利益團體，因而少數族群遭到排擠和歧視。職此之故，建立一個蘊含社會正義的受益者導向之公共組織，乃是刻不容緩的工作（Marini, 1971: 352-353; 林鍾沂，2001：151）。

除了馬里尼上述的觀察外，學者傅萊德雷克森（H. George Frederickson）也剖析第一次敏諾布魯克會議的成果，亦對於新公共行政的特徵作了以下的歸納，本章將之臚列如下（Frederickson 1989: 97）：

第一，公共行政的研究焦點，從重視機關管理的傳統觀念，轉移至關注宏觀和範圍更為廣泛的政策議題之上；

第二，除了經濟與效率之外，增加了社會公正（social equity）作為政策立場的立論基礎或合理化的根據；而法律的平等保障，對於立法者與執法者而言皆具有同等的重要性。

第三，政府之中的倫理、誠信、和責任再度成為公共行政強調的重點。永業文官不再僅是政策的執行者，其獲得公眾的信任，並為公眾公平地分配成本及利益，俾以盡可能地提供最佳的服務。

第四，敏諾布魯克觀點認為，當公眾的需求改變時，政府機關卻無法適時調整因應，並且因此產生了許多駢枝機構。是以，裁撤不需要或無效率的組織或計畫，是公共行政一項殊榮的責任。

第五，變遷而非成長，已被認為是更為重要的議題。一個具回應性的政府必須同時具備成長（當新需求明確時）和衰退（當機關提供的服務不再重要時）的能力，亦即管理變遷而非只顧成長，已成為行政組織是否具有效能的標準。

第六，有效率的公共行政之意義，乃是由具備主動和參與精神的公民所界定。

第七，在1950年代和60年代中，決策制定的研究是公共行政的核心價值課題；然而，到了1970年代，如何貫徹決策將被視為難度更高的挑戰。

第八，理性模式的正確性和嚴密的層級節制之概念的有用性，已受到嚴厲的批判與挑戰。

第九，雖然多元主義（pluralism）仍被廣泛地視為解釋公權力運作的有效途徑，但其不再被作為公共行政實務的準則。

2. 第二次敏諾布魯克會議

在第一次會議之後的20年，於1988年，於同一地點又舉辦了第二次敏諾布魯克會議。在這二十年以來，美國公共行政學術與實務的發展情況變化甚多，並且亦發生某些重大事件，如水門事件的醜聞，使美國政府蒙羞；民眾看不到他（她）們所期望的行政改革，政府亦未能提出有效的回應。因此，在1980年代末期和90年代初，人們運用公民投票進行減稅；或選出誓言掃除浪費和腐化並能有效控制官僚的總統、州長與市長，一股貶責官僚之風盛行。

另一方面，美國由管制的政府逐漸轉向所謂導航的政府（steering government），減少直接的干預，而採取解除管制、民營化、簽約外包和志工服務的方式，縮減政府的規模。進而，長期以來美國傳統中公共目的的價值式微，而私人利益的價值正方興未艾地抬頭。但是，儘管社會公正和反歧視已經成為普世價值，但是仍有許多人民無家可歸，窮人和失業者仍然舉目皆是，這些都造成嚴重的社會問題。公共行政學界也產生急劇的變遷，各大學的學系或學院設定的公共行政課程，已經大大地超過60年代的範圍，公共行政學已有更多的科際整合，遠遠超越60年代屬於政治學的附庸之地位。學術性刊物也相繼出版，使得公共行政學有更多的討論空間。公共行政碩士也受到社會的正式認可，且成為追求擔任政府工作的條件之一（Frederickson, 1989: 97-98; 陳金貴，1990：113-114）。

在上述的時空背景之下，於1987年，美國公共行政學會在波士頓舉行年會，一些曾參與第一次敏諾布魯克會議的學者聚在一起時，決定在次年（1988年），召開第二次敏諾布魯克會議，除了邀請當年的與會者外，另外也邀請這20年來，對公共行政有特別貢獻的專家及學者參加。此次會議，透過《高等教育記事》（*Chronicle of Higher Education*）和「公共行政時代通訊」（*PA Times*）的廣告，徵求學者和專家參加。同時，也透過320個公共行政和公共政策研究所的推薦，一共有68位公共行政的學者和實際人員參加，其中36位是在1980年代進入公共行政領域，32位在1960年代進入公共行政領域。本次會議的經費則由雪城大學、堪薩斯大學（University of Kansas）和阿肯諾大學（University of Akron）所贊助（Frederickson, 1989: 98; 陳金貴，1990： 114）。

傅萊德雷克森曾指出，兩次敏諾布魯克會議有所差別，他言道：「兩次敏諾布魯克會議給人在氣氛、基調、和感覺上呈現明顯的差異，1968年的會議中辯論、對立和革命的氣息濃厚。但是，在1988年的會議上，則是比較文明而且更為務實。兩次會議都對行為主義（或實證主義）有所批判，不過，第一次會議採取堅決地反行為主義（實證主義）之態度，而第二次會議卻肯定行為科學有所貢獻」（Frederickson, 1989: 99）。馬里尼則是對兩次會議做了觀察，指出二者在整體特徵方面的共同點如下（Marini, 1992: 1-2）：

第一，對於公共行政及其未來皆有深刻的承諾；
第二，深切關懷我們的社會與存在於其中的問題；
第三，對於公共行政能夠創造更美好的未來表示極為樂觀的態度；
第四，關注公共行政的認識論和本體論（ontology），並且對於公共行政應抱持的價值立場以及達成此種價值立場的途徑予以高度重視。
第五，認真地看待社會理論的啟發性；
第六，重視公共行政及其實務人員與學界人士的真誠態度。

繼而馬里尼指出，雖然1988年的時空背景不同於1968年，而且第二次會議召開時，美國公共行政中所面臨的危機遠大於第一次會議，但此並未損及二者基本立場的一貫性，二次會議之立場的一致性包括（Marini, 1992: 2）：

第一，民主有益，因此多多益善；
第二，官僚體制會產生僵化和反功能，我們必須致力對抗之；

　　第三，關於人的現象、行動、理念、和研究途徑不應予以根除，反而應該予以助長；

　　第四，公共服務應該重視理念啓發所帶來的利益，並以公民的福祉爲依歸；

　　第五，我們應該避免簡化的方法論假定和研究途徑，改採精緻和周延的方法和途徑；

　　第六，公共行政實務不應忽視價值，而學術的旨趣亦應重視價值的課題，否則無助於我們的研究；

　　第七，我們的社會應該保持盡可能的開放和自由，而且我們應該致力防範任何對於下層社會或遭到歧視者，完整參與治理的威脅；

　　第八，公共行政應該依據正義和公正的原則爲民服務。

　　不過，馬里尼仍然指出了兩次會議的成果有所差異，不過，他也特別強調，二者的差異並非根本性的差異。他的看法有三個重點，本章摘要整理如下（Marini, 1992: 3-7）：

　　第一，第二次會議的成果較第一次會議更能深入公共行政的核心價值。此乃因爲，第二次會議有眾多來自實務界人士參與並提出論文，使得本次會議更能體察實務人員所面對的困境，進一步補強新公共行政所揭示之「趨向相關的問題」之主張；

　　第二，第一次會議所提出的諸多觀點，雖然已經意識到典範移轉（paradigm shift）[5]的重要性，卻未能眞正完成此一使命。然而，第二次會議及其後續發展，實有一個正在形成（forming）、創發（emerging）之全新與多元共容的（multiversalist）典範出現，而此一典範的特色在於其試圖整合規範與實用兩種不同層次的行政論述；

　　第三，第二次會議以後，敏諾布魯克傳統的學術發展，有趨向「事事交互關連」（interconnectedness of everything）的思維模式（Marini, 1992）。所謂事事交互關連的概念，意謂公共行政的實務運作與決策視野，應該採取複雜系統的思考模式，例如對於環境生態的保護或是國際關係的局勢之因應措施（Luke, 1992: 13-32），而不是傳統理性模式的單純線性因果關係（Bailey, 1992: 37-40）。進而，

---

[5] 此處所謂典範移轉意指行政理論從「政治與行政分離論」，移轉爲承認公共行政具有政治的本質，以及行政研究的認識論，應從邏輯實證論轉向後邏輯實證論。

在知識建構方面，事事交互關連意味著理論應該具有更爲多元的視野，知識的探討可以跨越多重領域，並且認識論有傾向於解構主義（deconstructionism）論調（Marini, 1992: 5-6）。上述的發展傾向使得公共行政的理論與實務之形式與實質內容，皆更爲豐富和多樣化，行政研究的視野也因而更爲開闊。

3. 第三次敏諾布魯克會議

　　2008年敏諾布魯克會議第三度召開，由雪城大學特聘教授Rosemary O'Leary擔任主辦人，會議主題爲「全世界公共行政、公共管理與公共服務的未來」（The Future of Public Administration, Public Management, and Public Service around the World）。論者指出，第三次敏諾布魯克會議基本上仍傳承第一、二次會議的精神，對公共行政在當時代面臨的議題予以正面回應，誠如第一次會議重視「變遷」與「趨向相關議題」的態度（O'Leary, Van Slyke & Kim, 2010: xiii-xiv）。而第二次會議並未深入探討的課題：政府服務委外或是公民參與的範圍和影響，在此次會議已被視爲公共行政的核心議題，廣泛受到討論，可見此次會議延續新公共行政傳統：一向與時代脈動緊密結合。此外，從此次與會者高度關注的事件，亦可說明此次會議所處的時空背景，它們包括了：喬治·布希（George W. Bush）總統任內備受爭議的各種政策作爲、恐怖主義、911事件、伊拉克和阿富汗戰爭、網際網路的衝擊、比1968年當時更爲嚴重的經濟衰退；以及柯林頓（Bill Clinton）總統任內諸多行政改革所導致之更多技術官僚以及更重視成果和績效導向的聯邦機構與計畫，同時也帶動了州政府更加正視績效的重要性，而「政府績效計畫」（the Government Performance Project）更造成了國家成立的公益基金會與州政府之間形成了一種在績效方面相互較勁的氛圍，進而這一股重視績效之風導致了美國聯邦預算與管理局（Office of Management and Budget）成爲政府績效管理的領導機關（Kim *et al.*, 2010: 8-9）。以上都是參加第三次敏諾布魯克會議的學者專家眼中重要的探討標的和事件，基於上述時空背景，會議中所探討的公共行政相關議題大致歸納如下（O'Leary, Van Slyke & Kim, 2010: xiii）：

　　第一，學界與實務人士的關係（practitioner relations）；
　　第二，民主的績效管理（democratic performance management）；
　　第三，財務管理（financial management）；
　　第四，全球化／比較觀點（globalization/comparative perspective）；

第五，資訊科技與管理（information technology and management）；

第六，法律、政治與公共行政（law, politics, and public administration）；

第七，領導（leadership）；

第八，研究方法（methods）；

第九，學科整合研究（interdisciplinary research）；

第十，網絡（network）；

第十一，公共行政價值與理論（public administration value and theory）；

第十二，社會公正與正義（social equity and justice）；

第十三，透明與課責（transparency and accountability）。

　　第三次敏諾布魯克會議會議另有一特殊之處在於，本次會議分成兩個階段進行，其內容茲扼要分述如下：

（1）第一階段會議－會前專題研討（或稱會前工作坊）

　　邀請8年以內取得博士學位較為年輕的學者計55人參加，而一些曾參加第一、二次敏諾布魯克會議的資深學者，如傅萊德雷克森或是本次會議主辦人O'Leary則在此一階段會議中扮演沈默的觀察人（silent observer），會議進行的內容主要為會前專題研討（preconference workshop），目的是為第二階段會議設定議事方向，舉行地點就在原先的會議地點紐約藍山湖（Blue Mountain Lake, New York）。

　　在此階段會議中，55位年輕學者針對當前公共行政理論實務提出了56項反思和批判，茲列舉其中較具代表性者如下（Kim *et al.*, 2010: 9）：

第一，公共行政學者正面臨著如何緊扣趨向相關議題的挑戰。

第二，非裔公共行政人員的處境。

第三，亞洲地區公共行政教育所面臨的挑戰。

第四，真有全球公共行政的存在嗎？

第五，公共行政已經全然受制於經濟的影響嗎？

　　在這些批判和反思觀點被提出之後，此次會議主軸「公共行政的未來」便逐漸成形。抑有進者，第一階段與會年輕學者其中的10個人便以全體與會者之名義執筆撰擬了一篇〈新公共行政學者承諾宣言〉（Statement of Commitment for New public

Administration Scholars）[6]，作者茲將其內容全錄翻譯如下（Kim *et al.*, 2010: 10-11）：

　　基於吾等對於今日公共行政處境的反思，我們覺得我們的優勢在於探討公共問題時，所運用之學科、方法、理論以及途徑的多元性。但是，我們也相信，公共行政的未來受限於一些制度和個人的障礙，這些障礙就存在於研究者和學者從事其工作之際。我們認為這些障礙有：
- 升等以及永久教職（tenure）的制度誘因問題。
- 課程的限制（例如預算限制了科際整合的研究途徑）。
- 著作出版（例如編輯的一致性、審查人的人選、審查期限）。
- 公共行政研究經費補助的匱乏。
- 從事國際和比較公共行政研究所面臨的挑戰。

　　我等參加第三次敏諾布魯克會議的年輕學者們，承諾扮演變革的行動者，願意堅持和塑造公共行政文化，一種重視公共性而對於多元理論和方法論觀點採取開放心胸的文化。承諾促成以下目標：
　　在從事研究的過程中，我們願意……
- 擴大我們對於各種不同分析單元的接受程度（例如地方、州、全國、國際的行動者和政府，非營利和私人組織，組織當中位居不同階層的個人，利害關係人和公民）。
- 在我們的專業領域之中創造一種能夠提升資料共享以及同僚之間通力合作促進資料品質的研究環境。
- 認識到我們研究方法與研究設計的限制，俾利於提供未來的研究方向以及避免排斥那些有益於進一步研究的問題。

　　在課堂和學術社群之中，我們願意…
- 致力於創造以研究為基礎的工具以強化理論的有益性。
- 推動嚴謹的方法論訓練與綜合研究方法（量化和質化）的運用。

---

[6] 此一宣言10位起草人為：Leisha DeHart-Davis、Mary Feeney、Beth Gazley、Yilin Hou、Stephanie Moulton、Rebecca Nesbit、Craig Smith、Jodi Sandfort、Scott Robinson, David Van Slyke。

- 投入適當的時間與實務人員共享知識。

在著作出版的方面，我們願意…
- 致力出版相關的研究著述（意即有益於實務或理論建構的研究）。
- 當我們在拓展專業領域的用途以及強調公共性的角色時，我們瞭解跨學科理論的重要性。
- 追求所有類型之多元與嚴謹的研究方法。
- 重新檢視那些被視為典範而且擁有領導地位的研究。

（2）第二階段會議

此一階段會議的與會者不限年資和年齡，但也有30位曾經參加第一、二次敏諾布魯克會議的資深學者與會，舉行地點在紐約普萊西德湖（Lake Placid, New York）。會中探討的課題乃是根據參加第一階段會議的年輕學者們所關切的諸項議題延伸設定而成，其主軸定調於公共行政當今的處境以及未來方向。歸納此一階段會議的關鍵主題有如下數項（Kim *et al.*, 2010: 12）：

第一，公共行政領域從1968年至2008年，到底產生了哪些變化？而時至現今2008年，公共行政到底為何？

第二，我們能夠對已經擁有30年歷史之市場取向的新公共管理提出重要的理論與經驗的結論嗎？

第三，由於許多不同學科領域的學者流向公共行政領域，公共行政究竟與核心理論基礎的建構愈來愈近還是漸行漸遠？

第四，網絡治理（networked governance）與協力公共管理（collaborative public management）等新觀念如何改變我們對公共行政、公共管理以及公共服務的看法？它們改變了公共行政實務嗎？我們的教學計畫也應該要改變了嗎？

第五，全球化如何影響我們對於美國、已開發國家、開發中國家和傳統國家公共行政、公共管理以及公共服務所面臨之重大挑戰的看法？

第三次敏諾布魯克會議有來自全球13個國家共200位學者和實務專家與會（O'Leary, Van Slyke & Kim, 2010: xiii）。他（她）們以公共行政的未來作為主軸，契合當下時空背景的特質，兼顧理論建構和實務性的問題，進行廣泛和多元面向的討論，而且視野擴及全球，此實為新公共行政觀點——即「趨向相關議題」的主張再次展現。

（二）對公務倫理的意義

1. 新公共行政論述觀點的總結

　　整體而言，學者羅伯特・但浩德（Robert B. Denhardt）的觀察，可謂將新公共行政與工具理性行政的相對觀點，作了精闢的總結。由但浩德的歸納，可以發現新公共行政對於工具理性行政的反思，其實充滿了倫理的色彩。作者認為，第一次敏諾布魯克會議結束後所提出的結論（Frederickson 1989: 97），可謂為新公共行政論述觀點的總結，其對於行政倫理後續發展產生巨大影響，這些主張是：

　　第一，公共行政應關注宏觀和範圍更為廣泛的政策議題。
　　第二，公共行政除經濟效率外還應關注社會公正。
　　第三，公共行政強調倫理、誠信、和責任。
　　第四，公共行政應重視回應性的政府。
　　第五，公共行政應正視具備主動和參與精神的公民。
　　第六，公共行政應反省理性模式的正確性和嚴密的層級節制之概念的有用性。
　　第七，公共行政應檢討多元主義不應再是政治運作的唯一模式。

2. 新公共行政論述觀點對公務倫理的意義

　　綜合而言，上述主張對於行政倫理的影響可以扼要歸納如下：

（1）重視政治與行政分離論導致行政理論與實務脫節

　　新公共行政認為工具理性行政的核心基礎──政治與行政分離論乃是一種虛幻，因而主張政治與行政實際上難以切割。新公共行政強調不論是行政學者還是實務人員都應該趨向相關的課題，也就是行政學術以及實務都必須要面對問題並試圖加以解決，然而將政治和行政予以切割就是一種不切實際的想法（Denhardt, 2004: 102-103）。因為行政人員事實上經常參與政策的擬制，甚至在重大決策過程扮演關鍵角色；其次，行政人員的日常實務中也經常要面對各種政治勢力並加以因應和折衝。另一方面，行政學術所建構的知識如果只是一味排除政治，那麼理論與實務對照之後，人們將會發現理論與實務嚴重脫節，因而知識無法對實務產生指導作用。

（2）主張價值課題在公共行政理論與實務的重要性

　　根據新公共行政論者的看法，社會科家之所以無法提出相關性（契合實際）

的知識，絕大部分是肇因於他（她）們所信奉的實證論將他（她）們侷限在經驗資料蒐集以及統計技術操作的框架當中。雖然新公共行政論者並不一定全盤否定經驗理論，但是他（她）們認爲價值應該是社會研究的重要課題，必須受到更多的重視（Denhardt, 2004: 104）。亦即，新公共行政論者強烈批判工具理性行政所採取的實證論對於價值課題的輕蔑，他（她）們認爲工具理性行政只重視事實卻忽視了價值辯證也是公共行政研究的重要途徑之一。

不過必須澄清的是，效率本身就是一種價值，工具理性行政基本上是以此價值爲基礎所展開的論述與實務，所以工具理性行政並非沒有價值取向，此處新公共行政所質疑者，也是一般對於工具理性行政之認識論的批判觀點，乃在於實證論拒斥了對於價值本身進行辯證分析的可能性，價值不論是所謂工具價值抑或是實質價值，實證論概不討論，將之視爲一種理所當然的假定，而在其之上發展可以操作化、數量化的經驗研究。效率的意義一旦確定之後[7]，它顯然較易於操作化（化約爲可以經驗觀察的指標）和數量化（轉化爲數字加以統計測量），然後易於通則化（研究成果可以進行推論而一體適用）。

（3）提倡社會公正做爲公共行政追求的基礎價值

新公共行政論者認爲，工具理性行政將效率做爲基本價值，隱含了一種非人化和客體化（objectification）的不良傾向[8]。因此新公共行政反其道而行，追求一種不同的或至少是對於公共行政研究的一種補充性質價值基礎──社會公正。所謂公正包含了公平（fairness）和正義（justice），尤其是它蘊含著矯正既存的社會和政治價值分配不均的意義。相反於所有人齊頭式的平等（equality），公正意味著給予劣（弱）勢者更多的利益；相對於效率，公正強調回應性和包容性（Denhardt, 2004: 105）。

換言之，所謂平等意指某甲相等於某乙，而所謂公正則是意指調整資源分享俾使某甲相等於某乙（Frederickson, 1990: 229）。亦即，公正是一種透過政府刻意

---

[7] 效率也可發展出諸多不同定義，例如節省多少成本可以稱爲效率？所以，何謂效率必須先加以確定。

[8] 非人化的意義請見第3章。其次，所謂客體化意味著原本身爲主體的人逐漸變成客體的過程。客體是主體（人）的創造，例如組織中的制度，就是做爲人的主體所創造的客體。因此主體一但遭到客體化之後，就等同於那些沒有生命物體一般，客體化意指失去主體地位的現象。

的干預措施，以調整人們原有的差距，形成平等的狀態。職此之故，從新公共行政論者的立場論，一項符合社會公正的政策較具有回應性和包容性，因爲新公共行政論者主張公共政策應該讓人們獲得「均衡的」利益，而不是「平均的」利益；而讓人們獲得他（她）們所需要的協助就是回應性，將劣（弱）勢者在政策過程中予以愼重考慮（而不是漠視之）就是包容性。現行的諸多社會安全政策與弱勢救助制度，可以說是意圖補救個人原先的不平等狀態，使之調整至較爲平等的狀態之行政施爲，而此所達成之平等即可稱爲公正，是以公正一詞比較具有關懷弱勢的傾向。舉例而言，某甲與某乙二人能力相同，皆有機會獲得某大學的入學許可，此爲平等（即前述手段機會的平等）；但某甲家境清寒無法支付學費，而某乙則無此顧慮，此時政府若有助學貸款或低收入戶學費補助等政策，則可協助某甲順利入學，此即符合前述公正一詞的意義——進行資源分享的調整時，促使某甲相等於某乙（許立一，2003：81）。關於社會公正，本書後續還有更深入的探討。

（4）強調更多和更爲實質參與的公共治理

基於社會公正的理念，新公共行政論者主張公共行政的過程應該要有更多、更爲實質的參與，包括公民對於政策決策和對於公務機關運作的參與，以及公共組織基層人員應該分享更多決策參與的機會（Denhardt, 2004: 107）。新公共行政論者之所以要宣揚更多和更爲實質的參與，其原因就在於工具理性行政基於管理主義的理念，爲了遂行有效控制而朝向高度層級節制發展，對於民主的實踐形成阻礙。原本官僚體系若能謹守確保人民權益的理念，以控制爲核心的層級節制設計在理論上似乎是民主實踐的助力，因爲它可以防杜組織成員爲惡。然而，其問題首先就存在於民主與效率本來就是互爲弔詭的二種價值，加上工具理性行政缺乏價值辯證，因而效率似乎在先天上就已略勝民主一籌。其次，此種高度層級節制的發展傾向，不僅是一種組織設計的原理，其更逐漸地內化成爲公共行政人員的思維和行動模式，因而反過來阻礙了民主的落實。

三、黑堡宣言

1980年代初期，美國維吉尼亞多元理工學院暨州立大學（Virginia Polytechnic

Institute and State University）的一群公共行政學者，有感於新公共行政的主張未能在實務上發揮作用，又鑑於當時美國政界貶責官僚（bureaucracy bashing）之風盛行，於是撰寫了一篇名為〈公共行政與治理過程：轉變政治對話〉（Public Administration and the Governance Process: Shifting the Political Dialogue）的文章（Wamsley, 1990: 6-17），學界簡稱其為黑堡宣言[9]（Wamsley et al., 1990: 31-51）。黑堡宣言起草成形於1982年，1983年在學術會議中公開發表，1987年正式出版，隨後被收錄於1990年出版的一本專書《重建公共行政》（*Refounding Public Administration*）之中。該宣言作者在承襲新公共行政的價值主張之餘，希望能夠更進一步地重建公共行政以及行政人員在治理過程中的正當性。

（一）論述觀點

黑堡宣言的基本主張，可以扼要歸納為如下幾點。

1. 強調公共行政本質不同於企業管理

以此為起點，對公共行政的管理主義提出反思，因為公共行政身處於政治系絡之中，並且是公共治理的核心。公共治理的內涵則是國家以社會整體為名義所施行的獎酬和懲罰，它所包含的政治意涵是一種促使價值分配獲得認同的藝術（Wamsley et al., 1990: 36）。

2. 重建公共行政在公共治理中的正當性

黑堡宣言的作者們認為美國的憲政本就賦予公共行政正當性，選舉產生的公職人員並不是唯一具備治理正當性的人員。抑有進者，黑堡宣言主張在行政（executive）[10]、立法、以及司法之外，公共行政可謂為第四部門，以彰顯其在公共治理中重要地位，該宣言指出，在憲政部門之間永無休止的爭鬥之中或形成僵

---

[9] 黑堡為維吉尼亞州立大學的所在地，故該篇文獻被簡稱黑堡宣言。而其之所以被稱為宣言，是因為該文不同於一般的學術論文，幾乎沒有註釋，全然屬於規範性的主張（cf. 余致力，2000）。本文出版時有萬斯來（Gary L. Wamsley）、顧賽爾（Charles T. Goodsell）、羅爾（John A. Rohr）、史蒂芙（Camilla M. Stivers）、懷德（Orion F. White）與伍爾夫（James F. Wolf）六人共同具名。

[10] 黑堡宣言文中對於憲法中的行政權以"chief executive"—行政首長以及行政部門"the executive"等詞彙呈現，俾以明顯地與公共行政（Public Administration）有所區隔，黑堡宣言要澄清公共行政是一種制度（Wamsley et al., 1990: 34），並不是專指憲法中的「行政部門」，事實上，立法、司法部門中也存在著公共行政。

局時，公共行政可以在紛爭的各造之間扮演折衝的角色（Wamsley *et al.*, 1990: 45-47）。

3. 界定公共行政人員的專業主義（professionalism）爲捍衛憲政

黑堡宣言認爲，公共行政專業主義的重點並不在於公共行政人員是否爲某種專業的成員，而是在於公共行政人員應該以一種專業的態度，致力於培養行政能力和建立標準，並且抱持一種全力捍衛憲政的價值觀。換言之，公共行政人員專業主義的展現，就是運用專業能力達成捍衛憲政的目的（Wamsley *et al.*, 1990: 47-50）。

4. 主張以公共對話（public dialogue）形成公共利益的內涵

黑堡宣言希望能夠避免在界定公共利益具體意涵時經常遭遇的困境，亦即究竟何謂公共利益的困境；另一方面又希望解決公共利益決策過程經常產生的偏差，導致弱勢或少數遭到邊緣化的後果。所以，該宣言當中提出了一種所謂「理想—過程取向的」（ideal-process oriented）途徑（Wamsley *et al.*, 1990: 40-41）。所謂「理想」意指，公共行政應該要提供一種表意機會平等的公共對話機制，讓所有政策利害關係人共享公共利益實質內涵的界定，最後達成一種理想的結果——「盡可能最廣泛的公共利益」（broadest possible public interest）（Wamsley *et al.*, 1990: 39）；其次，所謂「過程」則是意指，將行政理論中關於公共利益的論述焦點，置於公共對話此一過程之上，而不是將焦點置於公共利益的具體內涵之上，因此過程意味著一種探求公共利益的途徑或是研究公共利益的方法論。

5. 追求社會公正（social equity）乃是公共行政的核心價值

就黑堡宣言的立場而論，所謂好的政府意指可以促成社會公正之實現的政府，但爲了達成社會公正，卻可能有損於效率。是以黑堡觀點主張，如何在捍衛自由和正義——社會公正以及維護資本主義——經濟效率與社會分化，此二種價值承諾之間，妥善地予以調和、處理，才是公共行政所面臨之更爲艱鉅的挑戰。政府可以具備良好的管理能力與技術（即提升效率的手段），但是並不一定要排擠對於公善（public good）的堅持，更重要的是，有時候爲了達成公善而有損效率，也應該在所不惜。公共行政既爲治理的重要參與者，以社會公正作爲資源和財富分配的原則，乃屬理所當然之事（Wamsley *et al.*, 1990: 34-36）。

（二）對公務倫理的意義

綜觀前述黑堡宣言的核心觀點，亦可得見其如同先前的傳統主義或是新公共行政一般，其實是對於工具理性行政的反動。該宣言對於公務倫理的建構，提供了如下不同於工具理性行政的視野。

1. 公務倫理的建構取向應兼顧工具理性與實質理性的思考

公共行政本身就是政治的一環，無法全面性地與政治切割，而政治不只是利益的競技場，也是價值的競技場。因而，身處政治系絡之中的公共行政，其價值取向不應該只著重於手段的效率性，還必須兼顧社會公正（*cf.* Wamsley *et al.*, 1990: 32; Wamsley, 1990b: 20）。意即，公務倫理的建構取向不能僅侷限於工具理性，還應該包含實質理性的思考。

2. 公共行政人員的使命為捍衛憲政以及公共利益

肯定公共行政人員不只是自利的個人，也不應只是被動而毫無自主意識的組織機器的附件。尤其是，黑堡宣言開宗明義提倡一種「施為觀點」（agency perspective）的人性論（*cf.* Wamsley *et al.*, 1990: 36-39; Wamsley, 1990b: 20-22），此種人性論將人假定為「具有自主意識但又同時受到制度結構的制約」。以此角度看待公共行政人員，則他（她）們一方面具備能動性、反省能力，可以衝撞、挑戰、質疑既存的不合理，但另一方面公共行政人員也不是不受任何拘束而可以為所欲為、恣意濫權的特權階級。所以，黑堡宣言主張行政行為的倫理標準體現於行政人員的專業能力，而他（她）們的專業能力就是捍衛憲政的能力，不只侷限在追求工作效率之上。更重要的是，黑堡宣言的主張提供了一種有別於傳統行政倫理的思考方向——在捍衛憲政以及長遠公共利益的基礎上，勇於違抗短視近利的政客、利益團體的壓力，採取正確的行動，而不是毫無條件的趨從和迎合，才是符合倫理的行為。

3. 透過公共對話界定公共利益的途徑以實現社會公正

此一主張可說是黑堡宣言一文中最富倫理色彩的主張。於此，黑堡宣言顯然對具有效率和手段之便宜性的多數決採取一種保留的態度。因為，未經審慎對話的多數決，往往不是受到少數人的操縱就是形成多數暴力，所做成的決策結果可能是以犧牲少數或弱勢的利益為代價。所以，黑堡宣言提倡理想—過程取向的公共利益界

定途徑，不啻是希望建構一種蘊含倫理的公共決策機制，它應該要能夠體現包容、平等、公正等價值，而不是讓公共決策進行得既經濟又效率。

四、新公共服務

2000年時，行政學者羅伯特‧但浩德和珍娜特‧但浩德（Janet V. Denhardt）在美國極為權威的學術期刊《公共行政評論》（***Public Administration Review, PAR***）上，發表了一篇名為〈新公共服務：服務而非領航〉（The New Public Service: Serving rather than Steering）的論文，隨後到了2003年時，羅伯特‧但浩德與珍娜特‧但浩德二人出版了同名的專書《新公共服務：服務而非領航》。深究羅伯特‧但浩德與珍娜特‧但浩德二人所提倡之新公共服務的觀念，其基調在於反思公共行政主流行政理論，特別是針對當今盛行的新公共管理提出警語，此由書名的副標題：「服務而非領航」便可見端倪[11]。新公共服務的觀念對於公務倫理的建構頗具意義，以下先扼要闡述其內涵，再分析此一論述對公務倫理的意義。

（一）論述觀點

1. 理論基礎

首先，羅伯特‧但浩德與珍娜特‧但浩德二人指出，他們所提倡的新公共服務根植於以下理論基礎。

（1）民主的公民意識（democratic citizenship）

A. 民主的公民意識之兩種觀點

第一，根基於自利個人主義（self-interest individualism）——
此一觀點將人類政治行為的動機一概歸因於自利，藉由特定程序（例如投票）和個人權利的保障，保證讓公民能夠做出與自我利益相符的選擇乃是政府存在的理由。因此政府的角色在於確保個別自我利益能夠自由和公平的競爭，此一觀點明顯

---

[11] 新公共管理的首要主張就是「領航式的政府」，政府只要確立方向，不必事必躬親、親力而為（Osborne & Gaebler, 1992），而但浩德的新公共服務一書以「服務而非領航」為副標題，即非常明顯地表明了其立論的根基。

地與公共選擇理論（public choice theory）和新公共管理相一致。

第二，根基於政治利他主義（political altruism）——

學者曼士吉（Jane Mansbridge）（1994）又稱之為公共精神（public spirit）。羅伯特‧但浩德和珍娜特‧但浩德二人認為此一觀點在民主治理過程中似應扮演更為核心的角色。誠如學者善鐸（Michael Sandel）所言，在利他主義或是公共精神概念下的公民，他（她）們對公共治理的參與更為積極主動，可以超越自利而關注範疇更寬廣的「公共利益」，採取更為開闊和長遠的視野且具備公共事務的相關知識，亦即，他（她）們對社會整體懷有更為濃厚的歸屬感而關心整體，並且公民與社群之間存在著一種道德性質的連帶關係、彼此命運相繫（Sandel, 1996: 5-6）。曼士吉稱此種公民意識的觀點提供了一種「凝聚力」，將政治系統聚合在一起，因此她認為公共精神同時蘊含了二種重要的元素——「愛」和「責任」，每一種元素都扮演了重要的角色。曼士吉的推論是：「如果我基於對你的愛（同理心）而要成就你的利益，那麼我就不太可能會傷害你。因此如果我要成就集體的利益，那麼我將會拋棄個人的利益。如果我基於某種原因承諾於某種原則或某種強制性的合作行動，那麼我就會因為責任而拋棄自我利益。」（Mansbridge, 1994: 147）

不過，曼士吉也指出，過度的利他主義並不一定好。因為，政治精英可能會藉由意識灌輸、個人魅力、扭曲解釋、抑制輿論等方式操弄公共精神。所以，公共精神必須醞釀並刻意予以維護。

B. 公共精神的助長與維護

曼士吉認為，正義原則、公共參與和審慎思辨（deliberation）將可助長公共精神，原因在於（Mansbridge, 1994: 156）：

第一，正義可以喚起人們對自身所遭受之剝削的覺醒並且使反抗的力量增強；

第二，參與可以讓人們覺得置身事內，因而有利於決策之執行；

第三，審慎思辨可以讓參與決策的品質提升，讓人們相互理解彼此的歧異，產生凝聚力而為問題的解決方案共赴事功。

由上述可知，基於利他主義或公共精神的公民意識的基礎是「公民利益」（civic interest）而非自我利益，所以公民能夠關注寬廣的公共利益，願意積極主動和置身其中，並且自認對他人負有責任。換言之，民主體制下的公民之所以為

「公」民，就是「他（她）們運作政府」，一旦公民實踐此一角色，則其不僅對社會的改良有所貢獻，也同時對自身的成長有所助益（Denhardt & Denhardt, 2003: 27-32）。

（2）社群與公民社會（community and civil society）

羅伯特・但浩德和珍娜特・但浩德二人認為其所提出之新公共服務的第二項重要的理論根基是社群與公民社會的理念。就如同關於公民的論述有兩種觀點一般，對於社群的觀點也分為左、右兩派。首先是，左派觀點認為社群乃是貪婪和自利淹沒現代社會而過度發展的因應對策；其次是，右派觀點則是將社群視為重建美國一度擁有而今卻日漸失控之基本價值[12]的康莊大道。而羅伯特・但浩德和珍娜特・但浩德二人的新公共服務則是較傾向於左派觀點的社群公民社會，其內涵大致可從以下學者的觀察予以掌握。

第一，高德農（John Gardner）提倡的社群意識（a sense of community）：以共善（common good）為調和基礎——

羅伯特・但浩德和珍娜特・但浩德二人指出，以美國為例，當代論者對於社群的探討十分踴躍和多元，眾家之言總是各自執著於社群的特定面向，然而學者高德農的主張卻頗為精闢而具說服力（Denhardt & Denhardt, 2003: 33）。高德農主張，社群意識可以源自於人類許多不同層次的協同關係，例如從鄰里到工作團體，它可以在個人和社會之間提供一種有益的調和結構。誠如高德農所言：「在我們的系統所擁有之眾多遺產當中，『共善』（或譯為共同利益）是其中最為重要者，在其中所有人依據法律能夠追求他（她）們各自認為的共善，同時，達成相互之間的調和，亦使此一社會系統讓人們得以生活於其中、工作於其中。在共享目的的架構之中，彼此衝突的利益競相演出、頭角崢嶸，本就是自由社會的情節」。歸納言之，根據高德農的看法，一個社群的共享價值雖然重要，但他也剴切指陳，所謂整體性必須要能夠包容歧異（Gardner, 1991: 15-16）。社群的基礎是關懷、信任，以及經由穩固和有效的溝通與衝突解決系統所形成的團隊合作與連結關係。社群的互動特質調和並重整了個體與整體的關係。

---

[12] 基於反聯邦主義的信仰，美國建國的基本價值之一就是希望政府的權力越小越好、弱勢的中央政府，以及公民和社群對公共事務的參與越多越好。

第二，普南（Robert Putnam）的公民社會意象：公民能夠經由一種對話和審慎思辨的方式與他人互動的場域——

上述社群意識的實踐有賴於一些健全和積極之調和制度的建立，此種制度不但必須聚焦於公民的期望和利益，它同時也要能為公民提供學習機會和經驗，以利他（她）們在較為宏觀的政治系統展開行動。例如學者普南（2000）指出，美國的民主傳統就是賴於以公民自居的公民，他（她）們活躍在各類型的團體、協會、以及政府部門之中。家庭、工作團體、教會、公民協會、鄰里團體、志工組織，以及社會團體，甚至是運動團隊，都有助於為個人和大型社會之間建立起連結關係。這些小型團體構成了一種公民社會，在其中人們必須基於社群意識追求個人的利益。因此，公民社會是公民能夠經由一種對話和審慎思辨的方式與他人互動的場域，而此不僅是建立社群的要素，更是民主的基礎（Denhardt & Denhardt, 2003: 34）。

第三，馬修（David Mathews）當代積極的公民角色：從事草根性的公民運動（grass-root citizen-based movement）以克服參與困境——

羅伯特·但浩德和珍娜特·但浩德二人指出，近來關於社群和公民社會之探討如雨後春筍一般出現，乃是源於學者對公民之參與公共事務日漸貧瘠而感到憂心所致。人們似乎對政府徹底失望，他（她）們退出政治過程，然後在其私人領域中變得越來越孤立。舉例而言，論者馬修（1994）就認為，近年來公民參與政治過程的興趣雖然大減，但是尚未完全消失殆盡。就美國的政治氛圍而言，由強而有力的遊說專家、在職政客、競選經理人、還有媒體精英等所形成的專業政治階級，幾乎將公民完全排擠於政治系統之外，因而令公民極為憤怒並產生極大的挫折感。因為金錢主導的政治，使得公民將政治系統視為一種例行投票而不是創造變革的過程。他（她）們認為，對於平民百姓而言，政治的大門基本上是關閉的（Mathews, 1994: 12-15）。其結果是導致公民產生了異化和疏離感。然而另一方面，公民仍然想要扮演積極的角色。他（她）們自豪於所屬的社群、家鄉，而且他（她）們希望為變革貢獻一己之力。事實上，許多公民已經開始投入新型態的政治活動，而不是把時間耗費在他（她）們所認為是封閉和難以介入的選舉或政黨政治，而是投入於草根性的公民運動（grass-root citizen-based movement）、鄰里關係、工作團體，以及社團。這些活動成為公民意識的實驗場所，在此場域之中，人們試圖營造與他人以及與宏觀政治秩序之間的新關係，並嘗試改善他（她）們已知的現代社會所造成的參與困境（Denhardt & Denhardt, 2003: 34-35）。

（3）組織人文主義與新公共行政（organizational humanism and the New Public Administration）

新公共服務第三個重要的理論基礎是組織人文主義與新公共行政。由於新公共行政的內涵先前已做介紹，此處不再多做贅言，僅扼要說明但浩德二人將新公共行政做為他們發展新公共服務觀點的理論基礎之原因。以下茲先行闡述組織人文主義的內涵。

A.組織人文主義

羅伯特・但浩德和珍娜特・但浩德二人指出，1970年代以後，許多公共行政學者將研究重點置於檢討層級節制的組織分析對人類行為之觀點的侷限性，並且試圖提出替代性的管理和組織途徑。整體而論，這些途徑希望降低公共組織當中權威和控制的色彩，提升對於內部成員和外部民眾需求的關注，學者阿吉里斯（Chris Argyris）和格藍畢亞斯基（Robert T. Golembiewski）就是此一領域的代表人物，他們分別提出了極為精闢而一反主流工具理性模式的組織觀點（Denhardt & Denhardt, 2003: 36）。

第一，阿吉里斯的觀點

首先是阿吉里斯引用心理學關於人格研究的成果為依據，探討了傳統管理實務對於身處複雜組織中之人們心理發展的衝擊。心理學的研究發現，人類從嬰兒至成人，其人格的發展過程是：從消極到積極、從依賴到獨立，行為的範疇從有限到寬廣，利益關注的層次則是從膚淺到深度，而對時間的眼光是從短視到長遠，至於對地位的看法則是從臣屬到重視品質或追求高位，以及從缺乏自覺到自主意識（Argyris, 1957: 50）。根據此一人格發展階段，阿吉里斯看到了以工具理性模式為主的傳統管理途徑和組織設計，似乎是反其道而行地抑制而非促進組織成員的人格發展。舉例而言，在大多數的組織當中，成員很少能夠掌控他（她）們的工作，他（她）們被要求服從、依賴、以及接受束縛，因此也限制了組織成員為組織做出更大貢獻的可能性。為了提升組織成員的成長並且增益組織績效，阿吉里斯嘗試提出一種管理途徑，讓管理者能夠發展和運用技能以培養具備自我覺醒（self-awareness）能力的、能夠做出有效診斷（effective diagnosing）的、並能自我成長和擁有更大創造力的、以及獨立傾向的組織成員（Argyris, 1962: 213）。阿吉里斯的觀點與工具理性的行政明顯相左，特別是與當時理性模式的代表人物賽蒙的看法

針鋒相對。1973年時，阿吉里斯在美國公共行政專業學術期刊《公共行政評論》上發表專文，指出賽蒙的理性模式本質上與行政管理如出一轍：管理階層界定組織目標和設定任務執行程序，然後伴以訓練、獎勵、懲罰等措施，塑造了一種金字塔結構的組織，在其中權威的作用由上而下傳遞。賽蒙對理性行為的觀點，讓此種組織更重視效率、更重視手段，而不問目標如何形成（Argyris, 1973: 261）。

總之，工具理性模式無法關照人類經驗的所有層面。事實上，人類總是發自內心地做出行動，對自己的生活感到渾沌不明和無可預期，因而他（她）們經常根據感覺和情緒而不是理性採取作為。抑有進者，因為人類成長的過程並非完全理性，以工具理性為基礎所建構的組織傾向於助長組織的理性，卻無助於個體的成長、發展、以及自我實現（self-actualization）（Argyris, 1973: 261）。因此阿吉里斯呼籲，應該給予個人道德（individual morality）、真誠（authenticity）以及人類自我實現的特質更多關注（Argyris, 1973: 253）。

第二，格藍畢亞斯基的觀點

其次，羅伯特・但浩德和珍娜特・但浩德二人認為，在公共行政領域之中，學者格藍畢亞斯基所提倡的組織發展（organization development, OD）觀點也是組織人文主義的典型（Denhardt & Denhardt, 2003: 37）。格藍畢亞斯基在其著作《人、管理與道德》（*Men, Management, and Morality*, 1967）一書中，針對傳統的組織理論重視由上而下的權威、層級控制、以及標準作業程序等提出批判，他認為這些措施反映出對於個人道德立場特別是對個人自由的無知。相反地，格藍畢亞斯基試圖在組織中發展一種能夠擴大裁量範圍俾增加個人自由的途徑（Golembiewski, 1967: 305）。依照組織發展觀點，格藍畢亞斯基呼籲管理者為組織創造一種開放的問題解決氣圍，據此組織成員可以面對問題而不是抗拒或是逃避問題。他鼓勵管理者為整個組織當中的個人和團體之間建立信任關係，並以知識和能力所產生的權威彌補角色或職位所產生的權威之不足，甚至以前者取代後者。管理者應該致力於增進組織成員自我控制和自我指揮能力，應該創造一種情境讓衝突浮出檯面且予以適當和正確地處理，更加關切團體的過程並將其結果轉化成提升組織績效的助力。如同阿吉里斯一樣，格藍畢亞斯基也對工具理性模式提出批判，他認為工具理性模式的假定是一種方法論上的建構並非真實的反映。人們並非總是那麼理性或甚至鮮少從事理性的行為，所以根據理性選擇理論為基礎的組織分析，意味著對於組織及其成員的觀察侷限在一種特定的邏輯預設之中，此將忽視重要的政治與感性因

素的考量，而這些因素卻是建構周延的人類行為理論不可或缺的部分（Denhardt & Denhardt, 2003: 38）。

B.新公共行政

最後，羅伯特‧但浩德和珍娜特‧但浩德二人說明，新公共行政之所以是他們發展新公共服務觀點的理論基礎之一，其原因有二（Denhardt & Denhardt, 2003: 39）：

第一，新公共行政一反工具理性行政的論調，強調公共行政人員在公共政策當中實際上扮演著重要的角色，甚至可以且「應該」是積極的角色，而不只是被動消極的政策執行工具。

第二，新公共行政明確地提倡公共行政不應該漠視價值在公共行政當中所扮演的角色，因此不應該對之視而不見、避而不談。

（4）後現代公共行政（postmodern public administration）

新公共服務的第四個理論基礎是後現代主義（postmodernism）。整體而論，後現代主義的起源在於質疑現代主義（modernism）的正當性（沈清松，1993），而現代主義有幾項基本的成分，包括：科學主義（scientism）、理性主義（rationalism）、人文主義（humanism）（*cf.* 許立一，1997：1999）。由於後現代主義的流派與論述觀點紛雜，其中有些主張甚至與公共行政的價值背道而馳[13]，因此並非可以全為公共行政研究所用（許立一，1999：253-254；Denhardt & Denhardt, 2003: 41）。

然而，羅伯特‧但浩德和珍娜特‧但浩德二人認為後現代主義的某些觀點對於公共行政而言仍具啟迪作用，而可做為新公共服務的理論基礎，茲歸納臚列敘述如下。

---

[13] 例如後現代主義論者批判現代主義的人文主義其實是一種虛偽，Mitchell Foucault就是典型代表人物。在其眼中，人文主義不過是一套敘事（故事），言下之意它並非真理（劉北成、楊遠櫻譯，1992；劉絜凱譯，1994）。更重要的是，後現代論者認為人文主義赤裸裸地揭示著一種排除異己的權力宰制。因為人文主義為現代人形塑了一個做為「人」—自我和主體，應具備的風格和標準，任何不同於此一標準的風格，將要受到遭到排擠或道德性質的譴責。但誠如本節所介紹的組織人文主義，卻被行政學者視為是對公共行政重要的理論基礎。就此看來，後現代主義顯然並不全然適用於公共行政。

A. 對於實證論的反思

前已述及，後現代主義對於科學主義有所質疑，特別是針對實證論宣稱其乃知識取的的唯一途徑強烈抨擊，主要論點有：1.所謂客觀並不存在，只有個人立場和觀點（Edge, 1994: 3-4; 唐力權，1993：34）；2.人類所建構的科學根本不是科學所宣稱之真實的陳述，而是人類期望且能夠知識的範圍（毛榮富，1991：170-171）；3.科學不僅從外部取得合法性（透過證據蒐集），它亦透過「後設敘事」（metanarrative）[14]也就是哲學（形上學）的「戒律」，從內部取得在現代社會之中的崇高地位（鄭祥福，1995：53-57）。換言之，實證論的幾點主張其實都是一種哲學（形上學）觀的呈現，例如價值中立就是一種「規範性」的戒律、就是一種價值主張，可諷刺的是，科學以它最不能容忍的、無法觀察的形上學做為基礎。

羅伯特・但浩德和珍娜特・但浩德二人指出，1960年代後期和1970年代初，某些公共行政學者開始以批判的角度，針對位居主流的工具理性行政的知識取得途徑——實證論進行檢討。以實證論做為知識取得的唯一途徑，就排擠了運用其他途徑的可能性，因而也限制了公共行政的研究範圍（Denhardt & Denhardt, 2003: 39）。實證論主張價值課題必須摒棄於科學研究之外（價值中立），是以公共行政的實證研究似乎預設了社會或是組織生活可以與價值切割，然而人們日常生活的實情並非如此。誠如先前阿吉里斯和格藍畢亞斯基所言，人並非總是理性地行動，所以人們並不一定根據事實分析然後加以理性回應，亦即人們的行動可能是基於感性也可能是基於信仰，當然更可能基於價值。然而價值也可能是一種理性推論的結果，例如社會公正、正義等價值，此被稱為實質理性（substantive rationality），但價值卻無法觀察，因此實證論者必須將之摒除於行政研究之外。後現代主義對於實證論宣稱自己乃知識取得的唯一途徑予以高度質疑，成為新公共服務理論建構的重要基礎之一。

B. 對於真實（reality）的解構（deconstruction）[15]

理性主義蘊含著一種被後現代主義論者稱為基礎主義（foundationalism）的思維，所謂基礎主義意謂世界具有一種永恆不變的本質，意即存在著永恆不

---

[14] 所謂敘事（narrative）意指說故事（story telling）。
[15] 所謂解構乃是後現代主義論者的慣用語，也是一種研究方法和途徑，其意指將既存的結構拆解、打破，以剖析其內部隱藏而難以看穿的深層內涵。

變的真實。但後現代主義對此種觀點抱持質疑，而採取一種反基礎主義（anti-foundationalism）的立場。此種解構的世界觀（deconstructive world view）雖不見得可以全盤用於行政研究，但仍具啓發性。例如羅伯特·但浩德和珍娜特·但浩德二人指出，後現代主義認爲永恆不變的真實並不存在，所謂真實僅存在於當下，例如在對話的情境當中，而此點正啓迪了公共行政必須正視以真誠溝通爲基礎之「面對面互動」（face-to face interaction）的重要性，此一情境可以促使對話各造更爲深入地理解和分享彼此的處境（cf. Denhardt & Denhardt, 2003: 41）。如此，將有益於締造一種更具包容性以及降低疏離感的公共領域。

C. 對於理性主義的批判

後現代主義對於理性主義的批判，特別是針對市場取向的理性選擇理論（公共選擇理論）和技術官僚（technocrat）[16]的反思，經常爲公共行政學者引用。後現代的公共行政論者認爲，公共問題的解決途經應是對話優於客觀評估或理性分析（McSwite, 1997: 337）。真誠對話的觀念主張，公共行政人員與公民視爲彼此彼此真心對待，而不僅是理性自利地算計或衡量對方，並且參與者將對方視爲和自己一樣，是一個有生命和有尊嚴的人（Denhardt & Denhardt, 2003: 41-42）。此種觀念一方面拒斥了自利個人主義的假定，另一方面則是對於技術官僚一向將服務對象視爲只有代號或編號卻如同沒有生命的個案（case）的一種深切反省。

2. 新公共服務論述觀點之具現：基本命題

根據上述的理論基礎，羅伯特·但浩德和珍娜特·但浩德二人提出了其所謂新公共服務的論述觀點，以七項命題爲主軸，勾勒有別於工具理性取向的公共行政，茲扼要臚列敍述如下。

（1）服務公民而非顧客

公民與顧客的意義大不相同，前者的特質在於其被視爲是處於社群當中，不但擁有權利亦對社群負有某種責任（cf. 許立一，2003：125-144）；但後者乃是來自於市場理論，其爲以價金換取服務或產品的消費者（cf. 許立一，2003：66-68）。羅伯特·但浩德和珍娜特·但浩德二人強調，由於公共利益應該是一種關於共享

---

[16] 技術官僚一詞在左派（如新馬克思主義）學者的界定下，是一種只會從專業技術眼光、著重經濟效率、甚至可能以專業宰制人民，而缺乏人文思考的公共行政人員。

價值對話之後的結果，並非個人自我利益的聚合，因此公共行政所要服務的是作為社群成員的公民而不是市場中從事交易活動的顧客（Denhardt & Denhardt, 2003: 42）。

（2）追求公共利益

公共行政人員必須致力於建構一種對於公共利益集體的、共享的觀念，其目標不在於迅速的解決問題，而是在於創造共同的利益以及共同的責任（Denhardt & Denhardt, 2003: 42）。

（3）重視公民意識甚於企業家精神

公共利益應該由願意為社會做出貢獻的公務人員和公民提出，而不是由似乎將公帑視為己有之具企業家精神的公共經理人提出（Denhardt & Denhardt, 2003: 43; *cf.* 許立一，2002：49-52）。

（4）策略思維、行動民主

集體努力以及通力合作的過程，乃是使政策與計畫符合公眾需求之最有效以及最負責的方式（Denhardt & Denhardt, 2003: 43）。

（5）正視課責（accountability）的嚴肅性

公務人員不應該僅侷限於市場的考量，更應該重視法規和憲法、社群的價值、政治規範、專業準則、以及公民福祉（Denhardt & Denhardt, 2003: 43）。

（6）服務而非領航

對於公務人員而言，運用共享的、價值為基礎的領導方式，所以協助公民表達、獲得共享的利益，日趨重要，而不是企圖控制或引導社會走向新的方向（Denhardt & Denhardt, 2003: 43）。

（7）重視人民而不僅是生產力

公共組織以及參與其中的人們，如果能夠同心協力並採取以尊重他人為基礎的共享領導方式，將會為社會帶來長遠的利益（Denhardt & Denhardt, 2003: 43）。

（二）對公務倫理的意義

深思以上所列新公共服務的各項命題，蘊含了豐富的倫理思維，它們不僅是公共行政的理論，也可以說是一套關於公務倫理的理論。其不但關照了實務人員所處的系絡，又強調規範對於實踐的指導作用。總言之，根據新公共服務的七項基本命題，作者認為其對公務倫理建構的啓發意義在於：

1. 公務倫理價值取向應兼顧實質理性與工具理性

堅持公共行政實踐民主價值的使命，也不輕忽管理手段對公共組織的重要性，因此至少在論述的關照層面，新公共服務希望兼顧實質理性與工具理性。

2. 公務倫理知識建構應兼顧實證方法與價值辯證途徑

對於公共行政知識的取得途徑，主張採取多元的方法和研究途徑，將公共組織的現象、個人行動、價值理念一併納入理論當中。此對公務倫理知識建構的意義是，不應侷限實證途徑而排除價值辯證的課題。一套完整的公務倫理知識體系，除了實務制度、管理措施之外，還應該澄清各種價值對於行政作為的意義。更重要的是，確立公共行政所追求的最終價值何在。

3. 公務倫理機制應兼顧外控與內省途徑

公共服務的對象應該是公民，而公民不應僅是追求自利的個人，他（她）們是願意積極參與公共事務、對他人富有同理心、對社群負有責任的個體，在確保個人基本權利的前提下，公民可以做出利他的行動，而更重要的是，公共行政人員也是公民。基於此種人性觀點，公務倫理建構不應僅侷限於外控途徑，還應該包含公共行政人員心靈、心理層面的道德意識之修為。

4. 公務倫理的鞏固應以擴大公民參與為之

現今公民在提倡社群建構和公民社會方面扮演重要而積極的角色，是以許多進步的、前瞻的市民和政治領袖已經體認到此一發展的重要性和可行性，而且開始加入他（她）們的行列。政治領袖已經開始運用現代資訊科技和更為便捷的工具，實質性地與公民接觸、展開互動。因此，同樣地，公共行政人員正重新界定自己在公民參與治理過程中所應扮演的積極角色（Denhardt & Denhardt, 2003: 35）。

第二節　對工具理性行政的倫理反思

　　本節將根據上述以實質理性為主軸的公共行政之觀點，從哲學的層次對工具理性行政進行反思，並指出這些反思對公務倫理建構的意義。

一、政治與行政分離論

（一）從倫理角度予以反思

　　工具理性行政以政治與行政分離論為基礎，希望擺脫政治對行政效率的干擾，例如威爾遜和古德諾等人提倡此一主張，其原因就在試圖矯正當時美國政黨分贓對於行政效率的戕害，此一出發點固然立意良善，卻也導致在此觀點之下的行政論述，不願深入思考政治對於公共行政還有其他的意義，並使得公共行政理論與現實脫節，也使得公務倫理內涵的發展受到限制。換言之，自威爾遜以降，工具理性行政的政治與行政分離論就如同圖5-1所示之意象，政治與行政二者涇渭分明，行政不得逾越政治範疇，否則便被視為是違背倫理。但根據各種經驗研究的發現，實情絕非如此。

1. 公共行政處於政治系絡當中，無法與政治一切為二。

　　誠如前一節所介紹之各家觀點一致指出，公共行政處於政治系絡當中，無法與政治一切為二。換言之，政治本來就是公共行政的內涵，即使某種層級的行政人

圖5-1　政治與行政分離論
資料來源：Frederickson & Smith, 2003: 18。

員或某些範疇的行政作為可以或必須擺脫政治因素的影響，它們也絕非是全面地處於政治真空的狀態。所以黑堡宣言就指出，政治與行政的關係可以分成三種層次（Wamsley *et al.*, 1990: 42-43）：

第一，在最高的即最抽象的層次上，行政不可能與政治分離。公共行政在此一層次上，誠屬治理和政治過程整體的一個部分，我們必須在一開始瞭解公共行政在政治系統和治理過程中的角色時，就充分明白此點；

第二，在抽象程度稍低的行動層次上，行政與政治在某些情況下即使不致於可以完全分離，但二者的確有所區分；

第三，在基層行動層次，如果我們要對那些涉身參與治理者，提出規範性和應然性之建言的話，則我們實應承認、闡釋、並且充分澄清政治與行政二者的區別。換言之，政治與行政關係複雜，在某些方面而言可以二分，但在某些方面無法二分（Stivers, 1996: 268）。亦即，行政與政治的關係實不能夠一概而論、簡單地一切為二。

2. 公共行政人員經常參與議程設定（agenda setting）和政策制定（policy making）

一如黑堡宣言所言，不同層級的行政人員或不同範疇的行政作為，使得政治與行政存在著不同的關係。學者傅萊德雷克森和史密斯（Kevin B. Smith）二人剖析政治與行政分離論在實務上的限制指出，政治與行政一為目標一為手段固然有別，但公共行政人員的實務運作其實無法完全與政治切割，而從經驗分析的結果可以發現，政治與行政的關係呈現出幾種不同的樣態。據此，萊德雷克斯和史密斯二人便勾勒出一種不同於政治與行政完全切割的意象，如圖5-2所示。

該圖所表達的意象是，行政雖然屬於手段的範疇，但其不可避免地會涉及目標的訂定。公共行政人員雖然受到政治的控制，但此一控制可能受限，甚至公共行政人員掌控政策與其受到政治控制的程度相當（Frederickson & Smith, 2003: 19）。其次，公共行政人員通常被要求必須服從政治決定（目標），因此其角色被期望僅僅只能是政策（目標）的執行者，萊德雷克斯和史密斯二人稱此種目標－手段二分界線為「防火牆」（firewall）（Frederickson & Smith, 2003: 18），但他（她）們實際上卻經常參與議程設定和政策制定（*cf.* Kingdon, 1995）。

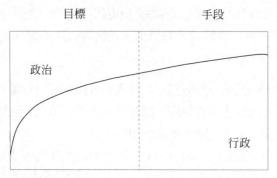

圖5-2　政治與行政的真實關係
資料來源：Frederickson & Smith, 2003: 18。

　　即使是基層的行政人員，其工作內容也經常涉及目標的闡釋或是詮釋政策（法令）並採取他（她）們所認定的適當作為，所謂「裁量權」就是如此，只不過裁量權可能或大或小、範圍不一而已（*cf.* Lipsky, 1980）。因此，圖5-2是一種理念類型（ideal type），並不是具體的真實關係的呈現，圖中的那一條分隔政治和行政的曲線，其彎曲的程度可能會隨著不同的政策領域、不同的時間、不同的組織所導引之政治與行政的不同關係而有所變化（Frederickson & Smith, 2003: 18-19）。

（二）澄清公共行政之政治本質對公務倫理建構的意義

1. 公共行政應對政治目標和價值有所堅持和執著

　　澄清公共行政的政治本質，並不意味著公共行政應該重蹈政黨分贓的覆轍。相反地，強調公共行政的政治本質，一則是指出公共行政不應與現實脫節；另一方面的重點則在於強調公共行政應對政治目標和價值有所堅持和執著，公共行政人員不應對政治目標和價值毫無反省能力，他（她）們應該扮演關懷社會公正與促成公共利益之實現的積極角色（*cf.* Jun, 1986: 18-19）。

2. 公共行政人員應以捍衛憲政和公共利益為職志

　　申言之，只是要求公共行政人員消極性地擺脫黨派色彩，並不能真正地解決治理過程中所存在的問題，例如：民眾對於政治系統效能感的低落、選民覺得政府不能回應其需求、以及黨派鬥爭導致政策總是難以長遠的眼光進行規劃、以致於公共行政淪為實現政客選舉利益的工具等。因此，還要鼓勵公共行政人員勇於扮演專業

角色，以捍衛憲政和公共利益為職志，勇敢向權力者和民眾說真話。

3. 公共行政人員有義務保護那些無法被表達的弱勢利益

　　總之，堅持行政無法與政治二分者，其主要的著力點在於，公共行政在治理過程中的正當性，事實上已經在憲法當中明確地界定，是以公共行政是除了行政、立法、與司法三權之外的另一個與前述三者並立的制度。黑堡宣言便是此一立場的代表。（*cf.* Wamsley *et al.*, 1990）。因此，當政客純然以選舉利益思考政策制定時，公共行政人員其實可以基於專業知識，而更重要的是基於道德勇氣，向擁有權力者說真話。易言之，公共行政人員本質上擁有政策參與的正當性，他（她）們有倫理上的義務保護那些無法被表達的利益（此即所謂社會公正），依據法律、立法機關的決議、以及官僚體制的程序兼顧效率和公正（Goodsell, 1993; Wamsley & Wolf, 1996; Frederickson, 1997）。

4. 重拾「代表性官僚體制」（representative bureaucracy）的理念以發揮其表意（expression）功能

　　一般認為唯有透過選舉所產生的公職人員才具備正當性，在工具理性的行政論述中認為，只有民選或政治任命的公職人員才能提出政策方案，倡議某些政治議題。然而，此種看法其實忽視了，公共官僚體制本身可能比國會更接近社會縮影（Rohr, 1990: 76）。意即，公共行政人員應該可以扮演公民的代理人此一角色（Frederickson & Smith, 2003: 22）。換言之，公共行政人員所具備的代表性不比民選公職人員差，甚至有過之而不及，因為公共行政人員來自社會各階層，其組成比民選的公職人員更為貼近社會的各個階層。舉例言之，美國聯邦政府的「公平就業機會法」（The Equal Employment Opportunity Act, 1972）和「就業保障法」（The Affirmative Action, 1979）的制訂，使得社會中各個族群得以避免受到歧視，而公平地進入公部門服務，促使所謂「代表性官僚體制」在某種程度上得以實現，使得公共行政人員在治理過程中具備了一定程度的表意功能和代表性（*cf.* Rosenbloom & Kravchuk, 2002: 193; Goodsell, 1990: 109）。所以從取向實質理性之公務倫理角度觀之，政治與行政關係的意象，似可呈現如圖5-3。該圖所表達的是對於公共行政人員參與目標（實質理性）設定高度期待的觀點，它反映了在不同情況下公共行政人員涉入目標設定程度或高或低的情形，如曲線以下和水平線以上的空間所示，但一般而言，公共行政人員對治理的參與都在水平線之下，多屬於手段性質。

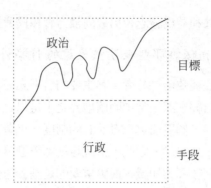

圖5-3　取向實質理性之公務倫理的政治與行政關係
資料來源：根據Frederickson & Smith, 2003: 20。

5. 公共行政關懷政治價值是為了更為有效的回應民眾需求

歸納而言，公共行政蘊含著政治的本質，而針對公共行政之政治本質的省思，對於公務倫理建構取向之啟發，應有以下二個面向：

第一，公共行政應對社會公正與公共利益等政治價值給予高度關懷與倡導；

第二，公共官僚體制具備公民代表性，在政治過程中其表意的功能不容忽視，而表意功能則應體現於政治回應性（political responsiveness）之上。

職此之故，公共行政人員應本於道德勇氣、依法行政、專業知識等原則，致力捍衛公共利益，對政策提出建言，不應只是扮演政策執行的工具。

二、管理主義

（一）從倫理角度予以反思

在傳統管理途徑的行政理論中，諸如威爾遜和古德諾主張公共行政的本分就是尋求實現政策目標的最佳手段，同時也認為前者正是公共行政呼應民意的展現（Wilson, 1887 reprinted in 1992: 19, 21-22; Goodnow, 1900 reprinted in 1992: 25-27）。所以，以控制為基礎、追求高效率的組織管理技術，似乎成為公共行政的唯一內涵。有助於促進人民福祉的管理技術之改善，當然是公共行政的應該努力追

求的方向。但是，此一管理主義先是假定了公、私部門可以等同視之，進而則認為講求管理技術的精進是公共行政的首要之務，受到傳統主義、新公共行政、黑堡宣言、新公共服務以及與前述立場相同的論者高度質疑。對管理主義的公共行政論述和實務之反思，可以歸納如下：

1. 管理主義將公共行政的範圍侷限於公共組織的內部管理

當工具理性行政的支持者認為，政府機關與私人企業在本質上無異，並且一味地迷信企業管理的技術，可以全盤適用於公共組織時，頗有可能形成一種盲點：將公共行政的範圍侷限於公共組織的內部管理。其次，深究管理主義的行政理論，其中隱含著一個邏輯：公共行政只要致力於管控技術的改革以達成效率，就是完成民主政治的最大助力。誠如賽蒙所言：「所謂的行政理論，就是關注於組織應該如何建構與運作，以便有效率地完成其工作」，進而他又補充：「行政的根本原則就是理性，而所謂的理性就是，在各種備選方案中選擇達成目的的最佳手段，以及在各種結果相同的備選方案中選擇成本最低者」（Simon, 1997: 45），言下之意其實就是管理控制以達成效率。但是，此種忽視公私部門差異所導致之只重管控手段卻對目標缺乏反省的思維，卻足以將二次大戰期間德國官僚造就成為屠殺猶太人的劊子手。

2. 管理主義導致了對於公共行政之公共性的漠視

反之，公共行政的內涵是治理，而所謂治理乃是包含了「國家以社會整體為名義所施行的獎酬和懲罰」，而且此種治理存在於政治的系絡之中（Wamsley *et al*., 1990: 36）。所以，公共行政是「公共」的，因為它是以「社會整體為名所施以的作為」，也因此它是政治性的，因為公共行政涉及公共利益和懲罰的分配。職此之故，新公共行政、黑堡宣言乃至於新公共服務皆提出一種邏輯：先是區隔公、私部門的本質，其次闡述公共行政與企業管理內涵的不同，進而界定公共行政人員與企業經理人的角色差異。誠如新公共行政肯定公共行政人員的作為與民主價值的實現息息相關（Marini, 1971: 352-353; Marini, 1992: 2），黑堡宣言將公共行政人員視為公民受託人（trustee）（Wamsley *et al*., 1990: 48），而新公共服務重視公共行政人員與公民的信任關係（Denhardt & Denhardt, 2003: 93-100）。

3. 公共行政人員是「道德企業家」（moral entrepreneur）

根據上述觀點，公共行政在運用以控制為基礎的管理手段時，必須謹慎避免陷入管理主義的謬思。而公共組織與公共行政人員之間、公共行政人員與公民之間並不完全是管理控制的關係，卻經常是一種夥伴與信任關係。學者哈特（David K. Hart）就將公共行政人員視為「道德企業家」，他認為行政人員有義務以信任而非強制力為基礎運作公共事務，他（她）們需要承擔道德風險遠甚於經濟風險（Hart, 1984; Denhardt & Denhardt, 2003: 94）。易言之，公共行政人員所應重視的便不僅是政策的成本利益分析，還應考量政策的回應性、政策可以實現的價值等。身為民主價值的促進者、公民受託人、和道德風險的承擔者，公共行政人員必須奮力掙脫以控制為基礎的管理主義所產生之貶抑性的自我形象，必須在某些時候扮演具備批判意識的角色，對既定目標和當下的行政行為進行反省，則政策似乎才會較具回應性，它所能實現的價值較能合乎社會公正。

（二）釐清公共治理與組織管理的差異對公務倫理建構的意義

將公共行政導向公共治理，實與管理主義將公共行政侷限於組織管理大為不同，釐清公共治理與組織管理的差異，對公務倫理建構應具有如下意義。

1. 公務倫理觀照的層面應包含宏觀的政策價值辯證與回應性

公務倫理需要觀照的層面不應侷限於微觀層次的管理技術，還應包含宏觀的政策價值辯證與回應性。公共行政的作為所影響之範圍涉及全體民眾，但是企業的行動往往只影響特定人[17]。當企業的決策失誤時，最差的結果是公司倒閉，波及的範圍只有股東和員工，或者還包括特定的消費者；但是，當公共政策失敗時，必須付出代價的卻是全體國民[18]，此也是公共行政之所以必須強調「公共」意涵的原因（*cf.* Frederickson, 1997：20-30, 41-47）。再者，公共行政運作於政治的系絡之中，此與企業在市場當中所面對的情況極為不同。市場所強調的是降低生產成本、提高利潤所帶來的競爭優勢，但是政治所需要的卻是一種促使價值分配獲得廣泛認同的「藝術」。因而，公共行政所需要的不僅是管理的技術，其更需要的

---

[17] 經濟活動所產生的外部性，或許也會影響全體民眾，例如空氣污染。但是此並非交易過程所預期的結果，因此其並非企業管理的本旨。企業管理所考量的對象為股東、員工、客戶乃至於競爭者，範圍特定。然而，公共行政的施政作為，本質上就是以全體民眾為決策視野。
[18] 至少，從預算來自於納稅人荷包的角度，其影響的層面當然為全體人民。

是具備承受民選首長、政務官員、立法人員、法院、利益團體、媒體、公民等衝擊力量的抗壓性，還要能夠妥善地將各方的訴求圓融地達成一種均衡狀態的能耐（capacity）。因此，公務倫理所關照的層面不僅是如何確保公共組織及其人員合乎正軌，還應該包括如何確保政策的回應性；

2. 公務倫理的內涵應包含內省性質的道德修為

公務倫理的內涵除了外控性質的法律課責外，還應包含內省性質的道德修為。以「社會整體的名義施以獎酬和懲罰」意味著公共行政人員握有特權，特權運使的結果總是導致人民權益的增加或者減損，是以此等權力除了必須受到外部途徑的法規節制——課責（accountability）之外，更重要的是，其更需要行使特權之行政人員本身的道德內省與自律精神——個人責任（personal responsibility）（cf. Harmon, 1981: 121-122; 林鍾沂，1994：198-204）。職此之故，公務倫理教育應該包括道德意識形塑與價值辯證能力的培養，而不是一味著重於外控制度的引介。

3. 公共行政人員愈居高位愈需具備價值判斷與抉擇能力

換言之，除了依法行政之外，公共行政人員還需要一種在價值衝突的情境中，做出適當而正確的判斷與選擇能力。尤其愈是位居要津或高階的行政人員，就愈是需要更多道德意識的薰陶與價值辯證能力的訓練。誠如學者高索伯（Louis C. Gawthrop）指出：「如果要使某人承諾為民主效命，那麼其至少必須對『民主的倫理本質』、『民主的先驗價值』、以及『民主的道德觀』有所認識並具備成熟的體認」（Gawthrop, 1998: 24）。

三、行政知識的科學主義

（一）從倫理角度予以反思

1. 行政知識的科學主義之特徵

（1）總體特色

剖析工具理性行政知識科學化之內涵，其具有如後幾點特色（Rosenbloom &

Kravchuk, 2002: 20）：

第一，首要之務在於，嚴格防杜價值和規範性的課題干擾行政學研究的「客觀性」；

第二，藉由假設的建立，也就是將理論予以操作化，以便在經驗世界中尋找證據檢驗假設進而確認理論的眞僞；

第三，將研究成果予以通則化，並經由分類和量化的方法達成此一目的。

（2）以實證論爲知識論（epistemology）

換言之，工具理性行政知識採納了實證論的作爲其知識建構的哲學基礎，即其知識論。而實證論的意涵可以扼要歸納如下（Tong, 1986: 12）：

第一，所有知識植基於感官經驗；

第二，意義以觀察爲依據；

第三，概念與通則僅爲實體的抽象代表；

第四，各種科學根據自然科學的方法論得以整合；

第五，最完美的知識應以數學公式的形式予以呈現；

第六，價值並非事實，價值在經驗研究的領域中毫無意義。由於所有知識皆以事實爲根據，所以價值判斷不能作爲知識的基礎。

（3）工具理性行政之知識建構的價值觀

綜觀前列實證論的意涵，其對於工具理性行政之知識建構的價值觀所產生的影響，可以歸納爲如下三點：

第一，方法論的一元論（methodological monism）

在行政科學的領域之中，所謂的實證論意味著：「自然科學的研究方法可以全盤地適用於公共行之研究」。在此一觀點之下，對人的研究與對於沒有思想的物的研究如出一轍（Blaikie, 1993: 13; 17），此稱爲方法論的一元論（Bryman, 1988: 14）。即便二者有所差異，亦只須就其差異在方法上稍事修正，便可獲得適當的解決，換言之，自然科學與公共行政在方法論上可能有些不同，但在知識建構的認識論基礎上，似乎並無分歧。關於此點，科學者學家巴博（Karl Popper）以下的論述，正可明白地表達此一立場：

「我並不是主張自然與社會此二領域之理論科學的研究方法絕無差異，〔事實上〕它們的差異相當明顯，這些差異同樣地可以見諸於自然科學本身的不同學門之間，以及社會科學的不同學門之間……但是，我同意孔德（A. Comte）和密爾（S. Mill）以及其他許多人的觀點……前述的二個領域，它們的研究方法在根基上並無二致。」（Popper, 1961: 130 cited by Blaikie, 1993: 13）

第二，致力追求一般法則（general law）

科學理論被視爲一組高度普遍、如同定律一般的全稱陳述，而且此種一般法則的建構乃是科學的目標。在行政學當中一般法則就是知識的通則化，一套行政理論可以適用於所有類似的具體情境。科學法則乃是經由觀察個別現象之間的具體和簡單關係，以及其常態的連結性（constant conjunctions），加以歸納、抽繹而成。所謂解釋便是將個案置於適當的法則之下，加以邏輯推論的過程。這些法則在範圍方面屬於全稱性質，所以它們能夠涵蓋的觀察層面相當廣泛，並且它們的適用性亦以放諸四海皆準的形式呈現，如果沒有例外，它們不受時間與空間的限制：「實證論將主軸置於休謨（David Hume）[19]的因果律則論之上，亦即，法則以原子型態的事件、事物的狀態之間的常態關連性爲基礎，進而被詮釋爲確實或可能的經驗客體。此一理論本身必然需要具備明確的知識並具經驗性」（Blaikie, 1993: 15）。基於此種信念，工具理性行政追求管理公共組織的通則，實不足爲奇。

第三，堅持價值中立（value neutrality）與價值免議（value free）

所謂價值中立意指研究者不應以其價值偏好影響研究之客觀性；而所謂價值免議是指，實證論強調事實與價值分離的必要性，而否定價值探討和規範論述在知識研究中的地位。誠如克拉克夫斯基（Leszek Kolakowski）[20]所言：「我們必須拒斥價值在世界中占有一席之地的假定，因爲它無法與我們所認可的知識一樣，運用相同的方法予以揭露」（1972: 17 cited by Blaikie, 1993: 15）。紀登斯（Anthony Giddens）也曾對此表示看法：「價值判斷並不具備任何經驗的內涵，其所提出的內容無法在經驗中試煉它們的眞確性（1974: 3 cited by Blaikie, 1993: 15）。抱持實

---

[19] 蘇格蘭的哲學家、經濟學家和歷史學家，且被視爲是蘇格蘭啓蒙運動以及西方哲學歷史中最重要的人物之一，同時也是西方科學哲學之經驗主義的代表人物。一般咸認，實證論深受休謨哲學的影響。
[20] 生於1927年10月23日，卒於2009年7月17日，是波蘭20世紀重要哲學家及作家。

證論立場之工具理性行政，自然否定了規範理論在公共行政中的地位，此點可以從賽蒙的論述中窺其堂奧：「實際上，行政決策當中所蘊含的價值，鮮少是心理學或哲學意謂的最後價值（final value）」（Simon, 1997: 67）。換言之，工具理性行政即便有價值方面的堅持，此種價值也屬工具理性，就是可以量化計算的效率。

學者萬斯來（Gary L. Wamsley）曾指出，實證論與行為主義使得公共行政理論步入學術的死胡同（cf. Wamsley, 1990b: 19, 24-25），傳統主義認為，歷史途徑的研究可以豐富公共行政知識的觸角；而新公共行政、黑堡宣言、新公共服務都主張後實證論的立場，認為行政知識研究也可以結構主義或新制度論，甚至後現代主義也可為行政知識建構的基礎（Wamsley & Wolf, 1996: 24-31; Denhardt & Denhardt, 2003: 39-42）。

2. 行政知識科學主義之倫理反思

根據以上對於工具理性行政知識的科學主義內涵的剖析，以下歸納敘述工具理性行政知識建構的價值觀之限制：

（1）方法論的一元論用於以人為主體的行政研究有其侷限性

著重實質理性的行政論述強調公共行政人員具有自我意識，而所謂自我意識就意味著，人與自然界其他不會思考的生物或物質在本質上有所差異。換言之，他（她）對於外界所加諸之衝擊的回應，不是直接的反射動作而是經過心智活動後的行動。所以，公共行政研究的對象主要是人組成的社會以及人的社會活動，與其他生物和無生命的物質不同，主張方法論的一元論，並不能有效幫助人們理解以人為主體的社會實務。事實上，西方哲學中的觀念論（idealism）[21]便是前述觀點的哲學基礎，誠如康德（Immanuel Kant）認為，宇宙的終極實存（ultimate reality）在於精神（spirit）或觀念（ideal）而非感官知覺（sense perception）當中（Harmon & Mayer, 1986: 291）。申言之，人類的意識之中存在著一種先天和與生俱來的知識能力，康德稱此為「超驗的知識」（a priori knowledge），而且其優先於經驗的感官資料之掌握，進而藉此超驗的知識能力，任何感官資料得以組合、安排以及理解。意即，人們對於外界事物必然會予以詮釋，此便涉及主觀的價值判斷。

---

[21] 以笛卡兒（René Descartes）、史賓諾沙（Baruch Spinoza），以及康德（Immanuel Kant）等人為主要的代表人物。

其次，前已述及，社會性的行動具有意向性，與他人必然發生互動關係，加上主觀詮釋的作用，因此，社會實體是一種在行動中被建構出來的產物（*cf.* 鄒理民譯，1991），此亦說明了社會的性質與自然完全不同。誠如學者萬斯來所言：「所有的社會建構，發展了文化，而文化形塑了個體的行為」（Wamsley, 1990b: 21）。言下之意，文化或制度一方面由社會行動所形成，另一方面，它也對於個體行動產生限制。而此種互動涉及了主觀和客觀雙重因素，其中不但蘊含事實因素，更具有行動者的價值判斷和詮釋。職此之故，實證論認為對於社會和人的研究方法與對於自然的研究並無差異，顯然是一種不切實際的假定。

職此之故，強調行政研究應採後行為的（postbehavioral）、後經驗的（postempirical）和後實證論的立場（Wamsley, 1990b: 24），其意義之一便在於，質疑方法論的一元論之主張，而認為行政的知識研究可以包容各種方法，並且應該正視人和社會在本質上與物和自然有極大的不同。

（2）通則化的行政知識可能導致理論與實務脫節

行政學中採取後實證論立場的學者多半主張，公共行政論述不能脫離系絡而獨立存在，易言之，對於公共政策、行政機關、行政人員的理解，必須將之置於其所身處的環境、制度、時空背景（也就是所謂的結構）當中，始能獲得完整的觀察和理解。因此，以實證論建構的工具理性行政只重通則、忽視具體時空系絡的傾向，將導致行政理論往往與實務脫節。

學者懷特（Jay D. White）亦指出，工具理性行政熱中於工具性的科學，其結果是導致政策分析從文化和歷史當中被抽離出來，成為一種與歷史無關的（ahistorical）論述（1982: 132 cited by Denhardt, 2004）。然而事實上，就林布隆（Charles E. Lindblom）所提出的「漸進主義」（incrementalism）之觀點而論，一項政策往往是漸進調適（muddling through）的產物，亦即政策乃在政治氛圍當中參與決策的各種勢力作用之結果，此即一種社會互動系絡下的產物（1957 cited by 林鍾沂，2001：301-303），因此政策通常具有演化的特質，而演化就是一種歷史進程，所以要完整理解一項政策不能只從單一時點觀察，必須追溯其來龍去脈。此外諸如柯亨（Michael Cohen）、馬區（James March）和歐森（Johan Olsen）（1972）提出的「垃圾桶模式」（garbage can model），以及金敦（John W. Kingdon）（1995）所提出之「政策機會之窗」（policy window），他們的觀察皆

說明了，欲對一項政策進行完整的瞭解，不能與其所處的系絡脫節。所以，當一套行政論述摒棄了歷史和系絡的觀點，汲汲於超越時空的通則知識，似乎就如同空中樓閣一般缺乏根基，流於不切實際的虛幻。

抑有進者，白禮（Mary T. Bailey）從方法論的角度指出實證論引導的工具理性行政之限制，可用以說明通則化知識與現實脫節的情況。通則化之知識的原型就是因果關係（cause-and-effect relationship），但是白禮指出，探求因果關係經常未能克服時間落差（lag time）和干擾變項的困境，由於其中的複雜性往往不是研究者能力所能處理，因此他（她）們僅能就自己所認定的滿意標準決定變項並進行推論（Bailey, 1992: 37）。但當研究者排除了某些看起來微不足道的變項時，其推論的結果必然與實際的情形有所差距，而且結果可能令研究者大感意外。職此之故，重視系絡性的行政知識研究便是主張，對於公共行政現象的理解應該著眼於事物之間的關係網絡，此即關注於系絡（結構）對行動所產生的作用，以及行動對於系絡（結構）所造成的影響。是以，系絡（結構）和行動乃是一種互爲因果、相互辯證的關係（*cf.* Wamsley *et al.*, 1990: 38-39; Wamsley, 1990b: 20; 1990c: 120-121）。上述觀點與科學主義之實證論的知識建構理念大相逕庭。

（3）價值中立與價值免議的限制

實證論堅持價值中立，但是事實是，絕對的價值中立根本不可欲，研究者很難完全客觀，再者完全客觀將使得科學研究失去意義，近來有句廣告詞頗受注目：「科技始終來自於人性」，科學研究的目的一者爲了求眞，一者更重要的應是服務於人的生活品質，不論前者或後者都是價值。所以追求盡量客觀當然有其必要性，但講求所謂價值中立應該不能損及科學研究本旨，特別是公共行政負有實現公正、公益、正義等使命。

其次，價值免議的主張，否定了規範論述和價值課題在公共行政知識中的地位。但是，傳統主義、新公共行政、黑堡宣言、以及新公共服務卻都主張，諸如正義、社會公正等價值課題對於公共行政而言非常重要，公共行政不能對之毫無反省能力，而規範性的論述更經常是行政實務的理念基礎、具有引導行動的作用。

白禮指出，以實證論爲基礎的行政論述，爲了確立因果關係，因此必須將問題明確界定（Bailey, 1992: 38），進而予以操作化（將抽象的概念轉化爲具體可觀察的變項），同時採用量化的方法進行研究。基於此種考量，追求科學化的工具理

性行政必須將無法明確界定以及量化的價值課題，摒除於研究範圍之外。所以，Charles T. Goodsell直陳，諸如公共利益此一在公共行政中極為重要的課題，之所以為人刻意冷落，其原因就在於，公共利益的具體內涵難以精確地加以界定，其模糊性成為行政學術科學化的絆腳石，在沮喪之餘，乾脆對之棄守，不然就是粗糙地將之等同於經濟效率，甚至認為公共利益一詞只是特定利益的矯飾（Goodsell, 1990: 96-98）。

總之，工具理性行政將實證論之價值中立的信條奉為圭臬，而一味地排拒價值課題和規範論述，實扭曲了公共行政的本質。因為，在民主自由政體當中，公共行政與企業管理的差異之處就在於，前者乃是以具有倫理道德意涵的「公共」利益為終極目標，而不是個人的自我利益。反思價值課題與規範論述對行政知識研究之意義在於，重建它們在公共行政的核心地位。

（二）科學主義的知識觀點之局限性對公務倫理建構的意義

以上對於科學主義的知識觀點的反思，對於公務倫理之建構應有以下意義：

1. 重建公務倫理在公共行政領域的地位

因為偏重工具理性，公共行政追求科學化的同時，排斥了關於價值課題和規範論述的探討，也導致了公務倫理成為一種冷門的研究領域。畢竟倫理的研究不可避免地要涉及價值辯證，且倫理的論述本身通常就是規範性質的論述，所以學界要以科學的實證方法研究公務倫理的相關主題，往往面臨極大困難，因為價值課題總是難以操作化，採用推理或是辯證方法又與主流的科學化之要求格格不入，公務倫理的研究範疇不是因此嚴格受限，不然就是此一領域的探討乾脆被學者拋棄。職此之故，反思科學主義的知識觀點，重視價值課題和規範論述對於公共行政知識研究的重要性，當有助於重建公務倫理公共行政的地位。

2. 公務倫理知識建構途徑的多元化以及知識內涵的豐富化

行政學者反思科學主義的知識觀點，其實用意在於提倡知識取得途徑的多元化，而不是全盤否定科學方法以及實證論對於行政知識建構的助益，對於公務倫理而言也是如此。知識取得途徑的多元化，更意味著公務倫理知識內涵的豐富化。誠如學者傅萊德雷克森的觀察，當代公務倫理的主流研究，多採取調查（survey）、實驗（experimentation）、訪談（interview）、個案研究（case study）等以經驗實

證爲途徑的研究方法（*cf.* Frederickson, 1994: 33-40）。這些研究必然對公務倫理的知識建構有所貢獻，無庸置疑。但相對而言，那些無法以實證方法加以研究而遭主流排除於外的題材，是否就毫無價值？從主張後實證論的學者角度觀之，顯然前述問題的答案爲「否」。如此，則反思科學主義的知識觀點，當有助於公務倫理知識建構途徑的多元化並使其知識內涵豐富化。

第三節　價值中立在公共行政實務上的問題

　　從公務倫理的角度思考，價值中立不啻就意味著讓公共行政人員擺脫倫理的束縛而作爲，如此一來，公共治理所爲何事？而公共行政又如何作爲？其結果非常危險。事實上，在公共行政人員進入公職體系服務前後，總是不斷地要接受各種充滿價值意涵的教育訓練，這些價值養成的教育訓練就是希望形塑出稱職的公務人員，讓他（她）們的行爲可以符合國家社會期待，所以主流的行政論述，基於政治與行政分離論以及管理主義的觀點，將公共行政人員界定爲一個可以擺脫價值的「科學家」，但在實務上或是從應然面思考此一課題，都可發現其問題。

　　在政治與行政分離論的觀點下，政治是一種價值的界定，政策就是此些價值目標的具體表達（法律、命令、計畫），而行政則是實現政治所界定之價值目標的手段（*cf.* Wilson, 1887 reprinted in 1992; Goodnow, 1900 reprinted in 1992）。所以行政的內容是與價值判斷無關的活動，它是一種針對資源的配置以達成目標之「管理」性質的工作，這也就是管理主義在公共行政成爲主流的基礎。因此，政治與行政分離論就是將目標與手段二分，也就是一種價值與事實二分的觀點。誠如學者賽蒙（Herbert A. Simon）所言：「所謂的行政理論，就是關注於組織應該如何建構與運作，以便『有效率地』完成其工作」，進而他又補充：「行政的根本原則就是理性，而所謂的理性就是，在各種備選方案中選擇最能夠達成目的者，以及在各種結果相同的備選方案中選擇成本最低者」（Simon, 1997: 45）。賽蒙主張行政必須是一種科學的手段，而要追求行政的科學化，行政就必須是一種與價值無關的手段，如此方能有效率地達成目標。職此之故，源自於政治與行政分離論的政治中立理念，不但意指公共行政人員必須政治中立也必須價值中立。然而新公共行政、黑堡宣言與新公共服務的倡議者皆指出，不論從理論或是從實務的角度觀之，政治與行

政實無法截然二分，尤其愈是位居高層的公共行政人員其日常的工作愈是經常涉及政治。

但若是從倫理的角度思考，公共行政人員卻是經常面對價值抉擇與道德判斷，必須在眾多價值主張之中區辨出何者為「公共」價值，甚至可能要形塑公共價值（Moore, 1995），進而還必須衡量該價值的道德內涵。所以，要求他（她）們價值中立，不但在規範面違背人民對公共行政人員的角色期待，在實然面也與公共行政人員的日常工作現實脫節。以下茲從實務運作的角度反思價值中立的弔詭。

一、在利益政治的實務中價值中立可能導致價值傾斜

許多多元主義（pluralism）的論者相信，國家機關在各種利益的競逐過程中，所採取的是一種中立和被動的立場。在規範理論的層次上，多元主義主張社會當中存在著多元價值，而所有的價值皆應獲得充分的表意機會（Dunleavy & O'Leary, 1987: 41-59）；在實務運作的層次，多元主義的政治過程所呈現的特徵則是，公共政策的制定乃是各種利益團體競爭後的均衡狀態，請見圖5-4（Dye, 1992: 26-27）。規範性的多元主義固然是一種值得讚揚的理念，然而在政治的實際運作上，它卻隱含著漠視強勢團體利益（圖5-4的大圓圈）壟斷的可能性，導致弱勢團體遭到邊緣化的問題。因此價值中立實際上是如圖5-4所示，政策（三角形）向強勢者靠攏，如此一來公共行政的價值中立將成為社會不公的來源之一。

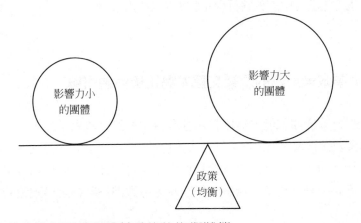

圖5-4　公共政策為利益團體競爭後的均衡狀態
資料來源：Dye, 1992: 27。

　　學者洛威（Theodore J. Lowi）就曾指出，利益團體介入民主政治的運作，實際上造成了一種「利益團體自由主義」（interest group liberalism）的現象（Lowi, 1979: 50-61），其意為強勢團體得到較多利益卻由大眾負擔成本（吳定等，1990：297）。抑有進者，民主治理過程最重要的參與機會可能被強勢利益團體所壟斷、把持。因此，所謂公共利益似乎等同於社會當中那些能見度高、組織健全、成員眾多、財力豐厚、人脈廣闊、或是接近權力核心的利益團體所主張的利益。至於，那些能見度低、組織不良、或根本沒有組織的弱勢者與沈默大眾，他（她）們的需求似乎無法被表達、獲得政策決策者的重視，因而所謂「公共利益」可能並不包括這些弱勢者的利益（Wamsley *et al.*, 1990: 33）。

　　政治系統的權力和利益分配原應具備代表性和多元性，但在前述利益團體的壟斷之下，卻導致多元主義政治實務的結構性偏差，呈現公共資源遭到壟斷的現實（江岷欽、林鍾沂，1995）。政府採取價值中立的不作為立場，實質上形同對於強勢團體的消極性支持（Jones, 1989: 25-27）。易言之，公共行政堅持價值中立反而等於「價值傾斜」——向社會中強勢團體的價值傾斜。誠如學者唐斯（Anthony Downs）在其所著《官僚內幕》（*Inside Bureaucracy*）一書中，針對當代公共官僚進行分析，他認為理性自利的公共官僚有七種常見的「官僚體系意識型態」（bureaucracy ideology）（Downs, 1967: 242-243），其中的第四種意識型態——「官僚總是會標榜自己的所作所為是為了整體社會或多數民眾的利益，而非為『特定利益』提供服務」，但實際的情況卻是往往與其所宣稱的相違背。

　　綜上所述，多元主義的政治實務，使得公共行政價值中立總是實質上成為價值傾斜，而此也正是論者所謂公共行政正當性危機的根源。

二、實際從事政策規劃的永業文官尤需正確價值引導

　　現代社會行政機關職能日益擴張，社會分化導致行政專業化，公共行政人員必須擁有專業知識以因應人民需求、為人民提供服務，故而政策亦充滿專業性。而政務官為政治任命，不一定以專業背景為任命基礎，即使具備相關專業知識，卻需要隨著選舉結果經常更替，無法久任一職，導致熟悉掌控全盤政策的能力受限

（Denhardt, 1988: l9-20; 60-61）。亦即民主政體中人民所期望的公共利益，並不能完全賴於民選官員或政務官，還是需要永業化的公共行政人員在政黨輪替之際扮演政策延續的角色，以及在民選首長與政務官任期短暫的現實下提供專業建言並實際從事政策擬制的工作，公共利益始能貫徹和落實。

職此之故，政策制定過程中（無論在行政機關內部或在立法機關）事務官受到倚重日深。換言之，儘管在名義上政務官扮演政策決策者而事務官爲政策執行者，但在實質上政務官因任期、專業能力等限制，事務官因而必須擔負絕大部分的工作，並參與決策或者政務官之決策受事務官之意見影響極大。所以，公共行政人員實際從事政策規劃，必須具備適當的倫理道德素養以及價值信念（Henry, 1992: 391; Denhardt,1988: 11-12）。

三、價值中立可能成為官僚怠惰的藉口

民主政治的民意偏好瞬息萬變，政策隨之變動，因而導致公共行政的目標和任務模糊且不確定。因爲目標和任務模糊且不確定，公共行政人員對於政策制定過程的參與程度愈低，此種模糊與不確定性隨之降低。政治中立衍生的價值中立很可能成爲公共行政人員降低社會心理方面不安全感的主要防線（Ellis,1989, pp. 91-92）。實證研究顯示，公共行政人員普遍認同政治中立爲其行爲的重要原則（Maranto & Skelley, 1992），但此並非基於他（她）們對民主政治的體認，而是來自公共行政人員自我保障的心態。換言之，在價值中立的屏障之下，公共行政人員可以以其做爲迴避價值判斷的根據，因此價值中立成爲官僚惰性的溫床。

四、公共選擇理論對價值中立形成挑戰

公共選擇論乃是將經濟學理論用以研究非市場（即政治）決策的一套論述，它認爲國家機關的人員會以追求自我利益極大化做爲他（她）們的行爲動機，因此政府官員必然會參與利益競逐過程甚至扮演主要角色（Dunleavy & O'Leary, 1987: 75-

86）。是以，民選的政治人物或政務官必以連任爲目的，選票便成爲他（她）們施政的主要考量，而官僚體系（事務官）將致力於管轄權、人員編制、經費預算的擴張，以增加自己的地位和權力以及隨之而來的利益（*cf.* Dye, 1992）。以上公共選擇理論的主張，無疑是對公共行政人員價值中立的論述提出嚴峻挑戰。因爲公共選擇論明白地指出了，國家機關人員追求自我利益極大化的行爲動機是一種無可避免的現象，因此政府官員所訂定的公共政策以及所採取的各種作爲，經常就是追求自利的手段，而不是全無偏見的專業表現，價值取向必然存在於政策與行政作爲之中。

自我評量

一、請扼要說明傳統主義的論述觀點以及其對公務倫理的意義。

二、請總結說明新公共行政的論述觀點以及其對公務倫理的意義。

三、請扼要說明第一次敏諾布魯克會議的內涵。

四、請扼要說明第二次敏諾布魯克會議的內涵。

五、請扼要說明第三次敏諾布魯克會議的內涵。

六、請扼要說明黑堡宣言的論述觀點以及其對公務倫理的意義。

七、請扼要說明新公共服務的理論基礎有哪些？其內涵爲何？

八、請說明新公共服務的基本命題。

九、請根據新公共服務的七項基本命題，闡述其對公務倫理建構的啓發意義。

十、試從倫理角度反思政治與行政分離論。

十一、試闡述澄清公共行政之政治本質對公務倫理建構的意義

十二、試從倫理角度反思管理主義。

十三、試闡述釐清公共治理與組織管理的差異對公務倫理建構的意義。

十四、試從倫理角度反思行政知識的科學主義。

十五、試闡述科學主義的知識觀點之局限性對公務倫理建構的意義。

十六、請闡述價值中立在公共行政實務上的問題。

第六章 全觀理性的公務倫理

學習目標

◎瞭解全觀理性的公務倫理之意涵

◎瞭解全觀理性的公務倫理之目的

◎瞭解全觀理性的公務倫理之機制設計

◎瞭解全觀理性的公務倫理之涵蓋層面

◎瞭解全觀理性的公務倫理之知識建構

前 言

誠如本書稍前提及，各種道德哲學其實是可以兼容於公共治理和行政之中，個體可以視具體情境進行判斷與採擇。在此理念之下，工具理性思維和實質理性思維其實不應偏廢一方，融合於公共治理。

以實質理性為主軸的行政論述，源於對工具理性行政的批判，而此些反思指出了工具理性的視野窄化了公務倫理之內涵，不論在理論還是哲學層次，以實質理性為主軸的行政論述皆對公務倫理的建構有所啟發，甚至可以說以實質理性為主軸的行政論述本身就充滿了倫理和規範色彩。然而，工具理性視野下的公務倫理自有其效用，對於確保行政目標之達成有相當的助益，亦即，它有限制但並非一無是處，從某種角度觀之，其甚至是利大於弊。職此之故，偏重一方之視野，必有其失。所以，本書主張公務倫理的建構應採全觀理性的視野，而本章主要在明確本書的寫作立場，並澄清作者對於公務倫理體系之建構所持有的態度。

第一節　全觀理性的公務倫理之意涵

一、全觀理性的意義

　　於此先行扼要界定全觀理性的意義：所謂全觀理性可以分爲狹義與廣義兩種意涵。狹義的全觀理性意指，公務倫理的視野不應偏執於工具理性或實質理性，亦即應兼顧工具理性以及實質理性。至於廣義的全觀理性則是包括了本節以下所要闡述之公務倫理的各種視野：1.倫理的目的在於確保目標的正當性以及手段的適當性（此即兼顧實質理性與工具理性）；2.倫理的實務兼顧內省途徑以及外控途徑；3.倫理的觀照層面結合微觀—個體行動與宏觀—整體系絡；4.倫理的知識包容價值辯證以及科學技術。

二、全觀理性的公務倫理之意義

　　全觀理性的公務倫理意指，公務倫理必須以周延的理念爲基礎，採取各種多重的設計和安排，包括法規制度、行爲典則、教育訓練等，達成全觀理性的公務倫理。本章以下將要闡述本書所主張之全觀理性的視野之下公務倫理的建構取向。事實上，以下的四個視野或角度，亦爲本書寫作的涵蓋層面。

　　不過首先必須澄清的是，全觀理性的公務倫理視野，並不意謂要建立一套單一法典或是一套實務體系以容納如下介紹各種面向，其重點在於指出公務倫理的理論與實務皆不應偏廢於單一視野。作者也以爲，教育和訓練最易於建構實質理性之公務倫理視野，而法規制度的設計則是建構工具理性之公務倫理視野的場域。一國或一個社會的公務倫理機制，應該透過教育訓練體系孕育公共行政人員的實質理性，並且建立完備的法規制度以提升公共行政人員的工具理性，最後更重要的是調和二種視野的差距，臻於彼此互補、相互增益的境界。

第二節　公務倫理的目的

本文主張之全觀理性的公務倫理，其目的在於：**「確保目標的正當性以及手段的適當性」**。

在工具理性行政的觀點下，公共行政自詡爲達成政治目標的手段，而其追求的價值無非是效率，故公務倫理的建構取向亦以確保效率之達成爲目的。然而在以實質理性爲主軸的行政論述中，公共行政應關注政策目標是否符合公共利益、正義、社會公正等價值。本書所主張的全觀理性的視野，則是以爲公共行政應同時兼顧實質理性與工具理性，但手段的重要性不應超越目標，故而公務倫理的目的應是在於爲公共行政預立一種警示機制，避免目標錯置（goal displacement）—誤將手段視爲目標的情形發生。換言之在此視野下，公務倫理的內涵與機制應該要能夠包含：

第一，目標的反省。思考政策目標與行政行爲的結果是否符合民主政治的價值—公共利益、正義、社會公正？此又稱爲實質的正義。

第二，手段的反省。思考達成政策的各種手段是否過當？各種手段是否違背政策目標甚而違背民主政治的價值？此又稱爲程序的正義。

以上二種內涵，必然包含了工具理性所強調的工具價值：依法行政、政治中立、忠誠執行政策、服從命令。但同時它更著重於政策目標之正當性的堅持。易言之，如果政策目標缺乏正當性的基礎，也就是政策目標根本違背民主政治的基本價值的話，達成政策之手段具有多高的效率也是徒然。今日此種視野不盡是一種「理想」，其已見諸於實務，至於實踐的效果是否能夠符合預期的目的，則有賴於參與者的決心。舉例言之，我國現行的「行政程序法」其實就一種強化政策正當性的機制，其立法目的就在於讓政策利害關係人能夠在政策制訂之前有機會參與政策諮商、表達意見。此類型的法制不啻爲一種蘊含倫理的機制，而理想的境界是，參與者（包含政府代表）可以在政策諮商的過程中彼此相互理解並充分瞭解政策方案的利弊得失，然後政府基於「尊重」諮商的結果且更要設法避免參與過程流於民粹，將諮商結果制訂成政策並予貫徹落實。所以，此處所闡述價值包括了所謂實質正義和程序正義。至於此二種價值的意涵進一步析論如下：

一、實質正義：做對的事（a doing of the right things）

　　學者杜得力（Larkin Dudley）指出：「公共領域（public domain）是構成社會和政治的先決條件，其使得社會可能創造某些同意，讓社會生活得以持續並獲得發展，⋯⋯基於此一假定，美國社會能夠進行對話，以決定政府的角色。而〔關於〕政府的代表性之觀念，如果〔我們〕認真予以分析的話，正當性必然在其中被建構和維繫」（Dudley, 1996: 77）。言下之意，杜得力認為，公共行政的各種作為必須以正當性為基礎，其正當性的來源可以在治理的動態過程中予以觀察。據此，政府的各種作為必須符合民主政治的價值，然後才能考慮以何種適當的方法予以達成（March & Olsen, 1989: 49）。所謂必須達成符合民主政治的價值，意指以正義、社會公正、公共利益等價值的實現做為政府施政之中心任務，就是「做對的事」（cf. Dudley, 1996: 77）。

二、程序正義：把事情做對（things are done right）

　　政府施政而影響民眾的權益或對人民課以義務，皆必須依循法律的程序為之，而且這些法律都根據憲法中對於人民自由權利之保障原則所制訂，乃是當代所有自由民主社會的基本政治原則，在憲政主義的觀念下，此稱為「法律的正當程序」（due process of law）。換言之，政府固然有權以捍衛公益為名，影響人民的權益，但在程序上仍必須依憲法和法律為之。公共行政維持其正當性的基礎之一便在於：以適當的方法達成適當的目的（March & Olsen, 1989: 49）。此一觀念意味著，公共行政的正當性亦來自於其確保決策的實行乃是根據法定程序的方針（procedural guideline）為之，簡言之就是『把事情做對』」（cf. Dudley, 1996: 77）。而為了確保公共行政把事情做對，則需要從兩個公務倫理角度的思考：一為課責（accountability），一為效果（effects）（cf. Dudley, 1996: 79）。課責的意義是，確保行政的作為符合程序正義，避免因為施政不擇手段，對民眾造成傷害。至於，重視效果的意義則在於，防止行政作為的結果違背政策目標。

第三節　公務倫理的機制設計

本文主張之全觀理性的公務倫理，其機制設計必須：「**兼顧內省以及外控途徑**」。

在工具理性的視野下，公共行政被認爲無異於企業或組織管理（即管理主義），而其內涵主要就是「控制」，再加上科學主義的推波助瀾，公務倫理的建構取向之一便是著重外控途徑甚於內省途徑。事實上，外控途徑有其優點亦有其限制，其限制就在於法令規章有時而窮，且行政人員缺乏自律精神時，法令規章將徒具形式。然而一味重視內省途徑也可能難收立竿見影之效。問題就在於，內省和外控二種途徑的各自支持者，通常都陷入對立的態度，使得二種途徑形成對立或互斥的狀態。支持內省途徑的陣營認爲法律、規則、懲戒以及層級節制等效果有限；反之支持外控途徑的陣營則是將公共行政人員視爲機器人一般，認爲他（她）們的內省和自律能力毫無作用、並不可靠（Cooper, 2006: 150-151）。

不過，本書作者卻認爲，公務倫理的建構取向應採取兼顧內省途徑以及外控途徑的視野，一方面以內省途徑彌補外控途徑之不足，另一方面則以外控途徑強化立竿見影之效。誠如公務倫理的權威學者庫伯（Terry L. Cooper）所言：「行政人員在公共組織中的眞實際遇迫使我們必須超越二分法的立場，眞正的議題應在於將兩種（內省與外控）途徑進行最佳的整合於一種設計之中，在時間、精力、與人性的各種條件限制之下，促成最有責任感的作爲」（Cooper, 2006: 151）。

一、以內省途徑補充外控途徑之不足

主張內省途徑的先驅學者傅立德（Carl J. Friedrich）認爲，個人的心理因素可以對客觀的法規責任產生補強作用，其論述成爲當代內省途徑的先驅（Friedrich, 1935: 38）。而以實質理性爲主軸的行政論述，例如新公共行政就傾向於支持傅立德所主張的內省途徑（Cooper, 2006: 151）。所謂公務倫理的內省途徑意指，藉由誘發公共行政人員內心良知之途徑，例如透過道德觀念的養成教育或是內在修爲（interior discipline）的途徑，建立公共行政人員對於負責任之行動的意識和認知，進而促使公共行政人員「自我約束」，避免做出逾越倫理或違背道德、法律的

行動。以下將引介傅立德的諸多觀點以及庫伯對其觀點的分析。

　　傅立德認為外控途徑並不能達到完全的效果，內省途徑則有彌補其不足之處的作用。他以政治與行政無法截然二分為出發點，指出政治對行政的課責[1]並不能充分地確保負責任的行政作為（Friedrich, 1972）。而主張外控途徑的先驅費能（Carl J. Finer）（1941）則是認為，諸如教育、對民意的敏銳感等內省途徑，對於法律的懲戒制度具有「補充」作用（Cooper, 2006: 155）。現代社會中公共行政人員經常涉入政策制訂，並且當代政府活動的複雜性使得選舉產生的官員無法監督行政人員的全部行動。行政人員和政客甚至無法充分溝通，藉由政策共識以維繫課責（Cooper, 2006: 173）。因此，傅立德進一步提出問題指出：是否有任何可能的機制可以讓行政人員為其裁量權的行使負起更多的責任？對此，他的解答是：在考慮外在制度性的保全措施之前，應先正視那些能夠促使行政人員採取負責任之作為的心理條件（Friedrich, 1935: 320）。

　　職此之故，傅立德認為，行政責任等同於公共行政人員對於兩個主要因素之回應：「技術知識」與「民眾感受」。對傅立德而言，此處所謂回應是人們行動的內在態度或意向，故而雖然「技術知識」與「民眾感受」是外在於個人的因素，但此處他所欲強調的是，技術知識的內化（internalization of technical knowledge）以及對於民眾感受之積極的敏銳感（positive sensitivity）（Cooper, 2006: 173）。首先，傅立德將技術知識視為一種能夠對公共行政人員施以課責的「標準」，換言之，對於專業知識的堅持就是一種行政責任的展現，而且唯有專業同行可以依據科學的知識進行評估（Friedrich, 1935: 321-322）。一般又稱此為專業責任（professional responsibility）或專業倫理，也就是專業社群所公認之關於從事其專業活動所應履行之責任和倫理原則。舉例言之，醫師不得因為病人身分而拒絕施行緊急醫療，例如急診室的醫師不得拒絕救助警察送來之身繫重案的嫌犯。此種專業責任或專業倫理的訂定以及執業行為得當與否的判斷，皆需由專業社群的成員亦即「同行」決定，例如醫師公會即屬專業社群。相同地，公共行政人員若為一種專業人員，他（她）們也受到專業責任或專業倫理的約束，其行為是否合乎專業責任或專業倫理乃是由專業社群判斷，例如政府會計部門之人員是公共行政人員同時亦身為會計專

---

[1] 意即政治部門對行政的監督，所謂政治部門包括立法機關以及位居官僚體制上層之民選行政首長與政務官，透過立法和設定規則的途徑，也就是外控途徑，期使行政人員的行為合於倫理的標準。此也是威爾遜以降，主張政治與行政分離論的基調之一。

業社群的一分子，其將受到會計專業社群所公認的專業責任與專業倫理之約束。其次，傅立德所提出的第二種行政責任爲對於民眾感受的敏銳感。他指出民主社會中民眾與政府自由溝通原本就是常態，但立法的延宕使得民眾與公共行政人員的直接互動變得更加頻繁，民眾希望行政人員能夠回應他（她）們的偏好和需求之期待也愈來愈高（Cooper, 2006: 175）。職此之故，並不是只有選舉產生的官員才需要回應民眾的需求，公共行政人員也被要求必須採取符合社會期待的行動，公共行政人員對於民眾感受的責任感，就是一種內省的倫理途徑。

歸納言之，二種行政責任雖然起源於外（一者來自專業社群，一者來自民眾），但是它們都是內化之後的產物，亦即二種責任對於行政作爲的導引作用是源自於行政人員對於專業或回應民眾的價值和信念（Cooper, 2006: 175）。例如公共行政人員身爲專業人員，其所受的科學知識早已內化成爲從事專業活動的「內在態度」。或是，公共行政人員認爲回應民眾的需求是一種使命，而不是因爲法令的要求。所以，二者在本質上全然不同於依照外部制度規約行事。

公務倫理的內省途徑之運用主要應是經由教育和訓練爲之，其目的在於形塑和啓發公共行政人員對於道德標準和倫理行動的認同感，功能則在於培養公共行政人員做出自發性的倫理行動而不在產生控制行爲的強制力。易言之，內省途徑希望從內在認知的層次上讓公共行政人員相信做出負責任（不違反法令乃至於合乎更高道德標準）的行爲是自己應爲而且必須實踐的作爲；而外控途徑則是讓公共行政人員對於做出不負責任（違反法令）之行爲可能產生的後果——即必須遭受的懲罰——感到畏懼，因此不得不採取合乎倫理的行動。然而，一方面法令規章有時而窮，無法在制訂時就預知所有可能的情況而加以規範；另一方面，當行政人員缺乏自律精神時，因爲法令規章迭有漏洞或是執法不嚴，則法令規章將徒具形式。故而內省途徑應有彌補外控途徑之效。

二、以外控途徑收立竿見影之效

相對於內省途徑，外控途徑強調法律和制度施加於公共行政人員身上的客觀責任，誠如學者卡爾・費能（1936）主張被治者唯有透過法律和制度的控制措施，才

能促使公共行政人員做出負責任的作為。其主要原因在於，外控途徑具備強制和懲戒的力量，故而可收立竿見影之效。在前一章，已經說明外控途徑的基本內涵，此處不再贅言，以下著重於闡述外控途徑的必要性，將引介費能的諸多觀點以及庫伯對其觀點的分析。

庫伯指出，費能之所以認為公務倫理的外控途徑是實踐民主政治的憑藉，其原因可從如下三項命題一窺堂奧（Cooper, 2006: 154-155）：

1. 當家作主的公眾需要政客與公務人員都致力於滿足其需求，而非政客與公務人員所以為的公眾需求；

2. 此種當家作主的落實，需要處於中心地位的選舉機制所發展出來的各種制度做為保障；

3. 當家作主的公眾不僅要具備向政府表達需求的能力，也要具備促使政府確實遵守其需求的權力。

上述三項命題指涉如下意義：民主政治的實踐必須以法律制度也就是公務倫理的外控途徑做為保障機制。

根據費能的觀點，負責任的行政人員必須臣服於由法律制度所展現的外部政治控制，而僅憑行政人員的良知或對責任的主觀道德意識，總是導致權力的濫用。是以費能認為，缺乏外部的懲戒控制，公務人員將無可避免地會怠惰、瀆職和濫權（Finer, 1941: 329）。換言之，費能強調內省途徑的作用僅止於補充性質。因為，所有這些內省途徑的問題在於，它們的效果僅限於對政府官員行使裁量權時的勸導功能，卻不具任何的強制權和控制力（Finer, 1941: 343）。因此，在費能眼中，內省途徑僅具補充作用，而不應扮演公務倫理的主要角色。職此之故，根據費能的見解，首要之務就是要透過法律責任的機制增進對於公共行政人員的立法控制。而且，還應該藉由層級節制的結構將機構內部的紀律做更為有效的運用，並對如後幾種工具予以更多的關注：職業生涯的前景、加薪、升遷、榮譽、退休給付等（Cooper, 2006: 155）。

總之，費能對於以內省途徑導引公共行政人員運用裁量權有著高度疑慮，於是他主張以外控途徑箝制裁量權。所以，費能重新肯定韋伯對於官僚體制的論述。費能依循著Weber的看法，主張行政人員應該服從擁有正當權力的上級主管，而所謂行政責任則是包含著行政人員對公眾需求進行實質判斷的限制，亦即行政人員無權

判斷政策（政治）目標。行政人員僅能處理如何更為有效率地提供政客所決定之公共服務的工具性判斷。據此，費能強調行政裁量權必須限縮在一定範疇之內，並且唯有外控途徑可以有效約束裁量權的行使（Cooper, 2006: 156）。

作者以為，費能對於公共行政人員的高度不信任，頗有商榷餘地。然而，他對於外控途徑的探討，至少彰顯了完全倚恃內省途徑實不可行。由於外控途徑具備強制力和懲戒性，相對於內省途徑較能有效約束和導引行政行為，而具有立竿見影之效，其乃是確保民主實踐與民眾權益的保障機制。

第四節　公務倫理的涵蓋層面

本文主張之全觀理性的公務倫理，其涵蓋層面應能：「包含微觀個體行動與宏觀整體系絡」。

在工具理性行政的視野下，非人化的人性論將解決倫理問題的重心置於制度結構之上，反之原子論的個人主義則是假定公務倫理的焦點應在公共行政人員的個體身上。以上兩種觀點皆有所偏，作者認為應採一種折衷或整合的視野，將人性觀點假定為：個體行動必受整體系絡制約，但個體行動也可能改變整體系絡。此即學者哈蒙所稱之主動－社會的自我的人性論（Harmon, 1981: 40-42）。黑堡宣言所主張的施為觀點（agency perspective）[2]（Wamsley, 1990b: 20-22; Wamsley et al., 1990: 36-39）便採取此一視野。

黑堡宣言的首席作者萬斯來剖析該宣言所主張之施為觀點的意涵，正可為本書此處的觀點做一補充。他認為，施為觀點的源頭之一是社會學者紀登斯提出的結構化理論（structuration theory）（Wamsley, 1990c: 124-125）。紀登斯主張，行動者

---

[2] 依據《韋氏辭典》（Webster's Dictionary）的解釋，所謂agency的意義為：1.行動、權力；2.手段、工具性；3.賦有對別人施予行動之權力之個人或公司的實業；4.在前一種意義中所指之實業的辦公場所或地區（葉啓政，2000：334、337-338）。其次，agent則意指：1.產生或有能力產生特定效果的人或物：一種主動或具有實效的因；2.實施或運使權力的人；3.對於其行動負有責任者；4.一種手段或工具，可以引導理智達成結果；5.代理者（Wamsley, 1990c: 117）。因此，不論是agency或agent，就其字義，它們都意涵著擁有能動能力的行動之意思，行動可以說是其意涵的重點所在。黑堡宣言中施為觀點所謂之施為，就是指公共行政人員及其作為和行動。

必然受社會結構的約束，但他（她）也有能力衝撞社會結構、改變現狀（to make a difference）（Giddens, 1979: 14）。其次，施為觀點也受到政治學者艾莫加（E. M. Immergut）提倡的歷史制度論（historical institutionalism）所啟發（Wamsley, 1990b: 19）。艾莫加為了修正傳統結構主義過度重視結構因素卻忽視個體的缺失，因而強調個體的理念與行動在政治過程中的積極角色，同時他又主張對於個體行動的理解必須置於歷史的系絡之中（Immergut, 1998）。

不論是社會學中的結構化理論，還是政治學的歷史制度論，亦或是行政學中的黑堡宣言，以及哈蒙提倡之行動理論中的人性論—主動—社會的自我，都是試圖整合個體行動與整體系絡的觀點，對於公務倫理的建構頗具啟發意義。換言之，不論是整體（組織、社群、乃至社會國家）系絡還是行政人員個體，都是建構公務倫理時必須考量的重要部分，缺一不可（Denhardt, 1988: 3）。

第五節　公務倫理的知識建構

本文主張之全觀理性的公務倫理，其知識建構應要：「包容價值辯證以及科學方法」。

在工具理性的視野下，行政知識以科學化為努力目標，因而公務倫理的知識研究也漸次朝科學化發展，同時在管理主義的影響下著重實用性。科學化與實用性確實對於公務倫理的實務有極大助益，而從知識建構的角度，實證研究也有助於釐清事實層面的公務倫理課題，只不過本書的立場是主張除了實證途徑之外，任何有益於充實和豐富公務倫理知識內涵的其他途徑，亦不可偏廢。職此之故，在研究課題方面，例如價值辯證，當屬公務倫理重要的層面，不應漠視之；在研究方法的選擇方面，除了量化（如問卷調查或實驗）和質化（如訪談或田野調查）的實證方法外，其他如歷史研究、結構主義、甚至後現代主義的觀點，都不應被排擠於公務倫理的研究途徑之外。

哈伯瑪斯曾指出社會研究的可以歸納有三種知識途徑：科學的經驗分析途徑、歷史的釋義（詮釋）途徑、批判的反思途徑，其分別對應三種目的：預測和控制、理解、解放（Blaikie, 1993: 52-53）。對於公務倫理的知識建構而言，哈伯瑪斯所

做的歸納實可作為一種參考架構，提醒論者採取多元途徑將有助於獲得更為完整的公務倫理知識。作者以為以上三種途徑對於公務倫理知識研究可以產生如下功能：

第一，科學的經驗分析途徑所獲得的知識有助於建構更為精確的公務倫理外控機制；

第二，歷史的釋義（詮釋）途徑所獲得的知識有助於發展更富同理心的公務倫理論述，進而影響政策內涵；

第三，批判的反思途徑所獲得的知識有助於發現既存制度和現行政策的不合理性或不正當性，進而阻卻不當的制度與政策。

綜上所述，多元研究途徑的啟發應在於：可以促使人們思考公務倫理的知識建構，或能採取更為寬廣的路線和眼光。揉合科學實證與價值辯證二種途徑，將助於公務倫理知識的發展，二者不一定要相互排擠，而是能夠互補。

自我評量

一、何謂全觀理性？請說明全觀理性的公務倫理之意涵。

二、請說明在全觀理性的觀點下，公務倫理的目的為何？

三、請說明在全觀理性的觀點下，公務倫理的機制設計為何？

四、請說明在全觀理性的觀點下，公務倫理的涵蓋層面為何？

五、請說明在全觀理性的觀點下，公務倫理的知識建構為何？

第三篇

善治實踐

第七章 公共價值

學習目標

◎瞭解公共價值的基本觀念

◎瞭解最高層次的憲政價值

◎瞭解公共行政的基礎價值——社會公正的內涵

◎瞭解社會公正的實踐

◎瞭解公共服務的核心價值

◎瞭解公共價值的創造

前 言

民主政治的眞諦絕不僅止於定期改選，民主政府的回應性（responsiveness）也不應僅是以滿足選民短期利益爲指標，亦即民主政治更應重視「質」的考量。換言之，西方政治哲學的傳統一向主張公共治理具有道德性質與倫理意涵，例如亞里斯多德就主張政治的目的是爲追求善，所以爲「善治」。本文認爲將前述觀點置於現代系絡，求善的公共治理之基礎應是有效回應和實現公共價值。當代公共治理重視以課責系統來確保公共價值的實現（Gooden, 2015: 221-226）；在實務上，常透過行政法的制定來強制要求公務員實現與其任務無關的公共價值（Rosenbloom, 2015: 5）。以上皆屬行政倫理的範疇。職此之故，本章將從以下角度探討公共價值：首先闡述關於公共價值的基本觀念；其次說明政體之最高價值——憲政價值；再者析論公共行政的基礎價值「社會公正」（social equity）[1]，並進而說明社會公正的實踐個案（政策）；然後闡述公共服務的核心價值；最後引介學者穆爾

---

[1] "social equity"或有譯爲「社會衡平」。

（Mark H. Moore）的概念架構闡述公共價值的創造。

第一節　公共價值的基本觀念

一、公共價值的意涵

（一）定義

公共價值主要是透過政府或政府所委託之民間組織進行規劃、製造、組織、管理、提供、分配給公眾使用的公共產品和公共服務，而實現的一種公眾期待的意義。因為公共價值具有公共性，因此任何人不得主張排他性而獨自享有，是以在此層面上，其與公共財、公共利益有時是同義語。

據此，本文從公共行政的規範角色之立場出發，對公共價值所做的定義如下：

公共價值意指那些政府應該透過有形的服務或財貨供給（即政策工具）俾使公眾之期望獲得滿足的精神意義。

（二）公共價值的構成3P要素

抑有進者，公共價值的內涵主要可以從以下3P要素予以解析：

1. 客觀的公共政策（工具）（Public Policy or Policy Instrument）

意謂政府為滿足公眾期望的價值，必須透過具體的政策工具實現這些價值。例如，為實現社會上敬老尊賢的價值，政府制定年滿65歲的民眾搭乘大眾運輸系統免費之政策。

2. 主觀的公共表意（Public Voice）

意謂公眾透過公共參與機制表達其所欲求的價值偏好。例如透過議會民意代表、投票、利益團體遊說施壓等途徑，促使政府制定政策以滿足其所希望追求的價值。

3. 規範的公益精神（Public Interest）

意謂社會上公眾認同「必須」實現之價值，而且此種價值一旦獲得實現其受益者為公共性質。例如政府為照顧中低收入戶，保障其基本生存權利，制定相關政策給予經濟或醫療方面的濟助措施。此種政策表面看來似乎是只有少數政策標的人口獲得私益，但實質上並非如此。理由是：首先，此政策對於經濟上處於一定水平標準以下者一體適用，並且提供的待遇相同，任何人皆有可能達此標準適用此一政策，亦即，此項政策並非針對特定人，此即所謂公共性之意義所在；其次，此一政策對於社會長遠發展而言，具有公益性，意即給予經濟弱勢者一定的濟助，實有穩定社會秩序的功能，故此類政策常被稱為社會安全政策。因此，此類政策所欲實現的公共價值似可簡稱為：「社會安全」。若用儒家文化的語詞稱之，則可謂為「皆有所養」。

二、公共價值的研究途徑

何謂公共價值在學界形成了跨學科領域的探討，其所涉及的研究途徑包括：哲學（philosophy）、心理學（psychology）、政治科學（political science）、生態學（ecology）、管理科學（management science）。以下扼要敘述之。

（一）哲學：公共價值是倫理道德哲學在社會實務的具現

哲學途徑探討的焦點在於從美德（virtue）、公善（public good）、價值的來源理解公共價值的內涵。其研究目的多在界定以及歸結公共服務的價值，並且探究公共價值無法獲得實現的原因。這些文獻的研究旨趣有的在於建立公共價值的層級體系以及彼此競合的公共價值間的相對位置（Bozeman, 2007; Kernaghan, 2003; Bozeman & Sarewitz, 2005; Jørgensen & Bozeman, 2007）。意即此一研究旨趣在比較各種價值的高低位階，進而如果產生衝突時，孰先孰後的問題。

另外，則是有從倫理道德哲學之美德和公善的角度對公共服務價值進行評價反思者，並且此一路線還嘗試從哲學的基礎出發去結合實務的觀察，因而與治理的政經問題、權力、控制或是社會理論相連結（Morrell, 2009）。此一研究途徑的學者主張，價值課題的探討並不一定總是要局限於抽象的層次，而應該是要從它們所鑲

嵌的系絡著手，並且將眼光置於其所創生之有形的情勢和科技，以及探索其所引導的政治和日常實務（Benington & Moore, 2011: 17）。

（二）心理學：公共價值是心物一元的展現

公共價值的另一個研究途徑是心理學（Benington & Moore, 2011: 17-18）。此一途徑認為，公共價值不一定指涉經驗世界中的具體事物，而是人們心理上對於客觀世界的印象、個人意識型態、選擇性的認知、理性的分析等等形成的主觀態度和定見。

學者梅哈特（Timo Meynhardt）的研究，就是採取心理學的途徑探討公共價值的例子，他從人類對於共同創造和共同生產此種基本需求的實現與影響這個角度去理解公共價值（Meynhardt, 2009: 193）。梅哈特首先對何謂價值給予界定，他採取了一種突破**「價值客觀主義」**（value-objectivism）和**「價值主觀主義」**（value-subjectivism）各有偏執的超越路線。所謂客觀主義認為價值「是」客體的屬性（value "is" a characteristic of an object），是一種附屬於物體的性質；相反地，所謂主觀主義者認為某些事物「具備（或擁有）」價值（something "has" a value），所以價值不是一種外在的屬性，而是一種主體認同的內在評價（Meynhardt, 2009: 198）。而梅哈特則是認為：

價值呈現了一種主觀性（subjectivity）而且它們與「關係」緊密結合（values expresses subjectivity and is bound to relationships）。心理學對於所謂實在的或觀念上的客體乃是「創生的」（created）並不是「發現的」（found）或「認知的」（acknowledged）。客觀性（objectivity）指涉著共享的價值，但仍與主體相結合（Meynhardt, 2009: 199）。

上述的觀點明確的呈現心理學途徑的特色，而梅哈特採取的是一種「主觀互證」（或稱「互為主體性」intersubjectivity）的立場。意即，價值產生於人與人互動之後的相互理解，仍是主體詮釋的結果，但此種主體性又不局限於主觀主義，而是加入了互動和同意的成分於其中。所以梅哈特才會說價值與關係緊密結合，他所稱的關係就是人際互動所形成的產物。

作者認為，此種超越客觀主義又不局限於偏執的主觀主義路線，相當接近於我

國儒釋道文化常見的「**心物一元論**」。心物一元論的主張就是認為,價值此種詮釋的意義基本上來自人心的主觀映照客觀經驗世界所產生理解,這種理解既不能脫離主觀詮釋,亦不能脫離客觀世界的系絡。

進而,在探討公共此一概念時,梅哈特認為:

〔公共是〕必要的虛構。公共是內生的。公共一詞,就心理學的角度而言,它是一種個人根據日常實務經驗、分析的洞見和對於複雜現象之所有各式各樣的投射(projections)等所形塑而成的抽象觀念(Meynhardt, 2009: 204)。

然後,梅哈特又指出:

如果我們無法假定價值源於某種客觀的基礎(例如自然權利),也不能進一步將價值歸根於規範性的憲法或諸如此類的經典(如宗教的經書)……,則一種可以被認可的替代基礎就是心理學所謂的基本需求……。據此觀點,我們能夠將價值內容與心理學理論建構二者緊密結合(Meynhardt, 2009: 204)。

(三)政治科學:公共價值是政治過程(政策運作)之參與者互動的結果

政治學相關領域對公共價值的探討成果當屬最為豐碩以及最具重要性(Benington & Moore, 2011: 18-19)。所謂以政治科學為途徑研究公共價值,主要是將焦點置於政治過程或政策運作當中,主要參與者的互動(包含競爭或合作)對公共價值之形塑所產生的影響。當代主流的政治研究所著重的主要是可以實證的政治行為,就方法論而言稱之為行為主義(behaviralism),因為是以自然科學的研究方法研究政治故稱為政治科學,例如選民的投票行為、利益團體的活動、國會議員和行政官員的決策等。誠如學者指出,在美國許多政策的制訂,根本就是所謂政策鐵三角(iron triangles)競合之下的產物(Kingdon, 1984: 36)。所謂鐵三角就是立法部門的小組委員會、行政部門中的官員(包括非民選的公共官僚)以及利益團體,其所呈現的就是國家機關內部和外部力量的結盟與競爭現象。

以此途徑研究公共價值者,當以學者穆爾的著作《創造公共價值:政府的策

略管理》（*Creating Public Value: Strategic Management in Government*）所提出之建構公共價值的策略三角——「澄清與界定公共價值」、「權威化政治環境以取得正當性」、「建立運作能力」之概念架構（本章稍後再詳加說明），堪稱公共價值研究的經典和先驅。此外，諸如學者羅德（Roderick Arthur William Rhodes）和王納（John Wanna）（2007）二人在期刊發表論文，針對穆爾書中觀點進行批判和反思，也頗受矚目。

（四）生態學：公共價值應能融合經濟、社會和環境為一體

近來發展出一種關於公共價值的新興研究途徑為生態學。在此的觀點之下，公共價值乃是生態環境的產物（Benington & Moore, 2011: 19-20）。例如學者史威林（Mark Swilling）就提出如下問題：公共價值的研究途徑是否以及如何因應資源再生利用的挑戰？以及公共價值能不能是（關懷環保的）綠色價值？經過一番研究後，史威林做出以下結論：公共價值的研究途徑可以為「可持續發展治理」和公共管理提供一套新典範，只要它能夠超越由經濟、社會和環境三個領域環環相扣之三項底線的研究框架。史威林指出，此種研究架構將研究者的觀點局限在一種一元主義的思維框架中。例如經濟發展一定拜市場自由開放所賜；社會的凝聚一定是由於福利制度完善所致；環境保護必然得益於野生動物保育工作的落實。因此，他提出系統的研究途徑（systems approach）可以作為一種替代觀點，取代上述三項底線的框架，視經濟、社會和環境三個領域為互補共生的關係。根據制度經濟學的邏輯，經濟鑲嵌於社會文化的系統之中；根據生態經濟學的邏輯，生態和經濟二者皆鑲嵌於更為寬廣的生態系統和自然資源之中（Swilling, 2015: 89-11）。總之，從上述生態學的觀點探討綠色環保議題，他所欲發展的公共價值研究架構，可以包容經濟、社會和環境三個領域，讓三者共容而非互斥。

（五）管理科學：有效實現公共價值的科學方法

20世紀公共行政學的發展本來就向企業取經甚多，在管理主義以及行政科學化的導引下，公共行政運用決策分析、系統分析、作業研究、成本利益分析、量化資料處理等管理科學技術，以協助決策與規劃，乃是20世紀以來的顯學（*cf.* Jun, 1986: 64-65）。所以從管理科學的研究途徑探討公共價值，主要是著重於如何以有效率和有效能的科學方法實現公眾所欲追求的價值。此一途徑可能的研究焦點大致臚列如下：

第一，以科學方法探求民眾所欲實現公共價值，進行成本利益和迫切性之分析並加以排序，俾供決策者進行抉擇；

第二，以科學方法尋找實現公共價值的計畫方案，進行成本利益並加以排序，俾供決策者進行抉擇；

第三，以科學方法評估實現公共價值的計畫方案之執行成效，包括產出（output）和結果（outcome）的分析，進行經濟、效率、效能的測量。

舉例而言，學者哈特麗（Jean Hartley）（2011）研究公共服務的創新和改進是否有助於實現公共價值，以及這些創新和改進措施如何增益公共價值的理論與實務。另外，例如學者史都華（Guy Stuart）（2011）研究美國低收入戶的財務補助政策，發現公務人員必須有效管理其業務的執行能力，才能整合政策環境中各方參與者使自己的行動獲得正當性，進而藉此創造公共價值。學者諾曼（Richard Norman）（2011）研究紐西蘭績效管理系統如何重新界定公共價值的意義，他將焦點置於該績效管理系統所採取的一項措施：區分政策產出與結果二者的不同。政策產出意謂政策所制定的各項具體措施，而政策結果則是民眾期待的效益之「期望清單」（wish lists）（Norman, 2011: 204-205），可以說就是公共價值。

諾曼認為過去的公共管理思維過度重視政策產出，現在應該要將重點放在結果之上。當然，政策結果與政策產出息息相關，因為如果政策不能有效執行，則預期結果實現的機率定將大為降低。所以，諾曼指出，要想有效管理政策結果，就要實踐一種「持續性的改進循環措施」，它是一種自我評估的工具並非課責機制，其內容如下（Norman, 2011: 205-207）：

第一，設定方向（direction setting）：未來3至5年，我們所要達成的目的為何？為何要達成這些目的？

第二，規劃（planning）：什麼是達成這些目的最佳方法？以及我們是否已經具備這些能力？

第三，執行和傳輸（implementing and delivery）：我們是否依照計畫執行和傳輸？並且有效地發揮我們的能力以及控管風險？

第四，檢查（review）：我們的作為產生了哪些衝擊？我們可以採取怎樣的改進措施？

根據以上所述不難一窺管理科學途徑之下，這些研究著眼於實現公共價值之手

段的精進，但與單純的管理技術探討的不同之處是，當公共價值作爲研究課題時，其通常必須將公共價值置於一種中心地位，然後探討何種手段可以有效實現公共價值。

三、公共價值的特性

根據前述所探討的公共價值之意涵。以及引介說明了公共價值的各種研究途徑，以下本文將歸納其所具備的特性。

（一）公共性

公共價值通常是透過政府或由政府委託之組織所提供的公共服務獲得實現，生產這些公共服務所需要的是公共資源，國家全體國民都有權分享和使用這些公共服務，因此所謂公共價值應屬公眾所共享。當個人或某一群體享用這些公共服務時，並不排斥他人享用的權利。因此，公共價值的公共性展現於公共服務之共享性之上。

（二）社會互動性

公共價值的建構並非來自單一個人的價值偏好，反之，之所以稱爲公共價值至少是一群人透過相互理解所形成的主觀互證的意義詮釋。抑有進者，某些公共價值實質上就是整個國家和全體社會共享的價值體系，全體國民皆受其影響。當然，公共價值的社會互動性也凸顯了不同區域、不同人群有其特殊的共享價值，例如宗教、城鄉、貧富、年齡、性別、種族、族群、教育、職業，都可能形成不同的群體，而這些群體的公共價值當然會有不同。職此之故，公共治理往往需要致力於化異求同或尊異求同。

（三）影響的普遍性

公共治理所欲創造的公共價值總是影響層面廣泛、涉及的地域寬廣和民眾數量龐大，它才能作爲一種凝聚社會共識的媒介。因此，公共價值的特性之一爲其影響力極爲普遍。

（四）可操作性

公共價值可操作性意指其可以在經驗世界中獲得實現，所以它雖然經常是頗為抽象的理念，但這些理念應是可以透過一些途徑和方法轉化成為日常生活的具體行動。因此，其有別於宗教信仰或純粹哲學。

（五）政策可行性

公共價值必須藉由政策工具獲得實現，讓民眾真正感受和享用其所欲追求的價值，因此從政策執行的實務角度而論，公共價值應具備政策可行性。換言之，公共價值具備政策可行性意指，它們可以被制定成具體的公共政策加以施行。所以，具有可操作性的公共價值未必具備政策可行性，意即其未必真的能夠制定成政策。一項政策議題通常要考量其政治、法律、行政、技術、環境等可行性，特別是政治可行性尤為重要，它意味著民意、相關政府部門、公民（利益）團體、立法人員的主觀支持程度。

（六）公共參與性

最理想的公共價值應該是經由公民參與的途徑被創造出來。意即對公共價值的創造和治理不僅要依靠政府的公權力，還需要依靠社區和公民的力量。當代公共治理倡議公眾依靠自己的力量來治理屬於自己的公共價值，如此使得公眾直接參與公共價值體系的創設和運作，才更能確保公共價值是公眾所欲追求的價值。總之，當代關於公共價值的創造和治理並非單一權威的結構，而是多元分歧的、多管道的和多層面的公共參與模式。

（七）非市場性

公共價值透過公共服務獲得實現，它的開發、製造、提供、分配和享用主要是在政府公權力的規劃、調控、干預和監管下進行，並非資本主義經濟的市場運作模式。

（八）非營利性

公共價值更不是以增值和營利為目的，而是為了保障和滿足人民之自由權利、基本需求、公共利益、社會安全、公平正義而存在。

第二節　憲政價值

近代以來公民權利（civil rights）受到西方啓蒙運動思想佳如洛克（John Locke 1632-1704）、盧梭（Jean-Jacques Rousseau 1712-1778）、孟德斯鳩（Charles de Secondat, Baron de Montesquieu 1689-1755）等人主張的影響極大。例如洛克主張天賦人權以及盧梭主張主權在民的觀念。並且由於美國獨立革命之後所制定的憲法將個人權利保障視爲重點，以及法國大革命爭取自由權利爲基本訴求，使得公民權利成爲民主政治的基本條件。

歸納公民權利的內涵大致可以區分爲兩種範疇：基本人權和參政權利。以下逐一說明之。

一、基本人權

所謂基本人權是指，在當代自由民主政體之下，個人與生俱來的權利，其通常是關於個人自由不容國家機關任意剝奪的宣示和保障，不論個人是否具備一國之公民的資格皆然。在成文憲法國家，大多會在憲法法典中以專章明文規範之。在不成文憲法國家，則可能由專門的法典保障之。而人民基本權利的保障是否得以實踐，更被視爲是一個國家是否符合民主的標準。

此外必須特別留意的是，基本人權的保障是一種原則，但是其仍受到某種程度的限制。申言之，基本人權是一國國民乃至於居住於國境之內的外國人皆享有之權利，所以此種權利之保障應以不侵犯他人對等應受保障之權利爲前提，亦即個人不得以行使基本人權爲由而侵犯他人的基本人權，通常亦進一步地延伸至以集體安全不受危害爲前提，若有此等行爲則不在保障之列。此也就是爲何國家機關通常會針對某些基本人權項目，訂定專門法典以規範該權利如何行使的原因。例如集會結社爲基本人權，但國家機關可能制定關於集會結社的相關法律，以保障人民在秩序穩定的社會之中安居樂業。當然，如何防範執政者爲遂行獨裁統治而假集體安全之名，制定法令剝奪基本人權，乃是值得深入探討的課題。換言之，基本人權的保障和限制如何取得均衡，決定了一個國家的民主程度。

一般而言，基本人權的內容可以臚列如下（許立一，2008d：171-173）：

（一）平等權

不論個人性別、宗教信仰、種族、膚色、經濟地位、社會階級、政治立場等爲何，在法律之前人人平等。

（二）人身自由權

非經法律正當程序（due process of law）國家機關不得任意逮捕、拘禁、審判、處罰人民。例如我國憲法第8條明定，非經司法或警察機關依法定程序，不得逮捕拘禁人民。非由法院依法定程序，不得審問處罰人民。非依法定程序之逮捕、拘禁、審問、處罰，得拒絕之。

（三）言論自由權

個人享有言論自由權，此項權利的基本精神主要是在保障個人思想之自由，乃是自由民主政體最重要的體現之一。言論的具體形式相當多樣，應該廣泛地受到保障，例如講學、著作、出版乃至於一般言談等，皆是此一言論自由權之範疇。

（四）集會結社權

意指人民發起、組織、和參加各種團體及群衆活動的權利。

（五）宗教信仰之自由

意指人民可以自由信仰、選擇宗教，政府對各種宗教應該一律平等對待，並在依法處理宗教事務時保持中立和超然立場，政府不應介入宗教組織之運作。據此，任何人也應尊重他人宗教信仰之自由，不得脅迫、歧視他人的信仰選擇。

（六）居住遷徙之自由權利

人民可以憑其自由意志選擇居住地，並且可以自由遷徙旅行。

（七）生存與工作權

人民享有基本的生存權利，故國家必須對遭遇危難之人民給予必要之濟助。例如警察必須對現行犯罪之中的加害人施以必要而適當的暴力手段，以確保被害人的生命安全，此即肇因於人民的生存權。由於生存乃是基本人權，工作乃是維持生存

所必需，故而工作權亦爲基本人權，工作權與生存權實乃一體兩面。常見先進國家爲社會中的弱勢族群（就業弱勢者）提供制度性的就業機會保障，而保障弱勢者的就業機會其實就等於保障其生存權。舉例言之，我國殘障福利法規定公私立機關組織必須進用一定比例之身障人士且訂有罰則。

（八）私有財產權

私有財產權是近代以來西方所主張之基本人權中最爲經典的權利項目之一，其意義在於防杜國家機關任意侵奪私人財產，以維護個人追求財富的努力成果，其更深遠的意涵是維繫經濟體系繁榮發展的基本條件。

（九）隱私權

個人私密有不被公開、窺視、侵犯的權利。其具體內涵亦頗爲多樣，例如祕密通訊、日常生活、隱蔽的身體特徵、健康狀況機屬個人隱私權利等。我國自民國84年公布施行之「個人資料保護法」即是爲實現此一公共價值而制定之法律。

二、參政權利

上述的某些基本人權在自由民主爲普世價值的今日，被認爲是可以擴及於外國人的權利，例如人身自由權、隱私權等。從西方公民概念的起源觀之，所謂公民就是意指在政治社群中的有資格參與公共事務的成員，是以參與政治的權利即爲區分一般所謂人民和公民的重要標準。其次誠如前述，成爲一國之公民必須具備一定的資格條件，其中包括未受褫奪公權之宣告，所謂公權即指參政權利。此外，參政權利是在其他的公民資格——國籍、法定年齡、行爲能力皆已具備的前提下才能夠具備的權利，其可謂爲個人取得公民身分的最後一項資格條件，也是最具關鍵性的資格條件。總之，唯有公民始擁有參政權利。參政權利大致可以分成如下幾項（許立一，2008d：173-174）。

（一）服公職之權利

人民取得公職的途徑分爲兩種：

1. 直接或是間接透過選舉的途徑取得公職身分，直接透過選舉者如民選的機關首長，間接透過選舉者如政務官。

2. 參加國家機關所舉辦之甄選活動取得，例如參加國家考試合格者，即事務官。

（二）選舉權

公民另一項即為重要的參政權利就是選舉權，即人民選擇執政者的權利，透過投票的方式為之，此乃是決定一個國家是否為自由民主政體的重要條件。但在極權國家中，公民不一定擁有此項權利。

（三）罷免權

罷免權與選舉權乃是相對的權利，意即公民有權可以選擇執政者，亦有權令不稱職的執政者去職。

（四）創制與複決權

選舉權之行使主要是在代議民主制度下的措施，意即選舉的目的是人民欲藉此途徑選出代其從事公共治理的代表，而主要的公共決策即由此些代表代為做成。但創制權和複決權則是一種直接民主的體現，已成為當代自由民主國家經常施行的公共決策途徑。所謂創制意指由公民提出創新性的政策方向和理念，複決則是由公民針對已經經由議會決議之政策或法案再次進行表決。至於創制權和複決權的具體形式就是公民投票，在許多國家，公民投票被用以解決重大法案、高度爭議的議題、甚至是難以化解的政治僵局。例如法國憲法明定總統得將重大法案交由公民複決，因此其能夠將國會極力杯葛的政策法案交給公民決定，俾化解僵局（張台麟，1995）。此外我國公民投票法中亦賦予公民得對「重大政策」和「立法原則」進行創制，以及對於「重大政策」和「憲法修正案」進行複決。

第三節 公共行政的基礎價值：社會公正的內涵

1970年代崛起的新公共行政（*cf.* Frederickson, 1980; 1989; Marini, 1971），將捍衛社會公正視為公共行政的重要使命之一，而於1980年代提出之黑堡宣言

（Blacksburg Manifesto）在延續新公共行政的基調之餘（cf. Wamsley, 1990: 20），更將重新界定「公正」一詞的概念意涵，視爲美國第四次的社會革命[2]之精髓所在（cf. Wamsley et al., 1990: 32, 34）。換言之，在新公共行政學者眼中，實現社會公正就是公共治理最重要的價值之一，此種觀點使公共行政具備了高度的道德意涵與倫理意識。抑有進者，論者更指出當代公共行政的演化趨勢爲：從平等（equality）邁向社會公正。以美國爲例，社會公正直至1990年代晚期都尚未成爲公共行政研究的主流課題，但是有越來越多的統計數字呈現出美國社會基於種族歧視所導致的不公正現象，使得美國的行政學界和實務界不得不重視社會公正此一課題，而在公共行政領域最具權威地位的美國國家公共行政學院（National Academy of Public Administration）[3]終於在2005年，公開主張社會公正應是除了經濟、效率和效能之外，公共行政的基礎價值之一（Gooden, 2015: 216-219）。

本節將闡述社會公正的意涵，以下首先敘述與社會公正息息相關之各種平等的概念，其次釐清公正與平等二者的關連性。

一、各種平等的概念

社會公正包含平等的觀念，但社會公正並不等同於平等。甚至在某些情況下，政府的治理作爲爲了實現社會公正，很可能違背某些平等原則。不過，在許多的情況當中，平等確是達成社會公正的前提，而且平等有多種不同的概念意涵，其中部分是達成社會公正狀態的基礎，因此社會公正與平等息息相關。下文中將先引介各種平等的概念，作爲說明社會公正意涵的基礎。

---

[2] 黑堡宣言的撰寫者認爲美國社會迄今爲止共經歷四次革命，第一次爲獨立革命——擺脫殖民地的身份，要求公民自由並呈現於憲法之中；第二次爲Jackson總統時期，人民對於參與共和政府之角色的觀念之改變；第三次爲南北戰爭，重新界定聯邦的意義，進而改變了對於公民意識（citizenship）的觀念；第四次就是始於新政，歷經民權運動以及女權運動等社會改革，對於正義、自由、公正等概念，重新予以界定。

[3] 美國國家公共行政學院可以說是美國公共行政專業領域中地位最崇高的學術機關，其由國會創設但卻是一個獨立、非營利、超黨派的組織，主要是由公共行政學術或實務成就卓著的院士們所組成。它的功能在於協助公部門領導人因應當今公共行政所面臨之重要與多樣的挑戰，並展望其未來發展。讀者可以參考：http://www.napawash.org/。

　　學者傅萊德雷克森（H. George Frederickson）（1990: 230-231）根據雷伊（Douglas Rae）（1989）等人的研究，認爲平等可以細分幾種不同的概念意涵，而這些平等的原則或觀念經常見諸於公共行政的各種施爲當中。作者根據前述學者的研究，將之再行分類爲「結果的平等」（equalities of consequence）與「機會的平等」（equalities of opportunity）二大類，於本節中先行分別闡釋各種平等的意涵。

（一）結果的平等

　　結果的平等意味著其概念意涵所指涉的是確定狀態，而不是對未來狀態的預期，亦非強調過程。結果的平等可細分爲三種不同的概念，茲分述如下。

1. 簡單的個人平等（simple individual equality）

　　簡單的個人平等是結果平等的原型觀念，意即其它形式的結果平等之概念皆由此一觀念進一步發展而成。所謂簡單的個人平等強調，人無先天的階級不平等，例如印度的種性階級制度或是性別的歧視，即屬先天的不平等；社會亦不應容許後天的階級不平等，例如古代許多社會中普遍存在的奴隸制度，許多奴隸乃因家庭經濟因素自願賣身爲奴，此屬後天性質的不平等。簡單的個人平等之概念在現代的公共事務運作中，體現於各種政治制度的設計以及行政施爲當中，舉例言之當代民主社會所採行的一人一票以及每票等值的選舉制度，就是簡單的個人平等概念的最佳寫照。

2. 區隔的平等（segmented equality）

　　所謂區隔的平等意指，在同一個領域或層級當中的每一個個體皆受到平等的對待，但不同領域或層級之間則是存在著不平等的差異性。舉例言之，現代社會之中農業成爲經濟上的弱勢，因此許多國家制訂優惠於農民的政策，使農民與其他行業的從業人員所負擔的稅賦有所不同，但所有農民都受到相同稅賦標準的對待，此即所謂區隔的平等。再者，所有的層級體系都反映著此種區隔平等的情形（Frederickson, 1990: 230），例如軍隊當中所有的陸軍上校都領取相同的基本待遇[4]，而某家民營企業當中的一級主管的底薪也都相同。據此，所謂之同工同酬，

---

[4] 視職務的不同他們的所得當然也會有所差別，但是此處所談的是一種標準，亦即所有陸軍上校的薪資都基於同一標準發給，沒有例外。即便個人所得有高有低，也是基於同一標準，例

其實就是區隔的平等之觀念的體現。

究其本質，區隔的平等亦可謂爲系統性的或結構性的不平等，因爲它將社會區隔爲不同的層級領域。進而，屬於相同層級領域中的個體獲得平等的待遇，但不同層級領域中的個體所受到的差別待遇則顯而易見。此種區隔的平等之概念對於公共政策與行政施爲頗爲重要，因爲公共服務的提供往往根據區隔平等的基礎爲之。舉例而言，政府實施低收入戶救濟政策，規定每月每人平均收入不滿最低工資之家庭列爲低收入戶，一律補助每人3000元，每戶補助人數以4人爲上限。剖析上述例子可以發現，此等政策對於符合接受補助之資格者即所謂低收入戶，採用同一標準（每人給予3000元、每戶以補助4人爲上限）給予補助，一律平等對待之。但若就此政策將非低收入戶與低收入戶作一比較，則二者在此一政策中所受的待遇顯然不平等，亦即只有符合資格的低收入戶，始能享有補助金，而一般的家庭則無此待遇。上述的低收入戶與非低收入戶的差別待遇肇因於制度結構（制訂公共政策使政府對低收入戶的補助成爲一種既定的制度），因之其亦謂爲系統性或結構性的不平等，此在各種公共政策與行政施爲當中舉目可見。

3. 群集的平等（block equalities）

前述之簡單的個人平等以及區隔的平等實質上均屬個體的平等，意即它們所涉及的單元爲個人。然而，此處提及之概念——群集的平等所涉及的是介於團體之間或次階級之間的平等課題。舉例言之，美國最高法院在1889年的*Plessy*對*Ferguson*一案中做出判決，認爲鐵路運輸公司可以將黑人與白人的座位予以隔離，只要他（她）們受到平等的待遇即可。此一判例所蘊含的概念便是群集的平等，其比較分析所受待遇是否平等的單元爲團體或社會當中的次階級，並非個人（Frederickson, 1990: 230）。

然而，此種群集的平等太過於向集體傾斜，以致於在某些系絡當中將之適用於個體層次時，個體所受到的待遇可能並不平等，因而此一概念在某種程度上，可能違背本文主張之民主行政所應具備的社會公正之價值。舉例言之，美國於1954年時，便在*Brown*對教育委員會一案中做出判決認爲，種族隔離的教育政策意味著不平等的待遇。在本判例中，美國最高法院所採取的原則爲簡單的個人平等而非群集

如危險加給、外島加給等，這些標準適用於所有的陸軍上校。

的平等（Frederickson, 1990: 230）。

（二）機會的平等

機會的平等所指涉之內涵並非一種確定的狀態，它所強調的乃是過程和可預期的未來，但並不保證結果一定平等，以下說明之。

1. 期望機會的平等（equality of prospect opportunity）

所謂期望機會的平等意指，人皆擁有相同的可能性以達成其所欲達成之目的。舉例言之，兩個人欲競爭某一個職位，在期望機會平等的情形之下，他們如願的機率相同。而在公共行政實務上，純粹的期望機會之平等的例子並不算多，美國在越戰時，曾採取抽籤徵兵的措施，即屬期望機會平等之個案（Frederickson, 1990: 231）。

2. 手段機會的平等（equality of means opportunity）

其次，手段機會的平等乃是根據期望機會的平等之概念發展而成。所謂手段機會的平等意指，在相同的條件之下，所有人達成其目的的機會相等；它與期望機會的平等之不同處在於，此一概念中還包括了對於「特定條件」的強調。續就前引之兩人求職的例子而言，二人欲競爭某一職位，如果他們的資格或才能相當，那麼他們獲得該一職位的機會也就相同（Frederickson, 1990: 231）。此例在手段機會的平等之概念下，加入了二人「資格或才能相當」此一條件，與期望機會的平等有所不同。

與期望機會的平等相反的是，在大多數的行政施為當中，多可見到手段機會平等之原則的採行。以我國兵役制度為例，國防部根據體位訂定兵種員額分配之原則，每一種體位所分配之兵種員額並不相同，例如甲等體位較多海軍陸戰隊的名額；當役男完成體位判定之後，再依據體位分組抽籤，體位相同之役男對於適合該體位之兵種有相同的中籤機會，此即具相同資格和才能者其機會相同，是為手段機會的平等觀念之體現。

社會公正乃是以上述各種平等概念為基礎，進一步延伸與修正而成的觀念。社會公正之所以謂為平等概念的延伸與修正，乃是因為某些平等的原則並不能改善社會中弱勢者的情境，導致依據某種平等概念所做的行政施為，甚而促使了強勢與弱

勢者之間的差距更大。舉例而言，依據簡單的個人平等概念，政府對每一位年滿65歲的老人發放相同金額的福利津貼，不論其經濟地位如何皆一視同仁。然而在政府的預算有限的情形下，一視同仁地發放老人津貼，使得政府難以對貧窮老人給予較多的援助，對於其困境的改善並無太大助益。再者，政府規定領有養老給付或退休金者不得領取老人福利津貼，但有些老人雖未領有養老給付或退休金者家財萬貫，而某些雖領有養老給付或退休金者卻一貧如洗，若按照此等原則發放老人福利津貼，豈不是政府的政策促使前述二種人的貧富差距更為懸殊？

由前述所舉之例子可知，平等的概念可以作為行政實務的依據，但其未必導致一種良善的結果，故有論者主張以社會公正彌補平等概念此一方面的不足。是以，社會公正一方面以平等概念為基礎，另一方面又試圖彌補平等的不足之處，所以作者稱社會公正乃是平等概念的「延伸」與「修正」。抑有進者，如果將社會公正與平等作一比較，則各種平等的概念相對而言乃是行政施為的原則，而社會公正則居於更為高層的指導價值之地位。換言之，在具體的行政實務當中，某一行政施為依據某種平等觀念行之，可能符合社會公正的價值，也可能違背社會公正，而作者認為公共行政應促使社會達成符合社會公正價值的平等狀態。因此，以上闡釋了各種平等概念的意涵之後，以下將進一步論述社會公正作為公共行政之基礎價值的意義。

二、社會公正的意義及其與平等的關係

以下將先引介美國公共行政學會對於公正一詞所做的定義，作為本文所強調之公共行政的基礎價值——社會公正的基調；其次，釐清公正與平等的關係，並舉例說明二者為目的一手段之關係。

（一）公正一詞的定義

1981年美國公共行政學會（American Society for Public Administration, ASPA）出版了一本《專業準則、倫理工作手冊暨公共行政人員的研究指南》（*Professional Standards and Ethics Workbook and Study Guide for Public Administrators*），在其中專業倫理一節中，曾對平等和公正作了如後的定義：

所謂平等，意指某甲相等於某乙；而所謂公正則是意指，調整資源分享俾使某甲相等於某乙（Frederickson, 1990: 229）。

上述定義其實是一種理想的呈現，也就是社會公正追求的是一種讓原先不平等狀態最終達到平等的結果。但是作者以為，就政策運作的實際情形觀之，現今政府對社會公正所做的努力如下所述，其亦為本書對社會公正的定義：

藉由政策干預以縮小不平等的差距，最終希望達成平等狀態。

因此社會公正有兩項要素：一是干預的過程──公共政策的作為；一是調整差距的後果──縮小不平等的差距，而最完美的狀態則是達到平等。

職此之故，平等和公正二詞的意義並不相同。申言之，公正一詞包含了平等的概念，它追求最終平等的狀態，但公正與平等的不同之處在於，前者乃是一種「透過刻意的干預措施以『調整原有差距』以形成的平等狀態」。現行的諸多社會安全政策與弱勢救助制度，可以說是意圖補救個人原先的不平等狀態，使之調整至較為平等的狀態之行政施為，而此所達成之平等即可稱為公正，是以公正一詞比較具有關懷弱勢的傾向。舉例而言，某甲與某乙二人能力相同，皆有機會獲得某大學的入學許可，此為平等（即前述手段機會的平等）；但某甲家境清寒無法支付學費，而某乙則無此顧慮，此時政府若有助學貸款或低收入戶學費補助等政策，則可協助某甲順利入學，此即符合前述公正一詞的意義──進行資源分享的調整時，促使某甲相等於某乙。

根據前述公正的定義可以發現，以社會公正為基礎價值的公共行政論述，如新公共行政及其後續發展出來的黑堡宣言，實遠遠超越了多元主義或公共選擇理論所重視的社會平等之概念，亦即以社會公正為基礎價值的論述取向，必然與傳統公共管理和新公共管理大為不同[5]。多元主義和公共選擇理論，都強調著競爭與機會平等的理念，例如多元主義主張社會應包容各種價值，公共政策是各種價值競爭後的均衡狀態；其次，公共選擇論以經濟學中的市場理論為基礎，其中所蘊含之競爭

---

[5] 傳統的公共管理強調政治（國會與總統）控制行政的觀念，尤其在美國，其實它就是多元主義的政治哲學觀的體現；而市場取向的新公共管理，則是很明確地以公共選擇理論為其基礎。

的觀念自不待言（*cf.* Dye, 1992: 26-28; 39-42）。前述兩種政治理論都蘊含著競爭的觀念，競爭意味的是機會的平等（尤其是符合期望機會的平等之觀念），但無視於參與競爭者原始條件的差異所可能造成之結果的不平等。因之在某些特定的情境之下，公共行政根據此等理論基礎所從事的作為，無法建構一個良善的社會。換言之，社會當中的弱勢者與強勢者彼此競爭，而公共行政如果只著重於維護機會的平等，其實等於暗助強勢者居於競爭優勢，在表面上是一視同仁，但在實質上卻是偏私於強勢者，至於此種競爭的結果則往往是弱肉強食。以社會公正為基礎價值的行政論述，便在於修正前述的弊病。

（二）社會公正與平等的關係

社會公正與前述的平等概念息息相關，但作者認為，前者相對於後者而言，前者應該居於更高的層次，亦即社會公正所揭櫫的是一種規範性的理念、一種指導性的價值，而平等則可視為達成社會公正的各種手段。換言之，社會公正作為一種理念，意味著它試圖達成某種理想的境界，而在此一過程中必須運用各種平等的原則進行資源的分配，但也經常違反各種平等的原則。

公正不僅不等同於機會平等（尤其是期望機會的平等），其也未必僅追求結果的平等（特別是簡單的個人平等）。誠如前揭老人福利津貼之例，政府一視同仁地對一定年齡以上的老人發放相同金額的津貼，此似為一種結果的平等（簡單的個人平等），但卻不是公正理念所欲追求的目的。公正所強調的是透過資源分配的調整，使人們獲得平等的待遇，因此為了修正人們彼此之間原有的差異，原始條件較差者甚至可能獲得較多的資源。是以，從個人所獲得之資源多寡的角度觀之，符合公正理念所進行的資源分配，頗有可能違背結果的平等之原則。舉例言之，依據公正的觀念，政府在發放老人津貼的政策上，應採差別待遇的設計，對經濟較為貧困者所發放之金額應該高於經濟情況較富裕者，以修正他（她）們之間的差距，使之漸趨平等。

從以上的論述，作者欲更進一步地精緻化公正的意涵，而提出以下兩點看法：第一，公正包含著平等的概念，但它是一種在調整差距的前提下，追求更為長遠之平等狀態的規範性理念；是以，第二，公正相較於平等，它的層次更高，因此平等可視為是達成公正此一規範性理念的手段。就第一項看法而論，以前述老人福利津貼的政策為例，公正作為一種追求更為長遠之平等狀態的理念，它不滿足於資源分

配所帶來之短期的平等（如凡年滿一定年齡的老人皆能獲得相同的津貼），而試圖以差別待遇達成縮短貧富差距的情形，其最終的理想為消弭貧富老人經濟地位上的差距。貧富差距不復存在，也是一種結果的平等，但相較於第一節所列之各種結果平等的觀念，公正所追求的顯然是較為長遠的後果。其次，就第二項看法而論，公正相較於各種平等的觀念，它居於更高的指導價值之地位，為了達到公正的理想，其過程可能必須運用各種平等的觀念作為資源分配的原則，例如依據老人的經濟條件給予不同的福利津貼，其實是一種區隔平等的觀念之運用；至於相對於未能享有福利津貼的國民而言，所有符合該項政策的標的人口（一定年齡的老人）所得到的待遇，正是依據群集的平等之原則所造成的結果。再者，透過差別待遇試圖縮短貧富差距以臻最終的平等狀態，則是一種機會的平等觀念之體現。職此之故，公正與平等觀念之間的關係，乃是一種目的與手段的關係，公正是一種規範性的理念，而各種平等的觀念則是達成前述理念的手段。

三、社會公正的道德關懷特質

以上釐清了社會公正乃是一種規範性的理念，並且說明了它與各種平等概念乃是目的與手段的關係，確立本文所謂之社會公正的意涵。以下將闡釋社會公正所蘊含的道德特質，並且將闡述當代政府落實社會公正常見的政策作為。作者認為，社會公正的道德性與公共性特質有助於將社會從利益競逐的分裂狀態，轉化成為休戚與共、相互包容的命運共同體，此正是善治（good governance）的目的——建構一個臻於良善的社會（good society）（*cf.* Galbraith, 1996）。

（一）社會公正可以彌補經濟效率的不足

在管理主義以及行政科學化的導引下，公共行政運用決策分析、系統分析、作業研究、成本利益分析、量化資料處理等管理科學技術，以協助決策與規劃乃是20世紀以來的顯學（*cf.* Jun, 1986: 64-65）。前述管理科學之所以為學術界和實務界所重視，其原因在於公共行政將效率（efficiency）——在有限經費下使公共服務的提供達到最大的程度，以及經濟（economy）——在既定的服務品質和數量上追求最少的成本，視為公共行政必須追求的價值，尤有甚者，在許多學者或實務人士眼

中，經濟效率已經成爲公共行政最主要的價值。然而，在前述價值觀的主導之下，社會當中的不公正（inequity）（以下簡稱不公）和不正義（injustice）（以下簡稱不義）之弊病，難以成爲公務人員或行政學者關心的課題（他們所重視的是如何提升公共服務的經濟效率），乃是理所當然之事（Frederickson, 1990: 228）。誠如學者谷丹（Susan T. Gooden）指出，直到1990年代，社會公正仍然不是公共行政研究的主流課題（mainstream topics）之一，而到了20世紀末，即便是美國此一高度發展的社會之中仍然充斥不公現象（Gooden, 2015: 216-221）。舉例言之，儘管美國的憲法明示法律之前人人平等，然而長期以來因爲公共行政多將心力置於經濟和效率之上，故盱衡美國社會當中仍然存在著種族或宗教歧視所導致的不公與不義。例如學者調查研究發現，在美國聯邦政府的公職體系中，整體而言，亞裔美國人和其他少數族裔相比，其處境與非西班牙裔的白人較爲接近；雖然如此，若是將他（她）們和相同教育程度與相同資歷的白人相較，亞裔公務員仍然是薪資較少、職級較低，並且很少擔任主管職務（Kim & Lewis, 1994: 289）。

　　反對將經濟效率作爲公共行政的唯一基礎價值之學者，如傅萊德雷克森就主張，除了效率和經濟之外，應該將社會公正做爲公共行政的第三個支柱（the third pillar）。他指出，公共行政所提供的服務，可以既有效率而且又符合經濟的要求，但是效率和經濟卻無法解決以下的問題：優越的管理是爲了誰？爲誰而有效率？爲誰而符合經濟的要求（Frederickson, 1990: 228）？

　　直到2005年，美國國家公共行政學院的指導委員會（Board of Directors），發布當年度學院的策略計畫時，始將社會公正界定爲除了經濟、效率、效能（effectiveness）[6]之外，公共行政的第四個支柱（Wooldridge & Gooden, 2009: 225; Gooden, 2015: 219）。換言之，政府總是輕易地假定公民皆能夠獲得平等的公共服務，因而使得公共行政流於只顧及服務傳輸技術的精進（追求手段的經濟效率），卻未能深思其服務的內容是否符合民眾所需，甚至對於社會當中不公和不義的弊病視而不見。

　　職此之故，傅萊德雷克森認爲，強調社會公正的觀念可以彌補公共行政只重效率和經濟之不足。進而將之作爲公共行政的基礎價值時，將使得公共行政蘊含價值偏好、組織設計的偏好，以及管理風格的偏好等多重特質，茲臚列如後

6　意指達成預期目標的程度。

（Frederickson, 1990: 228-229）：

1. 社會公正強調政府服務的平等；
2. 社會公正強調公共管理者計畫執行與決策的責任；
3. 社會公正重視公共管理的變遷；
4. 社會公正重視對於公民的回應性而非公共組織的需求；
5. 社會公正著重於公共行政的研究途徑和教育，其特色在於科際整合、應用性、與問題解決取向，並且傾向於發展周延的理論。

（二）社會公正為正視弱勢利益的正義原則

傅萊德雷克森（cf. Frederickson, 1990: 230）和哈蒙（Michael Harmon）（cf. Harmon, 1981: 86-89）皆認為，美國政治哲學家羅爾斯（John Rawls）的《正義論》（A Theory of Justice, 1971）一書中，所提出之正義的原則乃是社會公正的展現。羅爾斯提出的正義原則，分為兩個部分，茲臚列如下（Rawls, 1971: 60）：

1. 每一個人對於基本的自由，享有與他人相同的權利。
2. 社會與經濟的不平等，以如下的兩個原則予以調處：（1）合理地促使每一個人皆能獲利；（2）地位與職位向所有人開放。

羅爾斯認為以上的兩項原則，適用於社會的基本結構，它們導引了權利和義務的賦予，並且約束社會與經濟利益的分配。首先，在第一項原則方面，就實務上的應用而言，即公民的基本自由權，諸如言論自由、私有財產權、法治之下的人身自由權等，此些權利皆應基於第一項原則獲得保障，亦即在一個正義的社會當中，公民對此享有平等的基本權利（Rawls, 1971: 61）。

其次，對於第二項原則，羅爾斯又稱之為差異原則（difference principle）（cf. Rawls, 1971: 75）。關於此一原則的應用，羅爾斯認為應將之用於收入和財富的分配以及組織的設計之上，在權威、責任或指揮鍊（chains of command）中運用差異。他指出，收入和財富的分配無須平等，但必須使每一個人獲得利益，但在此同時，權威的地位（positions of authority）和指揮的職務（offices of command），應讓所有人皆有機會擔任。因此在實務上，人們可以透過職位對所有人開放此一原則，促成社會和經濟上的不平等，進而促使所有人皆能獲得利益（Rawls, 1971: 61）。

　　由上述羅爾斯的正義原則觀之，第二項原則（差異原則）對於財富分配的看法，實為本文所稱之社會公正的概念。首先在差異原則的第一項次原則方面，以不平等的社會安排，使每一個人皆能獲得利益，此意味著對於社會中的弱勢者予以特別的關照，使之在社會與經濟資源的分配過程中，實際上可能獲得比強勢者更多的幫助（cf. Frederickson, 1990: 230），以彌補弱勢者在初始條件上的不平等所導致的不公平。按羅爾斯所提之主張，他認為在利益重分配之後，沒有任何人的處境因此變得更差，而社會中的最劣勢者其處境卻因此變得較以前更佳，此種重分配才是所謂的正義（Rawls, 1971: 75-83）。根據羅爾斯的觀念，哈蒙為公正作了以下的註解：「……公正並非絕對的平等，除非有充分的理由讓人相信〔此種〕平等是公平的（fair）[7] 或合理的（reasonable），是以公正的概念提供了社會正義此一理念一個重分配面向的實務基礎，而羅爾斯的差異原則就是關於此一觀念的論述」（Harmon, 1981: 87）。舉例言之，年滿六十五歲之老人一律發放每月五千元的福利津貼是一種平等，但此種平等並非公正，因為它不能使最劣勢者變得較以往更好。換言之，不論經濟條件優劣一律發放相同的津貼，並沒有改變優勢者和劣勢者的差距，所以相對而言最劣勢者並未因此獲得比以往較佳的處境。

　　其次，差異原則之第二項次原則主張，將權威的地位和指揮的職務對所有人予以開放，更有助於前述弱勢者獲得最大利益之原則的達成（cf. Rawls, 1971: 61）。作者認為，將正義論中的差異原則，置於行政實務當中思考，更能凸顯以社會公正為基礎價值的民主行政之優點。舉例而言，政府中的職務向所有的公民開放，那麼社會中的弱勢族群有機會因此進入政府服務，並且在公務人力政策規劃時考慮制定優惠於弱勢族群的規定。誠如我國政府保障身心障礙人士加入公職服務的名額、舉辦身心障礙人士公職特考、並開設輔導考試的班隊等，讓有意進入政府服務的身心障礙人士接受輔導並參加公職特考。當這些身心障礙人士進入政府服務時，又可以參加升等考試獲得晉升的機會，待其升遷到某個層級時，他（她）們可能有機會參與殘障福利政策的規劃，此時他（她）們可能因為比較瞭解身心障礙人士的需求，而更能夠為身心障礙人士的福祉做出較為體貼的規劃、為其創造更多的福祉。

　　剖析前述例子，政府職務中保留身心障礙人士的名額、舉辦殘障特考、開辦

7　在Rawls的眼中，正義即公平（fairness）（cf. 趙敦華，1992），而他所謂之公平意即財富的分配不會使任何人變得更差，但能使最劣勢者變得較以往好。

輔導班隊等,皆屬差異原則的第一項次原則(不公平的財富分配使所有人獲利);
其次,政府中的職務向所有的公民開放、參加升等考試晉升爲決策和規劃職位,則
可謂爲差異原則的第二項次原則(所有職位向所有人開放);最後,當身心障礙人
士參與政策規劃,爲身心障礙人士謀取更大的福利,則凸顯出羅爾斯所言之:差異
原則的第二項次原則對於第一項次原則之助益。所以,傅萊德雷克森認爲,羅爾斯
正義論的差異原則,實可謂爲社會公正之概念的哲學基礎(*cf.* Frederickson, 1990:
230)。因爲誠如前述,社會公正就是一種透過調整差距的方式(干預)使人們趨
於平等的觀念,而羅爾斯正義理論的差異原則所提倡的正是此種觀念。

透過以上的論述與例子的補充,可以發現基於社會公正之價值所擬定的政策,
其結果可以促使社會不再朝極端的「弱肉強食」之傾向發展,而蘊含著人文色彩與
道德關懷的特質。事實上,本文採取了與學者傅萊德雷克森和哈蒙一致的觀點而
認爲,羅爾斯的正義理論可以爲社會公正的概念提供良好的後設敘事(形上學基
礎),以羅爾斯的觀念爲基礎,那麼社會公正的性質爲何?套用政治經濟學中的概
念,社會公正具有濃厚的財富「重分配」的意味,而就日常用語而言,它則充滿了
所謂「扶弱濟貧」的意味,或是從道德和倫理的角度觀之,社會公正是一種利他主
義的展現,所以追求社會公正使得公共治理具備道德性質和倫理意識。並且由於它
所具備的道德性質和倫理意識,將使公共治理在建構良善社會的過程中扮演重要角
色、發揮實質力量。

除了關懷弱勢的傾向外,社會公正還具備另一項特質——公共性,以社會公正
作爲各種行政施爲的基礎價值,正是使公共行政回歸「公共」本質的起點,亦爲建
構良善社會的基礎。以下將剖析社會公正所蘊含的公共性。

(三)社會公正的公共性乃是建構良善社會的基礎

哈蒙所建構之公共行政的行動理論(Action Theory)將「主動—社會的自
我」(active-social self)之人性論、「面對面的境遇」(face-to-face encounter)、
「互依性」(mutuality)三個概念作爲基礎,發展出其對公共行政系絡與內涵的
論述,進而導引出社會公正乃是行政施爲所追求的價值(Harmon, 1981: 28-31; 41-
42; 80-90)。主動—社會的自我、面對面的境遇以及互依性所勾勒出之公共行政
系絡乃是一種我群關係(we-relation)的性質,哈蒙視之爲公共性的基礎。所謂
我群關係就是「我們彼此是相屬共生的命運共同體」之認知,簡言之就是口語的

「我們都是一家親」之認同感和歸屬感。此等認知截然不同於在方法論的個人主義（methodological individualism）之下的行政論述所採取之「公共乃個體之總和」的觀點（多元主義和公共選擇理論皆屬此一觀點）。抑有進者，在哈蒙的眼中，公正乃是植基於前述我群關係所發展出來的價值，公共治理以此種公正爲其基礎價值，當使得人們更具命運共同體與利他的意識，應爲建構良善社會的根基。

　　首先，哈蒙認爲人性本質應爲主動─社會的自我，所謂主動意味著人具有自主思考的能力，不僅止於對環境的刺激被動地做出反應而已，所以他（她）也會對現狀有所反思進而改變現狀；但同時人的行動也是社會性的，因爲人們的行動往往指涉著他人的行動，特別是與公共行政有關的行動處於公共領域當中，更具有此種特質。其次，根據行動的主動─社會之特質，哈蒙認爲行政施爲發生在面對面的境遇當中，而此一概念具有相當濃厚的規範色彩，意即公共行政因此而充滿著關懷他人、相互理解彼此處境的意味。申言之，在面對面的境遇中的公共行政所採取的方法論是詮釋理論的互爲主體（intersubjectivity）之觀念，行政施爲不只是法令規章的執行以個案的處分而已，而是行政人員與人民充分理解對方立場和困境以及一連串想方設法解決困境的「互動、互助過程」。所以，公共治理不應是多元主義所理解的利益角逐的均衡過程，亦非公共選擇理論所認知之供（政府）需（顧客）交易的關係。最後，基於前述面對面境遇的互動過程，人們之間將產生一種互依性，因爲彼此基於理解對方處境的心態而相互詮釋對方行動的過程，涉及了同理心（empathy）的作用，涉及了情感的交流，進而產生如同Schutz之現象社會學的我群關係（Harmon, 1981: 40-41; cf. 盧嵐蘭譯，1991），其意涵遠非利益競爭和交易關係所能比擬。

　　基於前述的看法，哈蒙進一步提出，公共行政所應追求的正義應是公正，而不是功利主義式的正義原則（cf. Harmon, 1981: 86-90）。而植基於互依性的社會公正所展現出來的公共特質是：以社會公正作爲基礎價值，在公共事務的運作場域當中，個人或集體的行動，其包容互助的性質先於競爭與利益結盟、儘管不免自利的動機卻不忘體諒他人的處境。事實上，深究哈蒙的觀點可以發現，公共性本身已然與道德關懷的特質密不可分；或者可謂，就哈蒙的論述觀之，公共性本身即是一種道德關懷，而其具體內涵就是公正。

　　綜上所述，以社會公正作爲基礎價值，正是使得公共行政得以超脫傳統上侷限

於公共組織管理的格局，回歸其道德性與公共本質的關鍵要素。抑有進者，回歸公共本質與著重宏觀視野，正是成為當代行政學者希望以「治理」取代「行政」此一狹隘概念的原因之一。然而更重要的是，自希臘哲學家亞里斯多德以降，西方政治學當中治理一詞的概念始終具備著倫理道德意涵，它是一種追求「善」的作為，而社會公正當中所蘊含的利他精神，正是建構良善社會的重要質素。當公共行政吸納了上述的道德特質和倫理意涵後，它勢將成為建構良善社會的主要動力。

第四節　社會公正的實踐

一、社會公正的倡議與研究策略：美國經驗為借鏡

美國國家公共行政學院乃是美國首屈一指的公共行政學術權威機構，其所提出的策略建言主要作為該國施政者的參考，而其倡議應將社會公正做為公共行政的基礎價值，並制定了社會公正的測量標準，值得吾人借鏡。以下將說明之。

（一）社會公正應為公共行政基礎價值

2000年時，美國國家公共行政學院正式成立專門研究社會公正議題的機構——「公共治理之社會公正常設研究小組」（Standing Panel on Social Equity in Governance）（以下簡稱社會公正研究小組）。隨後在2005年時，該研究小組起草該學院策略計畫的第二項目標中，聲明社會公正應是公共行政的基礎價值之一（其他為效率、效能、經濟）。該學院公開宣稱將以實際行動致力提倡社會公正此一價值，在該學院內部將採取以下作為，以實踐社會公正（Wooldridge & Gooden, 2009: 225）：

1. 促使國家公共行政學院扮演以實現社會公正為基礎價值之公共治理的領導地位。學院將引領訂定社會公正的標竿、指出其障礙、以及最佳的實踐途徑。

2. 增益國家公共行政學院院士和成員的多元殊異性（diversity）。學院將持續致力促使其院士和成員的多元殊異化，多提供機會給少數族裔，並讓女性專業人士多擔任研究人員以及計畫發起人。

3. 提升國家公共行政學院對於社會公正議題的發表能力。以結合學院外部力量的方式追求社會公正的實現，持續在院士、成員以及學院所服務的顧客之間建立穩固的社會與學術資本。

4. 運用各項研究和專案計畫追求社會公正的實現。學院將以社會公正為題從事研究和專案計畫，藉此提出系列性的論文和工具以呈現實現社會公正的操作程序和執行途徑。

（二）社會公正的測量標準

抑有進者，該學院社會公正研究小組又建構了用以測量社會公正的數項標準，其包含了量化與質化兩個面向，分別是：程序公平（procedural fairness）、接近性（access）、品質（quality）、結果（outcomes）。這些標準的重要性在於它們有助於瞭解不公的數量和原因，茲說明如下（Johnson & Svara: 2011: 20-22）。

1. 程序公平

此即所謂「程序正義」的課題，也就是法律正當程序（due process of law）[8]的原則。意即改變和影響人民權益的各項政府作為必須明訂於法律之中，而政府在執行這些作為時必須根據法定程序為之。這個部分的檢驗標準涉及了——

第一，正當程序之權利（rights of due process）的議題和問題之檢驗；
第二，程序正義的意涵（平等之保障方式）的研究設計和措施；
第三，將資格標準（各種平等權利）應用於既存的政策和計畫方案。

就美國的的社會現況而言，族裔和膚色導致程序正義的問題時有所聞，近年來常見因此引發的社會暴動事件，其本質上就是倫理的議題（cf. Alkadry, Blessett, & Patterson, 2015）。舉例言之，目前在實務上常見以下問題，諸如：將低收入家庭納入都市更新計畫而予以重新安置之前所必須遵守的正當程序問題、運用具有種族偏見的側繪（profile）資料來指認嫌犯、或是不公平地拒絕給予符合資格標準的民

---

[8] 法律正當程序原則，最早起源於英國1215年的大憲章（The Great Charter），之後移植到美國，在美國憲法修正案中具體呈現。例如美國憲法增修條文第5條及第14條，規定了除經過正當法定程序，不得剝奪任何人之生命、自由或財產。前者適用於聯邦，後者則拘束各州。而我國憲法第8條規定，人民身體之自由應予保障。除現行犯之逮捕由法律另定外，非經司法或警察機關**依法定程序**，不得逮捕拘禁。非由法院**依法定程序**，不得審問處罰。非**依法定程序**之逮捕、拘禁、審問、處罰，得拒絕之。正是法律正當程序原則之展現。

眾應有之服務等等。前述列舉的例子皆屬社會公正的範疇。

2. 接近性

此即「分配公正」（distributional equity）的課題，意即公共政策或服務是否能將符合資格的民眾皆納入爲標的人口或顧客。簡言之，此處所謂的接近性就是指民眾獲得公共政策和服務所帶來之利益的「距離」，也就是機會平等的概念。本項目所要檢驗的是——

第一，檢視既存政策、服務和實務運作，以評估何種層級的民眾可以獲得公共服務和利益；

第二，分析接近性不平等的產生原因。

首先，此一課題其實有著高度的經驗性，可以進行實證研究——研究者可以透過調查所有接受政府相同服務的民眾檢驗他（她）們是否都能獲得平等待遇，就可以大致知道其中社會公正落實的程度。其次，這個課題也可以從事規範性的研究，研究者可以探討某一項政策是否應該對所有民眾都承諾給予相同的待遇[9]。

3. 品質

此爲「過程公正」（process equity）的課題，意即公共政策或服務的提供是否可以讓所有標的人口或顧客都獲得平等的待遇。是以本項目所要檢驗的是——現行公共服務在傳輸給各個群體和個人的過程中，是否都能維持一致性？舉例言之，市府的垃圾清運在每一區的服務品質是否都相同？諸如垃圾箱的設置密度或是清運次數是否符合區域特性以及人口結構？還有例如城鄉地區之公立學校的師生比是否相當？

4. 結果

本文稍前已經說明產出和結果二者意義不同。結果意味政策或服務帶來的影響和效應，並不是指政策作爲或服務措施（此爲產出）。因此，本項所欲檢驗的標準是——公共政策和服務是否爲標的人口或顧客帶來相同的影響和效應？因爲，以社會公正的標準來理解此項標準，它意味著資源的分配要能夠爲不同群體或個人帶來

9　見本章稍早之討論，給予所有民眾平等的待遇，不一定可以實現社會公正。在某些情況下，平等是社會公正的基礎之一，但並非充分條件。

「平等的結果」，因此「資源分配」並不一定平等。簡言之，就是「以不平等的資源分配以達成平等的結果」。於是極為重要的課題浮上檯面，研究者以及政府必須關注的是——

第一，為了追求社會公正，我們可以容忍和接受公共政策或服務（即資源分配）的不平等程度為何？

第二，政府應該如何降低結果的不平等？

舉例言之，若是要縮短城鄉差距，似乎就應該對發展較為落後的鄉村提供相對於較為先進的城市更多比重的資源。這種治理其實就是一種重分配性的政策——政府藉由統一調控資源分配的手段以實現社會公正的價值。因此政府就必須考量——資源配置的不平等在多少程度之內可以為社會大眾所接受？這樣的資源配置能否有效降低城鄉差距？

隨著美國國家公共行政學院倡議將社會公正作為公共行政和治理的基礎價值，對相關課題的研究報告如雨後春筍般湧現，而且也提醒人們注意到一個重要的問題：**因為在大學公共事務院系所開設的課程當中，缺乏關於社會公正議題的教育與訓練，導致社會不公仍然普遍存在**（Gooden, 2015: 221）。而此也正可提供吾人一個反思的線索和方向，可以作為我國公共行政與公共事務學術和實務之借鏡。

二、達成社會公正的課責策略

促進公部門評估社會公正的實現程度以及建構達成社會公正的課責機制，已是當今公共行政重要的挑戰。雖然今日人們普遍接受將社會公正作為公共行政的基礎價值，但是在大部分的政府機關（構）之中，關於如何促進其實現的課責機制卻仍是付之闕如。理論上，課責機制的作用就在於其可以要求政府承諾實現民主、正義、倫理行為、績效等價值。

學者江森（Norman J. Johnson）和史法拉（James H. Sara）的研究發現，在許多政府機關（構）之中，關於促進社會公正的課責系統仍在擴張其範圍與承諾項目，此刻正在方興未艾的發展之中，職此之故，他們提出了以下七種提升績效和課責的策略（Johnson & Svara, 2011: 275-278）。

第一，建議公共行政人員勇敢直言，明確指陳可以究責於政策作為或不作為所引起的社會公正之相關問題。公共行政人員應該促進公平的分配和補償性的重分配，並且根據已經被澄清的問題本質致力改正長期以來的歧視偏見。

第二，公共行政人員運用想像力和定向能力落實濟貧行動，乃是讓弱勢優先政策的各項努力能夠真正嘉惠於那些迫切需要此一協助的群體身上所必要之作為。

第三，公共行政人員擁有權威也有義務促進「過程公正」，即平等的接近性和機會、平等的對待和保障；同時他（她）們也必須促進「正當程序」。

第四，公共行政人員有能力運用創造力和注意力倡導公平的議題，就像是他（她）們可以運用前述相同的能力提升績效和生產力。抑有進者，我們應該將關於社會公正之實現的評估研究放進公共服務傳輸的各項委外計畫方案中。

第五，公共行政人員必須測量社會公正的實現程度，並追蹤計畫方案俾減少不公平的對待。此意味著「有測量才有成果」。因為，測量可以偵知缺失和錯誤，也可以呈現執行的進度和成效，才能據以採取改正和補救措施，提升達成預期目標的可能性。

第六，公共行政人員必須採取前瞻和創意的行動，以確保所有資格符合的民眾都能獲得平等的公共服務；不會因為個人擁有的資源或個人特質等因素，對政策意見表達造成影響；而且，也要致力使計畫方案和服務品質受到應有評估。

第七，公共行政人員應該努力與其他組織和社群建立夥伴關係，裨益社會公正的價值獲得澄清及彰顯。

三、實現社會公正的公共政策（工具）

以下本文將列舉幾個案例，以說明政府為實現社會公正所採取的公共政策（工具），這些政策本身也經常就是一種促進社會公正的課責機制。

（一）西雅圖市「種族暨社會正義法」

「『西雅圖種族暨社會正義法』不是一個單一計畫，而是一種採行嶄新工作方法、致力克服制度種族主義、以及創造那種對每個人而言機會一律公正的社區之持續前進的承諾。」（"The Race and Social Justice Initiative is not a single project, but an ongoing commitment to a new way of doing business, of working to overcome institutional racism and create the kind of community where equity in opportunity exists for everyone.")

——西雅圖市長　麥金

（Mayor Mike McGinn, The City of Seattle）

（資料來源：Seattle Office for Civil Rights, 2009 Rev. 2012）

在美國的城市當中，西雅圖（City of Seattle）可以說是致力於消弭種族歧視以實現社會公正的先驅城市之一。該市制定了一個「西雅圖種族暨社會正義法」（The Seattle Race and Social Justice Initiative, RSJI）（以下簡稱社會正義法），成為地方政府追求社會公正的標竿。這個法希望整個城市能夠通力合作，致力終結存在於市政府之中那些制度化的種族主義以及以種族為基礎的歧視待遇。本法植基於市民權利運動的成就以及在西雅圖奮鬥不懈對抗種族主義的個人和團體的堅持。本法的長期目標是要改變那些存在於我們社區當中導致種族歧視的基礎結構進而實現種族公正。

1. 特色

該法至少有三個重要的特色，值得關注，茲扼要敘述如下（Gooden, 2015: 222）。

第一，它是地方政府為消弭存在於地方法規中「制度種族主義」（institutional racism）的首創之舉。西雅圖市認知到其所提供的公共服務當中存在著制度種族主義，而且市政府承諾將消除這些歧視。

第二，該法自從2004年被提出之後便得到積極的支持，儘管歷經了地方政府最高層領導的更替變動。

第三，伴隨著全國各地方政府和聯邦政府的績效提升，該法已經產生顯著的效應。

2. 具體措施與成果

西雅圖配合社會正義法的施行，該市府相關單位採用的政策工具和具體作為，可以說琳瑯滿目且相當全面，實值得我國借鏡。茲擇要臚列敘述如下（Seattle Office for Civil Rights as cited in Gooden, 2015: 222-224）：

　　第一，西雅圖市政府規劃發展部的鍋爐督察員在進行鍋爐的督察業務時，都會隨身攜帶翻譯小卡片，俾便和不會講英語或只能講少數英語的鍋爐工人溝通。

　　第二，西雅圖市政府資訊科技部針對不同種族和族群的居民，調查其網際網路、行動電話、及其他科技的使用情形。經過長期追蹤之後，市政府根據這些資料改進其所提供之服務、塑造城市的資訊科技系統，以及促進有色人種之社區對於新科技的取用能力和機會。

　　第三，西雅圖市政府公民權利署公布了其在2011年所進行的「公平住宅檢驗」報告，這份報告凸顯了遍布於住宅申請程序當中的種族歧視弊端，也因此有六名公有財產管理人員因為非法歧視遭到起訴。

　　第四，西雅圖市檢察署提供持續性的反種族主義法律教育以訓練律師熟悉種族歧視的相關司法議題。

　　第五，西雅圖市政府住宅署協助保存位於市中心之西雅圖著名的反種族歧視運動領袖堪農（John C. Cannon）[10]的故居，以社區作為保有該建築的所有權人。堪農故居現在作為醫療補助制度（Medicaid）接受者的生活協助中心，其中有許多是非裔美國人。

　　第六，西雅圖市政府運輸部採用了顧及種族需求與社會正義的視野以發展其「步行達人計畫」（Pedestrian Master Plan）。

　　第七，自從社會正義法施行後，西雅圖市政府增加雇用婦女員工的數量比原先超過三倍之多，並且少數族群在非建築相關行業中身為企業主，其投資金額從1千1百萬成長至3千4百萬美元。

　　第八，西雅圖市政府人事部制定了一套新的規則，為約聘人員創造更公正的工作機會。該市的勞動力公正委員會也建構了一套補充約聘人員的最佳作業程序，並且訓練主管人員運用這套最佳作業程序，裨益促進種族公正。

　　第九，西雅圖警察局和消防局採取了一致性的作法，確保有色人種居住的社區能夠確實知道警察局或消防局招募、考試和僱用人員的資訊。

　　第十，西雅圖市政府在僱用員工的程序上減少了不必要的犯罪背景調查。現在，此種調查只有發生在直接相關領域的某些職位。此一變革是用以增進有色人種

---

[10] 堪農（John C. Cannon）（1923-）為非裔美國人，他是1960年代美國反種族歧視運動的重要領袖之一，並且是西雅圖人權組織「西雅圖公民權利議會」（the Seattle Congress of Racial Equality, Seattle CORE）的領導者之一。請參考：http://seattleinblackandwhite.org/leaders.html.

的僱用機會，這些有色人種的姓名和資料總是不成比例地會出現在美國司法系統的犯罪資料庫之中。

第十一，西雅圖市的公用事業針對許多沒有必要具備大學學歷的職位進行檢討，並進而對它們取消此種學歷限制。

第十二，西雅圖市消防局和運輸部針對指派員工加班所涉及的公正性予以慎重考慮。另外，消防局還重新訂定其僱用和升遷面試的題目，以確保受試者能夠經由面試知曉社區的分歧殊異性。

第十三，西雅圖市政府照明管理處將社會正義法融入該機關的人員培養計畫，以降低管理階層、專業人員和幕僚人員的種族偏頗現象。

第十四，已有超過8,000名的市府員工曾經參加過社會正義法的訓練，內容包括針對「包容性濟貧行動和公共參與」（inclusive outreach and public engagement）的工作指導課程（cf. Seattle Office for Civil Rights, 2009 Rev. 2012）。而且大部分的市府機關都已完成其所屬全部員工的相關訓練。

第十五，在2010年10月間，一項針對社會正義法的市府員工調查中，5,200位問卷填答者中有83%的人表示他（她）們相信檢證該法對種族的影響是一件有價值的事；還有超過3,000名的員工表示他（她）們正積極地促進該法以改變他（她）們的工作場所。

第十六，市府全部所屬機關都設置了「變革團隊」（Change Teams）以負責支援該機關的年度工作計畫之執行。此外，市政府還成立了一個跨部門的「核心團隊」（Core Team），其任務則是在從事全市性的工作計畫。

第十七，西雅圖市政府藝術文化事務署的「藝術創新與鄰里／社區藝術補助計畫」，為有色人種社區之間創造了文化橋樑，有65%的經費流進不當貧困（undeserved poverty）[11]社區之中。亦即，藝術文化事務署實則扮演了資助社區濟貧工作的夥伴機關。

第十八，西雅圖市政府規劃發展部與有色人種社區結成夥伴關係以檢視該機關的網頁。其透過使用者的檢查、測試，以及由使用者提供內容來決定該網頁最終的設計。

---

[11] 意指非因個人不努力或其他自願因素所導致之貧窮，其造成貧窮的原因可能是：結構性失業、少數民族、新移民、單親家庭（特別是女性）、有色人種。

3. 啓發

綜觀上述西雅圖市府各機關組織爲配合社會正義法之施行，發展出各項政策工具，吾人從中可以獲得如下的啓發：

第一，市府高層領導與核心政策規劃者的意願與決心乃是貫徹社會公正的起點。

第二，市府的領導的自省勇氣，更是關於社會公正之政策問題得以澄清進而獲得解決的關鍵。西雅圖的領導者能夠發揮極大的道德勇氣去承認市政法規中存在著種族歧視的弊端（即所謂制度種族主義），而其乃是社會公正無法在西雅圖獲得實現的首要障礙，因此後續政策才能對症下藥，有效解決問題。

第三，不只是坐而論道還起而力行。該市認眞反省、勇於知錯，一旦確認政策問題之後，便展開一連串的具體作爲──首先，制定「西雅圖種族暨社會正義法」；其次，根據法律動員全市府、全面性、全方位地發展各種政策工具及採取各種作爲以貫徹社會公正的理念。

第四，社會公正的落實尤須公共參與。特別是促進那些政策標的人口──不當弱勢者[12]涉身於（involved in）政策行動和公共服務的傳輸當中，可以讓調整修正政策使之更契合其顧客的需求，因而讓政策更具正當性並且眞正實現公共價值。例如，該市的公民權利署還在2009年時（2012修訂）訂頒了一本《包容性濟貧行動與公共參與指導手冊》（*Inclusive Outreach and Public Engagement Guide*），足見該市已將低收入濟助政策導入公共參與機制視爲必要程序。西雅圖市府以前揭指導手冊作爲濟貧工作人員的「教戰守則」，讓他（她）們能夠導引和協助政策標的人口參與濟貧行動成爲該政策推動之助力。更重要的是，透過參與機制，讓公共服務能夠貼近顧客的需求，致使該政策背後的公共價值──社會公正得以落實。此外，諸如政府機關的網頁開放政策標的人口參與設計，也是一種很好的參與模式。

第五，妥善運用「象徵性的政治」（symbolic politics）處理分歧的文化和社會狀態，可以發揮相當程度的凝聚效果。例如，西雅圖市府刻意保留該市著名反種族歧視運動領袖堪農的舊居，並進而將之改裝爲社會救濟政策機構，特別是其協助對象多爲非裔美國人。此舉對於該市政府宣示根絕制度種族主義的決心有印證和彰顯的效果，它可以作爲一種極具代表性的政治符號（political symbol），背後的意義

---

[12] 參考前註，因膚色、種族、年齡、性別、身心障礙等因素所造成的弱勢。

就是西雅圖對於有色人種的尊重和禮遇。

（二）美國聯邦政府「我兄弟的守護者法」

不論他們的外貌怎樣、住在哪裡，我們必須給孩子發揮其完整潛能的機會。因爲，如果我們這麼做，如果我們幫助這些優秀的年輕人成爲更好的丈夫和父親，以及成爲有文化、兢兢業業、善良的公民，那麼不僅僅是他們將會對這個國家的成長和繁榮有所貢獻，他們還會將他們的經驗傳承給他們的孩子以及他們的孫子，如此一來將要啓動一個不同於以往的循環。進而這個國家，現在和即將到來的下個世代，都將會更富裕以及更強大。（"We need to give every child, no matter what they look like, where they live, the chance to reach their full potential. Because if we do – if we help these wonderful young men become better husbands and fathers, and, hardworking, good citizens – then not only will they contribute to the growth and prosperity of this country, but they will pass on those lessons on to their children, on to their grandchildren, will start a different cycle. And this country will be richer and stronger for it – for generations to come."）

———— 美國總統　歐巴馬（U.S. President Barack Obama）

2014年2月27日

（資料來源：U.S. Department of Education）[13]

1. 政策意象

2014年2月，美國總統歐巴馬主政的聯邦政府提出了一個「我兄弟的守護者法」（My Brother's Keeper Initiative），該法聚焦於有色人種的青年。證諸於數據資料，美國教育、經濟和治安領域都確實存在著不公的事實，誠如歐巴馬政府所提出的以下說明可見一斑（Jarrett & Johnson, 2014 as cited in Gooden, 2015: 224-225）：

數十年來，機會總是不成比例地將有色人種的青少年排拒在外，特別是對那些非裔或拉丁裔的社區而言，更爲嚴重。以最近如2013年來說，根據「國家教育計畫

---

[13] 取自：http://www.ed.gov/edblogs/hispanic-initiative/my-brothers-keeper/。檢索日期：2015年5月6日。

評鑑中心」（National Assessment of Educational Program）的資料，在閱讀能力方面，僅有14%的黑人男孩和18%的西班牙裔的男孩可以達到流利的程度（三年級）或更高的四年級程度，相對而言，42%的白人男孩、21%的黑人和西班牙裔的女孩可以得到前述成績。這些黑人和西班牙裔的青少年男生可以達到三級分閱讀流利程度者，則僅是一般19歲高中畢業生的四分之一。到了九年級時，有42%的黑人男性已經申報或是已遭學校開除，相對而言，只有14%白人男性申報或遭開除。黑人青少年占青少年總人口的16%，占青少年被逮捕總人數的28%，以及占青少年被拘留總人數的37%。2011年時，全美謀殺受害者占總人口數6%，但黑人男性竟占了其中的43%。

因此，該法將透過跨行政部會和機構的行動以檢驗聯邦政策以及與有色人種男性相關的特定計畫，經由已在線上的各個計畫窗口和實務措施傳布相關資訊，並且提供修正建議使此項政策可以持續發展（Gooden, 2015: 225）。

2. 理解和啓發

上述美國聯邦政府提出的政策，吾人可以獲得以下理解和啓發：

第一，社會公正是當今公共行政的基礎價值，常見以課責機制促成其有效落實──在公共行政當中，社會公正已經是政府施政亟欲實現的公共價值，而且已經透過適當課責機制以及政策工具，試圖有效地予以實現。換言之，有關社會公正的法律之制定，其本身就是公共政策的形式之一，同時更是因其所具備的強制性而成為監管社會公正實現的課責機制，進而根據法律所制定的各項方案計畫，就是落實社會公正價值的政策工具。而這樣的現象同樣見諸於稍前本文所介紹的西雅圖社會正義法。

第二，政府逐漸認知到「制度性的不公」（institutional inequity）是社會不公的根源──社會不公的產生原因，很可能主要是來自於制度，也就是政府的法令規章和政策本身就隱藏著偏差，而這種偏差可能是顯性的，也可能是隱性的。亦即，制度性的不公有二種型態，一為隱性、一為顯性。所謂顯性者，意指在法令中就設定了某些資格條件而排除了特定族群，例如禁止身體障礙者擔任某些今日已經不存在就業障礙的工作。所謂隱性者，意味政府制定的法令文字中不一定就有著明顯歧視，而是其可能「漠視」了社會中弱勢族群在競爭和機會方面的不平等，漠視這些

不平等的本身就導致制度性不公。例如，雖然在法令中並未明顯排拒特定族群之機會，但由於類似學歷門檻的資格限制，無形中便等於剝奪了弱勢族群的機會。政府面對此種隱性的制度不公，可以有二種作法：一為直接修改法令相關限制；一是透過其他政策來提升弱勢族群爭取機會的能力。歐巴馬政府所提出之「我兄弟的守護者法」正屬後者。

　　第三，公共價值受挫可能會導致惡性循環的公共問題之連鎖效應，因此社會公正的落實必須跨部門共同努力——社會不公的改善所需要的政策作為往往需具備全面性和全方位的視野和手段，因為公共問題往往具有擴散性。舉例言之，教育的不公（educational inequity）導致知識不足可能造成環境的髒亂；環境髒亂會導致衛生危害；衛生的問題會導致經濟發展遲滯；經濟發展遲滯當然會影響交通（包含道路、通訊）建設；交通建設不足又會引發環境不公（environmental inequity）情況。然後，環境不公又要引發一連串的公共問題，此種惡性循環關係，然而上述公共價值受挫和公共問題的演化方向也可能相反，請見圖7-1所示。

（三）我國的「社會救助法」

　　我國早在民國69年6月14日就公布實施「社會救助法」，而後隨著時代與社會情境變遷以及行政院組織改造迄今共歷經9次修法，最後一次調整是民國102年6月11日前後，時間跨度近32年。社會救助法的立法本旨正是追求社會公正價值的展現，該法第1條明文宣示：「為照顧低收入戶、中低收入戶及救助遭受急難或災害者，並協助其自立，特制定本法」。亦即，該法確認「低收入戶」、「中低收入戶」乃屬社會中之弱勢，需要政府介入救助，此與西方先進社會之社會救濟體系的思維一般無異；而其最後目的在於：「協助其自立」，此即理想的結果平等。

　　其次，該法第3條明確訂定主管機關和相關職掌目的事業主管機關是：「在中央為內政部；在直轄市為直轄市政府；在縣（市）為縣（市）政府。本法所定事項，涉及各目的事業主管機關職掌者，由各目的事業主管機關辦理」。自民國102年7月23日起，中央主管機關改為「衛生福利部」。本文認為，明定主管機關的意義在於明確課責對象，對於社會公正之落實而言當有助益。

　　總之，該法宗旨正符合了本文稍早所提到之社會公正的定義：藉由政策干預以縮小不平等的差距，最終希望達成平等狀態。以下先說明該法的標的人口之資格認定，其次再介紹該法為追求社會公正所制定的各種政策作為。

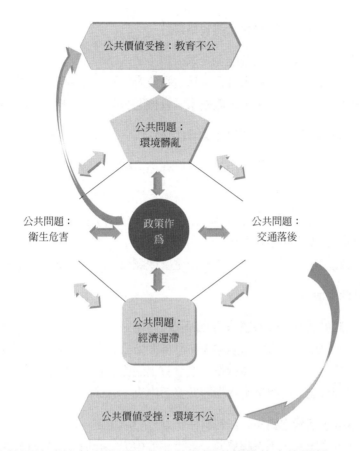

圖7-1　公共價值受挫與惡性循環的公共問題之連鎖效應的關係
資料來源：作者自繪。

1. 政策標的人口之資格認定

首先，標的人口的界定至為重要，因為此一資格認定標準影響本法是否為落實社會公正的有效工具。以下根據該法之規定予以說明。

（1）低收入戶：依該法第4條第1項規定——

本法所稱低收入戶，指經申請戶籍所在地直轄市、縣（市）主管機關審核認定符合家庭總收入平均分配全家人口，每人每月在最低生活費以下，且家庭財產未超過中央、直轄市主管機關公告之當年度一定金額者。

歸納而言，低收入戶應符合三個資格條件——

第一，以家庭總收入平均分配至全家人口；
第二，依前項分配後，每人每月生活費在政府所訂定之最低生活費標準以下；
第三，家庭財產未超過中央、直轄市主管機關公告之當年度一定金額者。

（2）**中低收入戶**：依該法第4-1條第1項規定——

本法所稱中低收入戶，指經申請戶籍所在地直轄市、縣（市）主管機關審核認定，符合下列規定者：

第一，家庭總收入平均分配全家人口，每人每月不超過最低生活費1.5倍，且不得超過第4條第3項之所得基準。

第二，家庭財產未超過中央、直轄市主管機關公告之當年度一定金額。

（3）**最低生活費：**

第一，最低生活費：依據該法第4條第2項規定——

由中央、直轄市主管機關參照中央主計機關所公布當地區最近一年每人可支配所得中位數百分之六十定之，並於新年度計算出之數額較現行最低生活費變動達百分之五以上時調整之。直轄市主管機關並應報中央主管機關備查。

第二，最低生活費之數額：依據該法第4條第3項規定——

最低生活費之數額，不得超過同一最近年度中央主計機關所公布全國每人可支配所得中位數（以下稱所得基準）百分之七十，同時不得低於台灣省其餘縣（市）可支配所得中位數百分之六十。

（4）**家庭財產：**依據該法第4條第4項規定——

第一項所定家庭財產，包括動產及不動產，其金額應分別定之。

（5）**家庭總收入：**依該法第5-1條規定，該法所稱家庭總收入，指下列各款之總額——

第一，工作收入，依下列規定計算：

①已就業者，依本法規定核算。
②有工作能力未就業者，依基本工資核算。但經公立就業服務機構認定失業者

或五十五歲以上經公立就業服務機構媒介工作三次以上未媒合成功、參加政府主辦或委辦全日制職業訓練，其失業或參加職業訓練期間得不計算工作收入，所領取之失業給付或職業訓練生活津貼，仍應併入其他收入計算。但依高級中等學校建教合作實施及建教生權益保障法規定，參加建教合作計畫所領取之職業技能訓練生活津貼不予列計。

第二，動產及不動產之收益。

第三，其他收入：前二款以外非屬社會救助給付之收入。

（6）全家人口：

第一，應計算人口範圍：依該法第5條第1項規定——

除申請人外，包括下列人員：

①配偶。
②一親等之直系血親。
③同一戶籍或共同生活之其他直系血親。
④前三款以外，認列綜合所得稅扶養親屬免稅額之納稅義務人。

第二，不得列入全家人口：依該法第5條第3項規定——

不列入應計算人口範圍：

①尚未設有戶籍之非本國籍配偶或大陸地區配偶。
②未共同生活且無扶養事實之特定境遇單親家庭直系血親尊親屬。
③未共同生活且無扶養能力之已結婚直系血親卑親屬。
④未與單親家庭未成年子女共同生活、無扶養事實，且未行使、負擔其對未成年子女權利義務之父或母。
⑤應徵集召集入營服兵役或替代役現役。
⑥在學領有公費。
⑦入獄服刑、因案羈押或依法拘禁。
⑧失蹤，經向警察機關報案協尋未獲，達六個月以上。
⑨因其他情形特殊，未履行扶養義務，致申請人生活陷於困境，經直轄市、縣（市）主管機關訪視評估以申請人最佳利益考量，認定以不列入應計算人口為宜。

（7）有工作能力者

依據該法第5-3條規定，本法所稱有工作能力，指16歲以上，未滿65歲，而無下列情事之一者——

第一，25歲以下仍在國內就讀空中大學、大學院校以上進修學校、在職班、學分班、僅於夜間或假日上課、遠距教學以外學校，致不能工作。

第二，身心障礙致不能工作。

第三，罹患嚴重傷、病，必須三個月以上之治療或療養致不能工作。

第四，因照顧特定身心障礙或罹患特定病症且不能自理生活之共同生活或受扶養親屬，致不能工作。

第五，獨自扶養六歲以下之直系血親卑親屬致不能工作。

第六，婦女懷胎六個月以上至分娩後二個月內，致不能工作；或懷胎期間經醫師診斷不宜工作。

第七，受監護宣告。

依前項第4款規定主張無工作能力者，同一低收入戶、中低收入戶家庭以一人為限。

第1項第2款所稱身心障礙致不能工作之範圍，由中央主管機關定之。

（8）申請人居住戶籍之時間與行為能力之限制

第一，依該法第4條第6項規定——依第4條第1項規定申請時，其申請戶之戶內人口均應實際居住於戶籍所在地之直轄市、縣（市），且最近一年居住國內超過183日；其申請時設籍之期間，不予限制。

第二，依該法第5條第2項規定——第5條第1項規定之申請人，應由同一戶籍具行為能力之人代表之。但情形特殊，經直轄市、縣（市）主管機關同意者，不在此限。

2. 政策作為

社會救助法試圖透過四種政策作為，以期落實社會公正，它們分別是：生活扶助、醫療補助、急難救助及災害救助。茲扼要說明如下。

（1）生活扶助

第一，**扶助機關**：依該法第10條第1項規定，低收入戶得向戶籍所在地直轄市、縣（市）主管機關申請生活扶助；

第二，**補助生效**：依該法第10條第4項規定，前項申請生活扶助經核准，溯自備齊文件之當月生效。

第三，**救助方式**：依該法第11條第1項規定，生活扶助以現金給付為原則。但因實際需要，得委託適當之社會救助機構、社會福利機構或其他家庭予以收容。

第四，**增加補助**：依該法第12條規定，低收入戶成員中有下列情形之一者，主管機關得依其原領取現金給付之金額增加補助，但最高不得逾百分之四十——

①年滿六十五歲。
②懷胎滿三個月。
③領有身心障礙手冊或身心障礙證明。

前項補助標準，由中央主管機關定之。

第五，**主動調查**：依該法第13條規定——

①直轄市及縣（市）主管機關**每年應定期辦理低收入戶、中低收入戶調查**。
②直轄市及縣（市）主管機關依前項規定調查後，對因收入或資產增加而停止扶助者，應主動評估其需求，**協助申請其他相關福利補助或津貼**，並得視需要**提供或轉介相關就業服務**。
③主管機關應至少**每五年舉辦低收入戶及中低收入戶生活狀況調查**，並出版統計報告。若社會經濟情勢有特殊改變，得不定期增加調查次數。

第六，**主動關懷**：依該法第14條規定——

①直轄市及縣（市）主管機關應經常派員**訪視、關懷**受生活扶助者之生活情形，並提供必要之協助及輔導；
②其收入或資產增減者，應調整其扶助等級或停止扶助；
③其生活寬裕與低收入戶、中低收入戶顯不相當者，或扶養義務人已能履行扶養義務者，亦同。

第七，**就業、職訓與創業協助**：依該法第13條規定——

　　直轄市、縣（市）主管機關應依需求提供或轉介低收入戶及中低收入戶中有工作能力者相關就業服務、職業訓練或以工代賑。

　　直轄市、縣（市）主管機關得視需要提供低收入戶及中低收入戶創業輔導、創業貸款利息補貼、求職交通補助、求職或職業訓練期間之臨時托育及日間照顧津貼等其他就業服務與補助。

　　第八，引進民間資源：依該法第15-1條規定，直轄市、縣（市）主管機關為協助低收入戶積極自立，得自行或運用民間資源辦理脫離貧窮相關措施。

　　第九，促進社會參與及社會融入：依該法第15-2條規定，直轄市、縣（市）主管機關為促進低收入戶及中低收入戶之社會參與及社會融入，得擬訂相關教育訓練、社區活動及非營利組織社會服務計畫，提供低收入戶及中低收入戶參與。

　　第十，特殊補助：依該法第16條規定，直轄市、縣（市）主管機關得視實際需要及財力，對設籍於該地之低收入戶或中低收入戶提供下列特殊項目救助及服務——

　　①產婦及嬰兒營養補助。
　　②托兒補助。
　　③教育補助。
　　④喪葬補助。
　　⑤居家服務。
　　⑥生育補助。
　　⑦其他必要之救助及服務。

　　前項救助對象、特殊項目救助及服務之內容、申請條件及程序等事項之規定，由直轄市、縣（市）主管機關定之。

　　第十一，住宅補貼：依該法第16-1條規定，為照顧低收入戶及中低收入戶得到適宜之居所及居住環境，各級住宅主管機關得提供下列住宅補貼措施——

　　①優先入住由政府興辦或獎勵民間興辦，用以出租予經濟或社會弱勢者居住之住宅。
　　②承租住宅租金費用。

③簡易修繕住宅費用。

④自購住宅貸款利息。

⑤自建住宅貸款利息。

⑥其他必要之住宅補貼。

前項各款補貼資格、補貼基準及其他應遵行事項之辦法，由**中央住宅主管機關**會同**中央主管機關**定之。

第十二，減免學雜費：依該法第16-2條規定，低收入戶及中低收入戶之家庭成員就讀國內公立或立案之私立高級中等以上學校者，得申請減免學雜費；其減免額度、方式及其他應遵行事項之辦法，由各該主管教育行政機關定之。其他法令有性質相同之補助規定者，不得重複領取。

第十三，應變扶助：依該法第16-3條規定，國內經濟情形發生重大變化時，中央主管機關得視實際需要，針對中低收入戶提供短期生活扶助。

第十四，遊民安置：依該法第17條第1項規定，警察機關發現無家可歸之遊民，除其他法律另有規定外，應通知社政機關（單位）共同處理，並查明其身分及協助護送前往社會救助機構或社會福利機構安置輔導；其身分經查明者，立即通知其家屬。不願接受安置者，予以列冊並提供社會福利相關資訊。

（2）醫療補助

第一，申請原因：依該法第18條規定，具有下列情形之一者，得檢同有關證明，向戶籍所在地主管機關申請醫療補助：

①低收入戶之傷、病患者。

②患嚴重傷、病，所需醫療費用非其本人或扶養義務人所能負擔者。

參加全民健康保險可取得之醫療給付者，不得再依前項規定申請醫療補助。

第二，全民健保保費補助：依該法第19條規定，低收入戶參加全民健康保險之保險費，由中央主管機關編列預算補助。中低收入戶參加全民健康保險應自付之保險費，由中央主管機關補助二分之一。其他法令有性質相同之補助規定者，不得重複補助。

（3）急難救助

第一，申請原因：依該法第21條規定，具有下列情形之一者，得檢同有關證明，向戶籍所在地主管機關申請急難救助──

①戶內人口死亡無力殮葬。
②戶內人口遭受意外傷害或罹患重病，致生活陷於困境。
③負家庭主要生計責任者，失業、失蹤、應徵集召集入營服兵役或替代役現役、入獄服刑、因案羈押、依法拘禁或其他原因，無法工作致生活陷於困境。
④財產或存款帳戶因遭強制執行、凍結或其他原因未能及時運用，致生活陷於困境。
⑤已申請福利項目或保險給付，尚未核准期間生活陷於困境。
⑥其他因遭遇重大變故，致生活陷於困境，經直轄市、縣（市）主管機關訪視評估，認定確有救助需要。

第二，缺乏車資返鄉：依該法第22條規定，流落外地，缺乏車資返鄉者，當地主管機關得依其申請酌予救助。

第三，喪葬救助：依該法第24條規定，死亡而無遺屬與遺產者，應由當地鄉（鎮、市、區）公所辦理葬埋。

（4）災害救助

第一，救助原因：依該法第25條規定，人民遭受水、火、風、雹、旱、地震及其他災害，致損害重大，影響生活者，予以災害救助。

第二，救助方式：依該法第26條規定，直轄市或縣(市)主管機關應視災情需要，依下列方式辦理災害救助──

①協助搶救及善後處理。
②提供受災戶膳食口糧。
③給與傷、亡或失蹤濟助。
④輔導修建房舍。
⑤設立臨時災害收容場所。
⑥其他必要之救助。

前項救助方式，得由直轄市、縣（市）主管機關依實際需要訂定規定辦理之。

第三，引進民間力量：依該法第27條規定，直轄市、縣（市）主管機關於必要時，得洽請民間團體或機構協助辦理災害救助。

3. 社會救助機構

（1）公立

依該法第28條規定──

第一，社會救助，除利用各種社會福利機構外，直轄市、縣（市）主管機關得視實際需要，設立或輔導民間設立為實施本法所必要之機構。

第二，前項社會福利機構，對於受救助者所應收之費用，由主管機關予以補助。

第三，直轄市、縣（市）主管機關依第一項規定設立之機構，不收任何費用。

（2）私立

依該法第29條規定──

第一，設立私立社會救助機構，應申請當地主管機關許可，經許可設立者，應於三個月內辦理財團法人登記；

第二，其有正當理由者，得申請主管機關核准延期三個月；

第三，前項申請經許可後，應層報中央主管機關備查。

（3）管理

第一，設立標準：依該法第30條規定，社會救助機構之規模、面積、設施、人員配置等設立標準，由中央主管機關定之。

第二，監督評鑑：依該法第31條規定──

①主管機關對社會救助機構應予輔助、監督及評鑑。
②社會救助機構之獎勵辦法，由主管機關定之。
③社會救助機構辦理不善或違反原許可設立標準或依第一項評鑑結果應予改善者，主管機關應通知其限期改善。

第三，委託安置：依該法第32條規定，接受政府委託安置之社會救助機構，非

有正當理由，不得拒絕依本法之委託安置。

第四，經費財產管理：

①依該法第33條規定，社會救助機構應接受主管機關派員對其設備、帳冊、紀錄之檢查。

②依該法第35條規定，社會救助機構接受政府補助者，應依規定用途使用之，並詳細列帳；其有違反者，補助機關得追回補助款。依前項規定增置之財產，應列入機構財產管理，以供查核。

4. 罰則：課責機制

社會救助機構若未能通過評鑑或違反該法規定之應辦理事項，該法自第38至41條規定有各項罰則，茲扼要繪製成表7-1——

表7-1　社會救助法中針對社會救助機構的課責機制

項次條目	處罰事由	處罰措施
第1點 38條1項	設立社會救助機構未經主管機關許可者	處其負責人新臺幣6萬元以上30萬元以下罰鍰，並公布其姓名及限期令其改善且不得新增安置受救助者。
第2點 38條1項	設立社會救助機構未於期限內辦理財團法人登記者	處其負責人新臺幣6萬元以上30萬元以下罰鍰，並公布其姓名及限期令其改善且不得新增安置受救助者。
第3點 38條2項	因本表第1或第2點情事遭主管機關令其限期改善且不得新增安置受救助者，卻新增安置受救助者	處其負責人新臺幣6萬元以上30萬元以下罰鍰，並按次處罰。
第4點 38條3項	因本表第1或第2點情事遭主管機關令其限期改善但屆期未改善者	處其負責人新臺幣10萬元以上50萬元以下罰鍰，並按次處罰及公告其名稱；必要時，得令其停辦。
第5點 38條4項	因本表第1或第2點情事遭主管機關令其限期改善而拒不遵守者	處新臺幣20萬元以上100萬元以下罰鍰，並按次處罰；必要時得廢止其許可。
第6點 39條1項	社會救助機構辦理不善或違反原許可設立標準或評鑑結果應予改善者，經主管機關令其限期改善且不得新增安置受救助者，卻新增安置受救助者。	處新臺幣6萬元以上30萬元以下罰鍰，並按次處罰。

表7-1　社會救助法中針對社會救助機構的課責機制（續）

項次條目	處罰事由	處罰措施
第7點 39條2項	因本表第6點情事遭主管機關令其限期改善但屆期未改善者	處新臺幣6萬元以上30萬元以下罰鍰，並按次處罰；必要時，得令其停辦1個月以上1年以下及公布其名稱。
第8點 39條2項	因本表第6點情事遭主管機關令其停辦期限屆至仍未改善或違反法令情節重大者	廢止其許可；其屬法人者，得予解散。
第9點 39條3項	因本表第6點情事遭主管機關令其停辦而拒不遵守者	處新臺幣20萬元以上100萬元以下罰鍰，並按次處罰。
第10點 40條	社會救助機構停辦、停業、歇業、經撤銷或廢止許可時，對於該機構安置之人應即予以適當之安置；其未能安置時，由主管機關協助安置，機構應予配合；不予配合者，強制實施之。社會救助機構違反上述規定。	處新臺幣六萬元以上30萬元以下罰鍰；必要時，得予接管。
第11點 41條	接受政府委託安置之社會救助機構，並無正當理由，卻拒絕依本法之委託安置。	得處以新臺幣二十萬元以上一百萬元以下罰鍰，並得令其限期改善。
第12點 41條	社會救助機構拒絕接受主管機關派員對其設備、帳冊、紀錄之檢查。	得處以新臺幣二十萬元以上一百萬元以下罰鍰，並得令其限期改善。
第13點 41條	因本表第12或13點情事遭主管機關令其限期改善而屆期不改善者	得廢止其許可

資料來源：依照我國社會救助法，由作者自繪。

（四）我國「身心障礙者權益保障法」

　　我國早在民國69年6月2日就公布實施「身心障礙者權益保障法」全文 26 條，而後隨著時代與社會情境變遷以及行政院組織改造迄今共歷經16次修法，最後一次調整是民國104年2月4日，前後時間跨度近35年，條文發展成爲109條。由上觀之，該法可謂與時俱進，不斷隨時空改變而調整其內容，致力爲實現社會公正之價值而努力改善。換言之，身心障礙者權益保障法乃是我國重視社會公正此一公共價值的具體表徵之一，該法第1條明文宣示：「爲維護身心障礙者之權益，保障其平等參與社會、政治、經濟、文化等之機會，促進其自立及發展，特制定本法」。亦即，該法確認身心障礙者乃屬社會中之弱勢，需要政府介入協助，此與西方先進社會之社會安全體系的思維一般無異。並且從前揭條文：「保障其平等參與……之

機會」，可見該法在於促進身心障礙者機會平等；最終目的是：「促進其自立及發展」，此即理想的結果平等。

其次，該法第2條第1、2項明確訂定主管機關和相關職掌目的事業主管機關是：「在中央爲內政部；在直轄市爲直轄市政府；在縣（市）爲縣（市）政府。本法所定事項，涉及各目的事業主管機關職掌者，由各目的事業主管機關辦理」。自102年7月23日起，中央主管機關改爲「衛生福利部」。本文認爲，其與前揭社會救助法相同，明定主管機關的意義在於明確課責對象，對於社會公正之落實而言當有助益。

總之，該法宗旨正符合了本文稍早所提到之社會公正的定義：藉由政策干預以縮小不平等的差距，最終希望達成平等狀態。以下先說明該法的主管機關和目的事業主管機關權責劃分與職掌內容，其次說明標的人口之資格，然後再介紹該法爲追求社會公正所制定的各種政策作爲。

1. 主管機關和目的事業主管機關權責劃分與職掌

（1）主管機關和目的事業主管機關權責劃分

依該法第2條第3項規定——

第一，主管機關：身心障礙者人格維護、經濟安全、照顧支持與獨立生活機會等相關權益之規劃、推動及監督等事項。

第二，衛生主管機關：身心障礙者之鑑定、保健醫療、醫療復健與輔具研發等相關權益之規劃、推動及監督等事項。

第三，教育主管機關：身心障礙者教育權益維護、教育資源與設施均衡配置、專業服務人才之培育等相關權益之規劃、推動及監督等事項。

第四，勞工主管機關：身心障礙者之職業重建、就業促進與保障、勞動權益與職場安全衛生等相關權益之規劃、推動及監督等事項。

第五，建設、工務、住宅主管機關：身心障礙者住宅、公共建築物、公共設施之總體規劃與無障礙生活環境等相關權益之規劃、推動及監督等事項。

第六，交通主管機關：身心障礙者生活通信、大眾運輸工具、交通設施與公共停車場等相關權益之規劃、推動及監督等事項。

第七，財政主管機關：身心障礙者、身心障礙福利機構及庇護工場稅捐之減免

等相關權益之規劃、推動及監督等事項。

第八，金融主管機關：金融機構對身心障礙者提供金融、商業保險、財產信託等服務之規劃、推動及監督等事項。

第九，法務主管機關：身心障礙者犯罪被害人保護、受刑人更生保護與收容環境改善等相關權益之規劃、推動及監督等事項。

第十，警政主管機關：身心障礙者人身安全保護與失蹤身心障礙者協尋之規劃、推動及監督等事項。

第十一，體育主管機關：身心障礙者體育活動、運動場地及設施設備與運動專用輔具之規劃、推動及監督等事項。

第十二，文化主管機關：身心障礙者精神生活之充實與藝文活動參與之規劃、推動及監督等事項。

第十三，採購法規主管機關：政府採購法有關採購身心障礙者之非營利產品與勞務之規劃、推動及監督等事項。

第十四，通訊傳播主管機關：主管身心障礙者無障礙資訊和通訊技術及系統、網路平台、通訊傳播傳輸內容無歧視等相關事宜之規劃、推動及監督等事項。

第十五，科技研究事務主管機關：主管身心障礙者輔助科技研發、技術研究、移轉、應用與推動等事項。

第十六，經濟主管機關：主管身心障礙輔具國家標準訂定、產業推動、商品化開發之規劃及推動等事項。

第十七，其他身心障礙權益保障措施：由各相關目的事業主管機關依職權規劃辦理。

（2）中央主管機關（衛生福利部）掌理下列事項

依該法第3條規定──

第一，全國性身心障礙福利服務權益保障政策、法規與方案之規劃、訂定及宣導事項。

第二，對直轄市、縣（市）政府執行身心障礙福利服務權益保障之監督及協調事項。

第三，中央身心障礙福利經費之分配及補助事項。

第四，對直轄市、縣（市）身心障礙福利服務之獎助及評鑑之規劃事項。

第五，身心障礙福利服務相關專業人員訓練之規劃事項。

第六，國際身心障礙福利服務權益保障業務之聯繫、交流及合作事項。

第七，身心障礙者保護業務之規劃事項。

第八，全國身心障礙者資料統整及福利服務整合事項。

第九，全國性身心障礙福利機構之輔導、監督及全國評鑑事項。

第十，輔導及補助民間參與身心障礙福利服務之推動事項。

第十一，其他全國性身心障礙福利服務權益保障之策劃及督導事項。

（3）直轄市、縣（市）主管機關掌理下列事項

依該法第4條規定——

第一，中央身心障礙福利服務權益保障政策、法規及方案之執行事項。

第二，直轄市、縣（市）身心障礙福利服務權益保障政策、自治法規與方案之規劃、訂定、宣導及執行事項。

第三，直轄市、縣（市）身心障礙福利經費之分配及補助事項。

第四，直轄市、縣（市）身心障礙福利服務之獎助與評鑑之規劃及執行事項。

第五，直轄市、縣（市）身心障礙福利服務相關專業人員訓練之規劃及執行事項。

第六，身心障礙者保護業務之執行事項。

第七，直轄市、縣（市）轄區身心障礙者資料統整及福利服務整合執行事項。

第八，直轄市、縣（市）身心障礙福利機構之輔導設立、監督及評鑑事項。

第九，民間參與身心障礙福利服務之推動及協助事項。

第十，其他直轄市、縣（市）身心障礙福利服務權益保障之策劃及督導事項。

2. 政策標的人口之資格認定

（1）身心障礙者

依該法第5條規定，本法所稱身心障礙者，指下列各款身體系統構造或功能，有損傷或不全導致顯著偏離或喪失，影響其活動與參與社會生活，經醫事、社會工作、特殊教育與職業輔導評量等相關專業人員組成之專業團隊鑑定及評估，領有身心障礙證明者：

第一，神經系統構造及精神、心智功能。

第二，眼、耳及相關構造與感官功能及疼痛。

第三，涉及聲音與言語構造及其功能。

第四，循環、造血、免疫與呼吸系統構造及其功能。

第五，消化、新陳代謝與內分泌系統相關構造及其功能。

第六，泌尿與生殖系統相關構造及其功能。

第七，神經、肌肉、骨骼之移動相關構造及其功能。

第八，皮膚與相關構造及其功能。

（2）鑑定單位與費用支應

依該法第6條第1、4項規定——

第一，由衛生主管機關指定之機構或專業人員鑑定：直轄市、縣（市）主管機關受理身心障礙者申請鑑定時，應交衛生主管機關指定相關機構或專業人員組成專業團隊，進行鑑定並完成身心障礙鑑定報告。

第二，鑑定費用由政府支付：辦理有關障礙鑑定服務所需之項目及費用，應由直轄市、縣（市）衛生主管機關編列預算支應，並由中央衛生主管機關協調直轄市、縣（市）衛生主管機關公告規範之。

（3）需求評估與服務依據

依該法第7條第1、2、3項規定——

第一，需求評估團隊之組成：直轄市、縣（市）主管機關應於取得衛生主管機關所核轉之身心障礙鑑定報告後，籌組專業團隊進行需求評估。

第二，參考多元因素評估需求：前項需求評估，應依身心障礙者障礙類別、程度、家庭經濟情況、照顧服務需求、家庭生活需求、社會參與需求等因素為之。

第三，根據需求評估提供服務：直轄市、縣（市）主管機關對於設籍於轄區內依前項評估合於規定者，應核發身心障礙證明，據以提供所需之福利及服務。

3. 政策參與及權益維護

（1）參與辦理身心障礙者權益保障事項

依該法第10條第1、2項規定——

第一，代表之組成與比例：主管機關應遴聘（派）身心障礙者或其監護人代

表、身心障礙福利學者或專家、民意代表與民間相關機構、團體代表及各目的事業主管機關代表辦理身心障礙者權益保障事項；其中遴聘身心障礙者或其監護人代表及民間相關機構、團體代表之比例，不得少於三分之一。

第二，性別之比例：前項之代表，單一性別不得少於三分之一。

（2）權益保障事項

依該法第10條第3項規定，權益保障事項包括：

第一，整合規劃、研究、諮詢、協調推動促進身心障礙者權益保障相關事宜。
第二，受理身心障礙者權益受損協調事宜。
第三，其他促進身心障礙者權益及福利保障相關事宜。

權益保障事項與運作、身心障礙權益受損協調之處理及其他應遵行事項之辦法，由各級主管機關定之。

（3）主管機關應主動瞭解標的人口現況

依該法第11條規定，各級政府應至少每五年舉辦身心障礙者之生活狀況、保健醫療、特殊教育、就業與訓練、交通及福利等需求評估及服務調查研究，並應出版、公布調查研究結果。行政院每十年辦理全國人口普查時，應將身心障礙者人口調查納入普查項目。

（4）異議表達

依該法第13條規定──

第一，身心障礙者對障礙鑑定及需求評估有異議者，應於收到通知書之次日起30日內，以書面向直轄市、縣（市）主管機關提出申請重新鑑定及需求評估，並以一次為限。

第二，依前項申請重新鑑定及需求評估，應負擔40%之相關作業費用；其異議成立者，應退還之。

第三，逾期申請第一項重新鑑定及需求評估者，其相關作業費用，應自行負擔。

（5）身心障礙證明效期與重新鑑定

依該法第14條規定——

第一，身心障礙證明效期最長五年：身心障礙證明有效期限最長為五年，身心障礙者應於效期屆滿前九十日內向戶籍所在地之直轄市、縣（市）主管機關申請辦理重新鑑定及需求評估。

第二，主管機關應主動通知：身心障礙者於其證明效期屆滿前六十日尚未申請辦理重新鑑定及需求評估者，直轄市、縣（市）主管機關應以書面通知其辦理。

第三，無須重新鑑定者：但其障礙類別屬中央衛生主管機關規定無法減輕或恢復，無須重新鑑定者，得免予書面通知，由直轄市、縣（市）主管機關逕予核發身心障礙證明，或視個案狀況進行需求評估後，核發身心障礙證明。

第四，無法於效期屆滿前申請重新鑑定及需求評估者：身心障礙者如有正當理由，無法於效期屆滿前申請重新鑑定及需求評估者，應於效期屆滿前附具理由提出申請，經直轄市、縣（市）主管機關認定具有正當理由者，得於效期屆滿後六十日內辦理。

第五，身心障礙者障礙情況改變：身心障礙者障礙情況改變時，應自行向直轄市、縣（市）主管機關申請重新鑑定及需求評估。直轄市、縣（市）主管機關發現身心障礙者障礙情況改變時，得以書面通知其於六十日內辦理重新鑑定與需求評估。

4. 權利保障原則及機會平等之促進

（1）不得歧視與公平對待

依該法第16條規定第1項規定，身心障礙者之人格及合法權益，應受尊重及保障，對其接受教育、應考、進用、就業、居住、遷徙、醫療等權益，不得有歧視之對待。

（2）無障礙設施

依該法第16條規定第2項規定，公共設施場所營運者，不得使身心障礙者無法公平使用設施、設備或享有權利。

（3）考試機會平等

依該法第16條規定第3項規定，公、私立機關（構）、團體、學校與企業公開辦理各類考試，應依身心障礙應考人個別障礙需求，在考試公平原則下，提供多元化適性協助，以保障身心障礙者公平應考機會。

（4）個別化與多元化服務原則

依該法第19條規定，各級主管機關及目的事業主管機關應依服務需求之評估結果，提供個別化、多元化之服務。

（5）輔具研發

依該法第20條規定，爲促進身心障礙輔具資源整合、研究發展及服務，中央主管機關應整合各目的事業主管機關推動辦理身心障礙輔具資源整合、研究發展及服務等相關事宜。

5. 保健醫療權益

（1）權責機關

依該法第20條規定——

第一，中央：中央衛生主管機關應規劃整合醫療資源，提供身心障礙者健康維護及生育保健。

第二，地方：直轄市、縣（市）主管機關應定期舉辦身心障礙者健康檢查及保健服務，並依健康檢查結果及身心障礙者意願，提供追蹤服務。

第三，準則之制定：前項保健服務、追蹤服務、健康檢查項目及方式之準則，由中央衛生主管機關會同中央主管機關定之。

進而依該法第22條規定——

第四，各級衛生主管機關：各級衛生主管機關應整合醫療資源，依身心障礙者個別需求提供保健醫療服務，並協助身心障礙福利機構提供所需之保健醫療服務。

（2）醫院的責任

依該法第23條規定——

第一，設置服務窗口：醫院應爲身心障礙者設置服務窗口，提供溝通服務或其

他有助於就醫之相關服務。

　　第二，出院準備計畫：醫院應為住院之身心障礙者提供出院準備計畫；出院準備計畫應包括下列事項：

　　①居家照護建議。

　　②復健治療建議。

　　③社區醫療資源轉介服務。

　　④居家環境改善建議。

　　⑤輔具評估及使用建議。

　　⑥轉銜服務。

　　⑦生活重建服務建議。

　　⑧心理諮商服務建議。

　　⑨其他出院準備相關事宜。

　　第三、本項醫院的責任與服務納入評鑑：前項出院準備計畫之執行，應由中央衛生主管機關列入醫院評鑑。

（3）設立特別門診

依該法第24條規定──

　　第一，地方政府應指定醫院設立身心障礙者特別門診：直轄市、縣（市）衛生主管機關應依據身心障礙者人口數及就醫需求，指定醫院設立身心障礙者特別門診。

　　第二，中央衛生主管機關訂定本項服務內容：前項設立身心障礙者特別門診之醫院資格條件、診療科別、人員配置、醫療服務設施與督導考核及獎勵辦法，由中央衛生主管機關定之。

（4）設立醫療復健機構及護理之家

　　依該法第25條規定，為加強身心障礙者之保健醫療服務，直轄市、縣（市）衛生主管機關應依據各類身心障礙者之人口數及需要，設立或獎助設立醫療復健機構及護理之家，提供醫療復健、輔具服務、日間照護及居家照護等服務。

（5）補助醫療費用及醫療輔具

依該法第26條規定，身心障礙者醫療復健所需之醫療費用及醫療輔具，尚未納入全民健康保險給付範圍者，直轄市、縣（市）主管機關應依需求評估結果補助之。

6. 教育權益

（1）特殊教育

依該法第27條規定——

第一，特殊教育之規劃：各級教育主管機關應根據身心障礙者人口調查之資料，規劃特殊教育學校、特殊教育班或以其他方式教育不能就讀於普通學校或普通班級之身心障礙者，以維護其受教育之權益。

第二，禁止歧視：各級學校對於經直轄市、縣（市）政府鑑定安置入學或依各級學校入學方式入學之身心障礙者，不得以身心障礙、尚未設置適當設施或其他理由拒絕其入學。

第三，特殊教育教師資格：各級特殊教育學校、特殊教育班之教師，應具特殊教育教師資格。

第四，接受教育之交通協助：身心障礙學生無法自行上下學者，應由政府免費提供交通工具；確有困難，無法提供者，應補助其交通費；直轄市、縣（市）教育主管機關經費不足者，由中央教育主管機關補助之。

（2）優惠身心障礙者本人及其子女受教育所需相關經費

依該法第29條規定，各級教育主管機關應依身心障礙者之家庭經濟條件，優惠其本人及其子女受教育所需相關經費；其辦法，由中央教育主管機關定之。

（3）無障礙接受教育

依該法第30至32條（30、30-1、30-2、31、32等共計5條）規定，各級教育主管機關在辦理身心障礙者教育及入學考試、規劃圖書館空間設備、製作教科用書、規劃辦理學前教育、高級中等以上學校之教育時，都應依其障礙類別與程度及學習需要，提供各項必需之專業人員、特殊教材與各種教育輔助器材、無障礙環境、點字讀物及相關教育資源，以符公平合理接受教育之機會。

（4）教育結合就業機會

依該法第32條第2項規定，中央教育主管機關應積極鼓勵輔導大專校院開辦按摩、理療按摩或醫療按摩相關科系，並應保障視覺功能障礙者入學及就學機會。

7. 就業權益

（1）個別化職業重建服務

依該法第33條規定——

第一，個別化職業重建服務：各級勞工主管機關應依身心障礙者之需求，自行或結合民間資源，提供無障礙個別化職業重建服務。

第二，職業重建服務之內容：

①職業輔導評量
②職業訓練
③就業服務
④職務再設計
⑤創業輔導
⑥其他職業重建服務。

（2）就業服務之類別

依該法第34條規定——

第一，支持性就業服務：各級勞工主管機關對於具有就業意願及就業能力，而不足以獨立在競爭性就業市場工作之身心障礙者，應依其工作能力，提供個別化就業安置、訓練及其他工作協助等支持性就業服務。

第二，庇護性就業服務：各級勞工主管機關對於具有就業意願，而就業能力不足，無法進入競爭性就業市場，需長期就業支持之身心障礙者，應依其職業輔導評量結果，提供庇護性就業服務。

（3）設立就業服務機構

依該法第35條規定，直轄市、縣（市）勞工主管機關為提供職業訓練、就業服務及前條之庇護性就業服務，應推動設立下列機構：

第一，職業訓練機構。

第二，就業服務機構。

第三，庇護工場。

（4）積極結合民間力量

依該法第37條規定，各級勞工主管機關應分別訂定計畫，自行或結合民間資源辦理職業輔導評量、職務再設計及創業輔導。

（5）強制進用身心障礙者

依該法第38條規定——

第一，公共組織：各級政府機關、公立學校及公營事業機構員工總人數在34人以上者，進用具有就業能力之身心障礙者人數，不得低於員工總人數3%。

第二，私人組織：私立學校、團體及民營事業機構員工總人數在67人以上者，進用具有就業能力之身心障礙者人數，不得低於員工總人數1%，且不得少於1人。

依該法第38-1條規定——

第三，公營事業機構依公司法成立關係企業：進用身心障礙者人數達員工總人數20%以上者，得與該事業機構合併計算前條之定額進用人數。

（6）應國家及公共組織考試之保障

依該法第39條規定——

各級政府機關、公立學校及公營事業機構為進用身心障礙者，應洽請考試院依法舉行身心障礙人員特種考試，並取消各項公務人員考試對身心障礙人員體位之不合理限制。

（7）禁止薪資歧視

依該法第40條規定——

第一，同工同酬原則：進用身心障礙者之機關（構），對其所進用之身心障礙者，應本同工同酬之原則，不得為任何歧視待遇，其所核發之正常工作時間薪資，不得低於基本工資。

第二，庇護性就業之薪資：得依其產能核薪；其薪資，由進用單位與庇護性就業者議定，並報直轄市、縣（市）勞工主管機關核備。

（8）保險權益平等

依該法第42條規定——

身心障礙者於支持性就業、庇護性就業時，雇主應依法為其辦理參加勞工保險、全民健康保險及其他社會保險，並依相關勞動法規確保其權益。

（9）設立身心障礙者就業基金

依該法第43條規定——

第一，由地方政府勞工主管機關設立：為促進身心障礙者就業，直轄市、縣（市）勞工主管機關應設身心障礙者就業基金；其收支、保管及運用辦法，由直轄市、縣（市）勞工主管機關定之。

第二，進用身心障礙者人數未達標準之機關（構）應定期差額補助費：進用身心障礙者人數未達標準之機關（構），應定期向所在地直轄市、縣（市）勞工主管機關之身心障礙者就業基金繳納差額補助費；其金額，依差額人數乘以每月基本工資計算。

第三，直轄市、縣（市）勞工主管機關之身心障礙者就業基金，每年應就收取前一年度差額補助費30%撥交中央勞工主管機關之就業安定基金統籌分配；其提撥及分配方式，由中央勞工主管機關定之。

依該法第44條規定——
第四，身心障礙者就業基金之用途如下：

①補助進用身心障礙者達一定標準以上之機關（構），因進用身心障礙者必須購置、改裝、修繕器材、設備及其他為協助進用必要之費用。

②核發超額進用身心障礙者之私立機構獎勵金。其金額最高按超額進用人數乘以每月基本工資二分之一計算。

③其他為辦理促進身心障礙者就業權益相關事項。

（10）獎勵進用身心障礙者工作績優之機關（構）

依該法第45條規定，各級勞工主管機關對於進用身心障礙者工作績優之機關

（構），應予獎勵。

（11）視障者就業保障

依該法第46條規定，非視覺功能障礙者，不得從事按摩業。

8. 支持服務

（1）提供原則

依該法第49條規定──身心障礙者支持服務，應依多元連續服務原則規劃辦理。直轄市、縣（市）主管機關應自行或結合民間資源提供支持服務，並不得有設籍時間之限制。

（2）支持服務的內容

第一，基本服務：依該法第50條規定，直轄市、縣（市）主管機關應依需求評估結果辦理下列服務，提供身心障礙者獲得所需之個人支持及照顧，促進其生活品質、社會參與及自立生活：

①居家照顧。
②生活重建。
③心理重建。
④社區居住。
⑤婚姻及生育輔導。
⑥日間及住宿式照顧。
⑦家庭托顧。
⑧課後照顧。
⑨自立生活支持服務。
⑩其他有關身心障礙者個人照顧之服務。

第二，提高生活品質之服務：依該法第51條規定，直轄市、縣（市）主管機關應依需求評估結果辦理下列服務，以提高身心障礙者家庭生活品質：

①臨時及短期照顧。
②照顧者支持。
③照顧者訓練及研習。

④家庭關懷訪視及服務。

⑤其他有助於提升家庭照顧者能力及其生活品質之服務。

第三，協助身心障礙者參與社會之服務：依該法第52條規定，各級及各目的事業主管機關應辦理下列服務，以協助身心障礙者參與社會：

①休閒及文化活動。

②體育活動。

③公共資訊無障礙。

④公平之政治參與。

⑤法律諮詢及協助。

⑥無障礙環境。

⑦輔助科技設備及服務。

⑧社會宣導及社會教育。

⑨其他有關身心障礙者社會參與之服務。

前項服務措施屬付費使用者，應予以減免費用。

（3）無障礙支持服務

該法自52-1至55條（52-1、52-2、53、54、55、56、57、58、58-1、59、60條共計11條）規定政府主管機關應致力無障礙支持服務——

第一，訂定軟、硬體產品無障礙設計之國家規範（標準）

第二，網站：各級政府及其附屬機關（構）、學校所建置之網站，應通過第一優先等級以上之無障礙檢測，並取得認證標章。

第三，無障礙運輸服務：各級交通主管機關應依實際需求，邀集相關身心障礙者團體代表、當地運輸營運者及該管社政主管機關共同研商，於運輸營運者所服務之路線、航線或區域內，規劃適當路線、航線、班次、客車（機船）廂（艙），提供無障礙運輸服務。

第四，無障礙道路及號誌：市區道路、人行道及市區道路兩旁建築物之騎樓，應符合中央目的事業主管機關所規定之無障礙相關法規。有關道路無障礙之標誌、標線、號誌及識別頻率等，由中央目的事業主管機關定之。直轄市、縣（市）政府應依前項規定之識別頻率，推動視覺功能障礙語音號誌及語音定位。

第五，保留停車位：公共停車場應保留2%停車位，作為行動不便之身心障礙者專用停車位，車位未滿50個之公共停車場，至少應保留1個身心障礙者專用停車位。非領有專用停車位識別證明者，不得違規占用。

第六，公共建築物及活動場所無障礙設施：公共建築物及活動場所，應規劃設置便於各類身心障礙者行動與使用之設施及設備。

第七，搭乘國內大眾運輸工具半價優惠及陪伴：

①半價優待——身心障礙者搭乘國內大眾運輸工具，憑身心障礙證明，應予半價優待。

②陪伴——身心障礙者經需求評估結果，認需人陪伴者，其必要陪伴者以一人為限，得享有前項之優待措施。前項之大眾運輸工具，身心障礙者得優先乘坐，其優待措施並不得有設籍之限制。

③航空飛行——國內航空業者除民航主管機關所訂之安全因素外，不認同身心障礙者可單獨旅行，而特別要求應有陪伴人共同飛行者，不得向陪伴人收費。

第八，復康巴士：直轄市、縣（市）主管機關辦理復康巴士服務，自中華民國101年1月1日起不得有設籍之限制。

第九，身心障礙者進入收費之公營或公設民營風景區、康樂場所或文教設施，憑身心障礙證明應予免費；其為民營者，應予半價優待。身心障礙者經需求評估結果，認需人陪伴者，其必要陪伴者以一人為限，得享有前項之優待措施。

第十，導盲、導聾、肢體輔助犬：視覺、聽覺、肢體功能障礙者由合格導盲犬、導聾犬、肢體輔助犬陪同或導盲犬、導聾犬、肢體輔助犬專業訓練人員於執行訓練時帶同幼犬，得自由出入公共場所、公共建築物、營業場所、大眾運輸工具及其他公共設施。前項公共場所、公共建築物、營業場所、大眾運輸工具及其他公共設施之所有人、管理人或使用人，不得對導盲幼犬、導聾幼犬、肢體輔助幼犬及合格導盲犬、導聾犬、肢體輔助犬收取額外費用，且不得拒絕其自由出入或附加其他出入條件。

（4）視覺功能障礙者生活及職業重建服務

依該法第60-1條規定，中央主管機關應會同中央勞工主管機關協助及輔導直轄市、縣（市）政府辦理視覺功能障礙者生活及職業重建服務。前項服務應含生活技能及定向行動訓練，其服務內容及專業人員培訓等相關規定，由中央主管機關會同

中央勞工主管機關定之。

（5）手語翻譯協助

依該法第61條規定，直轄市、縣（市）政府應設置申請手語翻譯服務窗口，依聽覺功能或言語功能障礙者實際需求，提供其參與公共事務所需之服務。

（6）身心障礙福利機構

第一，結合民間資源：依該法第62條規定，直轄市、縣（市）主管機關應按轄區內身心障礙者人口特性及需求，推動或結合民間資源設立身心障礙福利機構，提供生活照顧、生活重建、福利諮詢等服務。

第二，主管機關：依該法第63條規定，私人或團體設立身心障礙福利機構，應向直轄市、縣（市）主管機關申請設立許可。

第三，禁止擔任身心障礙福利機構之業務負責人規定：依該法第63-1條規定，有下列情事之一者，不得擔任身心障礙福利機構之業務負責人——

①有施打毒品、暴力犯罪、性騷擾、性侵害行爲，經有罪判決確定。
②行爲不檢損害身心障礙者權益，其情節重大，經有關機關查證屬實。
③主管機關對前項負責人應主動進行查證。
④現職工作人員於身心障礙福利機構服務期間有上述A、B款情事之一者，身心障礙福利機構應即停止其職務，並依相關規定予以調職、資遣、令其退休或終止勞動契約。

第四，評鑑：依該法第64條規定，各級主管機關應定期輔導、查核及評鑑身心障礙福利機構，其輔導、查核及改善情形應納入評鑑指標項目，其評鑑結果應分爲以下等第——

①優等。
②甲等。
③乙等。
④丙等。
⑤丁等。

前項機構經評鑑成績優等及甲等者，應予獎勵；經評鑑成績爲丙等及丁等者，

主管機關應輔導其改善。

第五，契約訂立：依該法第65條規定——

①受服務者與機構間：身心障礙福利機構應與接受服務者或其家屬訂定書面契約，明定其權利義務關係。

②主管機關與機構間：直轄市、縣（市）主管機關應與接受委託安置之身心障礙福利機構訂定轉介安置書面契約，明定其權利義務關係。

③契約格式：前二項書面契約之格式、內容，中央主管機關應訂定定型化契約範本及其應記載及不得記載事項。身心障礙福利機構應將中央主管機關訂定之定型化契約書範本公開並印製於收據憑證交付立約者，除另有約定外，視為已依A項規定訂約。

第六，排除障礙：依該法第82條規定——

直轄市、縣（市）主管機關、相關身心障礙福利機構，於社區中提供身心障礙者居住安排服務，遭受居民以任何形式反對者，直轄市、縣（市）政府應協助其排除障礙。

（7）公共攤位、購租國宅或車位之優先保留與申請權：

依該法第67條規定——

第一，優先核准及保留比率：身心障礙者申請在公有公共場所開設零售商店或攤販，申請購買或承租國民住宅、停車位，政府應保留一定比率優先核准；其保留比率，由直轄市、縣（市）政府定之。

第二，前項之設施出租、轉讓對象仍須以其他身心障礙者為優先：前項受核准者之經營條件、出租轉讓限制，依各目的事業主管機關相關規定辦理；其出租、轉讓對象應以其他身心障礙者為優先。

第三，政府應提供低利貸款或租金補貼：身心障礙者購買或承租第一項之商店或攤販，政府應提供低利貸款或租金補貼；其辦法由中央主管機關定之。

（8）庇護工場成立及營運之協助

第一，於公共場所申設庇護工場之優先保留權：依該法第68條規定——

①保留名額、優先核准：身心障礙福利機構、團體及符合設立庇護工場資格

者，申請在公共場所設立庇護工場，或申請在國民住宅提供居住服務，直轄市、縣（市）政府應保留名額，優先核准。

②納入興建計畫辦理：前項保留名額，直轄市、縣（市）目的事業主管機關於規劃興建時，應洽商直轄市、縣（市）主管機關後納入興建計畫辦理。

③出租、轉讓對象應以身心障礙福利相關機構或團體為限：第一項受核准者之經營條件、出租轉讓限制，依各目的事業主管機關相關規定辦理；其出租、轉讓對象應以身心障礙福利相關機構或團體為限。

第二，優先採購身心障礙者之產品：依該法第69條規定——

①於合理價格及一定金額以下者應優先採購：身心障礙福利機構或團體、庇護工場，所生產之物品及其提供之服務，於合理價格及一定金額以下者，各級政府機關、公立學校、公營事業機構及接受政府補助之機構、團體、私立學校應優先採購。

②政府機關（構）一定比率之採購額：各級主管機關應定期公告或發函各義務採購單位，告知前項物品及服務，各義務採購單位應依相關法令規定，採購該物品及服務至一定比率。

9. 經濟安全

（1）經濟安全保障項目

依該法第70條規定——身心障礙者經濟安全保障，採生活補助、日間照顧及住宿式照顧補助、照顧者津貼、年金保險等方式，逐步規劃實施。

（2）經費補助項目

依該法第71條第1項及各款規定——直轄市、縣（市）主管機關對轄區內之身心障礙者，應依需求評估結果，提供下列經費補助，並不得有設籍時間之限制：

①生活補助費。
②日間照顧及住宿式照顧費用補助。
③醫療費用補助。
④居家照顧費用補助。
⑤輔具費用補助。

⑥房屋租金及購屋貸款利息補貼。

⑦購買停車位貸款利息補貼或承租停車位補助。

⑧其他必要之費用補助。

（3）稅捐減免

依該法第72條規定——

第一，原則：對於身心障礙者或其扶養者應繳納之稅捐，依法給予適當之減免。

第二，所得稅身心障礙特別扣除額：納稅義務人或與其合併申報納稅之配偶或扶養親屬為身心障礙者，應准予列報身心障礙特別扣除額，其金額於所得稅法定之。

第三，依本法所得之各項補助免納所得稅：身心障礙者或其扶養者依本法規定所得之各項補助，應免納所得稅。

（4）社會保險補助

依該法第73條規定，身心障礙者加入社會保險，政府機關應依其家庭經濟條件，補助保險費。

10.保護服務

（1）媒體報導之限制

依該法第74條規定——

第一，不得使用歧視性之稱呼或描述或報導不得與事實不符：傳播媒體報導身心障礙者或疑似身心障礙者，不得使用歧視性之稱呼或描述，並不得有與事實不符或誤導閱聽人對身心障礙者產生歧視或偏見之報導。

第二，法院判決確定原因前不得於報導中歸咎原因之限制：身心障礙者涉及相關法律事件，未經法院判決確定其發生原因可歸咎於當事人之疾病或其身心障礙狀況，傳播媒體不得將事件發生原因歸咎於當事人之疾病或其身心障礙狀況。

（2）禁止對待身心障礙者之行為、通報、安置與保護

第一，對身心障礙者不得有下列行為：依該法第75條規定——

①遺棄。

②身心虐待。

③限制其自由。

④留置無生活自理能力之身心障礙者於易發生危險或傷害之環境。

⑤利用身心障礙者行乞或供人參觀。

⑥強迫或誘騙身心障礙者結婚。

⑦其他對身心障礙者或利用身心障礙者為犯罪或不正當之行為。

第二，通報系統：依該法第76條規定——

①應負通報責任者與時限：醫事人員、社會工作人員、教育人員、警察人員、村（里）幹事及其他執行身心障礙服務業務人員，知悉身心障礙者有前述75條各款情形之一者，應立即向直轄市、縣（市）主管機關通報，至遲不得超過24小時。

②得負通報責任者：村（里）長及其他任何人知悉身心障礙者有前條情形者，得通報直轄市、縣（市）主管機關。

③通報人之身分資料，應予保密。

④訪視、調查及協助：直轄市、縣（市）主管機關知悉或接獲通報後，應自行或委託其他機關、團體進行訪視、調查，至遲不得超過24小時，並應於受理案件後4日內提出調查報告。調查時得請求警政、醫院及其他相關單位協助。

第三，安置：依該法第77條規定——

①安置原因：依法令或契約對身心障礙者有扶養義務之人，有喪失扶養能力或有違反本法第75條各款情形之一，致使身心障礙者有生命、身體之危難或生活陷於困境之虞者，直轄市、縣（市）主管機關得依本人、扶養義務人之申請或依職權，經調查評估後，予以適當安置。

②安置費用負擔：前項之必要費用，除直轄市、縣（市）主管機關依第71條第1項第2款給予補助者外，由身心障礙者或扶養義務人負擔。

第四、緊急保護安置：依該法第78條規定——

①生命、身體或自由有立即之危險或有危險之緊急保護：身心障礙者遭受本法第75條各款情形之一者，情況危急非立即給予保護、安置或其他處置，其生命、身體或自由有立即之危險或有危險之虞者，直轄市、縣（市）主管機關應予緊急保

護、安置或爲其他必要之處置。

②得請求檢察官或當地警察機關協助：直轄市、縣（市）主管機關爲前項緊急保護、安置或爲其他必要之處置時，得請求檢察官或當地警察機關協助。

③緊急保護安置費用之負擔：依該法第79條規定——緊急安置服務，得委託相關身心障礙福利機構辦理。安置期間所必要之費用，由該法第75條禁止行爲之行爲人支付。前項費用，必要時由直轄市、縣（市）主管機關先行支付，並檢具支出憑證影本及計算書，請求前述行爲人償還。前項費用，經直轄市、縣（市）主管機關以書面定10日以上30日以下期間催告償還，而屆期未償還者，得移送法院強制執行。

④緊急保護安置之期限：依該法第80條規定——身心障礙者之緊急保護安置，不得超過72小時；非72小時以上之安置，不足以保護身心障礙者時，得聲請法院裁定繼續保護安置。繼續保護安置以3個月爲限；必要時，得聲請法院裁定延長之。繼續保護安置期間，直轄市、縣（市）主管機關應視需要，協助身心障礙者向法院提出監護或輔助宣告之聲請。繼續保護安置期滿前，直轄市、縣（市）主管機關應經評估協助轉介適當之服務單位。

（3）財產保障之協助

依該法第83條規定——

爲使無能力管理財產之身心障礙者財產權受到保障，中央主管機關應會同相關目的事業主管機關，鼓勵信託業者辦理身心障礙者財產信託。

（4）司法涉訟之協助

依該法第84條規定——

第一，針對需要提供協助：法院或檢察機關於訴訟程序實施過程，身心障礙者涉訟或須作證時，應就其障礙類別之特別需要，提供必要之協助。

第二，指派社會工作人員擔任輔佐人：刑事被告或犯罪嫌疑人因智能障礙無法爲完全之陳述時，直轄市、縣（市）主管機關得依刑事訴訟法規定，聲請法院同意指派社會工作人員擔任輔佐人。

（5）矯正機關應考量身心障礙者特殊需求作必要之改善

依該法第85條規定——

身心障礙者依法收容於矯正機關時，法務主管機關應考量矯正機關收容特性、現有設施狀況及身心障礙者特殊需求，作必要之改善。

11.罰則：課責機制

該法自86條至104-1條（計有20條）具體規定了違反該法的罰則，可發揮課責作用，對該法促使社會公正價值之實現應能產生一定效果，茲將其處罰方式、處罰對象和違反規定之內容扼要繪製臚列如表7-2：

表7-2　身心障礙者權益保障法之課責機制

處罰方式	處罰對象	違反規定之內容
罰鍰	任何個人及公、私立機關（構）、團體、學校與企業	違反本法16條第1項規定：身心障礙者之人格及合法權益，應受尊重及保障，對其接受教育、應考、進用、就業、居住、遷徙、醫療等權益，不得有歧視之對待。
	媒體	違反本法74條規定：傳播媒體報導身心障礙者或疑似身心障礙者，不得使用歧視性之稱呼或描述，並不得有與事實不符或誤導閱聽人對身心障礙者產生歧視或偏見之報導。 身心障礙者涉及相關法律事件，未經法院判決確定其發生原因可歸咎於當事人之疾病或其身心障礙狀況，傳播媒體不得將事件發生原因歸咎於當事人之疾病或其身心障礙狀況。
	職業訓練機構、就業服務機構、庇護工場	未經許可提供服務，經直轄市、縣（市）政府勞工主管機關令其停止提供服務，並限期改善，但未停止服務或屆期未改善。
	身心障礙福利機構	A.未依規定申請許可設立； B.應辦理財團法人登記而未登記； C.限期改善期間不得增加收容卻增加收容身心障礙者； D.限期改善卻屆期未改善者。
	身心障礙福利機構負責人	A.限期改善期間不得增加收容卻增加收容身心障礙者； B.限期改善卻屆期未改善者。

表7-2　身心障礙者權益保障法之課責機制（續）

處罰方式	處罰對象	違反規定之內容
	各級政府機關、公立學校及公營事業機構、私立學校、團體及民營事業機構	A.無正當理由違反進用身心障礙者為員工之相關規定者； B.違反進用之身心障礙者，應本同工同酬之原則。
	接受政府補助之機構、團體、私立學校	無正當理由違反優先採購身心障礙者產品之規定者。
	公共建築物及活動場所之所有權人或管理機關負責人	A.違反無障礙設施相關規定未改善或未提具替代改善計畫； B.未依核定改善計畫之期限改善完成者。
	任何行為者	違反該法75條禁止對待身心障礙者。
	大眾運輸交通工具	限制或拒絕提供身心障礙者運輸服務，或違反本法規定向陪伴者收費，或未依規定設置無障礙設施者，應於一定期限內提具改善計畫。但逾期不提出計畫或未依計畫辦理改善者。
	公共停車場所有人或管理人	未依本法規定保留一定比率停車位者，經令限期改善，屆期未改善者。
限期改善	A.職業訓練機構； B.就業服務機構； C.庇護工場； D.身心障礙福利機構； E.公共建築物及活動場所； F.大眾運輸交通工具。	如以上所述。
不得增加收容	身心障礙福利機構	限期改善。
勒令停止提供服務	A.職業訓練機構； B.就業服務機構； C.庇護工場；	限期改善。
停辦	身心障礙福利機構	限期改善而屆期未改善。
得廢止其許可或其屬法人者得予解散	身心障礙福利機構	A.勒令停辦期限屆滿仍未改善； B.違反法令情節重大。
家庭教育及輔導	身心障礙者之家庭照顧者或家庭成員	違反本法75條禁止對待身心障礙者。

表7-2 身心障礙者權益保障法之課責機制（續）

處罰方式	處罰對象	違反規定之內容
公務人員懲處	公務員	公務員執行職務有下列行為之一者，應受懲處： A.違反本法16條第1項規定，身心障礙者之人格及合法權益，應受尊重及保障，對其接受教育、應考、進用、就業、居住、遷徙、醫療等權益，不得有歧視之對待； B.無正當理由違反第38條第1項進用一定人數之身心障礙者； C.第67條第1項公共攤位與購租國宅或車位之優先保留與申請權； D.第68條第1項於公共場所申設庇護工廠之優先保留權； E.第69條第2項政府機關（構）應優先採購身心障礙者之服務或產品一定比率之額度規定。

資料來源：根據我國身心障礙者權益保障法，由作者自繪。

　　除了表7-2所規定之罰則作為身心障礙者權益保障法的課責機制外，該法第105條還特別規定：「各級政府每年應向其民意機關報告本法之執行情形」。故該法還明文確立了「民意代表課責」的機制，可對我國透過身心障礙者權益保障法以實現社會公正價值，提供了一種憲政制衡途徑的促進機制。

（五）上揭我國社會公正二法的特色及啟發

　　我國社會救助法以及身心障礙者權益保障法（以下簡稱「我國社會公正二法」）對於我國社會公正價值之實現無疑確有助益，此二法皆於民國69年訂頒，其間歷經多次修正，對於中低及低收入戶之濟貧行動，發揮實際指導作用，以及對於社會中因身心障礙居於弱勢者的機會平等之保障和增進帶來實益，貢獻顯著。我國社會公正二法之特色以及其所帶來之啟發茲扼要歸納如下。

1. 明確界定主要政策標的人口之資格條件

　　政策標的人口和服務對象的資格條件的界定決定了我國社會公正二法是否能符合社會公正之價值，就此點而論，目前社會各界此二法所定之各項標準，似無太多爭議，可說該標準應是符合公眾的期待。此外，社會救助法中急難救助及災害救助的服務對象則是不以濟貧為宗旨而是以救急為考量，其也將因臨時變故而陷入危急狀態的民眾列入考慮，確實也符合一種社會公正的價值。

2. 頗為全面的救助和權益保障設計

我國社會公正二法救助和權益保障種類多元，可謂範圍已屬全方為以及全面性之靠量，歷經時代演化可謂與時俱進。

3. 主動積極作為

我國社會公正二法要求主管機關均採取一定程度的主動調查和主動關懷的行動，並做成報告俾便作為政策調整參考，是相當先進的作法。

4. 引進民間力量並鼓勵社區參與和融入

社會公正的落實當然不能只靠政府，民間的投入和社區的參與更重要。畢竟對於社會弱勢的關懷不是只靠金錢援助即可解決問題，人際間精神上的支持、包容性的社會氛圍，以及對社會公正價值的共識都是一個社會弱勢族群境遇獲得改善的基礎。至於民間資源的加入，則是可以彌補政府之不足。

5. 援助不局限於金錢補助還包括機會創造

不僅是給予需要幫助者金錢救助，還同時協助有工作能力者就業、職訓與創業協助等配套，使之真正能改善經濟上的弱勢。幫助貧窮擺脫貧窮，將使救助制度可以對更多需要幫助者提供協助。

6. 蘊含改正和避免制度性歧視的深意

不論是社會救助法或是身心障礙者權益保障法，皆蘊含著改正以及避免制度性歧視的作用。例如二法皆提供就業、創業之權益保障及協助，就是一種致力促使社會不因個人差異條件導致之機會不平等的歧視狀態。此外，身心障礙者權益保障法明示不得歧視身心障礙者之條款以及關於無障礙設施之規定等，皆是避免社會因個人條件不同而致歧視的努力。

7. 具備課責機能裨益社會公正的實現

我國社會公正二法皆訂有罰則，規範了社會救助機構為能善盡本法所要求的各項義務時施以一定懲罰，政策規劃者為促進社會公正獲得實現的用心值得肯定。惟罰則中有關罰鍰的部分，可以再研商金額是否太輕，震懾效果恐是有限，應可再予深思。

第五節 公共服務核心價值

當代極具影響力的國際組織「經濟合作暨開發組織」[14]（Organization for Economic Co-operation and Development，以下簡稱OECD）強調公務倫理的基本信念就是要提升公民大眾對政府信任的程度（OECD, 2000: 9轉引自張世杰，2011：144）：

「公共服務就是一種公共信任（public trust）。公民大眾期待公務人員每天都能以公平態度來服務公共利益，並且妥善地管理公共資源。公平及可靠的公共服務能激發公共信任，為企業創造有利的投資環境，從而有助於市場的正常運作和經濟成長。公務倫理是鞏固公共信任的先決條件，也是良善治理的一個重要基礎」。

一、公共服務核心價值之定義

換言之，OECD 對各成員國所建議的政府改造重點工作之一，就是包括要求建立起確保公共服務的各項倫理基礎工程，藉此贏得公民信任（施能傑，2004：103）。是以，目前許多國家在發展公務倫理體系時，就是期望公務員在提供公共服務時，能夠基於某些價值信念獲得與促進公共信任。舉例言之，很多國家的政府會公開宣示將「正直」（integrity）作為政府運作的倫理價值和操守原則，藉以謀求民眾對政府部門持續抱持信任感，進而讓公共服務在正軌上持續運行。本節就是

---

[14] 「經濟合作暨發展組織」的前身是1947年由美國和加拿大發起並成立於1948年的「歐洲經濟合作組織」（OEEC），該組織成立的目的是幫助執行致力於第二次世界大戰以後歐洲重建的馬歇爾計劃。後來其成員國逐漸擴展到非歐洲國家。1961年，歐洲經濟合作組織改名為經濟合作暨發展組織。該組織的宗旨為：幫助各成員國家的政府實現可持續性經濟增長和就業，提升成員國生活水準，同時保持金融穩定，從而為世界經濟發展作出貢獻。其組建公約中提及：本組織應致力於為其成員國及其它國家在經濟發展過程中提供幫助，並在多邊性和非歧視性的基礎上為世界貿易增長作出貢獻。對於三十個市場經濟國家來說，該組織是具備高度權威的論壇，成員國總是共同研商然後發表關於全球化趨勢下經濟、社會和政府所面臨的挑戰和機會。參考：http://zh.wikipedia.org/wiki/%E7%BB%8F%E6%B5%8E%E5%90%88%E4%BD%9C%E4%B8%8E%E5%8F%91%E5%B1%95%E7%BB%84%E7%BB%87。檢索日期：2015年5月11日。

要勾勒一些當代盛行於先進社會，獲得普遍正視的一些公共服務的倫理價值與操守原則，這些價值主要是受到民眾的認同，才會成為政府大力鼓吹和支持的公務倫理，是以本文將之稱為公共服務的價值，作者將之定義如下：

「受到民眾認同的公共價值並且成為政府機關及其人員提供服務所必須遵從的操守原則」。

二、公共服務核心價值應具備之特質

公共服務的價值作為行政倫理的一環，其必然要具備規範取向（normative oriented）的特性，也就是它們「必須展現」某些特質。本文認為公共服務的價值應具備以下特質：與時俱進、兼容並蓄、體現憲政價值。

（一）與時俱進

根據實務經驗，民眾對於政府的期望以及對公共服務的需求並非一成不變。因此公共行政必須具備適應變遷的能力，而此反映在公共價值之上，就是要將傳統的行政價值與新時代的公共服務價值相結合，以回應民眾的需求。但是這並不意指傳統的公共服務價值，例如公平、無私、廉潔、效率、效能等，就失去作用或是遭到淘汰，相反地這些傳統價值仍經常是公務員行為的原則標準。此處乃是強調，隨著時空環境及民眾需求的改變，民眾開始重視一些過去較少或是根本不受重視的價值，例如政府的回應性、兩性平權的性別主流化價值，以及無障礙設施的空間正義等，應該要在政府傳輸公共服務時納入考量，如此才能符合民眾的期待。

（二）兼容並蓄

公共服務的價值十分廣泛，只要是民眾所認同之價值，而政府施政為回應民眾之期待，將這些價值納入於公共服務或政策促使其實現，都可視作公共服務的價值之範疇。職此之故，公共服務的價值就具有一種兼容並蓄的特質，亦即，其不但範圍廣泛、種類繁多，甚至可能彼此還具有某種的衝突存在，對此本文稱為「兼容並蓄」之特性。舉例言之，民主和效率就具有某種衝突，回應和經濟也可能存在一定

程度的衝突。申言之，民主著重的是民眾「同意」的過程，但此同意的過程常常耗費時日和金錢，而效率追求的是在有限經費下使公共服務的提供達到最大的程度，換言之就是「成本」的考量，因此民主的實踐正好往往是高成本的消耗；其次，充分回應所重視的是對於民眾需求的滿足，但是所謂經濟此一價值的定義則是：「在既定的服務品質和數量上追求最少的成本」，於是想要充分回應就不能是一種局限於「既定」服務品質與數量的考量，也因此沒有辦法符合最少成本的概念。

上述例子可以說明，公共行政經常在各種公共服務價值之間從事調和的工作，讓這些存在著內在衝突的價值彼此間可以在一定的程度上兼容並蓄於一個公共政策與服務當中。亦即，在實務的操作上根據特定政策與服務的個別屬性，安排這些價值在其中的權重，讓它們彼此間的衝突程度降至較低。舉例而言，政府在研擬是否應在金門和烈嶼（小金門）之間興建跨海大橋時，究竟應該將回應性置於首位考量，還是應該將經濟價值視為第一？此即屬在各種價值之間進行權重安排的調和工作；但若是只是在回應性和經濟性二種價值之間擇一作為決策依據，此則是價值抉擇。通常，政府多會採取權重安排的作法，以兼顧多元的公共價值——也就是盡量含納不同群體的多樣期待，達到一種「雖不滿意，但能接受」狀態（此即「妥協」），而不是採取排除某些特定價值或甚至是零和賽局的價值抉擇，以避免激化對立的情形發生。

（三）體現憲政價值

學者羅爾（John A. Rohr）（1989）指出，政府官員的最高道德責任就是確保各項民主政體的憲法價值能夠獲得實現（施能傑，2004：107）。本文認為憲政價值乃是一個政體的最高的與核心的價值，因此，公共服務的各項價值諸如利益迴避、保密義務、服從命令、經濟效率以及回應、空間正義、兩性平權等等，應是都與憲政價值息息相關，其作用應是憲政價值在實務上的體現。或者應該從以下角度理解，即：公共服務所奉行的價值，雖然不一定直接實現一個國家的憲政價值，但至少不得違背之，抑有進者，政府機關與公務員在落實某些行政方面手段性價值時，例如經濟效率，應盡可能使之與憲政價值相契合。總之，公共服務的倫理價值體系必須要能夠有效體現一個國家的憲政價值，因為憲政價值乃是政體之最高價值。誠如羅爾所提出的以下觀點（Rohr, 1989: 68; 施能傑，2004：107）：

第一，公務倫理價值規範必須為支撐政體最高價值之目的而建立；

第二，政體所依賴之價值具有規範作用，因此政府官員必須宣誓效忠政體的最高價值而後得以被任用。

三、公共服務核心價值之內涵

前已述及，近年來OECD倡議政府改造之核心課題即倫理的強化，而「以價值為基礎的公共服務」（value-based public service）目前已成為該組織提倡的公務倫理觀念。誠如前述，各種價值間的抉擇與調和乃是公共服務的決策內涵之一。誠如賽蒙（Herbert A. Simon）所言，任何的行政行為都可視為決策過程，而每個決策若需考量價值課題時，這些價值便構成了決策的前提條件（decision premises）(Simon, 1997: 23-24)。例如，當分配公務預算時，公平或效率的考量時常是分配這些預算資源所需重視的價值條件。根據一項針對我國文官公共服務價值觀進行經驗調查發現，台灣文官公共服務的核心倫理價值排名前10名依序為：廉潔、負責、專業、公共利益、行政中立、公平、誠實、效率、正直、民主等（蔡秀涓，2009）。本文茲將國內學者之研究發現結合OECD之報告，彙整台灣與各國公共服務核心價值如表7-3（蔡秀涓，2009；張世杰，2011：145；OECD, 2000轉引自施能傑，2004：137-138），提供讀者參考。

表7-3　各個民主國家公共服務價值彙整表

國別	核心價值
台灣	廉潔、負責、專業、公共利益、行政中立、公平、誠實、效率、正直、民主
英國	無私公正、依法行事、廉潔誠實、透明公開、負責
日本	無私公正、依法行事、廉潔誠實、平等、嚴守祕密、公共利益、利益迴避、服從指揮
韓國	無私公正、依法行事、廉潔誠實、嚴守祕密、專業主義、服從指揮、效忠國家、親切人道關懷
澳洲	無私公正、廉潔誠實、效率、平等、公平、專業主義、親切人道關懷
奧地利	無私公正、依法行事、廉潔誠實、負責、嚴守祕密
比利時	依法行事、廉潔誠實、服從指揮
加拿大	無私公正、依法行事、廉潔誠實、透明公開、利益迴避

表7-3 各個民主國家公共服務價值彙整表（續）

國別	核心價值
捷克	無私公正、嚴守祕密、利益迴避
丹麥	無私公正、依法行事、廉潔誠實、效率
芬蘭	無私公正、透明公開、負責
法國	嚴守祕密、服從指揮
德國	無私公正、依法行事、廉潔誠實、平等、負責、公平、嚴守祕密、專業主義、公共利益、利益迴避、服從指揮、效忠國家
希臘	無私公正、依法行事、廉潔誠實、透明公開、效率
匈牙利	無私公正、依法行事、效率、負責、公平、專業主義、公共利益、親切人道關懷
愛爾蘭	無私公正、依法行事、效率、平等、公平、嚴守祕密、專業主義、利益迴避、慎用國家資源
冰島	無私公正、依法行事、透明公開、負責
義大利	無私公正、依法行事、效率、服從指揮、效忠國家
盧森堡	無私公正、透明公開、平等
墨西哥	依法行事、廉潔誠實、透明公開、效率、負責
荷蘭	無私公正、依法行事、廉潔誠實、透明公開、平等
挪威	無私公正、依法行事、透明公開、效率、平等、公平、慎用國家資源、效忠國家
紐西蘭	廉潔誠實、透明公開、效率、負責、公平
波蘭	無私公正、廉潔誠實、專業主義
葡萄牙	無私公正、依法行事、廉潔誠實、透明公開、效率、平等、負責、公平、專業主義、公共利益
西班牙	無私公正、依法行事、效率、公平、公共利益
瑞士	依法行事、效率、公共利益
瑞典	無私公正、依法行事、廉潔誠實、透明公開、效率、平等、負責、公平、嚴守祕密、公共利益、利益迴避、慎用國家資源
土耳其	無私公正、依法行事、廉潔誠實、平等、公平、慎用國家資源、效忠國家
美國	無私公正、依法行事、廉潔誠實、透明公開、效率、平等、嚴守祕密、利益迴避、慎用國家資源

資料來源：蔡秀涓，2009；張世杰，2011：145；OECD, 2000轉引自施能傑，2004：137-138。

表7-3所列國家，除台灣外，主要是OECD成員國。OECD 一向重視公共服務

倫理的價值課題，2000年以來先後多次出版關於成員國公共服務倫理價值的相關調查報告。1996年其出版的首份報告要求成員國要建立一個有效推動服務倫理所需要的基礎工程（ethics infrastructure），隨後2000年所提報告則描述了成員國的實際執行狀況，該份報告將「服務倫理」和「正直誠實」兩個概念交互使用，報告的主要理念就是將提升服務倫理視為是增進民眾信任政府的必須作法（施能傑，2004：119）。

OECD在報告中明確指出，各級政府想提供給公民在經濟與社會生活上有一個可信任和有效的架構時，正直誠實已成為是該架構中的根本要件之一。倡導建立正直誠實的機制和體系也愈來愈被認為是善治的基本要素。所謂確保正直誠實就是指（OECD, 2000: 1轉引自施能傑，2004：119）：

第一，政府員工行為符合所任職機關組織的公共職掌；
第二，日常的公共服務運作具有可靠性；
第三，公民獲得根據合法性和公正性所為之無偏私對待；
第四，公共資源能有效率地、有效能地和適當地被運用；
第五，決定程序對民眾公開透明，並允許民眾質疑審視和給予抱怨救濟。

除台灣之外，表7-3所列各項價值，可以一窺OECD各成員國的公共服務核心價值並不一致，但是其中有十幾項價值，卻一再重複為各國所共同支持，其次數排序如表7-4（OECD, 2000: 33; 施能傑，2004：120）：

表7-4　各個公共服務價值為OECD成員國共同支持的次數排序

價值	支持次數
無私公正	24國
依法行事	22國
廉潔誠實	18國
透明公開	14國
追求效率	14國
確保平等	11國
負責	11國
公平	10國

表7-4　各個公共服務價值為OECD成員國共同支持的次數排序（續）

價值	支持次數
嚴守祕密	10國
專業主義	8國
公共利益	7國
利益迴避	7國
服從指揮領導	6國
慎用國家資源	5國
效忠國家	5國
親切人道關懷	3國

資料來源：根據OECD, 2000: 33; 施能傑，2004：120；作者自繪。

四、他山之石：反思我國公共服務價值體系之建構

　　表7-4所列各項價值，可以說是核心中的核心，足資我國借鏡參考。我國行政院曾核定「創新」、「進取」、「專業」三項核心價值，學者蔡良文認為，其應於行政倫理而言，「創新」可視為決策倫理與規劃倫理之意涵；「進取」及「專業」可視為「行事倫理」與執行倫理之意涵。然而公共行政人員在提供公共服務時，所應具備之核心價值，絕不僅止於上述行政院所核定之三項而已，其他諸如對國家忠誠、廉能、依法行政、公正無私等，首應列為我國公務員應信守的價值。抑有進者，蔡良文認為，我國行政院曾核定「創新」、「進取」、「專業」三項核心價值，由實質方面觀察，其性質似較重於事實或實務執行的工作價值，而非內化於公務人員內心之價值；它們是衡量事務之準繩，而非國家永續發展、國家與公共利益維護之基石（蔡良文，2007：664-665）。

　　若從本文稍前所提出之公共服務價值應具備之特性——「體現憲政價值」予以衡量，「創新」、「進取」、「專業」三項價值，似乎較未能符合前項標準。職此之故，本文認為我國應及早參酌世界先進民主國家之作法以及其所臚列的公共服務核心價值，建立一套周延並適合我國國情系絡與民眾期望的公共服務價值準則，俾

供我國公務員遵守，同時也是政府對民眾的明確承諾。

舉例而言，1995年，英國首相設立了「公共服務標準委員會（Committee on Standards in Public Life）」，經過幾週公聽會廣徵意見後，正式提出了7項公共服務原則，要求所有公務員在提供公共服務時皆需遵行之（施能傑，2004：120）：

第一，要完全根據公共利益進行決策的無私原則；
第二，不應受到任何財務等誘惑以致影響職務執行的正直誠實原則；
第三，根據功績標準進行包括採購、人事任用或獎勵等公務運作的客觀原則；
第四，為其決定和行動向民眾負責並接受檢驗的課責原則；
第五，決定和行為過程儘量透明的公開原則；
第六，申報與職務相關之任何個人利益的誠實原則；
第七，以身作則力行這些倫理期待的領導原則。

若是仔細檢視上述7項原則，可以簡單歸納其中蘊含了表7-3當中諸多核心價值，諸如：公共利益、公正無私、正直誠實、負責、功績標準、公開透明、領導力等等。

總之，盱衡OECD公布成員國公共服務核心價值報告之經驗，並參酌前述英國的實際作法，我國政府實應跟上時代趨勢，我國政府不但應公開揭示公共服務的價值準繩，以建立民眾對政府的信任基礎，此一舉措更應由最高層級行政首長為名躬身為之，視之為國家重大的施政方針。

第六節　創造公共價值

一、創造公共價值的概念架構

學者穆爾在其名著《創造公共價值：政府的策略管理》（*Creating Public Value: Strategic Management in Government*, 1995）當中提倡政府部門的政策規劃，應兼顧三項要素，他稱之為「策略三角」（the strategic triangle），見圖7-2。此一概念架構彰顯了民主治理過程中的三項基本特性——公共參與、正當性以及

實踐能力，而實現公共價值的可能性便是取決於上述三項特性在某個政策運作過程中所呈現的強度。本文首先將策略三角的意義敘述如下（Moore, 1995: 70-72; Benington & Moore, 2011: 4-5）：

（一）澄清公共價值

意指界定政府的策略性目標以及民眾所期待的公共價值，這些價值和目標最好能夠經由可以想像和預見的公共政策產出結果，讓民眾得以瞭解。亦即，政府的政策內容應具備堅實的價值基礎，並且這些價值基礎必須是民眾所期望者。此一策略的實踐就是政府必須產出一些對公共服務監督者和顧客有價值的事物，而且最好是能以較低的代價，包括較少的金錢物資和較少的權威運用，生產出較高的利益。

（二）塑造權威的環境（authorizing environment）──取得正當性

意指創造一種具備權威的環境，這種環境是實現公共價值所必要的環節。亦即，欲實現公共價值的公共政策必須能夠獲得利害關係人與社會大眾的認同。此一策略的實踐就是政府的施政作為應取得廣泛的政治支持，包括來自於各政黨、政客、利益團體、公民的普遍同意，所以政策主要的推動者（決策者）通常要致力於建立和維持分布於公部門（包括民選政治人物、政治任命的官員、永業的公共官僚）、私部門以及第三部門的政策利害關係人的結盟關係。如此不但要促使政策作為具備合法性（legality），亦即不違背法令的規範或經過立法程序的考驗，進而擁有正當性（legitimacy），而使之具備高度的政治可行性。

（三）建立行政運作的能力

意指政府必須具備落實公共價值的能力，包括了財務、科技、幕僚、技巧等因素，此即通稱之行政可行性。此一策略的實踐在於政府應該採行各種有助於能力建構的各種措施，包括對公共組織及其成員授能（empowerment）、對公共組織建立適當的制度並加以落實，盡可能動員有助於增益於實現公共價值之組織內外的資源。

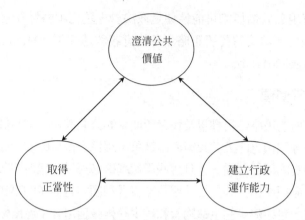

圖7-2　穆爾的創造公共價值的策略三角概念架構
資料來源：Moore, 1995: 70-72。

綜合言之，前述策略三角的概念指出了，創造公共價值的策略必須要能夠通過以下三項考驗（Moore, 1995: 71; Benington & Moore, 2011: 5）：

第一，其所宣稱的公共價值必須令人信服；

第二，其必須取得一定的權威地位並獲得一定的政治支持，亦即必須持續得到關鍵的政治人物和利害關係人的支持；

第三，其必須具備運作和行政的可行性，亦即必須擁有創造和傳輸公共價值產出結果所必要之財務、科技、幕僚技能和組織能力的充分支援。

以上三個要素從策略角度而論都極為重要，只不過它們不一定會同時具備，或者說通常是三缺一二，甚至完全欠缺。所以，公共行政人員經常必須致力促使它們實現，透過協商讓它們可以形成一種有利於公共價值實現的狀態（Benington & Moore, 2011: 5）。

二、創造公共價值的策略核心行動

根據前述概念架構，在創造公共價值過程中的三項策略引領之下，政策決策者或是公共行政人員所必須採取的作為必然相當繁複，本文此處所要介紹者，乃是其

中不可或缺者，而且是以三項策略爲基礎所開展者，故本文稱它們爲「策略」「核心」行動。茲扼要闡釋如下。

（一）價值行銷與調整

公共價值的界定與澄清此一策略最重要的行動就是，政策決策者或是公共行政人員針對其所欲推動的公共政策與價值所做的行銷工作。進而，若是在此價值行銷過程中發現該價值並不能獲得多數認同，更無法獲得政治系絡中主要參與者的支持，顯然該價值也就難以被稱爲「公共」價值了。是以修正和調整價值本身，勢所必然。因此將多數政策利害關係人的意見或是將主要參與者的期望，與原先所欲推動的價值進行融合；或是乾脆徹底換位思考，將他（她）們的期望列於首要位置，甚至將原先的價值完全揚棄（也有可能是爲了顏面而名存實亡）。

（二）爭取盟友

可想而知，就實務經驗而論，首先最具挑戰的工作便是所謂「取得正當性」。政府主要決策者或是公共行政人員爲了推動某項公共政策和價值，經常要處於一種爭取盟友的狀態，當代公共治理新興的課題「政策（府）行銷」，正是在此種政府必須爲其作爲取得正當性的系絡下應運而生的措施。這一連串取得正當性的行動其訴求對象包括：關鍵的政治人物、團體、群眾、其他部門或層級政府機關（構）乃至於公共官僚。

（三）拓展與重組資源

與前述二個環節重要性相當的是「行政能力」，從今日較爲宏觀的角度而言，也可說就是公共治理的能力，包括三項主要作爲（Moore, 1995: 22）：

第一，對於什麼是符合公共價值的事情做出正確的判斷；
第二，對於政治期望進行診斷；
第三，對於施政的可行性精確地加以計算。

以上三項都是行政能力的組成成分，由於前二項稍前已做闡釋，此處僅針對第三項加以說明。

1. 資源的範疇

對於施政的可行性精確地加以計算，也包含了對於有益於公共價值實現之可用

資源的動員能力，因而計算的範疇應包括——

第一，「目前已掌握之資源」；

第二，「未來『將會』取得之資源」：如果沒有以外必定取得者；

第三，「未來『可能』取得之資源」：必須動員爭取但不一定會取得者；

甚至還應列入——

第四，「即將失去之資源」：目前擁有但由於時效限制、數量用盡等因素未來必定會失去的資源；

第五，「未來有可能失去之資源」：目前擁有但未來有失去之風險的資源。

2. 拓展和重組資源的行動

誠如前述，建立行政能力此一策略中所謂資源，包括一切有益於促成公共價值之實現的人、事、財、物、知識、科技、個人的技能、時間、空間、機會和情境等。此一過程最重要的行動就是拓展和重組資源，以下臚列此些重要概念予以扼要說明之：

（1）資源的內容

第一，財務：可以想見的是，政府欲採取任何作爲，其最根本的基礎就是必須要有充足經費，因此預算編制和爭取的能力至爲關鍵。

第二，人、事、知識、科技、個人的技能：舉例而言，若欲推動之政策需要某種特定專業知識和科技，則針對現有人員的教育訓練或是甄補專業人士都是一種新資源的需求。以上的例子很明顯就涉及了：人——員工、事——教育訓練、知識和科技——專業技術、個人的技能——透過教育訓練獲取執行政策所需要的個人技藝。

第三，時間：此意味著，政策從規劃到執行所需之時間能否爲民眾所接受。

第四，空間：則是泛指一切政策作爲所必須利用的場所，例如舉行政策公聽會的地點，有形的場所布置或是抽象的氛圍塑造等。

第五，機會和情境：意謂有利於建立聯盟、行銷價值的客觀局勢，重點在於政策決策者以及公共行政人員是否有能力辨識（研判）、洞悉（預測）甚至是創造（或是扭轉劣勢成爲契機）此種機會和情境，然後就是要有能力愼重把握並妥善運用之。

（2）拓展和重組資源

第一，拓展資源：所謂拓展資源意指，增加資源的數量、種類、來源等。

第二，重組資源：所謂重組資源意指，改變原來資源的運用方式，包括——人員的重新調度（升遷、配置、進用或開除）、活動或是工作流程的重新設計、經費的重新分配、物品的利用方式改變、知識科技的更新、時間的重新安排、空間的重新配置等。

以上創造公共價值的策略行動過程可以繪製成圖7-3呈現之。

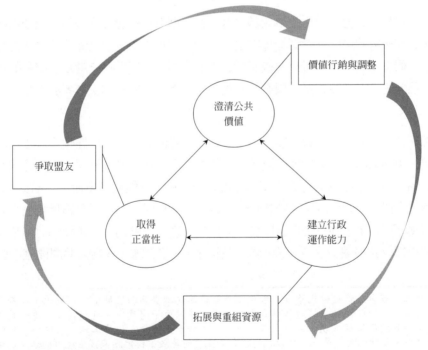

圖7-3　創造公共價值的策略核心行動

資料來源：參考Moore, 1995: 70-72作者自繪。

三、變遷情境中的公共價值創造

　　隨著時空環境以及公共行政思維和實務的變遷，前述公共價值創造的概念架構是否已經有所改變而不再適用？換言之，此一架構本質上是「以政府為中心」的思維發展而成，其三項策略要素都指向政府在創造公共價值過程必須採取的行動，政府居於主動地位、扮演積極角色。這樣的觀點，時至今日是否依然有效？對此疑問，原創者穆爾也做出了回應，值得思考，而本文也認為此一概念架構仍然值得推介與重視的原因如下。

（一）系絡變遷中公共價值思考和行動的意義

　　在全球生態改變、政治經濟局勢變遷、科技創新和社會文化發展的宏觀系絡影響下，人類置身其中的社會結構也因之不斷地在演化當中，而且變得速度和幅度經常超乎人們想像。因此思考公共價值對吾人最重要的作用很可能就是：讓我們可以找到自己的定位，然後在這個價值的基礎上生活下去。此乃本文作者的拙見，謹供參考。

　　然而盱衡宏觀局勢的實際變遷情形，顯而易見的有：地球生態暖化現象造成氣候變遷、中國崛起和美國的緊張關係、恐怖主義朝向新的形式發展、行動通信傳輸技術大幅進步、網路商機方興未艾、雲端科技盛行、綠能產業革命[15]、全球經濟整合與區域合作、金融市場全球同步化但災難也無一倖免、傳統經濟強權角色從北美和西歐逐漸移轉至中國拉美東盟印度等非白種國度、中國為首所組建的亞洲基礎設施投資銀行及其根壤——「一帶一路」[16]策略——以全球合作之姿共同開發中亞與

---

[15] 第三次工業革命又稱數位化革命。數位化革命使傳統工業更加機械化、自動化，從而減少了工作成本，使整個社會的運作模式徹底改變。其以原子能技術、航天技術、電子電腦和可再生能源的應用為代表，包括人工合成材料、分子生物學、遺傳工程、太陽能、風能等高新技術。其特色為：第一、科學技術推動生產力的發展，轉化為直接生產力的速度加快。第二、科學技術密切結合，相互促進。第三、科學技術各個領域相互滲透。請參考：http://zh.wikipedia.org/wiki/%E6%95%B8%E5%AD%97%E5%8C%96%E9%9D%A9%E5%91%BD。檢索日期：2015年5月14日。

[16] 一帶一路（One Belt and One Road, OBAOR；或稱One Belt One Road, OBOR；又可稱Belt And Road, BAR）是「絲綢之路經濟帶」（「一帶」）和「21世紀海上絲綢之路」（「一路」）兩者簡稱之合稱，是由中國最高領導人習近平於2013年9月和10月分別提出的經濟合作概念，屬於跨國經濟帶。中國國務院總理李克強在亞洲和歐洲訪問時進一步推廣，並寫進總理政府工作報告中，成為中國對外的主要經濟戰略。一帶一路不是一個實體和機制，而是合作發展的理念和倡議，是依靠中國與有關國家和地區既有的雙多邊機制，藉助既有的、行

東南亞市場等等新形勢的發展，當今公共行政的視野和手段絕不可能再固守傳統窠臼，因為上述變遷早就改變了我們的社會結構進而導致生活習慣的大幅改變。

　　舉例而言，某人受僱於某專營辦公事務機器跨國企業，擔任台灣區業務代表。她沒有辦公室，只有公司提供的手提電腦、雲端資料庫及硬碟、電子郵件帳號。工作上的溝通及命令傳遞與公文往來全部經由電子郵件，若有需要公務支出（例如出差、日常辦公所需庶務開銷等）則公司會將經費匯入其銀行帳戶，公務經費核銷單據只需郵寄給公司在台灣委託的會計室事務所處理，至於她的薪水紅利等當然也是匯款入其個人帳戶。至於，她的工作就是接受公司命令向特定客戶介紹與行銷公司的服務和產品，並負責代表公司簽訂契約，契約簽訂後送交公司在台灣委託的律師事務所檢查確認後郵寄給總部，至於送貨則是由與公司簽約的倉儲物流公司負責，公司在確認契約訂單後會進行後續出貨程序，到此她的工作就算是告一段落。像她這樣的業務代表，在台灣不止她一位，至於她所簽訂契約的客戶之售後服務則無須由她處理，公司在台灣有簽約外包負責維修服務的合作廠商，所有購買該公司產品的客戶都能獲得該維修廠商的服務，只需一通電話，專人到場回收待修機器。附帶一提，與前述倉儲物流公司以及這家維修廠商簽約，委託其提供服務的企業當然不止一家。

　　上述的商業型態和工作方式早已顛覆了人們對於「上班」和「公司」的傳統認知，而公共行政面對如此新型態的商業和就業型態，該如何著手施以必要的管制？進而什麼項目是必要的管制？如何確保消費權益？如何確保勞工權益？如何防偽及避免詐欺？如何課以稅賦？前述問號背後都是公共價值，都是政府面對系絡變遷所要因應處理的問題。所以，反思系絡變遷對社會結構的影響進而對傳統價值的顛覆以及形塑新的公共價值，都是今日政府機關（構）、政策決策者以及公共行政人員要關注並倡議公共價值的基礎所在。

（二）政府萎縮（shrinking government）但從未退場

　　儘管自1980年代以來，新右派（或稱新保守主義）在美國總統雷根（Ronald

之有效的區域合作平台，旨在借用古代「絲綢之路」的歷史符號，高舉和平發展的旗幟，主動地發展與沿線國家和地區的經濟合作夥伴關係，共同打造政治互信、經濟融合、文化包容的利益共同體、命運共同體和責任共同體。請參考：http://zh.wikipedia.org/wiki/%E4%B8%80%E5%B8%B6%E4%B8%80%E8%B7%AF。檢索日期：2015年5月14日。

Wilson Reagan 1911-2004）[17]和英國首相柴契爾（Margret Hilda Thatcher 1925-
2013）[18]的推波助瀾下，再度抬頭，使得大有為政府的觀念備受質疑，以市場作
為資源主要分配機制的論述再度受到青睞（Benington & Moore, 2011: 7）。雖然
諸如透過委外方式將公共服務的提供由政府移轉至民間，此種間接治理（indirect
governance）盛行，導致在某些國家的政府規模因而縮小，學者稱此種現象為中空
國家（hollow state）或萎縮國家，儘管如此，政府從未真正的退場。

　　在前述意識型態的鼓舞下，集體性的價值抉擇遭到批判和揚棄，而個人作為
價值的最終決斷者此種觀點被大力宣揚，一方面其被制度化成為對於代議民主政治

---

[17] 第40任美國總統（1981-1989）。踏入政壇前，雷根也曾擔任過運動廣播員、救生員、報社
專欄作家、電影演員，他的演說風格高明而極具說服力，被媒體譽為「偉大的溝通者」，美
國人心目中最偉大的總統之一。雷根推行的經濟政策為供應面經濟學，被人稱為「雷根經
濟學」。他將所得稅降低了25%、減少通貨膨脹、降低利率、擴大軍費開支、增加政府赤字
和國債，排除稅賦規則的漏洞，對商業行為解除管制，使美國經濟歷經1981至1982年的急
遽衰退後，從1982年開始了極為亮眼的經濟成長。他始終對於聯邦政府處理問題的能力抱
持著高度懷疑態度，尤其是在經濟問題方面，他在就職典禮上公開說道：「政府並不是解
決問題的方法，政府本身才是問題所在」。學者稱他這種態度為「貶責官僚」（bureaucracy
bashing）（Wamsley et al., 1990）。而他的解決方式是減少政府的干涉並降低稅率和解除商
業管制，讓市場機制自行修正問題。雷根在政治意識形態上貫徹了反共主義與民主資本主
義，但當時貧富不均問題也持續飆升。他的開放政策也導致貪汙腐敗，任內爆發大量嚴重的
政治醜聞，自己以及諸多官員與幕僚都遭定罪。由於他的右派立場，使得許多的觀察家，尤
其是美國的保守派，稱讚雷根是促使蘇聯共黨垮台的主要功臣，但歷史學家對此尚未達成共
識。總之，雷根的總統任期大大影響了美國1980年代的文化，使得1980年代也常被稱為「雷
根時代」，其右翼保守的思想至今仍是美國保守派的標志。請參考：http://zh.wikipedia.org/
wiki/%E7%BD%97%E7%BA%B3%E5%BE%B7%C2%B7%E9%87%8C%E6%A0%B9。檢索
日期：2015年5月14日。

[18] 至今為止英國唯一的女首相，也是自19世紀以來連任時間最長的英國首相。其政治哲學與政
策主張被通稱為「柴契爾主義」，在首相任期內，她對英國的經濟、社會與文化作出了既深
且廣的改變。她擔任首相前後高姿態地反對共產主義，被前蘇聯媒體戲稱為「鐵娘子」，這
個綽號成為她的主要形象。她拋棄了二戰之後的所謂「共識政治」與「凱因斯主義」政策，
減少政府對經濟活動的干預，對大多數國營事業實行民營化，使勞動力市場變得更具彈性，
在財政上採用貨幣主義政策。使得英國經濟最終走出了長期「滯脹」（stagflation）（即經
濟發展停滯、失業、通貨膨脹同時發生並持續）的局面。自1981年以後，英國經濟的年實際
增長率為3%以上，此一成就在當時是僅次於日本的西方已開發國家。在社會文化領域，她
致力於抨擊福利制度所衍生的「不勞而獲」思想，頌揚傳統的中產階級道德，鼓吹「個人經
由努力工作以創造財富而非依賴財富重分配獲利的理念」。她亦成功地削弱工會力量，使之
失去左右政局的影響力。外交方面，透過與意識形態相近的美國總統雷根結成緊密盟友，深
化了英美特殊關係。而在1982年爆發的福克蘭群島戰爭，藉著重創阿根廷軍隊並奪回福克蘭
群島，在一定程度上重拾了英國的大國形象。同時，作為雷根的重要及忠實夥伴，她也被認
為是領導西方世界戰勝蘇聯，贏得冷戰勝利的領袖之一。請參考：http://zh.wikipedia.org/wik
i/%E5%81%9C%E6%BB%AF%E6%80%A7%E9%80%9A%E8%B2%A8%E8%86%A8%E8%84
%B9。檢索日期：2015年5月14日。

的堅持，另一方面則是制度化成爲由個別消費者之選擇所導引的私人市場。長期以來人們早以明瞭，經由民主政治過程做成集體決策的困難在於，曠日廢時甚至徒勞無功，更糟糕的是還可能引發各種貪腐。如果集體決策有上述困境而無法產生有效率的公共利益，那麼是否有可能將決策者的數量降至最低？簡言之，西方許多人已經對於民主政治作爲凝聚個體、摒除分歧利益、形成團結整體的機制喪失信心，亦即，對於政府能夠排除腐化或自我圖利而以效率、效能、公平、正義的程序實現公共目的的可能性，抱持著高度懷疑。職此之故，政府作爲公共價值的界定者和生產者的角色備受質疑，因而將市場作爲實現個人選擇和社會需求的機制此一觀點愈來愈受重視。新右派或新保守主義此種擴張個人選擇的主張，部分是透過縮減政府規模和服務（干預）範圍的途徑達成，因此關於資源如何運用的選擇，有更多是經由個人在市場當中的行動做成，而不是經由政府的集體行動完成（Benington & Moore, 2011: 8）。

是以，1990年代以新右派意識型態爲基礎發展出來的新公共管理，相信政府可以師法企業，引進私部門的管理技術以改善公共管理。從而政府機關（構）被鼓舞採行顧客導向的信念，將公共服務傳輸的對象界定爲消費者。公部門也被鼓舞重視成果導向，採行績效薪酬方法以促使第一線工作人員與高階管理者努力且用心工作並向服務對象負更大責任（Benington & Moore, 2011: 8-9）。

但與此同時，此種給予個人選擇更大空間的作法卻仍然是由政府財政支撐。換言之，政府鼓勵公共服務提供者之間的競爭，但這些公共服務仍然由政府買單。批判政府作爲一種資源分配的制度、質疑集體決策、縮減公共領域的規模等種種作爲，並不能眞正讓政府消失。政府仍然掌握著維持和促進經濟發展所必要的生產、服務以及管制功能，其仍肩負社會穩定、司法正義、落實憲政等重要責任。政策決策者和公共行政人員仍然必須履行其職責對公共資源的運用進行決策，而且對於改善政府核心的管理程序仍然承受著極大壓力。綜合言之，政府的服務範圍及其規模或許縮減，可是它的傳統角色並未改變。以政府爲中心之創造公共價值的策略三角架構，還是能夠解釋當代公共價值的「界定」、「傳輸」以及「根據」是「從何而來」、「如何運作」、「怎麼調整」。

誠如穆爾所言，策略三角提供一個架構，試圖提供一種思維的方向，讓人們思考政府和社會的關係以及構成有效率的公共管理之條件爲何。所以這個概念架構基

於如下的理念被提出（Benington & Moore, 2011: 9）：

第一，公民可以去辯證政府在社會中扮演的角色；
第二，公民可以決定他（她）們所希望的個人處境和社會情境；
第三，公民可以界定他（她）們所想要的而由政府管理的公共責任。
第四，公民可以界定他（她）們所想要的而透過其與市場關係構成且由個人所掌握的私人責任。

基於上述理念，創造公共價值的策略三角概念架構並不提供關於政府責任和角色的固定內涵，反之，其內容可以經由理論辯證和實務經驗加以填充。所以在新右派的意識型態和新公共管理改革衝擊下，策略三角概念架構的適用性可見諸於以下數端（Benington & Moore, 2011: 10-11）：

第一，並未排拒新公共管理的改革技術：新公共管理縮減政府規模、師法企業等行政思維的變革和實務的作法，完全可以置於策略三角架構當中「建構行政能力」項下，毫無衝突或窒礙。所以它完全可以含納當今對於政府組織的各種創新變革以提高其效率、效能、回應等諸多改革技術。

第二，可以含括今日人們對於公部門課責的期望：另此一架構當然也可以吸納今日人們對於政府及其人員必須給予更多課責的觀念，就此種觀點，本文認為其不但可以置於「建構行政能力」的策略要素項下，更可以歸於「取得正當性」策略要素項下進行探討。因為增加課責也意味著行政行為之正當性的強化，公共行政人員的作為更能獲得權威性，畢竟它們是「師出有名」並且出了差錯必須「負責」，因此可以讓人們比較放心。

（三）面對新的網絡治理型態必須採取新的思維和行動

時序進入21世紀，公共治理參與者較之往昔顯然複雜許多，所謂網絡治理的現象盛行，政府或許是治理過程眾多參與者之一，但無可諱言的是，它從來就是網絡治理的重心所在。因為，所有治理作為所需要的正當性仍然來自於政府，亦即，各種治理作為的權威依據——公共政策（法律）的合法化程序依然由政府部門[19]獨占。

---

[19] 廣義的政府包含行政、立法、司法三部門。

今日人們期待政府「多做事少開銷」（doing more with less）的壓力急遽攀升，是以更有效率的領導被認為是降低公共服務體系內各自為政的公共組織間交易成本最有力的竅門，同時能夠促成整個公部門協力合作的領導作為，也被認為是提升效率、效能和生產力的關鍵所在。而前述所謂有效的領導不止局限於撙節開支或是增加產出而已，它還應該包括蘊含公共價值的政策結果能否為其服務對象、公民和社群帶來利益（Benington & Hartley, 2009; Benington & Moore, 2011: 12）。

學者班寧頓根據穆爾的概念架構進一步提出「公共價值鍊」（public value chain）（Benington, 2011）的概念。所謂公共價值鍊意指「檢視創造公共價值的『過程』」，亦即將公共價值之創造視為連續過程予以檢視，而這些檢視工作希望能夠指出何種價值在什麼狀況下被提出，以及什麼價值在什麼情形下被消除或者是被擱置。公共價值鍊此一概念的用處在於，明確指陳公共服務生產與合作生產（co-production）的過程和活動，然後將焦點置於這個過程中每個階段公共價值如何被提出的情形。舉例言之，以公共價值鍊的概念觀察某些政策個案，就發現了當資源重新分配給某些組織（例如教室、醫院、鄰里社區）的第一線行政人員時，這些公共專家們（例如教師、護士、警察）通常會與其顧客、家庭、社區、夥伴組織以及其他利害關係人合作共創公共價值（Benington & Moore, 2011: 12）。本文以為公共價值鍊的特色在於，把公共價值的創造視為一種連續發展的過程，而且過程中公共價值是可以被替換、增強、補充的樣態。它也有助於觀察網絡治理的多元參與者互動的情形，指出：誰？如何？提出何種價值？這些價值如何競爭？最後結果為何？

面對此種網絡治理的新環境，當然必須採取新的公共價值思維和行動。這些思維和行動包含了分析和理解複雜議題之間的相互關連（interconnections）、相互依賴（interdependencies）以及交互行動（interactions）關係，並從跨域多界的視野和角度思考問題，包括：

第一，不同行動者（公共、私人、志願和非正式社群）；
第二，不同層級的政府（地方、區域、國家、跨國）；
第三，不同的服務領域（例如教育、衛生、住宅、警政、社會安全等）；
第四，不同的專業一起處理共同的問題；
第五，政治人物、管理人員和民間領袖；

　　第六，策略管理、操作管理以及第一線行政；

　　第七，程序和服務對象（介於不同程序間新的共創價值之型態、政府體制外的公共服務對象與其他利害關係人）。

　　關於公共價值創造的相關概念和工具，例如穆爾的策略三角和班寧頓的公共價值鍊以及其他種種，皆有助於政策決策者以及公共行政人員瞭解參與者複雜多元網絡治理，並且從不同面向思考和採取有效行動以強化行政能力，而這些不同面向必須同時考量，包括：

　　第一，水平橫向：不同部門、組織、學科、專業、利害關係人和夥伴。

　　第二，垂直縱向：在價值鍊中所有參與者，從最高行政機關或是國會一直到直接提供服務的第一線行政人員、接受服務的社區和民眾。其間意見的流向包含由上而下、由下而上還有中層往上以及中層往下。

　　第三，對角斜向：跨越決策網絡、政治領袖、策略管理者、操作階層管理者、第一線服務人員、服務對象和社區以上各造彼此間的合縱連橫關係。

自我評量

一、何謂公共價值的3P要素？

二、試述公共價值的哲學、心理學和生態學研究途徑之內涵。

三、試述公共價值的政治科學和管理科學研究途徑之內涵。

四、試述公共價值的特性。

五、請列舉憲政價值之基本人權五項並說明其意涵。

六、試述憲政價值之參政權利之內涵。

七、試述結果平等的意涵。

八、試述機會平等的意涵。

九、請析論公正與平等的關係。

十、試就所知闡述公共治理與行政應以社會公正為核心價值的原因。

十一、社會公正為何可以彌補經濟效率的不足？試申論之。

十二、羅爾斯的正義論的二項正義原則為何？它們對於社會公正的意義為何？

十三、社會公正的公共性為何可以成為建構良善社會的基礎？試申論之。

十四、試述美國國家公共行政學院如何倡議社會公正？

十五、試述美國國家公共行政學院所提出之社會公正的測量標準。

十六、試述達成社會公正的課責策略有哪些？

十七、請舉例一政策工具說明政府如何實現社會公正。

十八、請扼要說明我國的「社會救助法」四項政策作為。

十九、請扼要說明我國「身心障礙者權益保障法」關於身心障礙者政策參與及權益維護的規定。

二十、請扼要說明我國「身心障礙者權益保障法」關於身心障礙者權利保障原則及機會平等之促進的規定。

二十一、請扼要說明我國「身心障礙者權益保障法」關於身心障礙者保健醫療權益的規定。

二十二、請扼要說明我國「身心障礙者權益保障法」關於身心障礙者教育權益的規定。

二十三、請扼要說明我國「身心障礙者權益保障法」關於身心障礙者就業權益的規定。

二十四、請扼要說明我國「身心障礙者權益保障法」關於身心障礙者支持服務的規定。

二十五、請扼要說明我國「身心障礙者權益保障法」關於身心障礙者經濟安全的規定。

二十六、請扼要說明我國「身心障礙者權益保障法」關於身心障礙者保護服務的規定。

二十七、請扼要說明我國「身心障礙者權益保障法」關於身心障礙者保健醫療權益的規定。

二十八、請闡述我國社會救助法、身心障礙者權益保障法等社會公正二法的特色及啓發。

二十九、請說明公共服務核心價值之意義及其應具備之特質。

三十、請舉例說明五種公共服務核心價值的實踐。

三十一、請依己見提出我國建構公共服務核心價值體系的策略方向。

三十二、請扼要說明穆爾（Mark H. Moore）提出之創造公共價值之「策略三角」（the strategic triangle）的內涵。

三十三、請說明創造公共價值有哪些策略核心行動？

三十四、請說明變遷情境中的公共價值創造之內涵。

學習目標

◎瞭解自利取向的公民參與之內涵

◎瞭解自利取向之公民參與的倫理問題

◎瞭解以公共對話為基礎的實質參與

◎瞭解公共對話的倫理意義與功能

◎瞭解公民參與治理的實務運作情形

◎瞭解影響公民參與治理的實踐因素

◎瞭解公民參與治理的整體特色

前　言

　　本章將以倫理的角度論述公民參與，也就是從一種規範的（normative）觀點探討公民參與「應該」具備的屬性。因此，本章首先從反思多元論和公共選擇論此二個在20世紀自由主義位居主流的政治理論為起點，萃取其二者在哲學層次上的共同點，稱之為「自利取向的民主政治」（self-interested democracy），指出自利取向的公民參與之問題。據此，作者試圖將它們對照西方傳統政治思想中的公民和社群意識，分從哲學、理論和實踐三個層次，剖析自利取向的民主政治之內涵和限制，進而試圖勾勒一種以對話和相互理解為基礎、蘊含更多利他與互助精神的公民參與治理架構，本文稱之為實質參與（authentic participation）[1]。然不可諱言的是，本文所謂實質參與必須付出之代價就是「效率」，亦即實質參與所需耗費之時

---

[1] "authentic"一詞有真正的、可靠的、誠實的意涵，此處稱為「實質的」是因為其中文通常的意義就是指涉著「真正的」意味，而與「表象的」意義相對，故稱之。

間、人力、金錢等成本較大以及可能帶來較多的衝突，此為它的限制所在。不過，民主政府施政必須重視民眾的政治效能感，高效率的政府不一定能導致民眾高度的政治效能感，而政策開放公民參與則是一種有助於提高政治效能感的途徑，因為公民參與至少是政府回應民眾需求的起點，也是政府重視回應性的展現。以下本章首先從哲學和理論的層面分析自利取向之公民參與的特質，然後檢視其限制所在，再提出有助於彌補前述限制之以「對話」為基礎的參與理論，並指出此種公共對話在實務上似能體現為「公民參與治理」。

第一節　自利取向的公民參與

以自利為取向的多元論（pluralism）以及公共選擇論（public choice theory）可謂為20世紀西方自由民主社會中公共治理的主流思想。前者主張國家應為多元政體（polyarchy），在此理念之下，發展出以利益團體遊說活動為核心的公共政策理論與實踐。所謂多元政體的精髓在於容忍歧見，主張各種價值皆可自由表達，向國家機關以公開、平等的方式提出訴求，在國家機關分配有限的公共資源時，彼此以競爭的方式追求自我（團體）利益的實現。究其本質，多元論具有規範和實然雙重性格，亦即它所主張的多元政體是一種理想，但根據此一理想發展出來的利益團體政治則是一種實務。其次，公共選擇論則是從經濟學的市場理論闡釋政治運作的內涵，斬釘截鐵地將政客、公共官僚、民眾等參與公共事務的基本動機皆歸因於自利動機。若說多元論與公共選擇論二者有所謂交集的話，最為明顯者就落在「自利」此一預設之上。事實上，公共選擇論似乎也並未排斥多元論者所描述之利益團體乃是個體參與政治的媒介此一說法，而且多元論強調利益團體之間的「競爭」與公共選擇論所運用的市場模式實則有異曲同工之妙。只是公共選擇論將更多的焦點置於個體之上而不是團體，並且更著重於運用市場理論的邏輯。以下本節將從哲學、理論和實踐三個層次，剖析自利取向的民主政治之內涵和限制。

一、哲學層面

（一）自利個人主義

　　自利取向的民主政治最核心的哲學觀就是將人視為自利的個體，亦即個人是以追求自我利益極大化為動機採取政治行動，此也是本文之所以要將以多元論和公共選擇論為主流論述的自由主義政治，稱為「自利取向」的民主政治之原因。

　　申言之，不論是多元論還是公共選擇論都以此假定做為其理論和實務觀察的基礎（Dunleavy & O'Leary, 1987: 19-20; 90-92）。在多元論方面，它主張民主政治運作就是一群為了實現自我利益的個人組織團體向政府施壓的過程，其對個人行為動機的假定就是自利；另外，在公共選擇論方面，因為它本質上就是以經濟學做為政治研究的途徑，在此派論者眼中，人們的政治行為與其經濟行為的動機如出一轍，故其採取了經濟學對於人性的預設，即經濟人（*homo economicus*）的假定（Dye, 2007: 39）——人總在追求自我利益極大化。

（二）自由放任的競爭概念

　　自由放任主義（laissez-faire）此一意識型態主張以純粹的自由意志運作市場，它認為讓自由市場自行其道乃是一種最佳的資源分配途徑，能夠避免政府運作所導致的效率不彰，亦即自由放任主義主張政府對於諸如價格、生產、消費、產品輸送和服務提供等干預越少就能使經濟運作得更有效率。經濟學家Adam Smith在他的1776年出版的《國富論》（*The Wealth of Nations*）一書中，主張市場當中有一雙「看不見的手」將能指引人們藉由「競爭」促成利益交換以達成公共利益。職此之故，自由放任主義其實就是蘊含著以競爭概念為基礎的市場經濟理論，它相信市場總是可以對資源做最有效率的分配，政府唯有在市場失靈時才有必要干預之。

　　不過，在實務上絕對的自由放任主義幾乎不存在，大多數的現代工業國家並未徹底採行自由放任的政策，在經濟上仍有一定程度的干預。這些干預措施包括最低工資、社會福利政策、國家保護的產業政策、反托拉斯法、國營事業、累進稅制、弱勢就業保障政策以及農業或商業產品的補貼政策等，此外還會針對某些自然資源或是特殊重要民生與建設產業（如電信、交通等）採取特許、管制甚至國家壟斷的作為，而關稅和進口限額諸種貿易壁壘的設計也都與自由放任的精神相左。

　　雖然在實務上絕對的自由放任主義幾乎不存在，但自1980年代以來，美國與英國由於政府財政赤字惡化的程度極爲嚴重，自由放任遂成爲當時主政者的中心思想，在美國總統雷根（Ronald Reagan）和英國首相柴契爾夫人（Margaret Thatcher）的推波助瀾下，政府展開一連串的解除管制與民營化作爲，將原先由政府承擔的公共服務轉移由民間企業或團體提供，此一氛圍持續延續至今，影響仍然十分深遠。究其意識型態的具體描述就是主張政府應該愈小愈好，即所謂最小國家（minimal state）觀。所謂最小國家意味著，除了少數例外的情形，政府應該將資源分配的功能盡可能地交給以競爭爲核心要素的市場去處理。在政治學和公共事務的運作方面，公共選擇論給予此一意識型態科學的理論支撐，而某些多元論者所強調的高度中立國家觀點，例如學者 Patrick Dunleavy和Brendan O'Leary所稱之風向標國家（the weathervane state）[2]也是對於利益團體競爭採取高度放任而不加干預的一種政府角色（Dunleavy & O'Leary, 1987: 43-44）。

（三）個體可以自外於整體的原子論

　　自利取向的民主政治在知識論以及方法論上，基本以邏輯實證論（logical positivism）[3]（以下簡稱實證論）爲依歸（Dunleavy & O'Leary, 1987: 17-18；87-90），而實證論的重要元素之一就是原子論（atomism）（Blaikie, 1993: 15）。所謂原子論意指，自利取向的政治研究將人視爲是一種可以脫離整體、遺世獨立的個體，意即人類的世界是由一個個單獨的個體組合而成，如同原子組成各種物質一般，理論上可以任意拆解與組合，所以整體（如一個團體、社會、乃至於國家）等於個體的總和。原子論使得政治學得以運用量化的方法進行研究，也是政治論述能否可以稱爲政治「科學」的基本前提。

---

[2] 國家機關只是被動地照單全收利益團體所給予的壓力和訴求，然後將之轉換成爲產出——公共政策。所以稱國家機關如同一個風向標一般，隨風擺動並無主見，它只是反映和回應公民社會當中壓力團體間力量的均衡。

[3] 實證論的意涵爲：在方法論的層面，自利取向的政治研究所採取的是一種在經驗世界當中尋找證據俾檢證假設的方法，而且採取透過數量統計技術的方法爲之乃是上策；在知識論的層面，自利取向的政治研究者堅信，唯有經過假設檢證獲得證實的理論才是有效的知識。

二、理論與實踐層面

（一）間接的公共參與

在理論的層面，蘊含競爭概念之自利取向的政治實踐，受到多元論的引導，發展出一種間接的公共參與。特別是Mill所主張之能夠有效實現民主的代議制度（Barber, 2003: 206）和多元論二者相結合，更形成了一套以美國為主要代表之現代民主國家的政治架構：一方面由人民選出代表組成政府為自己提供服務，另一方面則是人民透過利益團體向政府訴求己利。而此一架構的本質便是「間接性的公共參與」。

在實踐的層面，為使規模龐大的現代多元政體有「效率」地運作，人民似乎別無選擇地必須透過他（她）們所選出的代表進入各級議會和政府機關制定政策以滿足己身利益，因此代議政治便應運而生（Dunleavy & O'Leary, 1987: 23-25）。然而，代議政治制度是否真能確保民意代表[4]有效和切實表達民意？至少有以下問題必須考慮：第一，從主觀的層面而論，民意代表真的會完全以民意為依歸行使其職權？第二，另就客觀的層面而言，即使民意代表願意以民意為依歸行使職權，但選區之中的價值和利益是否也會多元而且複雜到令民意代表無所適從？（Clemons & McBeth: 2001: 19-20）。職此之故，多元論者認為，個人利益要能真正受到正視，就必須組織團體以集體力量對決策者形成壓力。多元論主張個人利益透過團體參與競爭，其邏輯如後（見圖8-1）：利益相同的個人為爭取自我的利益聚合而成利益團體，各個利益團體採取各種方法向國家機關施壓（各個利益團體形成彼此競爭或是結盟的局勢），然後國家機關（部分或全部）接受（或拒絕）利益團體的訴求並制訂成政策（或不作為甚至予以反制）。亦即，多元論在公共政策實務上的體現就是利益團體成為個體利益的代言人（Clemons & McBeth: 2001: 21）。

---

4 此處所指包括立法部門中的議員和立法部門之外的民選官員。

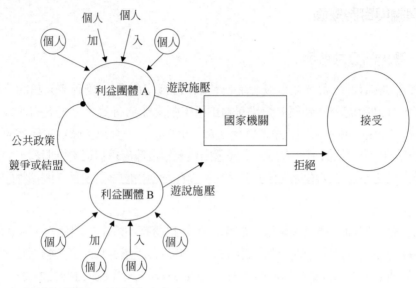

圖8-1　利益團體對公共政策的參與

資料來源：許立一，2011：44。

　　然而此種政策制訂模式，卻極有可能導致強勢團體總是在利益分配過程獲得較多（Dye, 1992: 26-27）。此種現象肇因於強勢團體對政府決策部門有著較大的影響力，因而可能使得公共行政或治理無法實現公共價值或是偏離社會公正。圖8-2中借用槓桿原理說明強勢團體對政策制定的影響力較大，使得政策向強勢團體靠攏的現象。A團體影響力大於B團體，因此政策（三角形）與A團體的距離（意味著需求和利益）較為接近。

　　其次，公共選擇論雖然並不主張一定要將利益團體視為個人利益的代言人，但它也確實並未否認利益團體在許多民主政體中扮演要角的現實，進而對於代議制，公共選擇論者似乎也不置可否。換言之，對於公共選擇論者而言，間接參與或是直接參與公共事務似乎並非值得思考的議題，他（她）們關注的焦點在於參與者基於何種動機採取政治行動？以及基於特定動機所採取的政治行動內涵為何？因而在一般情況下，間接性的公共參與在公共選擇論的分析當中是一個既定的常數。

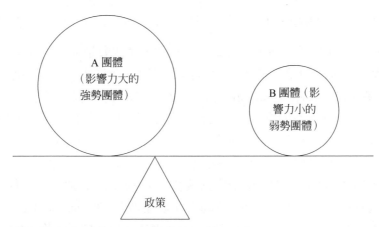

圖8-2　利益團體對公共政策制定的影響力

資料來源：參考Dye, 1992: 27繪製。

（二）多數決的決策規則

在代議制之下，民主政治通常被假定爲等同於民主的抉擇（Barber, 2003: 198）。所以，不論在多元論者還是公共選擇論者眼中，投票是行使上述抉擇權利最爲便捷的途徑，而多數決原則（majoritarianism）是做成公共決策最爲方便以及有效率的原則。

（三）反國家的傾向

自利取向的民主政治或多或少蘊含著反國家的傾向或是削弱國家力量的期待，論者或稱之爲「反國家主義」（anti-statism）（Stillman II, 1995: 29）。

首先，在理論的層次，多元論最初被用以批判Georg W. Friedrich Hegel學派關於集權國家的理論，稍後它則被用來駁斥馬克思主義（Marxism）中關於人類基本活動是勞工以及資本家兩種經濟階級[5]所構成的主張。基於前述反對集權的思維，在實踐的層次，多元論主張制度的多元論（institutional pluralism）以及社會的多元論（social pluralism）（Dunleavy & O'Leary, 1987: 15）。所謂制度的多元論即政府體制應區分成三大部門——行政（the executive）、立法（the legislation）、司法（the court）三個權力機關，各司其職、各自獨立、又彼此相互監督制衡，權力絕

---

[5] 無產階級和資產階級。

對不被任何一個部門壟斷，而且沒有任何一個部門擁有高於其他部門的權威。

社會的多元論則是意謂，社會當中每一種價值或者是利益均有平等的表達權利，人們因為彼此利益相同而自由結合成為團體，透過此種利益團體（interest group）（或稱壓力團體，pressure group）的活動，個人始有機會獲得利益的滿足。是以，在國家政務的推動上，多元的價值和利益可以經由社會中各種中介機構（intermediate institution），諸如教會、學校，以及利益團體等予以表達，並透過折衷妥協的過程獲得實現，多元論者相信經由此一途徑公共利益將可以確保實現（林鍾沂，2001：683）。此一社會多元論在美國更與建國初期的「反聯邦主義」（Anti-Federalism）緊密結合，此一論述以美國建國之父Thomas Jefferson、James Madison等人為代表，鼓吹比例代表制、公民參與、反對中央集權（Wamsley & Wolf, 1996: 12; McSwite, 1997: 70-74, 79-93）。所以，多元論主張人們組織團體向政府施壓，國家機關應該扮演回應民眾利益訴求的角色，它可以被比喻風向標[6]、中立的裁判、或是掮客（Dunleavy & O'Leary, 1987: 43-49）。學者Robert Dahl的描述更可凸顯多元論反國家的傾向：他認為多元論似乎希望國家就像「魁儡」一般，只有在它受到某個行動者控制，而且該行動者可以藉由國家機關的助力遂行其意志時，國家的重要性才會彰顯出來（Dahl, 1963: 50-51）。

其次，就公共選擇論的角度而言，它採取新古典經濟學的立場，提倡最小國家（minimal state或稱小而美國家）的觀念。1970年代，一些經濟學者如Friedrich A. Hayek、Milton Friedman以保守主義市場經濟學的觀點，批判政府的管制以及公共組織規模過於龐大的現象。這些市場經濟學者提出兩項主要的看法：第一，政府的官僚體制限制了個人的自由，因而必須以公共選擇的途徑縮減官僚體制的規模，亦即，人民應該可以透過選票，決定政府的管制範圍及其組織的規模；第二，傳統的官僚模型無法提供如同市場一般的誘因和獎酬機制，因此相較於市場，官僚根本缺乏效率（Hughes, 1998: 46-50; Peters, 1996: 16-17; Self, 1993: 32-36）。此派觀點又被稱為新保守主義（neo-conservatism）（Stillman II, 1995: 30），或稱新右派（The New Right School）（Dunleavy & O'Leary, 1987: 73-75; Self, 1993: 70-71）。歸納言之，對公共選擇理支持者而言，市場的效率遠勝於官僚體制，但國家機關之存在實乃必要之惡，因為市場失靈需要國家機關介入，也唯有市場失靈時國家機關的管制

6　意指國家機關如風向標隨風擺動並無定向（自主性）。

和干預才有其正當性，而此種管制或干預也應該以維護和健全市場機制為宗旨，所以主張最小國家的觀念。

基於上述的意識型態，從1980年代起，英國首相Margaret Thatcher和美國總統Ronald Regan大刀闊斧採行民營化策略，對公部門進行大幅的瘦身措施（Self, 1993: 77-80），此一改革思維和措施後來為許多國家追隨仿效，成為1990年代新公共管理的主要內涵，其具體措施諸如：解除管制（deregulation）、日出條款（sunshine law）、彈性預算、稅賦改革、管理革新（例如全面品質管理、企業型政府、流程再造等）等等（Osborne & Gaebler, 1992; Kettl, 1994; Peters, 1996; Hughes, 1998），影響層面之廣泛，似乎就像是Thatcher夫人的重要顧問Oliver Letwin在1980年代初期所發出的豪語──「要把全世界民營化」（Self, 1993: 93），論者指出此波風潮的結果就是造就了「空洞國家」（hollow state）的現象（Milward, 1994: 41-62）。空洞國家意味著公部門規模縮小，國家機關可以治理的層面和深度減少，對於公共選擇論的支持者而言，它的意義在於減少浪費、提升效率，並相信藉此可以實現民主政治的目標──為人民創造福祉。

第二節　自利取向之公民參與的倫理反思

一、哲學層面

（一）省思自利個人主義

在自利個人主義觀點，人對於外界環境的回應方式之特徵有二：第一，正面的意義在於，創造的動力來自於追求自利的動機，因此人類的文明得以藉此提升；第二，負面的意義是，人們的關係可以是交易關係或是權力關係，但不會是倫理關係或是道德關係。

公共選擇論就明確指出，公共事務的參與者不論是民眾、政治人物、公共官僚皆以自利為動機，因此只能造就汲汲於算計利益的自私個人、政客（politician）以及技術官僚（technocrat）。當公益受損、正義不彰時，自私的個人、政客和技術

官僚，在對自己毫無利益的情況下，只會對之視而不見（Parkin, 1994: 67-77）。因而公共治理成為無關公義和道德關懷的利益交換和權力鬥爭過程，即便其中有合作的關係也只是暫時性的利益結盟。更大的問題在於，以公共選擇為理論基礎的新公共管理論者，基於市場效率優於官僚體系的著眼點，主張將市場機制引進政府，將有助於公共服務績效的提升。但學者Peter Self認為，上述觀點只有部分正確，他指出，市場機制無法提供政府運作所必須具備的廉潔（integrity）、無私（impartiality），以及課責（accountability）等要素。因為，上述要素與市場理論所抱持的追求自利極大化的價值觀格格不入。但是，諸如廉潔、無私、課責等特質，卻對於公共治理影響甚為深遠，並且是民主政治存續的必要條件（Self, 2000: 28）。

（二）省思自由放任的競爭概念

自由放任的競爭概念可以促使人類文明的發展。人在安逸的情境下總是易於怠惰，所以在資本主義市場經濟體系中，物質生活總是要比共產社會優渥，此點在現代的歷史軌跡中，人們早已獲得印證。以自由放任競爭為核心概念的資本主義雖然可以促成物質文明的進步，但民主所欲實現的價值似乎應不僅止於此，民主的公共治理目的還應該包括締造一個公義的社會。從此一角度觀之，自由放任的競爭概念對於民主價值的實踐而言，的確有其限制。

首先，在多元論方面，如果弱勢團體與強勢團體的實力相去太遠，而主政者採取完全自由放任立場的話，將只會導致公共治理淪為弱肉強食的過程。弱勢團體將會被社會的主流價值邊緣化，他（她）們的權益將是競爭社會當中遭到淘汰的一方，是以自由競爭是否正是偏袒強勢團體的藉口？其是否以看似公平的外貌隱瞞不公的事實？

其次，就公共選擇論所主張的市場競爭法則而論，Self曾經指出20世紀末葉將市場模式嵌入公共治理的風潮，似乎未能深察市場教條（market dogma）本身隱藏的問題：

第一，自由市場與市場成長被視為福利最重要的來源，基於此種觀點，福利意味著市場當中交易的財貨與服務，此與個人的購買能力密切相關。但是，公共治理

所欲實現的社會公正（social equity）[7]之理想眞能夠單純地視同於市場當中交易的財貨與服務？Self認爲此種觀點令人質疑（Self, 2000: 26）。

　　第二，市場教條假定自由競爭市場所創造的福利，可以成功地讓社會中所有人雨露均霑，但是論者指出，根據經驗研究的結果顯示，1980年代以來的市場解放政策（即新公共管理主張的民營化和解除管制措施），使得社會當中財富分配不均的情形更爲惡化。1977年至1991年間，英國最富5%和最貧5%的人口中，財富差距由4倍擴大爲7倍。美國在1969年時，最富5%的人口之財富是最貧5%的人口的7.5倍，但到了1992年時，此一差距擴大爲11倍。1979年至1991年間，英國排行前10%的富裕階級的收入增加了60%，但是排行後10%的低所得人口收入卻短少了近20%，美國亦有類似的情形（Self, 2000: 27-28）。Self提出上列數據試圖說明，偏好自由競爭市場模式的公共治理，並不能如其所宣稱的可以有效地分配社會中的財富。換言之，自由競爭的市場模式無助於建構一個公正的社會。

　　誠如2001年諾貝爾經濟學獎得主、前世界銀行首席經濟學者Joseph E. Stiglitz就直指自由放任主義乃是促成2008年金融大海嘯的震源（姜雪影、朱家一譯，2010）。自由放任的競爭市場經濟理論長期以來合理化了自利個人主義最極端形式的貪婪與投機行爲。它不但不能抑制各種以欺騙造假爲實卻以創新爲名的金融操作，反而鼓舞和助長了前述由強勢者（這波金融海嘯的始作俑者—金融業）主導的欺詐行爲，最終導致相對弱勢者（誤信金融業者的行銷說詞而進行投資致使積蓄慘遭淘空的消費者）不僅無法從以競爭爲核心概念所建構起來的「自由市場」中獲利，反而蒙受巨大損失。Stiglitz提出之批判所帶來的概念是：政府必須扮演積極的治理角色、施以必要和適當的管制措施，而不是放任無所作爲，如此民衆方有可能避免在實力失衡卻又強調「自由」的競爭當中受害。

　　抑有進者，當政府能夠促成以表意機會均等的公共對話替代強弱實力失衡卻以「自由」爲名的競爭時，一個眞正願意以「實現公益爲終極價值的政府」其扮演積極治理的角色才有意義。

---

[7] 公正包含了平等（equality）的概念，但超越了平等的意涵。所謂平等，意指某甲相等於某乙；而所謂公正則是意指，調整資源分享俾使某甲相等於某乙（Frederickson, 1990: 229）。

（三）省思原子論

原子論假定個體可以遺世獨立，就其對於政治產生之效應，提出以下省思：

第一，缺乏社群意識的公共領域，依靠強制力的制度成為唯一可以維繫公共事務運作的因素，如此一來其能夠達成的效果似乎頗受限制，因為沒有任何一套制度可以涵蓋和規範所有具體與突發的情境。事實上，世界上沒有任何一個僅憑制度就能夠維繫公共秩序的社會。

第二，抑有進者，公共領域可能並不存在，根據原子論的邏輯，所謂公共領域只是許許多多私人領域的集合，那麼對於公共領域的探討似乎就變得沒有意義，只要探討私人領域便可。但實際上，公共領域總是不能等同於私人具體情境的總和，在某些層面公共領域遠比個體情境複雜，在某些層面公共領域又可能比個體情境單純。

第三，公共領域被假定是一個個體可以自由進出的場域，但事實上並非如此。在特定政體中，個體總是被迫必須要接受和服從既定的政治制度所設定規則，然而個體的行動也會對社會結構造成影響。誠如學者Anthony Giddens所言，社會結構乃是由具有主動創建能力的社會行動者所建構的產物，但是他（她）們卻置身於一個並非可以完全由他（她）們自己選擇的情境當中（Giddens, 1976: 157; Blaikie, 1993: 72）。申言之，個體處於公共領域當中雖然受到制度結構的牽制，但仍具有限的選擇和自主性。社會結構是一種「建構」，它們本質是人們的創制，所以人並非沒有選擇和自主空間，但同時社會結構也是一種「約束」，制度結構被創制出來最重要的初始目的在於安排集體生活秩序，因此它們反身對人們產生限制作用。於是此處呈現一種與原子論大相逕庭的觀點在於，「公共」領域不是個體可以任意進出的結構，同時既然它是一種人為的建構也就可以改造。更重要的是，因為公共領域是「人們」的建構，它的改造必然不是原子論邏輯之下純然為個體和單向的性質，其乃是一種經由個體之間互動牽引形成的社會過程。

第四，然而值得深究的是，經過社會互動過程的個體或集體行動與自利或利他結果的關係為何？對此必須分析社會行動結果的組合，本文大致歸納為如下四範疇：1.對雙方都不利，即對自己及他人皆不利，如圖8-3之象限I；2.僅對客體一方有利，即對自己不利但對他人有利，如圖8-3之象限II；3.僅對主體一方有利，即對自己有利但對他人不利，如圖8-3之象限III；4.對雙方都有利，即對自己及他人皆有利，如圖8-3之象限IV。

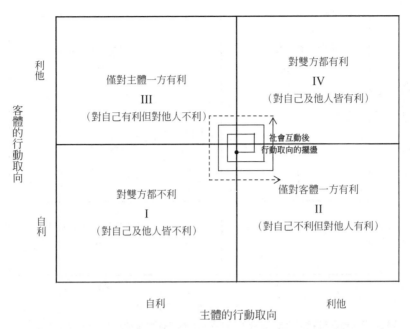

圖8-3　邏輯推演的社會行動結果

資料來源：許立一，2011：51。

　　圖8-3所示之內容是從邏輯推演而來的社會行動結果，其與真實情況不見得完全相符，因為真實世界的行動還必須加上情境因素，因此圖8-3是一個為了便於分析所建構的理念型（ideal type），於此先行敘明。然而圖8-3此一模型的功能在於彰顯行動之「社會過程」的重要性，以利於呈現原子論的限制。圖8-3中央螺旋狀的箭頭線條意指行動者歷經相互理解的社會互動過程後其行動取向的擺盪過程，行動者有可能會因為理解他人之處境後考慮捨棄自利轉而採取利他的行動，當然，圖8-3中央的箭頭線條是一種螺旋進程，它意味著行動者的行動取向不一定以自利或利他作為終點，行動的結果也不一定落在哪一個象限，但它卻顯示在相互理解的社會互動後利他可能是一種選項。更重要的是，主客雙方行動者經由相互理解的過程才能夠清楚知道：象限I的結果損人不利己，而象限II、III的結果通常是一方實力凌駕於另一方才能達成的狀態，因此象限IV才是最佳選擇，此即相互理解的社會過程超越原子論假定之處。據此，延續圖8-2模型的基本元素，繪製圖8-4進一步呈現相互理解後彼此採取某種程度的利他行動所可能帶來的結果。圖8-4所呈現的是主

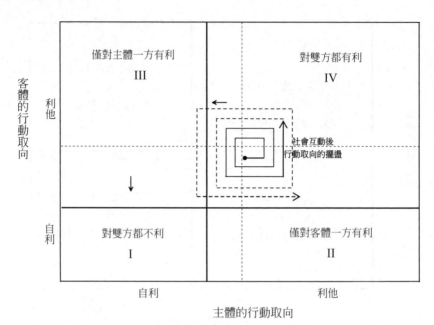

圖8-4　邏輯分析相互理解後採取讓利的社會行動結果

資料來源：許立一，2011：52。

客雙方在相互‘理解之後，彼此願意採取某種程度的利他行動（減少自利）——本文借用當下頗爲流行的一個名詞「讓利」代表此一概念；彼此讓利可以使象限IV雙方都有利的範圍擴大。

　　上述所強調的相互理解之社會互動其哲學觀點來自於釋義學（hermeneutics）[8]與現象學（phenomenology）以及後續發展的詮釋學（interpretivism）（Blaikie, 1993: 36-45; 96-97）。釋義學、現象學以及詮釋學主張社會理論與研究應側重於人們每日生活的社會體驗（social experience from everyday life）之「主觀意義」（Harmon & Mayer, 1986: 284）。誠如Weber對於社會學的定義：「其（社會學）乃是一種試圖對於『社會行動』（social action）進行『詮釋性理解』（interpretive understanding）的科學，以便獲得行動過程及其效果之因果解釋」（Weber, 1964: 88）。所謂社會行動意指經由互動過程所產生的行動，至於詮釋性理解便是主觀意義的建構過程，然而個人的主觀詮釋又因爲前述社會互動過程

---

[8] 釋義學是一種考證文本的方法，其旨趣在於從文字所處的系統來探求文字的真義。

產生主觀互證的（intersubjective）效果，形成社會性的共享意義。Weber稱此種主
觀互證的意義共享和理解過程為「*verstehen*」（或可簡單地譯為理解）（Weber,
1964: 96）。Schütz進一步補充Weber的「*verstehen*」，他也認為欲釐清社會實體
（social reality）的建構（construction）與維持（maintenace），必須藉由主觀互證
（intersubjectivity）的途徑為之，此即Weber所主張的「*verstehen*」。但是與Weber
不同的是，Schütz主張「*verstehen*」並不是專屬於社會學家的一種研究方法，而是
一種來自於日常生活經驗對於社會文化世界的「常識性思考方式」（common-sense
thinking）（Schütz, 1954: 259）。Schütz認為一般人在日常生活中對於社會世界的
理解其實就是一種主觀互證的意義共享過程，他並且主張這是一種營造「我群關
係」（we-relation）的基本程序。Schütz的補充讓吾人瞭解，相互理解的社會互動
過程應該是日常生活中時時在進行的一部分，同時也是構成「社群」生活的基本元
素之一。

　　根據以上哲學觀點，應可對原子論提出如下看法：原子論無助於公益的營造，
反之，經由社會互動（對話）過程讓人們彼此相互理解較有可能促成公益。即使自
利個人主義的人性假定為真的話，相互理解的社會互動過程也應當有助於追求自利
的人們瞭解：如果要促使自我利益盡可能地極大化，某種程度的利他或許是最佳策
略。亦即相互理解的社會互動過程在邏輯上要比原子論更能夠呈現此一命題：「純
粹以自利為初衷的行動者能夠參與社會共同利益的營造」，更重要的是，如此一來
關於政治的論述以及實踐才有可能。

二、理論與實踐層面

（一）省思間接的公共參與

　　間接性公共參與的優點在於它似乎可以比較有效率地運作公共事務，尤其對於
專業性較高的政策議題而言，或許更能凸顯間接性公共參與的優點。但此種參與模
式對民主政治也可能產生致命的傷害，茲將其問題臚列如下：

　　1. 表意機會遭到壟斷。民眾即使有意願和有能力對公共政策投入更多、更直
接的參與，代議制度以及利益團體政治可能使得前述表意機會由少數人壟斷。

2. 表達誰的意見？更嚴重的問題就是，當表意機會遭到壟斷時，民意代表和利益團體所表達的意見究竟是誰的意見？多元論者認為民意代表不一定能夠完全反映民意，因此藉由民眾組織的利益團體可以向代表施壓，迫使其不得忽略民意。但在利益團體壟斷了表意機會之後，前述問題極有可能仍然存在。因為利益團體表達的意見真是團體成員的意見？學者Robert Michels所提出之寡頭鐵律（iron law of oligarchy）似可解答上述質疑：一般大眾沒有能力或是意願處理複雜的決策，所以需要領袖喚起他（她）們的熱誠並加以組織，一旦組織形成之後，他（她）們又會聽從領袖的安排，並且依循領袖的調度，俾實現領袖自身的利益，而不是組織成員的利益（Michels, 1959; Dunleavy & O'Leary, 1987: 139-140）。論者甚至直言：代議制愈是發達就愈是向寡頭統治傾斜，而基於寡頭鐵律的原理，民眾總是傾向於對他（她）們所選出的代表授與全權，以決定攸關己身權益的政策議題（Barber, 2003: 205-206）。以此相同邏輯套用於利益團體之上，則利益團體所表達的意見總是團體領導人或領導班子的意見。

當今有愈來愈多各個領域的學者、實務界人士，以及關心時代脈動的庶民大眾以著書立說或是實際行動彰顯並撻伐上述的弊病：民主政治的運作表面上是由全民作主，至少就定期改選機制的設計看來似乎如此，但在本質上卻是由財力雄厚的少數集團（階層）所把持。抑有進者，隨著全球化所帶動之跨國企業高度成長及其版圖急遽擴張，壟斷勢力似乎益加銳不可擋。每次屆臨G8高峰會或是近年來所崛起的G20高峰會，場邊聚集來自世界各地各種針對全球資本主義有志一同的抗爭現象，正是人們對居於少數卻擁有幾乎可以全面壟斷政經資源以及文化意識型態者高度不安的表現（許玉雯譯，2003：19-34）。美國著名經濟學者John K. Galbraith在其1992年出版之《自滿年代》（中譯本書名，原名：*The Culture of Contentment*, 1992）一書中就直指聯邦政府其實是一個「軍事—工業複合體」（military industry complex）（楊麗君、王嘉源譯，1992：114-132）。此意謂現今美國聯邦政府已經不是當初建國之父們理想中的那個民有、民治和民享的共和國，其結構及運作實際上已經淪為附和產（商）業發展需求的產物。固然在理論上，政府為民興利乃屬天經地義，但當它僅為少數利益服務並且為之所壟斷時，它的正當性便要受到質疑。換言之，因為資本主義高度發展與利益政治操作結合，使得多元論在政治實務的具現已經偏離它原本亟欲達成的多元政體之理想，取而代之的卻是由金錢堆砌而成的金權政治。

（二）省思多數決原則

多數決原則雖然是民主政治運作最為方便以及最具說服力的決策規則，但是卻有論者認為它是民主失靈的鐵證，其問題就在於：

1. 採取多數決原則凸顯了我們無能創造一個以互助精神（mutualism）為核心而能夠克服自利的政治狀態。

2. 採取多數決原則意味著一種不擇手段的民主政治，其目的只是在於試圖讓公共決策免於陷入百家爭鳴的無政府狀態（Barber, 2003: 198）。

3. 對於善於操縱民粹、圖一己之私的政客而言，多數決原則可能成為一種多數暴政。甚至與民主的真諦背道而馳，最終造就極權統治或是集體主義。

（三）省思反國家傾向

民營化將公部門規模縮小，似乎可以改善政府長久以來為人所詬病的浪費和無效率。但公共治理的層面和深度限縮之後，取而代之的卻不一定是自由競爭的市場機制，而可能是另一個壟斷勢力——大型財團與跨國企業。人民的權益會不會因此遭到損害？而當人民的權益遭到私人企業侵犯時，空洞化的國家機關是否能夠有效捍衛人民的權益？都是疑問。

2001年英語世界出版了一本著作「*The Silent Takeover: Global Capitalism and the Death of Democracy*」（作者Noreena Hertz，英國人），該書在國內也有譯本，書名被譯為《當企業併購國家：全球資本主義與民主之死》（許玉雯譯，2003），該出反映的其實就是當代資本主義的實況：實力雄厚的企業和財團藉著國家所推動之以「自由」為名的「改革」，不斷在市場中進行兼併而壯大自己，甚至將原本為國家機關所壟斷的公共服務功能或者是由全民所共有的財產（公營事業）也一併吸收的現象。該書作者所要問的一個至為關鍵的問題就是：「全面性的民營化所帶來的財富分配公正嗎？新形成的資源壟斷及其運用具備正當性嗎？」當然，根據該書作者的觀察，上述問題的答案是「不！」。誠如她在書中所提及：「當人們的經濟福祉與身家安全基本上是由國際投資人及跨國企業的策略及行動所決定時，全球資本主義的『淨成果』為何？當政府所能提供給人民的基本服務，似乎就是提供企業或國際投資人一個具吸引力的環境時，會產生什麼結果？」（許玉雯譯，2003：60）換言之，以「最小國家」為基本邏輯的政經改革，存在著一個根本性的致命問題：「市場」未必能夠在分配正義的功能上優於國家機關。誠如2001年諾貝爾

經濟學獎得主Joseph E. Stiglitz指出，美國政府再造運動所抱持的全方位民營化理念，實有重新檢討和反省的必要性。他譴責此一民營為主的改革其實念是一種「偽善」，而認為九一一恐怖份子攻擊事件凸顯出美國應重新檢視政府應該扮演的角色和功能，例如將機場安檢如此重要的工作予以民營化絕非明智之舉（工商時報，2001/10/12）[9]。

綜合言之，Galbraith為利益政治的弊病之所以能夠存續（甚至愈演愈烈）所做的分析大致如下：資本主義國家在民主制度的表象之下，社會當中的多數人也就是選民中的多數（the majority, Galbraith將之稱為「自滿階層」"the Class of Contentment"），對於少數壟斷幾無知覺，因為這多數選民是打從信念和意識型態的層次上就相信現狀的合理性，並且認為維持現狀才能夠讓他（她）們保有現有的一切，此使得政府的措施並非回應民眾真正的需求而是迎合上述的信念和意識型態，而此種信念和意識型態正是少數壟斷者刻意創造或不斷強化其功能的產物，它已經成為文化的一環（因此Galbraith稱之為「自滿文化」）（楊麗君、王嘉源譯，1992：10-11）。Galbraith對於資本主義的見解明顯帶有新馬克思主義的批判色彩，猶如Jügen Habermas批判理論（critical theory）所提倡的方法一般。Habermas主張必須對一切既存現狀，包括知識、政治或是文化意識型態進行批判，才能揭露其中宰制的霸權，他稱此為一種以解放為旨趣的科學（a science based on emancipatory interests）（Habermas, 1972, 301-317）。而本文所提出之應以社會互動的相互理解過程作為公共參與的基本元素，即所謂之實質參與，其實踐的意義之一就在於。澄清公共問題的本質和公共政策真實意圖及其作用。質言之，在相關制度設計得宜、民眾參與的意願和能力足夠的條件下，以公共對話和相互理解為主要內涵的實質參與將使少數壟斷的可能性大為降低，此即其優於多元論與公共選擇之處。

---

[9] 取自登載於網頁之2001年10月12日的工商時報專題報導：「史蒂格利茲砲轟布希減稅政策」。網址：http://ec.chinatimes.com.tw/scripts/chinatimes/iscstext.exe?DB=ChinaTimes&Function=ListDoc&From=4&Single=1

第三節　以公共對話爲基礎的實質參與

學者對於公共治理的意涵曾做過多種類型的歸納，例如R. A. W. Rhodes認爲治理有七種類型：1.公司治理（corporate governance）——將企業的管控模式運用於公部門；2.新公共管理——主張公部門應師法企業以及市場化；3.善治（good governance）——兼顧新公共管理所追求的效率以及自由民主所追求的價值；4.國際間的互依性（international interdependence）——在全球化的趨勢下關注各種不同層次的跨國治理組織和議題；5.社會模控體系（socio-cybernetic system）——限縮政府的主導和控制角色，公共、私人、志願部門三者界線日漸模糊，彼此共享目標、共同決策以及合作生產；6.嶄新的政治經濟體（the new political economy）——以全新的政治經濟視野看待公民社會、政府和市場三者之間的關係，並且三者的界線日漸模糊；7.網絡——從權力依賴和理性選擇二個角度，觀察政策過程中各個行動者複雜的互動與互依關係（Rhodes, 2000: 55-63）。而B. Guy Peters則是認爲，1990年代公共治理轉型有四種趨勢：市場模式（market model）、參與模式（participatory model）、彈性模式（flexible model）、鬆綁模式（deregulatory model），他的看法相信是受到當時大行其道的新公共管理之影響（Peters, 1996: 25-37）。由上述可知，公共治理內涵的多樣性，而論者的界定亦莫衷一是。然本文欲從規範性的立場出發，提出一種以實現自由民主之價值爲主要考量的公共治理架構，而以「實質參與」爲核心概念的公民治理，應可呼應此種立場。

一、以公共對話為基礎的實質參與之意義

本文所指「實質參與」意謂以「公共對話」取得相互理解的參與模式，此一模式相對於僅「趨從和依賴」利益團體的利益政治或是僅重視「選舉操作」的公共選擇，更具「全面」和「深度」，進而可以引發公民自主意識的特性。然而，實質參與並不一定排除利益團體的運作方式，事實上公民參與利益團體的集體行動若能透過社會互動、公共對話獲致相互理解，而不是純然地追求自利，此種利益團體的集體行動也是一種實質參與。此外，社會互動與公共對話之後，以投票作爲最後公共決策機制，通常亦不可或缺。職此之故，本文所主張實質參與更強調的是參與者

的參與深度、對政策的理解、以及對他人處境的理解,而不是排除利益團體的行動和投票與選舉機制。以下進一步說明實質參與概念中「全面」和「深度」參與的意涵。

(一)實質參與的全面性

所謂「全面」的參與意指,政府有意願開放讓民眾參與政策過程的各種階段,在今日的政策運作當中早已存在此種機制,例如政策諮商(Rhodes, 1997)成為英國政府施政的法定程序,在其他政策個案中,甚至民眾完整參與政策的每個階段—從政策問題的認定到政策的執行完全可以自己作主。

(二)實質參與的深度性

至於所謂「深度」的參與是指,民眾可以在公共對話的機制中深切理解公共問題的本質、政策方案的內容以及自己與其他政策利害關係人的處境,最後才做出決策,而不是在一知半解的情況下就進行投票,例如今日的審議式民主(deliberative democracy)(Fishkin, 1991)在某些政策個案中已有豐碩成果。當然,以上著重「全面」和「深度」的實質參與仍必須視政策性質以及民眾的參與意願和能力始能奏效,它或許在某種程度上仍是理想,但在某些情況下已經是正在進行中的「實務」。實質參與要成為一種實務基本條件是成熟的公民意識以及主政者的開明態度,而學術界的論述倡議和實務界的先驅行動都是現狀變革的驅動因素。

(三)實質參與之公民治理的意涵

再者,本文所謂公民治理(citizen governance)意謂,肯定公民在公共政策運作過程中可以扮演更重要和更積極的角色,但並不是主張政府可以完全地被公民所取代,此一理念強調的是建構一種具備社群意識的公民社會,將公民、公共官僚、以及政治精英視為是政策過程中相互合作的夥伴,拒絕以純粹的自利個人主義界定公共政策的參與者,也主張公民不僅是公共政策的消費者以及公共服務的顧客。他(她)們應該被承認以及被授能(be empowered to)在政策過程中扮演主導和積極的角色(Box, 1997; 2004: 25-41; King & Stivers, 1998)。以下本文將要為公民治理建構哲學基礎,此些哲學觀應可補自利取向的民主政治之不足,引導公民治理的理論與實踐,它們包括:具有利他精神的公民意識、以互助精神為基礎的社群論、強調個體與社會結構互動的施為觀點。

二、以公共對話為基礎的實質參與之哲學基礎

（一）具有利他精神的公民意識

西方政治學中對於公民的探討應是源於Aristotle（1995）的政治學，他認為公民是國家的成員，身為公民其應具備實踐的智慧（*phronesis*; practical wisdom）[10]，此乃公民必須擁有的美德，而實踐智慧的重要質素之一就是利他精神[11]，Aristotle稱之為友愛（friendship）。

由於人們的日常生活就是一種共享的經驗。機緣、境遇以及有時候個人的選擇，會將特定的人們以某種方式繫在一起，而如果此種聯繫關係是形成社會的基礎的話，那麼人與人之間關係的特質就有必要特別地予以深究。在Aristotle的眼中，一種蘊含著利他精神的朋友情誼——友愛，便是使得自主的個人得以凝聚成為社群的重要因子，它讓自主個人的行動具備了道德性，同時也使居於政體之中的個體成為公民。為何友愛使得個人的行動具備道德性？對此，Aristotle的理由是：友愛與正義息息相關，正義是構成友愛的基本精神。他主張，人們除了要符合正義之外，還需要兼備友愛的特質，因此最完美的友愛乃以善行和善性（正義）為基礎。在此基礎上，每一個人都衷心期盼自己以及朋友都能得到幸福，只因為他（她）們是朋友；每一個人愛他（她）的朋友，只因為他（她）們是朋友，而不是別有所圖，此為一種最為真摯的友誼。（Aristotle, 1976: 258-259, 263, 273 cited by Oldfield, 1990: 20-22）。

以上是Aristotle對於公民應具備利他精神的主張，他認為唯有利他精神才能使政體凝聚成為一個社群，促使個人的行動具備道德性，進而促成善治（good governance），實現良善的生活（good life）和締造良善的社會（good society）。因為對Aristotle而言，政治學是一種求善的知識，因而公共治理是一種求善的作為。

---

[10] "*phronesis*"一詞在哲學中意指實踐的智慧。*phronesis*出自Aristotle的觀點，他認為科學可以分為三類：一為理論的科學，例如數學，其目的在於追求知識，即求真；一為實踐的科學，例如政治學、倫理學，目的在於達成良善的行動（good action）；一為創造的科學，例如繪畫，目的在於追求美的生活。其中第二類實踐的科學，便是使人們獲得被稱之為*phronesis*的特質，以達成好的行動，故*phronesis*意指實踐的智慧。

[11] 其他還包括有自主性和判斷能力（Oldfield, 1990: 18-25）

　　不過，關於公民應具備利他精神的主張是否就意味著對於人們自利的天性視而不見？答案為：「當然不是」！對此課題，學者Camilla M. Stivers所做的補充，值得參考：依照Aristotle的看法，公民是政體的成員，其參與統治並同時為被治者，運用實踐的智慧或判斷，以及具備以公共利益（利他）為目的的行動能力，但此並非意味著公民個人「完全的」自我犧牲，而是採取一種不同於以私利為基礎的行動策略（Stivers, 1990: 250）。換言之，主張公民概念蘊含利他精神，並不是徹底否定人的自利天性，而是主張在公共領域當中我們所應彰顯的是利他精神，在實務的層次也應鼓舞人們實踐之。反觀現今對於公民的觀念，似乎是從人性的根源否定利他的可能性，將「公」民徹底「私有化」。然而，如果公民僅以自利為動機而毫無利他精神，其所做成的公共決策會有實現「公共」利益的可能性？

　　總之，人性中的自利動機不可避免，但不可忽略的是利他也是人性之一環。誠如本文前述所做之分析，如果人們可以藉由實質參與過程獲得對公共問題更為深層的理解以及對彼此處境的相互理解，從自利角度出發也有可能達成某種程度利他的結果。舉例言之，兩岸ECFA早收清單的協議，中國出於自利的動機卻對台灣做成了利他的結果，似乎可以在某個程度上從現實的層面說明本文所提出的邏輯。

（二）以互助精神作為基礎的社群論述

　　本文稍前曾提及互助精神此一概念，此處將以社群論進一步闡述互助精神的意涵，亦即本文以為社群論最能展現人類社會所應具備的互助精神。互助精神並不是自利取向的民主政治處處顯露出來的利益交換或是利益共謀，相反地它應該是與前項所述的利他精神相互呼應的概念，有時候互助精神意味著某種程度的自我犧牲，例如個人放棄部分的自由權利。

　　社群（community）是一個古老的概念，最早可溯源亞里斯多德（Aristotle）（1995）的政治學，他定義國家是社群的一種，可以說在邏輯上社群先於國家而存在。社群有各種不同類型，本文此處所談論者是政治性質的社群，也就是國家。而在政治學當中的社群論是指將國家視為社群，然後闡述此種社群的特質，它所包含的並非政治制度亦非政治行為，而是一種人與人之間以及個體與整體之間的關係以及態度的論述。從Aristotle歷經中世紀神學家的補充，直到啟蒙時代政治哲學家特別是盧梭（Jean-Jacques Rousseau）的詮釋，使得社群論的內涵得到系統性的展現，而其起點或是精髓就在互助精神。茲將其要點臚列於下：

1. 社群是個體為生存之目的採取互助合作的產物

大致而言，早期的社群論者在探討社群的起源時，都立場一致地指出：個體為了生存的目的會願意採取合作行為因而形成社群，而社群的治理者以及政府則是為了處理共同利益所產生的機制。當個體遭遇不幸時，成員可以向社群尋求協助，而社群有責任為個體解決困境，此也正是政府應對人民負責之觀念的起源。誠如盧梭在其所著《社會契約論》一書開始便寫道：「人生而自由，但卻無處不在枷鎖之中」（*Man is born free; and everywhere he is in chains.*）（Rousseau, 1762 translated by Cole, 2003: 1，其意指在自然（原始）狀態下的人本來是自由的，但是此種自由卻無法獲得保障，所以人為了尋求互助採取集體行動，而為了有效的集體行動，個體就必然要處於道德和法律的約束之中，政府也於焉形成。

抑有進者，既然社群的起源是互助合作，那麼政府就不應該僅保護少數人的財富和權利，而是應該對每一位社群成員一視同仁。不論任何形式的政府，如果它無法平等地保障每一位社群成員的權利、自由和平等，那它就形同毀壞了社會契約（Sabine & Thorson, 1973: 533-535; Deutsch, 1980: 83-85）。

2. 社群是一種命運共同體

英文「community」一詞可譯為社群、社區以及共同體。然在政治思想家談論社群此一概念之初，就已經界定了社群是一種人與人之間命運相繫、休戚與共的集合體。命運共同體乃為一不可分割的整體，所以整體並不等同於個體的總和，甚至個體不能脫離整體而獨立存在（Deutsch, 1980: 82）。盧梭認為，社群一種是社會契約、合作行動的集合體，並且社群乃是其成員的代表，它意味著一種道德的共同體。一旦社群組成之後，它就是一種公共的大我，它會產生一種公意（general will），社群成員成為整體不可分割的一部分，必須接受公意的指導（Rousseau, 1762 translated by Cole, 2004: 8-12; Sabine & Thorson, 1973: 539-541）。公意的展現就是主權，而主權擁有者不是任何一個個人、更非社群治理者和政府，而是社群成員全體，也因此產生了現代政治學之主權不能分割和轉讓的觀念。再者他又指出，公意乃以共同利益（common good）為基礎，所以任何人包括社群的治理者以及政府，對於主權的運用必須符合公意，也就是符合共同利益，而且公意的做成則必須經由公民個別的獨立判斷（Deutsch, 1980: 85），此意味著社群治理者的權力必須受到一定程度的限制，統治者並不能以公意和主權為名行極權之實。換言之，社群

治理者若基於一己之私的濫權行為，就是違反公意濫用主權，也是違反共同利益的行為，它們都被視為是絕對不容於社群的行為，根本就是「無關主權和公意的行為」。因此，許多論者認為，社群論極易陷入極權主義或是集體主義的泥淖之中，的確在政治思想的發展過程中，盧梭對於公意的主張就曾經成為法西斯甚至是共產主義的理論依據。然而根據盧梭以上的論述，我們應不難發現他在哲學的推論上早已試圖避免此一危機，因此刻意強調濫用公意，實與公意背道而馳。關於此點，學者Benjamin R. Barber提倡以社群論為基礎堅實民主政治（strong democracy），因為它結合了「參與」此一重要元素，所以社群論得以擺脫集體主義和極權統治的陰影（Barber, 2003: 150-154），本文也秉此一基調，稍後將會提出實質參與的理論與實踐內涵。

3. 著重個體與社會結構互動的施為觀點

依據《韋氏辭典》（Webster's Dictionary）的解釋，施為（agency）的意義為：（1）行動、權力；（2）手段、工具性；（3）賦有對別人施予行動之權力之個人或公司的實業；（4）在前一種意義中所指之實業的辦公場所或地區（葉啟政，2000：334、337-338）。其次，施為者（agent）則是意指：（1）產生或有能力產生特定效果的人或物：一種主動或具有實效的因；（2）實施或運使權力的人；（3）對於其行動負有責任者；（4）一種手段或工具可以引導理智達成結果；（5）代理者（Wamsley, 1990: 117）。因此，不論是施為或施為者，就其字義，它們都意涵著擁有能動能力的行動之意思，行動可以說是其意涵的重點所在。此處所謂施為者，就是指個人及其作為和行動，從社會學的角度，本文所使用的施為一辭，意在強調個人採取各種作為的能動性和創造力，而非純粹被動地受制於社會結構。換言之，本文採取了美國公共行政學界，在1980年代末期發表的的黑堡宣言（Blacksburg Manifesto）（Wamsley et al., 1990: 36-39）一文所主張的施為觀點（agency perspective），界定個體與社會結構之間是一種互動的關係。

根據社會學者紀登斯（Anthony Giddens）的看法，施為就是一種在社會結構之中，具有能動能力的行動者及其作為。換言之，施為是一種既受社會結構約束，但又能促使社會結構變遷的行動者之集合。抑有進者，社會結構同時是社會互動的情境也是結果，社會行動者不但在詮釋和改變社會結構的現狀，也同時在創造和改變社會結構（Giddens, 1976: 49, 121; Cohen, 1989: 23-25）。職此之故，黑堡宣言的

作者們主張，應以施為觀點看待公共治理的參與者如公民和公共官僚，也就是認為公民和公共官僚的行動一方面受制於社會結構，但一方面其行動仍具有自我意識，能夠促成社會結構的變遷，如此一來個人才有意願發揮創意和致力改革。

本文提出施為觀點用以指陳人性並不一定就是原子論式自利個人主義所稱的樣態。施為觀點認為人總是處於社會系絡，受制於社會結構也有能力改變社會結構。因此還有一項重要課題必須釐清：改變社會結構的能動性從何而來？對此，本文以為，在公共領域當中，蓄積與驅動施為能動性之主要因素有二：一為社會互動所帶來的對於自己與他人處境更為深層之理解，此種理解使得得以認知公共生活的現狀與理想狀態二者的差距，而人們總是在明瞭此種差距後產生試圖改變現狀使之接近理想的動機；另一則是公共價值之形塑與倡議，公共價值的作用就是為理想的公共生活設定目標，讓人們獲得一種對公共生活的現狀進行反思的基礎或是標準。

綜上所述，施為觀點有助於調和自利取向的民主政治論述中個人與社會結構以及與他人之間的緊張關係。因為在施為觀點之下，個人的行動有可能改變社會結構，社會結構因而可以是個人創造的產物，而不是與個人疏離的客體。據此邏輯，個人與國家機關之間的關係並不一定是對立和互斥，反而可以是一種夥伴以及合產的關係。公共參與對於公民而言，就不必然是寡頭鐵律所描述的宿命過程，公民應該獲得更為實質和直接的參與機會。

三、以公共對話為基礎的實質參與之理論基礎

以下將扼要引介二種關於公共參與的論述，以作為本文所謂實質參與的公民治理之理論基礎，包括：（1）哈伯瑪斯（Jügen Habermas）所主張之溝通行動理論，藉由對現狀的批判與反省以引導出公共對話的「真誠」性質；（2）黑堡宣言所主張之理想—過程取向的公共利益界定途徑，藉由廣泛包容和彼此尊重以引導出公共對話的「開放與平等」性質。

（一）哈伯瑪斯的溝通行動理論

哈伯瑪斯承繼西方啟蒙運動的精神，延續康德（Immanuel Kant）的理性主義，即認為人為理性主體，也因此他肯定人是具有溝通能力的個體。基於康德的理

性主義哲學，人既為理性主體，他（她）不但會對外在世界進行經驗分析，也有能力進行主觀意義的詮釋理解，更有能力進行反省批判（Habermas, 1992）。對哈伯瑪斯而言，人的批判反省能力就展現在釐清被扭曲的意識型態之上。他認為，由於意識型態往往是人們行動的依據與力量，尤其是今日西方高度發達的資本主義的社會，人們太過於被「工具主義」[12]的意識型態所扭曲與宰制，極可能陷入任意及武斷的漩渦之中。因此必須有一套標準，透過行動溝通的力量來釐清被扭曲的意識型態，希冀以「溝通理性」來打通生活世界被工具理性、科技理性割裂的狀況，尋求一種普遍的共識，使社會能重新協調而消除危機（楊洲松，1998）。

哈伯瑪斯主張，在進行溝通對話時，唯有「反覆辯論」始能令對話各造消除歧見、獲致共識。但反覆辯論必須置於「理想的溝通情境」當中始有可能，所謂理想的溝通情境指必須具備以下條件（李英明，1986；楊深坑，1997）：

1. 各造皆須擁有均等和相同的發言機會。
2. 各造都能在免除內外在限制的情形下，針對辯論的議題，充分而理性的暢所欲言。
3. 各造在對話辯論時需以真誠為前提。
4. 對話進行時必須摒除特權與片面的規範（例如只對某一方設限的規則）。

Habermas的溝通行動理論肯定人的批判理性，使得公共治理所欲達成的價值有機會獲得澄清，避免蓄意欺騙和意識型態的宰制，因而有助於社會公正的實現；而他對於理想溝通情境條件的勾勒，正是實質參與的公民治理所主張之公共對話的必要特質。

（二）黑堡宣言「以理想—過程為導向的公共對話」

1983年時，在美國維吉尼亞多元理工學院暨州立大學公共行政與政策中心萬司萊教授（Gary L. Wamsley）的領銜下，他和顧賽爾（Charles T. Goodsell）、羅爾（John A. Rohr）、懷德（Orion F. White）與伍爾夫（James F. Wolf）（1990年出版專書時又加入了史蒂芙（Camilla M. Stivers）共同發表了一篇題為〈公共行政與治理過程：轉變政治對話〉（Public Administration and the Governance Process: Shifting the Political Dialogue）的論文，此篇文章後因維吉尼亞多元理工學院暨州

---

[12] 只重手段的效率性與功能性卻不重視對目標本身的反省。

立大學的所在地名爲黑堡（Blacksburg），所以後人多簡稱其爲「黑堡宣言」。該文作者主張，公共利益的內涵應透過公共對話界定，故他們提出一種「以理想－過程爲導向的公共對話」（ideal-process oriented public dialogue）觀點（Wamsley *et al.*, 1990: 40-41）。

本文認爲，黑堡宣言主張之理想－過程取向的公共對話可做爲實質參與的公共對話之理論基礎，此一觀點的意涵扼要臚列如下：

1. 所謂「理想」意指提供一種表意機會平等的公共對話機制，讓所有政策利害關係人共享公共利益實質內涵的界定，以達成「盡可能最廣泛的公共利益」（broadest possible public interest）（Wamsley *et al.*, 1990: 39）。

2. 所謂「過程」則是意指將行政理論關於公共利益的論述之焦點，置於公共對話的過程之上，而不是將之置於公共利益的具體內涵。

本文之所以將黑堡宣言的此一主張作爲本文提倡之實質參與的理論基礎，乃是因爲理想－過程取向的公共對話：

1. 公共利益的具體內涵由參與對話者共同界定，沒有任何一方可以片面決定所謂公益的全部內容。更重要的是，參與對話的政策利害關係人應該愈廣泛愈好。以上正是本文所強調之實質參與之「實質」的意義所在。

2. 公共利益的內涵將隨著參與者、對話情境等的改變而改變，公共對話本身乃至於公共利益的具體內涵都是一種可變的動態過程，此將使得公共利益更能夠契合參與對話者的需求。

四、實質參與的公民治理之實踐原則

對應前述三種理論基礎，以下進一步提出三項實質參與的公民治理之實踐策略。

（一）重視品質的公共參與

本文所謂的實質參與最基本的元素在於，公民「直接」參與政策決策過程，不必經由民意代表或是利益團體的仲介。更重要的是，它意指參與者（不論是公民

還是官員或是政策分析人員）乃是透過彼此對話與詮釋的途徑獲得相互理解，並且採取通力合作（collaboration）和審慎負責（對自己和他人）的態度投入於公共決策的過程（Lovan *et al.*, 2004: 8-10, 13-17）。因此，實質參與並不等同於盛行於今日的所謂直接民主之公民投票，事實上，如果一項公共議題必須經由公民投票做成最後決定的話，公民投票也僅屬整個實質參與過程的某一個最後階段。亦即，實質參與的內容遠遠超過投票。換言之，實質參與著重的是以「質」而不是「量」的角度、以「深度」而不是「廣度」的眼光衡量公民對於公共政策影響的程度；並且它不僅重視「決策程序」的正當性亦強調「政策內涵」的回應性。因此，一項政策的決策過程是否符合實質參與，舉行投票與否並非重點，民眾在過程中的意見參與以及政策方案對民意的回應程度才是重點。歸納而言，在理論上實質參與包含了以下命題：

1. 參與能夠讓公民充分瞭解政策議題。
2. 參與能夠讓公民充分表意。
3. 參與能夠讓民意獲得主政者的認真對待。
4. 參與能夠讓公民彼此透過對話更瞭解對方的處境。
5. 參與能夠讓對話的結果落實為具體的政策方案。

當代政策實務當中的各種實質參與途徑刻正方興未艾地發展當中，澳洲學者 J. Cavaye參考當代民主社會公民參與的方式，歸納出了以下幾種類型（見圖8-5）（Cavaye, 2004: 86-87）：

1. 「直覺的表達」（intuitive representation），此為公民參與最基本的形式—投票。在澳洲投票是政府制訂公共政策的法定程序，但Cavaye認為，投票使得公民在參與公共治理時，無法彰顯其身為社群成員的角色。

2. 「決策的告知」（informing of decisions），此一層次的社群參與內涵是，政府願意將待決策的事項告知社群，公民因而稍有參與的空間，然而公民與政府之間是消極被動的而且是單向的關係。

3. 「諮商」（consultation），Cavaye認為其固然蘊含著政府和公民雙向的溝通，但也僅是提供資訊回饋政府。因為它經常是早已由政府確立特定的議題或方案甚至控制決策程序，公民只能對政府的方案或議題表示意見或提供資訊。

4. 「結構良好的社群參與」，它包含了顧問委員會或社群推派代表所組成的

工作小組，這些委員會或工作小組負責運籌社群的投入。人們可以與政府一同投入於特定的方案或其他形式的參與，並且政府會運用適當的物質誘因（例如給予方案一定的經費）促使公民參與或貢獻他（她）們的時間和資源。不過，雖然政府和社群會共同做成某些決策，但通常計畫的目標早已確定。

5.「社群夥伴關係」（community partnership），它將政府和社群納入於共同決策當中，共享領導與共同目標。人們平等地以及完全地參與共同的學習過程，參與是一種自然的和自我持續的過程。

6.「社群主導發展的促成」（facilitation of community-led development），意即政府採取作為以促成社群主導行動，社群在參與公共治理時自我動員，人們積極採取行動，創造社群所需要的政策方案。

從圖8-5所見，以上六種公民參與類型中愈是接近下方由民眾扮演參與行動主導者的類型，就愈是接近本文所主張的實質參與的公民治理，而其中投票以及消極參與二者正是本文所欲提出省思的形式參與。雖然在政策實務運作當中，由社群（公民）完全主導的個案仍然不多，但當代政府從制度上確立「諮商」作為公民參與治理的管道已是先進社會慣常的作法，此可視為一種邁向實質參與的公民治理之一種努力過程。

學者Rhodes（1997）就認為，政策諮商對民主實踐頗具意義。他觀察諸多政策個案，指出政策諮商乃是實質參與的一種重要途徑，他稱之為「議題網絡」，有別於常見的由少數專家或有限的利害關係人所組成的「政策網絡」（policy network），而呈現如下的特質：

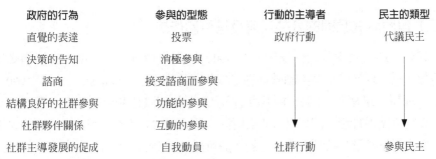

政府的行為	參與的型態	行動的主導者	民主的類型
直覺的表達	投票	政府行動	代議民主
決策的告知	消極參與		
諮商	接受諮商而參與		
結構良好的社群參與	功能的參與		
社群夥伴關係	互動的參與		
社群主導發展的促成	自我動員	社群行動	參與民主

圖8-5　政府與社群互動以及參與形式的分光譜

資料來源：Cavaye, 2004: 87。

1.參與者爲數眾多。

2.互動頻繁而且接觸對象眾多。

3.共識有限甚至衝突非常明顯。

4.以諮商而非妥協或協商（利益交換）做爲互動的基礎。

5.不對等的權力關係，在此互動過程中許多參與者可能僅擁有少數資源、難以接近核心人士以及缺乏腹案。

1998年英國政府內閣辦公室所出版的一本手冊《入門指引：如何向使用者進行諮商》（*An Introductory Guide: How to Consult Your User*）（cited by Lovan *et al.*, 2004: 5-6）則是具體指出政策諮商具備了以下的優點，希望該國的公務員能夠落實政策諮商：

1.有助於公共服務人員規劃並提供比使用者所需要和期待的更好的服務內容。

2.有助於公共服務人員權衡服務提供的輕重緩急，並將有限資源做更好的運用。

3.有助於公共服務人員設定和監測以使用者需求爲基礎的績效指標。

4.培養公共服務人員和使用者間的工作夥伴關係，藉此使用者得以瞭解公共服務人員面對的問題以及他（她）們能夠提供何種協助。

5.迅速地發出遭遇問題的警訊，因此公共服務人員有機會在問題不可收拾之前，將事情導向正軌。

6.政策諮商具有宣誓性的作用，它意味著公共服務人員堅持開放和願意承擔課責，將爲民服務視爲第一優先。

（二）以對話為原則的公共決策及其具體作法

誠如前述，美國公共行政學者Wamsley發表黑堡宣言一文中，曾提倡應以一種理想－過程取向的公共對話做爲界定公共利益的途徑（Wamsley *et al.*, 1990: 40-41）。理想－過程取向的公共對話所揭示是一種理論或甚至是理念，雖然其不一定可以完全獲得實踐，例如盡可能最廣泛的公共利益就不容易達成，而且事實上政策專家也難以測量公共利益是否已達「盡可能最廣泛的」境界。但是今日諸多以對話取代傳統投票的公共決策模式，卻也部分地呼應了理想－過程取向的公共對話主張。茲列舉數個具體的作法，闡述以對話爲原則的公共決策之意涵：

1. 審議式民意調查

透過事前提供充分資訊以及給予民眾思考時間以及辯論的機會，讓民眾在接受調查時對於議題已有充分瞭解和思考。此使得政策議程設定的過程更為精緻，也使得決策品質大為提升（黃東益，2000；余致力，2001：106-108）。更重要的是，此種民調的倡議者James S. Fishkin指出，它將公平的理念結合在其中，讓所有人都有平等的機會獲選為參與調查的樣本，同時它結合慎思熟慮的概念，讓參與者可以面對面、開誠布公地針對問題充分論辯（Fishkin, 1991: 1-13）。其重點在於政策知識的理解，以及強調品質而非效率的決策。

2. 線上公共諮商與網路公聽會

近年來某些國家為了加強民主行政的實踐，積極地試行線上公共諮商。所謂的線上諮商是一種政府與民眾間透過網路所進行的公共辯論，辯論結果可用以作為政府施政與決策之參考。舉例言之，2000年11月間，英國內閣提出書面諮商執行規則，其訂定了書面的公共諮商之施行準則，而官方的入口網站"ukonline.gov.uk"即成為英國政府公共諮商文件的登記中心，民眾可以針對政策表達意見，此不啻為一種良好的公民參與管道。其次，所謂網路公聽會就是運用網際網路，讓所有公民皆有機會在其方便的時間參與政策發展的過程，其作法是透過網路提供民眾有如親臨現場一般的公聽會影音實況以及相關的文件資料。例如政府可先行公告公聽會的舉行日期，而且將這些會議在網路上即時轉播，讓無法親臨會議的民眾可以透過網路觀看會議的進行；或將其錄音錄影並以數位化的方式儲存在網路當中，以使民眾在其方便時間可以看得到、聽得到。目前已有此種網路公聽會的實例，如美國明尼蘇達州的民眾就可以從網路上取得該州州議會的完整錄影畫面，而且議會還可對此錄影當中的議題做出標記，以便讓民眾上網察看這些錄影時可以方便地找到自己有興趣的段落（項靖，2002：78-79）。

3. 召開公民會議

「公民會議」又稱為「公民共識會議」（Citizen Consensus Conference），它是引自北歐丹麥的參與式民主模式，讓一般公民以平等、自主、知性的方式去討論具爭議性的公共議題，過程強調個人意見的平等表達，並有專家學者從旁補強背景

知識，幫助公民周延思考、加強對議題的認識。其內涵與特性臚列如下[13]：

（**1**）**公民會議的特色**：與一般的公共論壇、公聽會、說明會不相同，它是要讓不具專業知識的公眾，能夠針對社會衝突性的議題或公共政策進行理性、共善的討論，進而達到社會共識。過程中可透過專家與非專家以不同的觀點和價值立場相互論辯，並取得必要的資訊與彼此認知。

（**2**）**公民會議的結論**：在北歐，公民會議的結論會公開向媒體發布，並提交行政部門作為決策參考，若政府不採用，必須提出解釋。在台灣，目前公民會議的結論對政府政策尚未具有強制力，但能匯聚眾議、向有關單位提出建議和申訴，具有輿論力量。

（**3**）**公民會議的台灣經驗**：台灣2002年健保局舉辦「先驅性全民健保公民會議」，2004年衛生署舉辦「代理孕母公民會議」，2004年高雄市舉辦「過港纜車公民會議」、2004年北投文化基金會舉辦「溫泉博物館何去何從--社造協定公民會議」。這些經驗與成效普受社會肯定，被認為是推動第二波民主化工程的有效模式。

（**4**）**公民會議的進行階段**：必須招募20位 民眾組成「公民小組」，透過第一階段「預備會議」先讓小組成員了解公民會議相關的基本知識，並進行問題設定的討論；第二階段的「正式會議」 將邀請立場中立的專家與公民小組展開公共論壇，最後由公民小組成員討論出客觀而具體的共識，撰寫會議結論報告，召開記者會，向社會大眾公布，並且遞交相關單位作為施政參考。

（**5**）**公民會議公民小組招募方式**：公民小組的招募過程公開透明，透過電子媒體或報章刊物，說明召開會議的目的與討論主題，徵求志願者參加。挑選的基準必須反映社經人口的背景差異，包括性別、年齡、教育、職業、居住地等條件，進行隨機抽樣，秉持背景多元化、強調平衡客觀，排除具特定利益背景的對象，確保討論過程的獨立性。

（**6**）**公民會議的進行方式**：公民會議有一套嚴謹的進行方式，每位成員必須全程參與2天的預備會議與3天的正式會議。預備會議中，成員必須閱讀相關議題的

---

[13] 轉引自網頁：http://210.70.7.22/myth58/%E5%8B%A4%E6%96%BC%E6%A5%AD/%E6%A0%A1%E5%9C%92%E5%85%AC%E6%B0%91%E6%9C%83%E8%AD%B0/%E9%97%9C%E6%96%BC%E5%85%AC%E6%B0%91%E6%9C%83%E8%AD%B0%EF%BC%88%E5%82%B3%E5%96%AE%EF%BC%89.doc。檢索日期：2015/03/31。

教材資料，並搭配課程，認識討論主題所涉及的重要爭議，負責的講師必須以周延而淺顯的內容進行介紹，而資料與講師皆必須先經由執行委員會通過。

（7）**公民會議的討論題綱**：公民會議的討論題綱由公民小組在閱讀資料與接受課程後，自己訂定，作為正式會議的主要討論題綱，同時，也根據公民小組提出的問題，建議相關的學者專家參加。公民小組同時也在課程中學習如何開會、討論，在尊重他人前提下，表達反對意見，以及包括撰寫報告等技術性課程。

（8）**公民會議的教育意涵**：雖然目前國內公民會議的結論尚無法定拘束力，未能影響決策，但積極的意義在於讓決策者明白，在取得充分資訊之後的公共討論所呈現的民意為何。此外，公民會議建構出一個理性討論的溝通平台，這種共識取向的討論，往往更能呈現社會的核心價值。

（9）**公民會議的民主意涵**：參與的民眾透過專家的技術協助，有能力對高度爭議性的複雜議題，進行知情、理性的討論，形成集體意見，「人民當家作主」不再只是高調，而是可能實踐的民主過程。

（10）**公民會議的監督機制**：公民會議應設置由各界人士所組成的「執行委員會」，負責監督公民會議的進行，在不偏袒的原則下，對參加公民會議成員的挑選、會議資料的提供、議程的控制……等等，都具有舉足輕重的影響，執行委員會將力求不讓任何一方的倫理觀點或知識見解支配整個會議的議程。

（三）國家機關與公民為夥伴的共治關係

其實本文所主張之蘊含社群論的民主政治，在哲學的思維上，根本沒有所謂國家與公民或是官與民的界分，因為社群為一命運共同體，根據Aristotle的看法，社群成員既是治者同時也是被治者。但在實務運作方面，一個政體在某個特定時段當中，還是會存在著因為職務分工所形成的兩種階級——國家機關與公民或是官與民；一方為治理者，一方為被治者。但此並不意味社群論的理想無法實現，相反地，上述階級的區分是來自於職務分工原因，不代表被治者就沒有參與治理的可能性，也不意謂治者本身不受種種治理措施的約束。結合社群論和實質參與的公民治理，其重要的理論與實踐內涵之一就是：國家機關與公民為夥伴的共治關係。學者艾尊尼（Amitai Etzioni）所提倡的社群主義（communitarianism），所呈現的正是相同的論述，以下列述其理論要點：

1. 積極的社會觀：艾尊尼認為，我們應該以社群為基礎，建構一種積極的社

會（Etzioni, 1968）。在此一積極社會中，人們透過社會的集體性，可以對自己更加瞭解，並且更能夠轉變社會使之與自己的價值相一致。採取社群論基調的Etzioni言道：「沒有人可以讓自己獲得自由而不同時也擴張他人的自由，而自我的轉型深層地植基於社群自我改造的共同行動」（Etzioni, 1968: 2）。

2. 積極參與：基於社群論的觀點，艾尊尼將社會視為命運共同體，所以政策決策所處的系絡應該是一種參與型的社會而不是一種疏離的社會。公共政策的目標最終在於提升社會，人們應該政策過程中扮演積極參與的角色（Etzioni, 1968: 7）。

3. 政治知識共享：既然積極社會是一個認識自我的社會，並且此種知識被用以改造自我以及公共領域。是以，社會科學與其他形式的知識在提升社會的過程中，扮演極為重要的角色，因此他倡議更為開放和更為眞誠的政策知識對話過程。進而他認為權力和知識應該進行更廣泛的分配。Etzioni主張，在積極的社會之中，公眾應該被視為政策分析者的一分子而不是被排除在外，知識精英應該與公眾針對集體課題展開互動（Parsons, 1995: 435）。

總結上述觀點，公民做為積極社會的一分子，他（她）不僅要順從社會結構的安排，他（她）也有義務改正社會結構，藉由積極參與和政策知識的分享，國家機關與公民形成一種夥伴的共治關係。

第四節　公共對話的倫理意涵與功能

缺乏以社會公正作為核心價值的公共治理和行政措施，將會加速社會陷於利益競逐和弱肉強食的分裂狀態。尤其是，當人民對於公共事務缺乏實質的表意途徑與對話機制時，當然也就無從說明自身遭遇更難以理解和感受他人的處境，因此亦無法對公共問題產生眞確的認知，遇見建構一個公正的社會公正自是遙遙無期。職此之故，本章所稱之公共對話乃是著重公民參與的「質」（例如民眾彼此得以相互理解的深度）而非「量」（例如投票的次數）之觀點，意即將公共對話視為是一種以同理心（empathy）的態度所進行之相互理解而不是以量為基礎的多數決。而且，作者以為我國當下的政治氛圍，正迫切需要建構此種精緻的公共對話機制，將社會導向相互理解而非高度決裂的方向發展。尤其是，惡質選風之下常見政客為了吸引

選票而蓄意地誤導和操控民衆的認知，致使在西方民主政治當中實屬常態的包容和妥協精神幾乎不存在，取而代之的是用族群劃分和社會分裂爲代價的選票區隔。以下首先從規範的角度闡述公共對話在公共治理當中的功能；其次指出公共對話對社會公正之實踐的助益。

一、公共對話的倫理意涵

學者柯雷（Joy F. Clay）曾針對公衆—制度的過程（public-institutional process）進行深入的探討（Clay, 1996: 92），而所謂公衆—制度的過程意味著，公民對於制度的參與以及在其中互動的過程，特別是柯雷認爲此一過程具有意義共享的特質，作者認爲此即本文所主張的公共對話。作者以柯雷對於公衆—制度過程的觀察爲基礎（*cf.* Clay, 1996: 109-110），將公共對話對於治理的意義扼要臚列如下：

1. 公共對話在公共制度及政策運作當中，可以做爲達成共享意義的重要協商途徑；

2. 公共對話使參與者在制度當中以及制度之間建立關係；

3. 良性的公共對話可使參與者之間達成某種程度的信任；

4. 公共對話公共事務的運作可以建立隱示與明示的規則和規範，以導引具體的政策作爲並成爲衡量政策作爲的績效之標準；

5. 公共對話公共事務運作的過程必然與制度產生互動，參與者在共同建構、接納或否定、修正制度時，就是一種價值的傳輸過程，也是一種意義共享的過程，此使得各種政治活動產生制度化（政治行爲定型化—規則的形塑）的作用；

6. 制度化的公共對話可以維繫參與者之間以及參與者與制度之間的互動持續地進行，並形成某種制度記憶（對制度的長期遵循或甚至成爲習慣）。

二、公共對話的倫理功能

　　以下茲就柯雷對其所謂公眾－制度過程的看法為基礎，闡釋公共對話在治理當中所能發揮的功能。

（一）強化政治系統中的互動與政府部門的回應性

　　透過公眾－制度過程，公共行政人員能夠處理在政治環境中既存的模糊性與不穩定性。雖然，環境的模糊性與不穩定性對於現代大部分的組織而言，已經是一種常態，但是由於公共組織身處於政治和社會系統當中，此種模糊性和不穩定性更加劇烈，是以公共組織與外在環境的互動過程，不僅是一種預期性的管理活動，由於公共組織還必須回應分歧的而且通常是衝突的政治與社會期望（*cf.* Clay, 1996: 96），所以它的管理活動也經常是非預期性的，而此亦為治理當中公眾－制度過程特質。

　　公眾－制度過程的目的在解決衝突，它也是一種在參與互動的各造之間發展共享意義的重要途徑。在制度之內和制度之間，這些互動發生於政治任命的官員和永業文官的互動，以及國會和行政部門對於資源和權力的競爭當中。此外，利益團體與政策網絡也在此一過程中試圖發揮影響力。是以，公眾－制度過程影響了資源流向公共組織的質與量、政策形成、執行和評估的過程，以及有影響力的政策參與者之間的關係，例如，國會、管理暨預算局、總統、媒體、特定的利益團體、和公眾等（Clay, 1996: 96）。

　　職此之故，公眾－制度過程變成了一種協調和控制性的組織活動，以及理解政治制度動態的重要管道。公眾－制度過程陳述了一套故事，內容為：一個機關與其它政府部門如何產生關係、一個機關如何從其顧客或一般大眾取得政策投入（資源）、一個機關如何與其他層級的政府互動、一個機關如何取得政策投入以支持其政策立場，以及一個機關如何回應抱怨、批評、或是掌握資訊等。換言之，公眾－制度過程使得公共組織能夠：對其顧客保持開放性、對於其任務保持高度的敏銳感、對於其在整個治理體系中所處的地位有所理解、以及對於公眾的期盼做出適當的回應（Clay, 1996: 96）。

（二）制度共享意義的建立

公共對話的第二項功能爲建立制度共享意義。制度意義的建立，使得我們將注意力集中於制度的結構和過程之上，它可以充分展現公共組織與其環境之間豐富的互動關係，並且能夠釐清制度對於公共事務運作中各方參與者之間的關係產生何種效應，也能夠呈現制度對前述關係型態（pattern of relations）的形成[14]起著何種作用。換言之，建立制度的共享意義能夠釐清公共組織之中、公共組織之間、及公共組織與其環境之間的互動，反映並形塑社會化的規則，導引組織和個人的行爲（cf. Clay, 1996: 97）。誠如馬區（James G. March）和歐森（Johan P. Olsen）所言：「制度由一連串適當的活動建構而成，其透過各種程序以因應來自於流動性和自利行爲的威脅，以確保它的存續，並且經由程序修正其自身」（March & Olsen, 1989）。

當代某些的理論家，例如伯格（Peter L. Berger）和拉克曼（Thomas Luckmann）認爲，制度乃是一種社會的建構，換言之，制度乃是一種重複的、共享的社會意義。在其中，偶發的和根據情勢所界定的行動，影響著社會的文化、歷史、以及價值系統，並且反過來，前述的行動亦受到社會的文化、歷史、以及價值系統的影響（Berger & Luckmann, 1966）。基此觀點，柯雷指出，公眾—制度過程成爲一種能夠獲得集體意義之管道，其中乃是以詮釋和慣例爲基礎規則，欲維持此一共享意義的過程，則需要持續性的對話（Clay, 1996: 97）。據此觀點，制度應是一種透過公共對話的途徑，以公共對話建構起來的產物，它的本身就是一種共享的意義，因此制度與其主要的建構者——公民，不再是一種疏離的關係。

經由此種公眾—制度過程，公共行政人員及其服務的民眾，對於他（她）們所處的世界賦予意義、彼此進行意義的協商（以達成共享的意義）、以及互動關係的建立。更因爲他（她）們參與了制度共享意義的建立，所以他（她）們不再僅是根據自利的動機採取行動，也根據他（她）們對自己建立之制度所必須擔負的責任和扮演的角色採取行動。最後，公眾—制度過程不但創造和維繫了政治制度所界定的價值、規範與利益，進而在具體的行動層次上，它也衍生了行政的標準作業程序和各種手段。

---

[14] 「參與者的關係型態」意指參與者之間已經發展出較爲固定的互動關係。

（三）調和個體的差異

公眾—制度過程的第三個主要功能為調和個體的差異。柯雷認為，公眾—制度過程強調了人們作為一個個體的重要性，而該過程提供了一種途徑，使公共組織和參與此一對話過程的各造，得以服膺並同時形塑政治系統，而且透過此一對話過程對彼此立場獲得理解。抑有進者，公眾—制度過程是在尊重個別差異的基礎上，對個體差異進行調和。

誠如柯雷言道：「此一特質提醒了我們，社會規則的建立並非基於對情勢的解讀具有完全的共識。相反地，差異性在脆弱的同意之中持續地發酵，這些同意僅能應用於特定的情境或過程」（Clay, 1996: 98）。換言之，所謂共識只在特定的時空系絡之中有效，在其他的系絡中，個體仍保有其差異性。舉例言之，法令規定飲酒不得開車，並不意味著不開車的時候也不能飲酒。抑有進者，公眾—制度過程對於個體差異的包容，意味著經由此一過程所建構的規則（制度）之約束力，仍必須取決於人們對該規則（制度）的信任程度。根據此一觀點，公共事務運作過程當中的規則在本質上是脆弱的，隨時可能遭到推翻或是修正。

其次，必須強調的是，即便公共事務運作過程當中的規則在本質上是脆弱的，此並不意味著其不具穩定性或是缺乏約束力。相反地，在制度共享意義的建立過程中，參與者對制度（規則）的承諾和責任是整個過程的核心，此亦使得制度調和個體的差異始有可能。誠如學者郭夫曼（Erving Goffman）所言，社會構成的根本原則是：社會乃是由那些希望他人以適當方式評價和對待自己的個體所組成（Goffman, 1963）。根據此一觀點，從社會心理學的角度而言，在公共對話公共事務運作的過程中，必然要肩負某種責任，而且要為其行動負責。亦即，當個體決定顛覆或修正規則時，便展開了一種個體與他人（集體）的對話過程，於是「個體期待他人以適當的方式評價自己」——這似乎便構成了個體必須對整體負責（在社會心理學上）的原因。

以上從規範性和整體的角度論述了公共行政在公共對話過程中應扮演的角色，以及公共對話在治理當中所能發揮的功能，以下將進一步指出公共對話對於實踐社會公正的意義。

（四）公共對話有助於公共價值的實踐

公共對話乃是實踐公共價值尤其是社會公正的有效途徑之一，其原因闡述如下。

1. 透過公共對話界定符合社會公正價值的公共利益

學者杜德立（Larkin Dudley）指出：「公共領域（public domain）是構成社會和政治的先決條件，其使得社會可能創造某些同意，讓社會生活得以持續並獲得發展，……基於此一假定，美國社會能夠進行對話，以決定政府的角色。而〔關於〕政府的代表性之觀念，如果〔我們〕認眞予以看待的話，正當性必然在其中被建構和維繫」（Dudley, 1996: 77）。言下之意，杜德立認爲，公共行政的作爲必具備正當性，進而杜德立引用了馬區和歐森的觀念，主張公共行政的正當性展現於兩個方面：一爲政府的決策必須達成適當的目的（即公共利益或政策目標），一爲前述的目的必須以適當的方法予以達成（March & Olsen, 1989: 49 cited by Dudley, 1996: 77）。而作者認爲，前述的目的和方法皆可經由公共對話獲得確立，以下先就公共對話與前述公共行政第一項正當性的來源——目的之間的關係，進行闡述。

所謂公共決策必須達成適當的目的，意指達成公共行政所設定的目標，必須以公共利益做爲政府施政之義務和權利的觀念，換言之，就是「做正確的事」（Dudley, 1996: 77），在本文中此種公共利益更以符合社會公正的價值爲其前提。例如黑堡宣言一文指出：「公共行政人員在治理的過程中做爲一個行動者，有其價值與正當性。而他（她）們的角色之特殊性和重要性，在於擁有以下的能力——對於公共利益進行盡可能最廣泛地理解，以及捍衛合乎憲政原理的治理過程」（Wamsley *et al.*, 1990: 43）。上述所謂「盡可能最廣泛地理解」即指公共利益並不是簡單地「社會中大多數人的幸福」而已，它還關照到社會中可能遭到漠視和邊緣化少數或弱勢者，此即「盡可能和最廣泛」的意義，亦是本文所稱社會公正的意涵。

職此之故，公共利益內涵的界定，並非治理過程中任何參與者的片面決定，而是在一種公共對話的過程中，各種意見平等表意的過程中界定產生。誠如黑堡宣言一文所言：「所有人必須瞭解，對於以實現公共利益爲由，主觀地採取的任何所謂『正確的』抉擇，固然提供了確定性，但我們卻應當對之有所保留，甚至其可能適足以危害公共利益。〔我們認爲，〕所有公共決策的標準，最終必須獲得利害關係

人的同意。易言之，任何〔決策〕標準的正當性，包括公共利益，重點不在於其是否主觀，重點在於界定此種標準時，利害關係人是否有機會參與其中」（Wamsley *et al.*, 1990: 40）。前述即明確指出，公共利益必須在一種平等表意的公共對話中界定，正因如此，公共行政的重要任務便在於，促成、建立、和維繫眞誠的公共對話（authentic dialogue）（*cf.* Barth, 1996: 180-182）。

2. 公共對話有助於發揮社會課責的公民監督效果

　　當代諸多研究公務倫理與公共治理的學者大力提倡社會課責（social accountability）的概念，此即透過公民參與以及公共對話的途徑，讓民眾直接對政府的作爲進行監督的一種設計（Courville, 2003; Gilbert & Rasche, 2007）。因爲，傳統上透過法令規章對公共行政人員加以課責的方法雖然是直接而有效的途徑，但是此種以依法行政和層級節制爲基礎的公務倫理機制，卻也可能成爲官僚怠惰的保護傘（Downs, 1967; 1993）。意即公共行政人員可能會基於追求自利行爲以及自我保護，將課責的機制當作消極不作爲的藉口。是以，社會課責正可彌補法令課責之不足。而公共對話乃是落實社會課責之途徑。

　　其次，政府固然爲了捍衛公共利益，但在手段上仍必須符合正當性。杜德立根據馬區和歐森的觀點指出，公共行政的正當性之另一個來源爲：以適當的方法達成適當的目的（March & Olsen, 1989: 49 cited by Dudley, 1996: 77）。他言道：「前述觀念意味著，公共行政的正當性亦來自於確保決策的實行乃是根據程序的方針（procedural guideline）爲之，易言之，就是『正確地做事』」（Dudley, 1996: 77）。而爲了確保政府正確地做事，杜德立認爲，可以從兩個角度予以思考：一爲課責（accountability），一爲效果（effects）（Dudley, 1996: 79）。以公共對話強化社會課責有助於確保行政作爲符合程序正義，避免因爲施政不擇手段，對於社會和民眾造成傷害。同時從結果的層面而論，以公共對話強化社會課責也有助於防止政策淪於圖利特定團體，或是避免顧及多數利益卻對少數形成傷害的惡果。

　　申言之，杜德立認爲，課責蘊含著如下的意義：強調事情的進行依循適當的程序，以及讓決策能夠呈現其已經以適當的方式爲之（Dudley, 1996: 79）。之所以要將課責視爲公共治理之正當性的來源之一，誠如黑堡宣言一文所述：「……因爲，公共行政扮演著獎懲、分配與重分配、以及管制的角色，並且，由於其乃是能夠正當地運用強制力以促成此些社會目的的制度，是以，我們鮮少持平地予以審視，

相反地，公共行政總是激起人們的恐懼、希望和不安……」（Wamsley *et al.*, 1990: 36）。由前述可知，政府機關及官員擁有龐大權力，可以影響人民的權益，在民主政治中，爲了避免權力濫用的情形發生，除了必須確保公共行政的作爲依照適當的程序（法令規章）進行外，以公共對話爲基礎的社會課責也成爲重要機制。重要的是，社會課責可以促使公共治理獲得更多的公民認同。

抑有進者，杜德立認爲，正確地做事的第二個面向爲效果的衡量（*cf.* Dudley, 1996: 77），此涉及政策抉擇的課題。誠如學者顧賽爾所言：「以公共利益爲理由尋求支持的政策，意味著該政策可能產生的效果，已經經過評估，並且可以帶來利益而值得推薦。換言之，公共利益所陳述的內容，事實上，乃是已經檢驗了政策對於所有利害關係人未來會產生的效應，並且對前述效應做成有利的結論。此也意指，判斷某種論述是否符合公共利益的標準在於，該論述或一項具體的政策，是否全面而且公正地考量了所有利害關係人的權益」（Goodsell, 1990: 106），此一觀念即本文前述公共利益應透過公共對話界定的看法。易言之，本文一再主張公共政策之制定與執行，應以社會公正爲核心價值，其應該不僅止於讓多數的政策利害關係人受惠，而應是以不戕害弱勢者的利益爲前提。職此之故，表意機會平等的公共對話便是確保前述理念獲得實踐的機制。顧賽爾指出，衡量此一公共利益之效果的根據，乃是一種以同意爲基礎的（agreed-upon）價值（Goodsell, 1990）。換言之，公共政策的抉擇並非來自於簡單的多數決程序，而是來自於可以使不同立場獲得相互理解的公共對話。

第五節　公民參與治理的實踐經驗

1960年代以後社群觀念重獲重視以及社群主義抬頭的原因是：某些學者對於自由主義朝向原子論式自利個人主義的發展趨勢感到不滿，於是重拾蘊含命運共同體意識的社群觀念。社群主義來自於不同學者的論述，但其目的都在於試圖提出更爲理想的治理方式（*cf.* Taylor, 1982; 1987），也就是公民實質而直接參與治理的模式（*cf.* Clemons and McBeth, 2001: 16-20）。事實上，社群對於公共治理的參與早就體現於英、法和比利時等國的殖民地行政實務當中，其目的在於讓社群自立更生並對其本地問題負起責任。在1960年代時，美國制定了「經濟機會法」（Economy

Opportunity Act）（1964）以及透過「模範城市計畫」（Model Cities Program），社群的理念被導入於公共治理實務之中，其目的為促使社群解決其本身所遭遇的社會和經濟問題。於此同時，在1969年，英國制定了「社群發展法」（Community Development Act）啓動了一連串計畫，以提升社區和鄰里關係。到了1990年代，英國又有新一波以社群理念為基礎的公共政策被提出，用以挽救位居工業區和市中心已然頹圮的社區（Parsons, 1995: 503）。時至今日，歐美各民主先進國家，公民實質性地直接參與公共政策制定的實務日漸增多，以下將舉澳洲、美國、愛爾蘭實踐經驗為例，呈現近來公民治理的實務發展，並扼要歸納此些個案的啓發（許立一，2008c）。

一、澳洲公共治理的社群合作

澳洲政府積極推動社群參與公共治理的經驗，可做為本文主張以社群意識為基礎的公民治理例證之一，以下將扼要介紹其內容以為本文論述的佐證（許立一，2008c）。

（一）社群合作（community engagement）的意涵

根據世界經濟合作暨發展組織（Organization for Economic Co-operation and Development, OECD）在2001年所發布的文件，曾對社群（區）合作（community engagement）的意涵做出界定，本文茲將其要點歸納如下（OECD, 2001）：

1. 社群合作是一種發生在政府和公民之間的相互溝通與審慎商議行動。
2. 社群合作能夠讓公民和政府共同參與政策和公共服務條款的制訂。
3. 社群合作通常仍將公共治理的最終責任歸諸於民選政府。換言之，政府不得以公民參與治理做為卸責的藉口。

長期以來投入社區發展及社群參與公共治理的澳洲學者兼實務人員Jim Cavaye根據前述定義進一步補充指出：在社群合作實務當中，所謂的公民意指「社群成員」而不是個別的民眾，所以社群合作也意味著它的參與機制必須能夠統合社群的分歧性和動態性、社群代表性和權力的議題，以及次級社群之間的目標衝突等課題（Cavaye, 2004: 86）。

（二）澳洲政府轉向致力推動社群合作的原因

Cavaye觀察澳洲的實踐經驗指出，自1990年代中期起，澳洲開始施行的一些超越上圖所示之「諮商」程度且更為有效的社群合作程序，已經成為該國政府的關鍵議題。之所以會有此一發展趨勢，乃肇因於如後幾項因素：首先，長期以來所累積的經濟和社會持續性的變遷所導致的巨大衝擊，此些衝擊在農業和區域性的領域尤其明顯。人們期待政府能夠做出適當的回應，卻總是事與願違，造成廣大民眾對政府的希望破滅。特別是民眾認為，聯邦與州政府根本不願傾聽民意而且與人民漸行漸遠。其次，政府本身就被視為是造成區域衰退的推手。1990年代期間，政府服務全面性的縮減以及為了撙節成本而對公共設施的提供錙銖必較[15]，乃是導致民怨的主因。諸如「國家競爭政策」（National Competition Policy）、在某些州由州政府大張旗鼓所推動產業解除管制政策，以及養成不當公共決策態度的「國民生產力委員會」（Commonwealth Productivity Commission, 1998）等，都是具體的事例。再者，以上所累積的民怨產伴隨著極右翼「單一民族黨」（One Nation Party）[16]的出現，對澳洲產生了頗具威脅性的政治力量，在1998年時該黨於昆士蘭州（Oueensland State）選舉中獲得了可觀異議選票（protest vote）[17]，因此促使州與聯邦層級的主要政黨必須尋找管道重新與社群取得聯繫，特別是在區域的層級。最後，也是最重要的原因，就是社群希望能夠參與政府決策以及過程的期待日益升高。此一期待的產生雖然部分地根源於對現行參與途徑的不滿，但Cavaye主張，其主要的因素還在於澳洲民主政治的高度成熟，亦即澳洲的公民希望對公共治理能有更多的參與，以及澳洲政府所顯現出來的行政文化向來就對由政府片面決策的接受程度不高（Cavaye, 2004：87-88）。

---

[15] 就是新公共管理大行其道之時。

[16] 澳洲「單一民族黨」是由Pauline Hanson於1997年所創立。該黨為一極右翼（極端保守主義）政黨，主要活動區域在昆士蘭州。其黨綱類似於白澳政策，即反對有色人種（特別是亞裔）移民澳洲，限制非白種人活動，保持昆士蘭是純白種人的社會等。支持該黨的選民基本上是澳洲社會的底層，如失業者、低收入的非技術勞工、孤寡老人等，他們通常對社會不滿並將原因歸結為非白種移民的湧入。在1990年代末期當時的情境下，該黨贏得不少支持，且在短短時間內，挖走了當時澳洲執政黨—自由黨和在野黨—工黨許多的支持者。

[17] 選舉中故意將票投給勝出機會很低的候選人，以表達對主要政黨之不滿。也就是台灣所謂的「賭爛票」。

（三）澳洲政府推動社群合作的實踐經驗

Cavaye指出，基於上述系絡因素，澳洲政府實施更爲開放和廣泛的公民參與已行之經年。舉例而言，澳洲著名的「大地養護」（land-care）[18]以及流域管理政策，便將政府和社群納入於廣泛性的合作計畫之中，以保護和管理自然資源，此即社群合作的具體實踐。在此政策中，許多志願團體、社群與政府部門共赴事功，一同投入於緊急救援、社區巡防、家長和公民協會、以及衛生照護之中。Cavaye認爲，該政策最重要之處就在於，它提升和強化了社群合作在公共治理當中的質與量。歸納而言，在澳洲公共治理實務當中，社群合作日漸受到重視，可以從四個角度分別一窺堂奧，茲臚列敘述如下（Cavaye, 2004： 89-91）。

1. 政治人物對於增強與社群關係的重視：在政治方面，聯邦政府大量透過州的機構和計畫，將此一變革融入於公共服務的傳輸實務當中。首先，聯邦與州的政治人物就某種範圍的活動直接與社群進行合作。某些民選代表在從事選區活動時，已將聽取社群輿情納入個人行程之中。某些州政府已經實施常態性的社群內閣會議（community cabinet meeting），提供社群成員和政府部門首長直接接觸的機會。

2. 聯邦政府積極扮演社群合作的推手：聯邦政府扮演發動者，創造數起重大事件、建立社群取向的計畫，並改變聯邦機構關注的重點。1999年間，聯邦政府主辦了一項「澳洲區域高峰會」（Regional Australia Summit），與會者給予廣泛性的迴響並提出周延的計畫，俾使政府得以制訂政策培育那些處於各個區域當中的社群。今日澳洲公共治理實務當中，授能社群以扮演公共服務傳輸的要角之所以備受重視，就是此次高峰會議所產生的巨大影響之一。近來，澳洲聯邦政府的一些新的政策方案，把焦點置於提供經費和支持給以社群爲基礎的活動以及培養圖8-4當中所列的「社群夥伴關係」之上，以期社群在公共服務的傳輸方面扮演積極角色。上述這些重要的創制已經見諸於具體政策之中，例如「促進澳洲農業政策」（the Advancing Australia Agriculture）、「強化家庭與社群綱領」（the Stronger Families and Communities Strategy）、「區域衛生綱領」（the Regional Health Strategy）、「農業社群計畫」（the Rural Communities Program）、建立農產交易中心等等。

3. 州政府強化社群合作的政策和機構：州政府也早已致力與社群合作關係

---

[18] 可參考澳洲「大地養護」官方網站：http://www.landcareonline.com/。該網站首頁開宗明義揭示，「大地養護」乃是澳洲政府、社群以及企業之間獨特的夥伴關係所構成，其內涵在採取具體的作爲以保護和修復澳洲的環境，總計有4000多個志願團體投入其中。

的強化且偏好於以社群爲基礎的問題解決方案。舉例言之，西澳州（Western Australia）藉由「社群建造計畫」（the Community Builder）以及「西澳農業領袖計畫」（the WA Rural Leadership Program）等政策，將焦點置於社群發展之上。新南威爾斯州（New South Wales）則是透過「強化地方社群綱領」（the Strengthening Local Community Strategy），將焦點置於地域管理、社群關係、以及公共服務的整合之上。類似方案還出現在其他各州，例如維多利亞州（Victoria）有「社群能力建構方案」（Community Capacity Building Initiatives）以及昆士蘭州有「社群更新方案」（Community Renewal Projects）。此外，州還爲了推動社群合作而發展出對應的機構，舉例而言，昆士蘭州的「區域社群計畫」（The Regional Communities Program）就是由州政府各部會首長和從八個區域論壇選出的20名社群代表，共同研議制訂出來的政策。而該州總理府下屬的一個「社群合作處」（Community Engagement Division）以及州政府內閣，在領導和執行政府與社群合作關係上，則扮演顯著角色。

4. 公共服務傳輸及其實務：澳州政府以兩種主要的方式，在服務傳輸的層級上與社群形成合作關係。首先，某些特定的服務傳輸方案明顯地就是根源於社群合作，例如「中央高地區域資源運用規劃方案」（The Central Highlands Regional Planning Projects）、「社群更新方案」、「農業夥伴計畫」（the Rural Partnership Program）等，便是試圖將社群內化爲公共服務傳輸之一環的具體例證。同時這些方案呈現了圖8-4所示之分光譜向下移動的趨勢，亦即社群及其成員（公民）參與公共治理的「質」漸次深化而「量」漸次擴張，行動主導者從政府逐漸移向社群，民主的類型則從代議民主轉向參與民主。它們旨在孕育政府和社群的夥伴關係，並且促使政府投注更多的心力以協助社群建構自己的能力。其次，在服務傳輸的層級上，政府與社群形成合作的第二種方式是，許多機構嘗試改變現行的實務，它們積極提出鼓舞社群合作的策略，並且促成社群參與某些既存的方案（許立一，2008c）。

二、美國聯邦政府衛生暨人群服務部的「社區衛生中心」計畫

美國行政學者史蒂芙（Cammilla M. Stivers）分析美國聯邦政府「衛生暨人群

服務部」（Department of Health and Human Service, DHHS）的一項「社區衛生中心」（Community Health Center, CHC）計畫，說明了公共行政人員與公民形成夥伴關係的公民參與之成功經驗。該計畫授與地方公民所發起組成的團體重要職權，讓他（她）們依據法規得將聯邦補助的經費分配於不同領域並且十分複雜的醫療服務活動當中。扼要言之，該計畫賦予公民判斷的權威，讓他（她）們經由將廣泛性的方針轉化成自己所居住社區的需求，以決定具體情境下所謂的公共利益之內涵（Stivers, 1990: 268）。

抑有進者，史蒂芙指出，雖然在此個案中公共行政人員扮演監督公民的角色，但公民仍然擁有相對可觀的權威。尤其是，公共行政人員和公民經由常態性的實質互動，公民參與了此項公共服務相關規則的制訂，共享了相關方案內容的詮釋。職此之故，公共行政人員不僅是告知公民此一服務計畫的內容是什麼、如何進行，尤有甚者，公共行政人員和公民還共同致力於達成政策內涵和行動的共識，使他（她）們彼此緊密地結合在一起（Stivers, 1990: 268）。

前述個案為實質的公民參與提供了範例，史蒂芙認為它不僅是一個公共服務傳輸的成功個案，它還包含著一種可行的機制，此一機制能夠藉著共同詮釋公共利益內涵的過程，將公民視為命運共同體的成員，培養一種開放且兼具知識的社群。同時在此機制當中，公共行政人員與公民展開互動，俾以決定政策抉擇的可能範圍以及特定決策的知識內涵，然後公共行政人員和公民一起發展可行的政策議程（Stivers, 1990: 268）。

綜合而言，在史蒂芙眼中，此一個案說明了將政策過程建構成為一種具有命運共同體性質的社群對話過程，並且讓公民成為共治者並非不可能之事（許立一，2008c）。

三、愛爾蘭地方發展政策的公民治理經驗

都柏林（Dublin）的「南區合作理事會」（Southside Partnership）是愛爾蘭（Ireland）全國38個區域合作計畫的執行機構之一，理事會由22位理事所組成——社會代表4人、社區代表9人、國家機關代表6人，以及地方政府代表3人。它的組

織架構則包含數個委員會以及工作團隊——作業團隊（Operating Group）、地方就業服務管理委員會（Local Employment Service Management Committee）、擴展經濟機會網絡（Expanding Economic Opportunities Network）、以及教育工作團隊（Education Working Group）等。

南區合作理事會在其所發布的「平等宣言」（Equality Statement）當中宣示：將致力於讓每一個居住於南區合作理事會轄下的人民都能擁有機會、參與、和結果的平等，消除貧窮與社會歧視；以及南區合作理事會的工作內涵乃是以人權哲學為其基礎。職此之故，南區合作理事會的工作目標在於解決位處都柏林南區數個社區當中的貧窮問題，因此它所服務的標的團體和社區都面臨著極度貧窮的困境，而這些人們的特質是：貧困代代相傳、高度依賴社會福利、低學歷、惡劣的居住環境、政府服務的提供不足、暴力問題、毒品和犯罪充斥。雖然不同的標的團體如長期失業人口、遊民、單親家庭、殘障人士各有不同的問題，但他（她）們卻都有著共同的經驗就是——遭到社會邊緣化以及對於那些影響自己生活的決策和政策幾無置喙的餘地。

職此之故，合作理事會的工作植基於社區發展的觀點，試圖對長期以來遭到邊緣化的團體授能，讓其掌控那些影響其生活的決策。於是公民參與便成為「南區合作理事會」所有工作的核心，並且透過以下的途徑實踐公民參與：

1. 諮詢（consultation）——合作理事會在一項為期6年的策略規劃「共同願景2000-2006」（United Vision 2000-2006）中，擴大了諮商的程序，讓超過1000位以上的民眾親身參與了其所屬社區未來發展願景的規劃。標的團體參與了諮商活動的設計和主持，理事會運用創新和創造性的方法以極大化參與的內涵與人數，而社區發展計劃的草案來自於人們的參與投入，然後回饋給社區並由社區行使最終的同意權，如此一來社區發展策略的採行便具有共識的基礎。

2. 能力建構（capacity building）——合作理事會在推行工作時，對於標的人口不論是個人、團體、還是社區均採取共赴事功的作法，也就是培養標的人口自身的能力以改變其自己的生活處境和社區。社區的居民不但被鼓舞發展改善所屬社區的方案，並且還要與合作理事會配合共同執行該方案。此外，合作理事會還有一項重要措施就是訓練社區領袖，讓他（她）們有能力為社區中的弱勢群體表達需求、爭取利益、以及提出對策。

3. 合作理事會本身的結構（Partnership's structure）設計——「南區合作理事會」本身就是由社會、國家機關、社區和自願團體的代表所組成，此種利益和觀點融合的設計貫穿整個理事會的結構。在「南區合作理事會」當中，有超過30個以上的工作團隊和網絡是結合了標的人口，以共同設計和執行解決諸如學業中輟、創業發展、就業服務、遊民收容、社區發展支援等問題的方案為基礎所組成。此種結構安排挑戰並促使決策者改變其作為和政策，以確保地方上的民眾得以掌握那些影響其所屬社區的決策（Meldon, Kenny & Walsh, 2004: 46-47; 許立一，2008c）。

第六節　對實質參與的評價

從1960、70年代起，公民參與的不足已成為西方民主先進國家亟為關注的課題。可是，當時的相關文獻卻多呈現出一種持續性的基調：雖然注重公共治理和公民之間的多樣關係，但仍將公民在公共政策制定和有效執行的過程中，視為是一種工具性的角色。在此觀點之下，公民被視為消費者、特定計畫所必須之資訊和支持的來源、以及公共服務的配合者。其中所隱含的偏見乃是：公民被視為是消極被動的自利行為個體，而且公民參與通常被認為是弊大於利（Stivers, 1990: 248; King & Stivers, 1998: 57-60）。亦即，公民是公民，政府是政府，二者間似乎並不存在休戚與共的社群意識。進而在20世紀最後幾年，歷經新公共管理政府改革運動之後，某些論者對於新公共管理更重視成本效益評估（績效）、以及更深化了原子論式自利個人主義感到不滿，並試圖尋找出路。

論者指出，原子論式自利個人主義假定個人優先於社會關係乃是錯誤的看法。因為根據此一假定，個人既然不受特定的社會和文化之拘束，那麼所謂正義的原則也就不能對其產生約束，或者充其量僅能發揮管制陌生群眾間公共關係的形式作用。是以在現代社會中，原為道德主體的人被視為是孤立的、商品化的、以及冷漠的原子。所以原子論式自利個人主義的批判者認為，當代所呈現的諸多病象，其最佳的治療方法就是重建能夠共享價值和道德的社群，例如中世紀的公會（guild）或是以承諾為基礎的自我管治（self-ruling）社群（Young, 1996: 494-495）。經驗研究也顯示了，有愈來愈多成功的政策個案，採取了以社群意識為基礎、實質參與為途徑的運作模式（Meldon, Kenny & Walsh, 2004: 39-58; Rice, & Kuhre, 2004: 189-

205），對民主實踐和公共治理產生了極為正面的效應，而且在可見的未來公民治理的實踐相信應會朝向更成熟和精緻的境界發展，公共治理似應可藉此回歸西方自古以來政治思想家們早已賦予其的規範性功能——實現良善社會。

當然，必須特別說明的是，利他、互助精神、相互理解在公共事務的活動當中並不多見是事實，舉目可見的政治運作充滿了自利行為以及隨之而來不可化解的衝突，另外基於效率和控制的考量，較為深度和廣泛的實質參與也不多見。然而這些自利行為可能滿足了自利行為者自己的眼前利益，卻引發日後更大的悲劇，只是受害者不見得是自利行為者自己。對於此等以傷害他人為代價之自利的政治行動表示關切並將之視為一種必須避免的悲劇，應是關於「公共」的規範論述之焦點，此即本文寫作的基本立場。

以下將針對實踐公民實質參與的基本前提以及其特色做一整理歸納。

一、影響實質參與之可行性的重要因素

欲將實質參與的公民治理運用於政策實務並欲獲得良好成效，必須考慮各種可能的變項，本文初步將之歸納為如下數端（許立一，2011）：

1. 主政者的態度：主政者即擁有公共資源合法分配權力者，其包含了選舉產生的首長、政務官乃至於事務官。此項條件的內涵為主政者對於推動實質參與的意願和決心、政策參與的開放程度與範圍以及最重要的效率考量。此一參與模式所需耗費人力、物力、時間成本頗高，政府是否能夠以及主政者是否願意承擔風險以較高的成本施行未必能夠達成共識的參與，乃是此一模式能否實踐最重要的限制。

2. 政策性質：例如牽涉層面愈是廣泛或是專業和機密性質愈高的政策愈不易施行實質參與的公民治理。

3. 社會氛圍：包括民眾對於某一政策議題的關注程度、民意對政策議題的支持和反對數量和強度的分布情形等。

4. 參與機制完備程度：參與機制的設計應具備：（1）便利性（方便參與）—例如公民會議的舉辦地點或時間；（2）普及性—例如在網路進行公民論壇是否將對某些不會使用網路的民眾形成排擠作用？此一公民論壇平台是否能讓參與者易於

上手？此實意味著參與的正當性；（3）權威性—參與機制需有其法源依據且應為政策合法化的程序之一，民眾參與公共對話的結果對政策發展能否產生決定性的作用將會影響民眾的參與意願。

5. 公民素養：包括民眾公共道德意識、對公共事務的理性程度、以及參與的能力和意願。

二、實質參與的整體特色

（一）勇於反省現狀的主體能動性

本文主張之實質參與的公民治理架構中，以利他精神和施為觀點界定個人，此一人性假定與自利取向的民主政治存在著極大的差異，而且是超越自利取向的民主政治之關鍵所在，其原因就在以下對於人性的二個預設（許立一，2011）：

1. 由於個人採取行動時並不侷限於自利動機而具有利他精神，所以他（她）的行動包含了一種對於社會整體的責任感和道德意識。

2. 施為觀點強調個人並非僅僅被動因應社會結構的限制，反之行動者具備主動創造差異的能力，能夠衝撞社會結構並改善現狀。

職此之故，在邏輯上，結合利他精神與施為觀點的人性假定，使個體（不論是公民還是公共官員）有可能可以避免向缺乏公義的社會現狀妥協，並且勇於挑戰和質疑現狀，進而得以創造臻於良善的社會。

（二）公民為共治者而不僅是被治者

長期以來，即便是在自由民主的政體之中，治者和被治者仍然是界線相當嚴明的二個政治階級。儘管自利取向的民主政治論述提倡更多公民的參與或是選擇自由，然而多元論的實踐卻仍呈現參與壟斷（經由代表或是利益團體）的現象，另外公共選擇亦將政治運作切割為供給和需求雙方，治者與被治者是兩種不同的階級。但本文主張之實質參與的公民治理，強調公民為共治者，他（她）們應該被認為是願意積極投入公共領域與其他成員展開對話的公民。經由公共對話機制的建立，政治精英、公共官僚與公民構成了具備互助精神的公民社會，而此種公民社會透過法

律、規章、政策、程序的訂定，成員共享公共事務的責任以及政策的擬定，形成論者所謂的社群取向的政策過程（Box, 1997; 2004: 62-65）。在此架構下，避免代議制度可能導致的民意扭曲或是濫用，直接將公民納入政策制定甚至是執行的過程，公民成為共治者與共同決策者，而不僅是被治者——消費者或服務的使用者。

　　總之，經由實質參與的機制設計，本文主張之公民治理必須由政治精英、公共官僚、和公民共同詮釋政策及其運作規則。職此之故，政治精英並不為公民制定規則，而公共官僚則不是告知公民規則，反之公民和公共官員必須一起達成意義和行動的共識，因此他（她）們彼此緊密地結合在一起（Stivers, 1990: 268）。公共治理乃是由公民、公共官僚、和政治精英的共同志業（許立一，2011）。

（三）公共利益即符合公正的共享價值

　　具備社群意識的公民不僅追求自利還重視社群的共同利益，而此一共同利益之內涵則是在公共對話過程中獲得。更重要的是，由於蘊含了具備互助精神的社群意識，在此種對話過程中就包含了容忍、憐憫、尊重、體諒等重要元素。誠如論者Stivers所言：「人性或許是自利的，而且某種程度是躁進的，但是一如我們所見，……公民有能力學習與發展，變得具有見識而且善體人意」（Stivers, 1996: 265）。換言之，公共利益的界定，就是公民共享的詮釋過程，並非政治精英或是公共官僚獨享的權力。所以公共利益是一種共享價值，而且將持續性地體現於公共治理實務當中。也因此，公共決策能夠符合社會公正價值的可能性將大為提升。換言之，此將可以避免根據自利動機以及原子論的假定，採取多數決原則所造成的多數暴政（許立一，2011）。

自我評量

一、試述自利取向的公民參與在哲學層面之內涵。
二、試述自利取向的公民參與在理論與實踐層面之內涵。
三、試就哲學層面對自利取向之公民參與進行倫理反思。
四、試就理論與實踐層面對自利取向之公民參與進行倫理反思。
五、請說明以公共對話為基礎的實質參與之意義。
六、請說明以公共對話為基礎的實質參與之哲學基礎。

七、請說明以公共對話為基礎的實質參與之理論基礎。

八、請說明實質參與的公民治理其重視參與品質的意涵。

九、請說明實質參與的公民治理其公共決策內涵及其具體作法。

十、請說明實質參與的公民治理其國家機關與公民為夥伴的共治關係之內涵。

十一、試述當代民主社會公民參與有哪些類型？

十二、試述公共對話的倫理意涵。

十三、請扼要闡釋公共對話的倫理功能。

十四、請說明公共對話為何有助於公共價值的實踐？

十五、請舉例說明公民參與治理的實踐經驗。

十六、試述影響實質參與之可行性的重要因素有哪些？

十七、試評價實質參與的整體特色為何？

學習目標

◎瞭解公共官僚體制的倫理問題
◎瞭解公共行政人員的行為類型
◎瞭解公共行政人員角色的倫理內涵
◎各國官箴制度與公務操守典則

前　言

何謂「操守」？根據字典的定義，其意為：品行、品性、品格、品德，換言之，操守一詞本身就具有規範性與正向的意義。是以，本章所指「公務操守」便是意謂：「公共行政人員在執行公務時，應該扮演的規範性角色以及應該採取的正向行動。而這些規範角色和正向行動當以『官箴』為準則」。

何謂「官箴」？根據字典的定義，其意義大致有以下二者：一謂「官吏對帝王進行的勸誡」，見諸《左傳‧襄公四年》：「昔周辛甲之為大史也，命百官，官箴王闕」。另一謂「為官之戒規」。見諸明朝沈鯨著《雙珠記‧棄官尋父》：「制行難期畫虎成，事親肯被官箴縛，盡孝何愁世網嬰」；以及中國近代史資料叢刊《太平天國‧醒世文》：「為官頭頂守官箴，秉公正直奉法行」。本章所謂「官箴」當然是採取上述第二種意涵：「為官之戒規」。也就是倫理的準則，作為一種界定符合公務操守的標準。

本章旨在探討公務操守與官箴，為契合時代系絡，將先著手檢視當代工業社

會之後所發展之官僚體制（bureaucracy或稱「科層體制」）[1]。因爲它是今日公共組織設計之理念型（ideal type），也因此現代政府的公務員也被稱爲「公共官僚」（public bureaucrats），此一理念型影響了公共官僚的角色行爲，並發展出其特定的組織文化、形塑了自有的倫理準則，亦即它影響了現代公務員的公務操守和官箴，所以官僚體制是本文首先析論之課題。

社會學家韋伯（Max Weber）認爲，官僚體制做爲一種組織的型態是工業社會的必然產物，它橫跨公、私部門成爲現代人類生活的一部分。其次，官僚體制所蘊含的基本價值——效率，亦成爲影響生活各個層面的基本思維，此一價值對於公共治理實務的影響更是深遠。然而，身居「官僚體制」當中的公共行政人員乃是公共治理的主要施爲者並且爲數龐大，其思維、行動、價值判斷決定了民眾權益的得與失，所以公共行政人員幾乎已與公共治理劃上等號。是以，公共行政人員的行爲是否符合公務倫理的要求，決定了公共治理是否能夠回應民眾所需。

本章將首先以倫理角度反思公共官僚體制作爲起點；其次根據不同理論觀點歸納出官僚行爲的類型；然後從倫理的角度對公共行政人員行爲進行定位；最後引介一些國際組織和權威公共行政專業學會倡議的公務操守典則與民主先進國家的官箴制度。

第一節　對於公共官僚體制的倫理反思

根據韋伯的觀察，官僚體制是工業社會組織的主流型態，它所蘊含的組織設計取向不但體現於私部門，對於公部門的影響更是深刻，時至今日其甚至被視同於公共組織。亦即，在今日官僚一詞幾乎與政府機關以及公務人員劃上等號可見一斑，並且通常被賦予怠惰、傲慢、遲鈍、無效率等負面意義，雖然韋伯對於官僚一詞的界定並非如此。當代各種行政改革的內容，很大部分是針對官僚體制的組織設計而

---

[1] 韋伯所提出之工業社會的組織的理念型態（ideal type），所謂理念型態就是在觀念中而非經驗世界中最完整的組織型態。以韋伯的想法，工業社會當中官僚體制的理念型態必須完整具備以下特性：以法規爲中心的理性化組織（rationalization by rule and regulation）、層級節制的結構（hierarchy of structure）、專業分工（specialization）、對事不對人（impersonality）、永業化、升遷以年資爲主要依據，獎賞則以年資和績效爲依據。

來。換言之，針對官僚體制的反思，長期以來便是公共行政學者的一項重要課題。歸納學界對於官僚體制所進行的檢討，大致可區分爲兩種主要路線，一是人文觀點，一是效率觀點。人文觀點著重於從微觀的層面呈現官僚體制對於文官可能造成的扭曲效應，而效率觀點著重於從管理的角度探討官僚體制的組織設計對於績效的負面作用。

一、從人文觀點的反思

　　大約在1960末期年代興起一股針對資本主義工業社會的批判思維，論者稱爲批判理論（critical theory）或者又稱新馬克思主義（Neo-Marxism），又因爲此一批判性的思想來自德國法蘭克福大學，所也稱爲法蘭克福學派（Frankfurt School）（*cf.* Blaikie, 1993: 52）。官僚體制源自於工業社會的興起，是以它也可說是促使資本主義經濟體系高度發展之不可或缺的要素，因而其也成爲此派學者反思的重點。1970年代，某些根據批判理論或者是法蘭克學派主張的公共行政學者，針對以政治與行政分離論爲基礎的傳統行政理論提出質疑，在美國發展出了新公共行政學派，而與政治行政分離論密不可分的官僚體制，當然是此派學者批判與反思的重點。新公共行政學者對於官僚體制所做之檢討，主要以人文關懷爲著眼點，作者歸納其所提出的反思大致如下。

（一）使人淪為組織機器的附件

　　官僚體制本是針對工業社會生產模式的變化而提出的組織理念，韋伯認爲，此種型態的組織終將要遍及社會的每一個角落，成爲人們生活的一個重要部分。就今日的實際情形觀之，在官僚組織當中生活甚至占據了某些人生命的絕大部分，而且是最黃金的時刻。韋伯主張官僚體制可以藉由理性化（rationalization）的過程，將個人的理性擴張延伸，以解決人類所面對的各種政治、經濟問題。他認爲此一理性化是一種「解除魔咒」（disenchantment）[2]的過程（周伯戡譯，1983：128）。亦即，合法—理性的官僚體制乃是人類理智戰勝迷思（myth）的一大成就。在經濟層面，官僚體制有助於解決爲了將機器生產效率發揮到極致所必須克服的人性問

---

[2] 德文原意就是：「將虛幻的魔力從事物中驅除」。

題；一樣地的邏輯也體現在政治層面，誠如威爾遜（Woodrow Wilson）的推崇與提倡（*cf.* Wilson, 1992），以官僚體制做為公共組織的設計藍圖，被視為是排除政治因素阻礙行政效率的良方。

但就如同一把具有雙面刃的刀一樣，一方面官僚體制以理性戰勝感性，有助於組織生產效率的提升，但另一方面卻使得組織如同機器一般冰冷，人似乎不再是創造和操作組織的主體，使人成為組織這一部機器的附件（cog of organization machine）（*cf.* Jun, 1986: 72）。所以韋伯也感慨官僚體制如同「鐵的牢籠」（iron cage）一般。官僚體制似乎是以另一個魔咒（理性）去解除原本的魔咒（迷思和感性），另一把枷鎖悄然成形（許立一，1999：308；*cf.* Clegg, 1990: 29-33）。因此重要問題是，將官僚體制做為公共組織的設計理念，是否會導致公共治理核心價值──「以人為本」遭到漠視甚至扭曲？若從批判理論以及新公共行政的觀點而論，上述問題的答案是肯定的。所以當代倡議從人文主義（humanism）的角度從事組織建構的論者主張，唯有致力將人與組織整合而不是迫使人與組織分離，才能真正地發揮組織的效能（*cf.* Jun, 1986: 70）。

（二）導致物化與疏離以及目標錯置的弊病

官僚體制潛藏著工具主義的思維傾向。所謂工具主義，簡言之就是只重手段不問目的的思維傾向，甚至將人也視為達成目的的手段。誠如法蘭克福學派健將馬孤哲（Herbert Marcuse）指出，過度地強調技術（工具）的應用性，缺乏人文的反省能力，使得人們的生活美學為物化（reification）的科技文明所淹沒。所謂物化意指人遺忘了自己才是人類世界（自己）的創造者，進而也遺忘了對自己所創造之世界以及人際關係的反省（*cf.* Berger & Luckmann, 1967: 89）。對於公共官僚體制而言，所謂物化問題就是指公共行政人員認為其所身處的組織和社會是一種與自己無關的客觀世界，他（她）在此世界當中既不能自主行動亦不能創造或改變之，無力感和疏離感便油然而生（*cf.* Jun, 1986: 141-143; 153-155）。職此之故，馬孤哲認為，科技為人類帶來的不止是物質文明的進步，同時亦形成單一向度的（one dimensional）生活型態和單一向度的人（one dimensional person），此種生活型態排除了其他生活型態的可能性，是一種新的宰制形式，也是一種歷史性的災難（劉繼譯，1990）。簡言之，馬孤哲的言下之意為：工具主義著重於工具的不斷精進，其最後可能演變成迷失於工具的創新與發明之中，卻遺忘了創新與發明的目的。

官僚體制的物化問題所導致的惡果是公共行政人員與其組織和任務疏離（alienation），致使公共治理原來的理想遭到扭曲。公共治理的理想應在於實現公共利益，但是當肩負公共利益之實現的公共行政人員與其所身處的社會疏離時，那麼社會的好與壞和公共行政人員有何關係？當公共行政人員覺得其所作所為不過是為了生存的一份工作以及避免法律的課責時，那麼如何能夠寄望公共行政人員以公共利益為念？

總之，就公共治理而言，工具主義的思維傾向可能使得政策規劃僅著眼於成本利益分析（cost-benefit analysis），導致原是為了實現公共利益而制定公共政策，現在卻可能是為滿足成本利益考驗的標準而制定公共政策，呈現將手段視為目標之目標錯置（goal displacement）的弊病。

（三）造就消極被動的技術官僚（technocrat）

官僚體制的工具主義思維傾向很可能進一步地造就批判論者所詬病的「技術官僚」。所謂技術官僚存在著如後的數種弊端，限縮了公共行政人員在治理過程中施展作為的潛力（cf. Parkin, 1994: 67-77）：

第一，技術官僚講求事實但無法容忍模糊的目標，所以只能接受可以明確計算的得失，而不能忍受人類行動的複雜性與曖昧性（因為其所抱持的科學信念所致）。因而技術官僚的創新能力有限。

第二，因為強調可以計算的得失，所以傾向功利主義的思維。對技術官僚而言，所謂的公共利益似乎只是能夠量化的價格（price）而不是可以令人的精神層次得到滿足的價值（value），甚至誤將價格等同於價值。抑有進者，行政措施的良窳，只著重於多少人的利益獲得滿足，而不論何種利益獲得實現。

第三，既然理性是技術官僚對自我與對他人行為的判準和原則，自利似乎就是公共行政人員所有決策和行動的基礎，因此公共行政人員與其服務對象以及與社會整體的關係，是建立在一種利益算計的基礎之上（至少是避免自己蒙受損失的考量）並非社群（命運共同體）意識。職此之故，即使當公民的權益受損、亟需協助時，技術官僚傾向的公共行政人員，未必願意積極伸出援手，尤其是當他（她）們評估採取行動的風險後，更可能會將精力用於保護自己而不是解決問題之上。

二、從績效課責觀點的反思

官僚體制有助於促成集體行動的一致性，韋伯將之視爲工業社會必要的組織型態，因爲透過官僚體制可以讓成分複雜的工廠工人配合機器生產的步調，進而有可能將機器的效益發揮到極致，此即對於效率的追求。儘管韋伯對於官僚體制的研究，基本上是出於一種文化和社會的觀察，但是管理學者或是組織理論家，則是試圖尋找最佳的管理方法，俾發現能夠增益組織效率的因素，因爲官僚體制能夠達成效率，所以其順理成章地成爲管理學者或是組織論者重要的研究課題。從而，達成效率成爲官僚體制的核心課題，以及研究者關注的重點所在（*cf.* Clegg, 1990: 27-29）。以公共行政領域而言，經濟、效率以及效能是傳統上組織績效的重要衡量標準，誠如本書稍前所述，美國國家公共行政學院，就將此三者視爲公共行政支柱（後來加上社會公正）。

然而隨時空系絡轉變，當初被認爲可以帶來績效的官僚體制，卻在今日遭到嚴峻的挑戰和質疑。特別是1990年代的新公共管理（New Public Management），可說就是爲了改善官僚體制績效不彰的問題而崛起的政府改造運動，更重要的是，績效不彰乃是今日民衆之所以重視公部門課責的主因。茲將公共官僚體制績效不彰的問題，分析如下。

（一）層級節制對組織經濟效率的負面影響

官僚體制之層級節制的設計原本目的在於強化集體行動的一致性與正確性。是以從某種角度而論，層級節制有助於減少錯誤行動所造成的浪費，原是降低成本提升效率的機制。特別是對於政府機關而言，公共官僚體制的層級節制之設計，對於減少行政作爲的疏失和瑕疵，甚至是遏止舞弊和濫權，都起著重要的作用。而且如果上述偏差行爲可以視爲是公共治理應予避免的「成本」的話，那麼一般稱爲「官樣文章」（red tape）的層級節制，還是有益於公共服務績效。但若就當代管理思維而論，層級愈多監督愈嚴密，對於組織的經濟效率的負面影響也愈大，以下的命題或能說明箇中緣由：

第一，層級節制可能會減緩資訊流通的速度以及降低其正確性，並且組織規模愈大、層級愈多，問題也就愈嚴重。因爲，每一階層的組織成員在從事溝通時，或許會爲了維護自我的利益而過濾資訊。如此將形成學者唐思（Anthony Downs）所

謂之，一種沒有人能夠掌控大型組織行爲的「不完美控制法則」（law of imperfect control）之現象（Downs, 1967: 143; 1993; Dunleavy, 1991: 151）。

第二，組織愈大、層級愈多，所需要耗費在管控和監督方面的資源、時間、精力、與費用也就愈多，除非大型組織可以發展出經濟規模，否則與規模相對較小的組織相比，組織規模愈大效率就愈差（Dunleavy, 1991: 152）。此將出現一種組織高層控制能力弱化的現象，唐思稱之爲「控制萎縮的法則」（law of diminishing control）（Downs, 1967: 143; 1993）。

第三，控制愈是嚴密愈是容易導致反效果。官僚體系成員面對嚴密的監督，他（她）們仍有可能隱蔽重要資訊、選擇性地執行上級的指令、將資源用在私人的利益上（Dunleavy, 1991: 152）。唐思稱此種現象爲「反控制法則」（law of counter-control）（Downs, 1967: 147; 1993）。

第四，層級節制的設計未必能夠有效解決組織成員之間的衝突，導致許多問題可能只好由高層甚至是最高層的主管行使獨斷的權威（Downs, 1967: 147-148; 1993）。如此一來高層主管的負荷過重，低階人員的裁量權又因此非常有限，因而在執行命令時缺乏彈性，即使基層人員願意戮力而爲也可能因爲授權有限，無法針對具體情況調整行爲的方式，造成政策執行的缺陷（Dunleavy, 1991: 152）。唐思指出，組織規模變得愈龐大，協調能力也就愈差，一種「協調弱化的法則」（law of decreasing co-ordination）於焉形成（Downs, 1967: 143; 1993）。

（二）只重內部控制欠缺對於環境的視野導致效能不彰

欠缺對於環境的視野，以及層級節制所導致之管控和監督成本的浪費，再加上緩慢流通、刻意過濾和不正確的資訊取得等因素，將使得官僚組織對外部環境回應能力受到限制。因此，政策執行即使符合效率標準，可能也會存在著效能的問題，也就是政策無法有效達成預期的結果（policy outcome）。以政治學的語彙稱此種現象，就叫做「與民意脫節」、「政治效能感低落」。

雖然官僚體制基本上是基於工業社會的大環境應運而生，所以它不能說不是「環境」影響下的產物。然而，從工業化初期演變至今，社會、政治、經濟乃至於文化等各個層面的環境已經有了極大的變化，特別是論者指出當今的環境是一種「後現代」的情境（postmodern condition）（*cf.* Lyotard, 1984），事物變遷的速度更快也更難預料，所以官僚體制能否有效適應當代環境令人質疑。尤其是，韋伯所

建構的官僚體制理念型，本就對組織與外部環境關係缺乏著墨，事實上此一限制也成爲後來組織系統論（systems theory of organization）發展的重要基礎。

在系統的觀點下，組織是生物有機體，面對環境變遷有適應能力，而與環境存在互動關係。系統觀點的組織分析還發展出以「模控學」（cybernetics）[3]爲基礎的論述，論者或謂之爲「大腦」隱喻（cf. Morgan, 1998: 70-74; Scott, 1992: 79-81），意即將組織視爲如同大腦及其衍生的神經一般，可以偵測外界環境的變化進行自我修正，做出正確反應的系統。凡此種種實非官僚體制理念型的論述內涵所能及。然而，知識隨著環境變遷而累積、成長乃是一種常態，故而作者並不希望在一種以今非古的立場上全盤否定韋伯所建構之官僚體制理念型，因爲此絕非對於知識正確的理解態度。不過，本文此處仍要指出官僚體制確實存在著關於環境的此一課題之兩個層面的限制，因而導致無效率的後果：

第一，在理論的層面——官僚體制理念型欠缺對於組織與環境關聯性的思考，因此無法針對適應環境和創造環境的課題提出因應之道。

第二，在實務的層面——以官僚體制做爲運作原則和結構型態的政府機關，其對於環境特別是詭譎多變的後現代情境的回應能力，顯然令人無法苟同。正因如此，1990年代開始才會有以「去除官僚體制」（banishing bureaucracy）爲基礎的新公共管理，並有論者提出應以服務品質、顧客評價爲中心的「後官僚組織」（Heckscher, 1994）取代只重內部控制原則的傳統官僚體制。

第二節　公共行政人員的行爲類型

本節欲引介不同理論觀點針對公共行政人員的角色行爲進行分析，以呈現公共行政人員在公共治理實務作爲的多重面貌。以下分從四個理論途徑分析公共行政人

---

[3] 模控學是由學者維納（Norbert Wiener）首創的一門知識，他於1943年時首度提出此一概念，然後在1948年時，維納發表了《模控學》（*Cybernetics*）一書，正式爲模控學奠定了理論基礎。所謂模控學是將原本屬於生物有目的之行爲應用於機器的科技理論。生物會根據神經傳導的訊息決定和修正自己的行爲，而模控學就是試圖將前述原理移轉至機器之上的學問（cf. Scott, 1992: 79-80）。具體的例子如恆溫式的冷氣機，當室溫達到預設的溫度時，壓縮機會停止運轉不再送出冷氣降溫，然當室溫再度上升時，壓縮機又會再度自動運轉送出冷氣降溫。

員的行為類型：多元主義、公共選擇理論、知識精英觀點，以及社群主義。

一、多元主義觀點下的公共行政人員

以多元主義的途徑分析公共行政人員的角色行為包括如下幾個重點面向，茲臚列闡述之。

（一）公共官僚體制具備代表性而為社會的縮影

公共官僚體制在某些多元主義者的眼中，它是社會的縮影，意即公共官僚體制反映了社會的結構，此即所謂代表性官僚體制（representative bureaucracy）的概念。在本書第一章介紹多元主義時曾說明，多元主義者主張自由民主政體應是多元的政體，在公共治理的實務運作層面，多元政體的實現主要以代議政治的形式呈現。大多數人認為代議政治的建構與選舉密不可分，因此人民的代表也意味著經由投票程序產生的民選政治人物。儘管如此，仍有論者指出，透過刻意的制度設計，那一群非經選舉而與黨派無關的公共行政人員，其實也可以成為實現多元政體的一種途徑。換言之，經由適當的制度設計，公共官僚體制也可以具備相當程度的代表性。採取此種觀點的論者認為，公共官僚體制本身可能比國會更接近社會縮影（Rohr, 1990: 76）。換言之，其所具備的代表性不比民選公職人員低，甚至有過之而不及，因為公共行政人員來自社會各階層，其組成比民選的公職人員更為貼近社會的各個階層。同時，由於像美國聯邦政府的「公平就業機會法」（The Equal Employment Opportunity Act, 1972）和「就業保障法」（The Affirmative Action, 1979）此類法律的存在，使得社會中的弱勢族群得以避免受到歧視，而公平地進入公部門服務，更能實現代表性的官僚體制的理想，在公共治理過程中發揮一定程度的表意（expression of opinion）的作用（cf. Goodsell, 1990: 109）。

（二）公共政策是公共官僚體制之間政治競爭的結果

在多元政體的運作實務當中，公共官僚體制就是社會當中各種彼此競爭之政治的、社會的、經濟的團體的代表，是以如同利益團體的競爭態勢也存在於公共官僚體制之中。所以根據多元主義者的觀點，公共官僚體制應該能夠表達社會當中的多元利益，進而公共政策的制訂也是由公共官僚體制之間的政治競爭做成

（Rosenbloom & Kravchuk, 2002: 194）。

（三）公共官僚體制的管轄重疊

　　一個眞正落實多元政體理念的國家，相同的任務可能分由數個機構執行，形成公共官僚體制彼此之間任務的重疊現象（Rosenbloom & Kravchuk, 2002: 194）。以美國聯邦政府的人事行政機關爲例，人事管理局、功績制保護委員會、聯邦勞動關係局、平等就業機會委員會等，在職權上或多或少都呈現出重疊的現象。此種現象若從以效率爲基礎的管理觀點予以評估，顯然是一種浪費，但就政治觀點而論，機關職權和任務的重疊，可能是提供其服務對象更爲周延之服務（可以從更多的機關獲得相同的服務）或因爲機關之間任務重疊產生競爭和相互監督的功能更能保障民眾權益。

（四）公共官僚體制的任務目標衝突與分歧

　　依照多元政體的理念所設計之公共官僚體制，其任務是混雜性的組合並非統整性的（unified）體系，所以各個公共官僚體制所關注的目標可能呈現多元分歧，且欠缺一種居於優先地位的政策方針，而可能彼此相互衝突。例如國家公園應以觀光發展（經濟建設）優先還是環境保護優先？糧食補助計畫的主要目的到底是消耗過剩的農產品還是救濟窮人？大眾運輸系統是交通計畫還是都市發展計畫？學院住宅的借貸是住宅政策還是教育政策？水污染控制方案應該只考慮其維護民眾身體健康的主要目標，或應該更廣泛地考量水資源的長遠利用（Rosenbloom & Kravchuk, 2002: 194）？以上對於政策目標的觀點和立場不同，將會左右政策實質結果，並可能會對社會和人民產生長遠的效應。事實上，傳統上被定位爲政策執行者的公共官僚，在代表性的官僚體制觀點之下，其角色顯然已經超越執行的層面，而成爲政策目標設定的積極參與者，甚至因爲專業的理由其已經扮演政策實質的規劃者。然而，政策目標往往難以透過科學方法或經濟分析加以確定，因爲它所涉及的是價值判斷，此使得公共行政人員對於任務目標之抉擇充滿高度的政治性。

二、公共選擇理論觀點下的公共行政人員

　　此處以公共選擇理論爲途徑，其主要以經濟學的自利理性人之基本假定爲起

點，對公共行政人員的角色行為進行分析。

（一）對於公共行政人員人性的基本假定：自利的理性人

在公共選擇理論的觀點之下，公共行政人員被假定為自利的（self-interested）理性人。換言之，他（她）們的行為是以自我利益極大化為動機。誠如學者唐思所言：「每一位公共行政人員的行為皆部分源於個人自利的動機，但某些公共行政人員的行為則是完全以個人自利做為動機」（Downs, 1967: 83; 1993）。同時他也認為：「每一位公共行政人員明顯地皆以自利做為行為的動機，即使當他（她）的行為只是在履行公職的本分」（Downs, 1967: 262; 1993）。

一般而言，公共行政人員行為的自利動機可以歸納為如下數項（Dunleavy, 1991: 148）：

1. 追求權力。
2. 追求金錢報酬。
3. 追求聲望。
4. 追求便宜性——減少個人的付出。
5. 追求安全性——降低上述各種利益損失的或然率。

（二）公共行政人員在組織內部常見的自利行為

唐思在其所著《官僚內幕》（*Inside Bureaucracy*）一書中，根據市場經濟學的觀點，針對官僚體制和公共行政進行分析，他描述了公共行政人員在組織內部的自利舉措，計有如下四項（Downs, 1967: 77-78; 1993）：

1. 公共行政人員總是在與上級（包括政務官）溝通時刻意扭曲資訊，以便彰顯其自己或所領導的部門完全不曾偏離上級的指令。
2. 公共行政人員在回應上級的決策時，會有所裁量而不會唯命是從，亦即，如果上級的決策與自己的利益相一致時，他（她）們的執行速度會比較快；反之，則會有所延宕。
3. 在從事政策選項的抉擇時，公共行政人員總是傾向於選擇政策結果對自己有利的方案。
4. 公共行政人員在尋找新的政策方案時，深受自利動機的影響。

（三）公共行政人員面對外部環境常見的自利行為

　　除了勾勒公共行政人員在組織內部的自利行為外，唐思認為偏好於理性計算的公共行政人員，具有七種常見的「官僚體系意識型態」（bureaucracy ideology）。他的觀察正可用以說明公共行政人員面對外部環境常見的自利行為，茲臚列敘述如下（Downs, 1967: 242-243; 1993）：

　　1. 公共行政人員往往強調其活動所能帶來的正面利益，卻對所需付出的成本避重就輕。

　　2. 維持或進一步擴張公共行政人員權限的情形時而可見，反之卻未見任何縮減公共行政人員權限的措施。

　　3. 公共行政人員只有在遭到他人侵犯管轄權，或是自己本身侵犯他人管轄權時，才會精確地評估本身的權限。

　　4. 公共行政人員會宣稱其為整體社會或多數民眾提供利益，而非針對「特定利益」提供服務。

　　5. 公共行政人員會吹噓目前的表現處於高水準的狀態，或是高績效的表現可以預見。

　　6. 雖然，公共行政人員在陳述政策時，往往較政黨和政客的說詞更為明確與精緻，但是為了避免民眾發現其缺乏效率的真相，他（她）們還是經常保持相當程度的模糊性。

　　7. 公共行政人員總是強調他（她）們的成就和能力，卻刻意低調處理他們的失敗與無能。

（四）公共政策部分源自於公共行政人員的自利考量

　　學者研究發現，例如美國的經驗顯示，許多公共政策制定過程，發揮主要影響力甚至擁有決定權的參與者包括了：國會小組委員會的議員、利益團體，然後便是公共官僚體制，論者稱此為「鐵三角」（iron triangles）（Kingdon, 1984: 36）。關於鐵三角的經驗研究指出了公共行政人員是政策制定的積極參與者，而從公共選擇理論的角度則是認為公共行政人員會以自利的動機參與政策制定，至少公共政策的內涵與公共官僚體制的利益不會相違背。公共官僚體制透過公共政策體現自利的行為有以下二項：

1. 藉由政策制定擴大機關的規模

誠如公共選擇論者尼司坎能（W. A. Niskanen）指出，個人目的性的行為是社會行為的本質（Niskanen, 1973: 20），然而公共官僚體制是一種定期獲得財務支援和補助的非營利性質的組織（Niskanen, 1973: 8）。那麼公共行政人員將何以追求自我利益極大化？透過政策制定以擴大機關的規模就是一種途徑（Tullock, 1974: 26-35）。舉例言之，藉由一項新政策的規劃，公共行政人員可以提出為了推動政策必須增加機關員額的建議（Dunleavy, 1991: 154），而且此種建議看來理所當然，很容易被接受。增加機關員額對於管理階層而言意味著權力的增加，至於對一般的公共官僚體制成員而言，則可能有減輕工作負擔的益處。

2. 藉由政策制定增加機關的預算

另一種藉由政策制定以實現自利的行為是增加預算（Dye, 1992: 40）。財務的來源乃是最受公共官僚體制高階人員關注的重點，而預算的增加則是對於公共行政人員各個階層的成員們而言，都可能是一種福利。因為預算增加可能導致薪水、職務上的特權、公共聲譽和權力的增加，它也似乎是意味著上級特別的關愛或是機關擁有不可忽視的重要地位（Niskanen, 1973: 22-23）。

三、知識精英觀點下的公共行政人員

從民主精英論的角度觀之，公共行政人員並非政治精英的一環，例如韋伯界定公共行政人員應為政治精英制定政策後的執行者，他認為如此分工和角色界定始能維護民主的價值。然而，如果從知識做為權力來源的角度而論，那麼公共行政人員應可視為知識精英或是專業精英。再者，公共行政人員真的只是政策執行者而已？盱衡實務經驗，此一答案是否定的。實際上，公共行政人員在政策過程扮演著積極的角色。

此處所採用的觀點並非本書第3章的精英論，因為精英論中所謂精英似乎並未包括公共官僚體制，不過以下卻借用精英論的邏輯，將公共行政人員視為政策過程中的一種精英分子加以分析。

（一）公共行政人員為知能專精的技術官僚

公共行政人員之所以能夠在政策制定過程中扮演積極角色並分享一定的權力的原因之一，就在於其擁有國會議員所未具備的專業能力，尤其是今日許多公共政策所涉及的科學技術絕非工業化初期所能比擬，而公共行政人員在進入政府機關時便是憑藉其接受的教育所培養出來的專業能力，他（她）們在某個政策領域當中享有專業知識為其帶來的權力。在此觀點下，公共行政人員就是一種技術官僚，它意指一種治理的體系，在其中受過技術訓練的專家，其行為遵循專業知識的素養以及政經制度所給予的職位。基本上，技術官僚就是某種專業領域的專家，但是它的意涵超越專家的概念，專家可以為服務於任何利益服務，但是技術官僚專指將專業用於達成公共治理的任務之上，也就是運用自身的專業技術以解決政治問題的公共行政人員。所以，技術官僚可以說是運用專業知識及其專業素養所形成的紀律，追求政治權力與創造良善社會（good society）的一群專家（cf. Fisher, 1990: 17-18）。

在今日科技高度發展的情境下，許多公共問題的解決必須仰賴技術官僚的專業能力，於是論者指出今日的政治型態可稱為「科技統合的自由主義」（technocorporate liberalism），也就是大量倚賴具備專業能力的技術官僚，在自由民主政體之中進行公共治理的政治型態。論者認為當代美國就是此種科技統合的自由主義政體，它由三個構成部分所組成：居於高層的少數政治精英，其角色為決定大政方針；其次是由專家和專業行政人員所組成的技術官僚體系，負責將大政方針予以落實；最後則是去政治化（depoliticized）的大眾（cf. Fisher, 1990: 26-27），所謂去政治化意即在政治上的參與和角色扮演日漸淡化。在此觀點之下，相較而言，大眾逐漸在公共治理的過程退場，而技術官僚則是日益扮演要角。

職此之故，傳統上認為政治精英是公共治理的主要決策者，現在其可做決策的範圍和深度顯然因為政策問題的專業性而受到很大程度的限制。政治精英必須高度倚賴具備專業能力的技術官僚，甚至在相當程度上，一些重大的決策可能在是由技術官僚做成而非政治精英；在許多至為關鍵的課題上，由於政治精英對於公共行政人員高度依賴，其決策的參考意見也都是由他（她）們所提供。

法蘭克福學派（新馬克思主義）的論者針對技術官僚提出諸多反思，本章之前已有提及，此處僅勾勒將公共行政人員視為專業精英的技術官僚之角色與地位。

（二）公共行政人員不僅為政策執行者亦是政策制定者

公共行政傳統觀點認為，公共行政人員應扮演政策執行者的角色，然而時至今日此一看法顯然已不適用。論者甚至主張公共行政人員是憲政體制之行政、立法、司法三部門以外的第四部門[4]（*cf.* Wamsley *et al.*, 1990: 45-47; Meier, 2007: 48; Stivers, 1996: 268）。學者觀察公共行政的實務運作和制度安排亦發現，當代公共行政的內涵除了傳統行政功能之外，它兼具了司法和立法的性質（*cf.* Rohr, 2002: 80-93）。此一實務上的演變，使得公共行政人員具有更多權限和更高的自主性，在公共治理過程中扮演積極的角色，並不侷限於所謂政策執行者的角色。

學者梅爾（Kenneth J. Meier）指出，基於如後幾項原因，導致公共官僚體制負有政治功能，因而成為政策制定的機構：

第一，政治與行政難以截然切割的本質——20世紀初研究政府的學者如威爾遜（1887 reprinted in 1992）、古德諾（Franklin J. Goodnow）（1900 reprinted in 1992）等人主張政治與行政分離論，認為公共行政人員應扮演政策執行者的角色，至於政策制定應為選舉產生之政治人物的職責，就美國的憲政體制而言，主要的政策制定機構就是國會。即使政治與行政分離論從未能夠真正徹底地獲得實踐，但此一觀念還是對公共官僚體制的學術和實務產生巨大影響。然而，基於大有為政府的理念，人民期待政府為其解決政治、社會、經濟等各種問題，國會對於種種高度複雜又專業的公共問題難以應付，因此設計和規劃政策的重責大任自然而然的落在公共行政人員身上。國會對於專業的政策不再具有決斷性的主導權，反之公共行政人員在此間扮演了關鍵的角色，國會的決策品質甚至取決於專業公共行政人員所提供的資訊。然後，法院也在諸多判決中，為公共官僚體制保留了更大裁量空間（Meier, 2007: 48-50）。

第二，憲政體制的分權制衡設計——以美國的總統制為例，基於有限政府的理念，其憲政體制中三權分立的體制嚴明，使得三個部門各司其職，任何一個部門都無法單獨壟斷政治權力，而且又相互監督制衡。同時，美國又採取聯邦制，州與聯邦政府也基於憲法之中嚴格的權限劃分，聯邦政府無法完全地主導地方施政，所

---

[4] 憲法中所稱之行政部門（the executive）在總統制國家所指的是總統及其所領導的行政機關，在內閣制國家則是指內閣各部，以上皆不等同於公共行政（public administration）。公共行政存在於行政、立法、司法所有三個部門之中。在此概念下，公共行政就是專指由永業性質的事務官之職掌所構成的公共治理各種作為。

以也有賴於公共官僚體制在此種斷裂關係當中居間扮演聯繫者的角色。尤其是在此種政治制度之下，如果政黨又無法有效地扮演整合者的角色，便只有倚賴遍存於各個憲政部門和層級的政府之中的公共官僚體制，扮演溝通、協調、折衝、潤滑的角色（cf. Wamsley et al., 1990: 45-47; Meier, 2007: 51-53）。誠如學者羅爾（John A. Rohr）言道：「行政人員應該運用他（她）們的裁量權，維繫憲政權力之間的均衡」（cf. Rohr, 1990: 80），此即在憲政體制上，公共官僚體制為憲法的第四部門之觀點。

此外，一般以為公共行政人員就是憲法當中的行政部門（the executive），因此行政部門的首長（在美國是總統、英國則是首相）就是他（她）們老闆，然而此種觀念並不正確。事實上，公共行政並不限於行政部門，立法以及司法部門都有公共行政，公共行政人員（事務官）遍存於上述三個部門。更重要的是，憲政運作的實務顯示，民主體制下隸屬行政部門的公共行政人員不但需要服從行政首長的指揮領導外，他（她）們也必須遵照國會的要求提供翔實的資訊俾接受民意監督，所以學者指出廣泛而言公共行政人員服務於兩個主人（cf. Rohr, 2002: 100-107）。公共行政人員可以基於憲法正當地行使他（她）們的專業權力，其範圍以維繫憲政體制為限，當國家陷入憲政爭端時，公共行政人員當然應該扮演折衝協調的角色。

第三，政策任務需求——公共行政人員在政策制定扮演要角的第三個原因是公共政策的任務需求。因為公共行政人員具備專業知能，才能依照政策目標設計出龐大、繁複的各種方案和計畫。再者，由於當代政策問題具有高度專業性，也只有具備專業知能的公共行政人員始能應付（Meier, 2007: 53-54）。

第四，公共官僚體制的功能本質——雖然公共官僚體制參與了政策過程的每一個階段，包括法案草擬、施行法律和政策執行、政策評估等，但其主要的功能還是在前述第二個階段政策執行。所謂「徒法不足以自行」意謂一項公共政策並不是制定完成後便能自動貫徹落實，反之在政策執行時，經常會遭遇立法時所未能預料的狀況，所以必須由公共行政人員根據具體情境做出必要的裁量，才能順利落實政策（Meier, 2007: 55-57）。

四、社群主義觀點下的公共行政人員

在社群主義的觀點下，公共行政人員不再只是與其服務對象分離的概念，相反地，公共行政人員與民眾是整個命運共同體不可分割的部分，所以公共行政人員與民眾是處在一種現象社會學所稱的「我群關係」（we-relations）之中，也就是意義共享、共同營造社會生活的關係。在此觀念下，公共行政人員扮演以下二種角色：

（一）政策知識的分享者

誠如社群主義提倡者艾尊倪所言，政策的決策過程乃是植基於一種回應性的社會而不是一種疏離性的社會，因此公共政策的最終目標在於提升社會，人們在其社群中扮演積極的角色，政治的行動和學術的反思將有更高的和更具公共性的地位（Etzioni, 1968: 7）。據此他認為權力知識應該進行更廣泛的分配，所以他主張，公眾應該被視為政策分析者的一分子而不是被排除在外（Parsons, 1995: 435）。因此，做為知識精英的公共行政人員應該與公眾針對公共議題展開互動。換言之，有關於政策的知識不應該視作權力一樣地被壟斷，相反地做為知識精英的公共行政人員既為社群的一分子，就應該將其所能夠理解的政策專業知識與大眾分享，並引領大眾更為實質性地參與政策過程。抑有進者，艾尊倪主張理性的公共對話（Etzioni, 1996）。但其前提是公開、完整的資訊，但公民通常不易掌握翔實的資訊，所以公共行政人員引導民眾掌握和理解此種資訊責無旁貸。

（二）共享政策過程的夥伴

公共行政人員與公民同屬社群之成員，在政策過程中應是共享意義的夥伴關係。在此種觀念之下，公共行政人員在既定的立法授權範圍中可以行使裁量權，從事規則制定以及設計行政的程序，俾引導廣泛的公共參與，使公民都有機會介入政策的制定與執行。而此是將公共行政人員和公民視為共治者（co-governor）與共同決策者（co-decision maker），並不是將公共行政人員視為公共服務的提供者以及將公民視為消費者二者截然分離的概念（cf. Stivers, 1990: 267-268）。

以上分析可以一窺公共行政人員在不同的情境中其角色行為乃是具有多樣的面貌，並非一成不變。並且可以發現，有一些行為雖出自於人性之必然但並非民眾所期待，因此公務倫理的思考和養成便成為相當重要的機制。以下將從公務倫理的角度，闡述公共行政人員應有的角色行動。

第三節　公共行政人員角色的倫理內涵

本節所欲探討的主題是公共行政人員角色的倫理內涵，其實就是要界定公共行政人員應爲何事？上述問題的答案顯然在不同理論觀點之下，有不同的說法，而且其間的差異不僅是細節的不同而已，它們更可能存在著理念的分歧。

一、公共行政人員的角色內涵

（一）公共行政人員的實務作為蘊含政治性

換言之，從整體的角度而論，公共行政是存在於政治系絡之中，政治和行政相互影響。1970年代出現之公共行政學界的重要里程碑——新公共行政，其重要的主張便是在重拾公共行政的「公共」本質，而此一本質實蘊含著高度的政治性。1980年代美國一群學者爲延續新公共行政的精神發表了一篇爲後人稱之爲黑堡宣言的論文中，更明白地指出公共行政本身就處於政治的系絡之中，公共行政人員體制與企業管理之所以有所差異，其原因就在於其從事的公共治理就是政治性質的工作（Wamsley *et al.*, 1990: 36, 39, 43）：

第一，公共行政人員所從事的公共治理包含了國家以社會整體爲名義所施行的獎酬和懲罰，此乃是一種促使價值分配獲得認同的政治過程[5]。

第二，因爲，公共行政的扮演獎懲、分配與重分配、以及管制的角色，並且，由於其乃是能夠正當地運用強制力，以促成此些社會目的的制度。是以，我們鮮少持平地予以審視，相反地，公共行政總是激起人們的恐懼、希望和不安。

第三、公共行政的過程是一種治理，並且處於政治的系絡之中，因此公共行政人員不必汲汲於市場和利潤，但必須爲了管轄權、正當性以及資源，在政治和政府的運作過程中鬥爭。

---

[5] 此處指出公共行政的內涵是治理而不僅是管理，特別強調其中包含了不平等的權力關係，以及公共資源的分配。換言之，公共行政勢必要以「公共」的名義，在某些情況下，採取強制性的手段維護公益。公共官僚正是行使此一權力者，他（她）們的作爲，決定了人民的權益得與失。

（二）公共行政人員行為的效應

　　學者李斯基（Michael Lipsky）曾對於第一線行政人員（front-line administrator）扮演的兩種關鍵性的角色提出深刻之觀察（*cf.* Lipsky, 1980: 4-12），作者認爲其亦可藉以闡明公共服務人員角色的重要性，茲引介臚列如下，同時本文並提出第三個觀察（*cf.* 許立一，2005：3-4）：

1. 公共行政人員影響民眾對政府施政範圍與內容的認知

　　民眾所接受的公共服務乃是經由公共行政人員的傳輸而獲得，是以公共行政人員任何作爲都會影響民眾對政府施政的觀感，例如公共服務的質與量、實際的成效、民眾的滿意度等。有時候政策本身可能沒有什麼問題，卻是執行的過程造成民眾的疑慮或不滿；有時候政策方案設計不夠周延，卻由於執行得當，使民眾大感滿意，因而彌補了政策的缺陷。

　　其次，政府施政的範圍及內容之適當性的爭議，乃是公共行政人員必須直接面對的課題。易言之，公共行政人員必須承受民眾對公共服務的各種反應，並且經常要對民眾的反應做出即時的回應。從由下而上的政策執行理論言之，公共行政人員經常要將民眾的反應回饋給上級，成爲政策修正的重要資訊來源。

2. 公共行政人員認定公共服務或懲罰的資格

　　基於職責，公共行政人員擁有一種法定的職權：決定公共服務或施以懲罰的對象。易言之，公共行政人員必須根據法律的規定去決定要求政府提供服務的民眾是否具備了法定的資格，相反地，公共行政人員也必須判斷哪些民眾違反了法令而必須施以懲罰措施。對此，李斯基認爲，公共行政人員實掌握了民眾成爲擁有公民資格之公民的鑰匙（Lipsky, 1980: 4）。舉例言之，社會局的行政人員必須決定申請低收入補助者是否符合補助的資格；交通警察必須對車輛駕駛人的各種行爲做出判斷，以決定是否必須開單告發並決定以法規中的哪一個條款開出罰單。職此之故，不論法律授權範圍的大小，公共行政人員擁有一定程度的裁量權（discretion），並因而對民眾的權益具有相當的決定作用。

3. 公共行政人員的舉措影響民眾對政府的觀感

　　公共行政人員經常必須承受來自於民眾的壓力，有必須對這些壓力做出適當的

回應。舉例言之，違建的查報與拆除便經常可見民眾與行政人員發生衝突，其中激烈的抗爭行為不勝枚舉。是以，公共行政人員經常身處國家機關與人民之間衝突的火線上，其舉措因而在在決定了政府與民眾的關係究竟能否和諧，而他（她）們在執行公務時的舉措也成為民眾對政府觀感良窳的主要來源之一，甚至可能是導致政策成敗的重要原因之一。

（三）公共行政人員擁有裁量權

　　一般的印象中認為基層的公共服務人員位低權輕，似乎無須特別予以重視。然而，誠如學者賽蒙（Simon, 1997）所言，組織中的每一階層（最高至最低）都必須做出程度不同的決策一般，公共行政人員實際上擁有相當的裁量權，而此一裁量權早已成為公共行政學者研究目的課題之一。行政人員裁量權的範圍、其應否受到約束以及應該受到約束的程度、其如何與民主治理的價值相調和等，長期以來已是為人爭議不休的問題，而且此種爭議將會一直持續下去（Vinzant & Crothers, 1998: 36）。抑有進者，行政裁量其實還涉及了行政部門在整個政治系統中所扮演角色以及憲政權力制衡的課題，誠如學者W. Sayre嘗言道：「行政機關的責任和回應性……基於各機關行政日漸增加的的裁量權，乃是政府的重心所在」（Sayre, 1958: 105 cited by Vinzant & Crothers, 1998: 37）。深究公共行政人員之裁量權的運用，可以歸納為四項原因，茲將其分述如下（*cf.* 許立一，2005：18-20）：

1. 工作情境的複雜性

　　公共行政人員工作的情境通常十分複雜，其複雜的程度為法令規章無法完全掌握，故必須賦予其一定裁量權以因應各種狀況（Lipsky, 1980: 15）。舉例言之，關於警察用槍的時機及其程序固然有明文規定，但遭遇歹徒持槍拒捕的實際情況時，警察還是必須根據當下的情況做出適當的判斷、採取必要的措施。因為在警察使用槍械的相關規定當中，並不能明載歹徒所有可能的舉動，它也無法指明當歹徒做出何種動作時，警察可以對歹徒進行射擊。亦即，警察使用槍械的相關規定乃是一種原則性的規範，它必然要授予警察面對具體情境時一些得以自主判斷的彈性，因為情境的複雜性並非法令規章所能掌握。

2. 對個體的情境進行判斷

　　法令規章往往會針對特定的行為訂出某種範圍規定，但如何適用這些規定就

有賴於公共行政人員的裁量權，針對個體的情境做出適當的判斷（cf. Lipsky, 1980: 15）。舉例言之，有一個兒童因為外傷被父母送至急診室就醫，醫師認為造成外傷的原因十分可疑，有可能是父母施虐所致，於是通報政府的社政機關前來處理，趕至醫院瞭解情況的社工人員便必須就父母對該孩童身上的瘀傷所提出的解釋進行判斷。究竟這孩童身上的傷是跌倒所致還是父母施虐造成，其證據可能並不明確，此時即需要公共行政人員敏銳的觀察與適當的判斷（cf. Vinzant & Crothers, 1998: 41）。

3. 強化自尊以及提升民眾的信任程度

李斯基認為，裁量權可以加強公共行政人員的自尊，並且其可促使民眾相信第一線行政的作為與他（她）們的福祉息息相關。特別是在社會福利的政策領域當中，對公共行政人員以及其所服務的民眾而言，裁量權的存續有助於此類政策的正當性（Lipsky, 1980: 15）。就民眾而言，當他（她）們感到命運操之於公共行政人員的決定時，特別是他（她）們覺得公共行政人員的裁量有助於自己時，民眾將會支持公共行政人員擁有更大的裁量權。舉例言之，接受政府就業輔導機構服務的民眾就可能希望該機構的人員能夠擁有較大的裁量權，因為如此一來，這些公共行政人員便可能可以為其爭取更好的工作機會和條件，或者讓其就業的管道更為寬闊和順暢。是以，在此種情形下，公共行政人員以及其所服務的民眾，都希望公共行政人員擁有並行使裁量權（Vinzant & Crothers, 1998: 41）。

4. 上級主管無法親臨現場

公共行政人員為何得以行使裁量權的第四項原因是：上級主管總是無法親臨現場指揮，所以公共行政人員只好必須自己根據現場的情況做出決定、採取必要的作為（Vinzant & Crothers, 1998: 41）。根據傳統的官僚體制之組織設計，其要求每一個組織成員的工作都必須受到上一層級的監督，然而在實際的運作時，此種監督不可能無時無刻地進行，因此賽蒙指出，組織中的每一層級，即便是最低層級的工作人員，也都經常地從事決策行為（Simon, 1997）。舉例言之，交通警察在街頭執行取締工作，其主管不可能（事實上亦無需要）親臨每一個現場指揮工作，所以交通警察必須就每一個違反交通法規的個案，引用適當的條文開出罰單，無須事事請示上級。

二、公共行政人員的自我定位

根據以上所述，公共行政人員既扮演關鍵性的角色又擁有一定程度的權力，因此公共行政人員對於自我應如何定位？乃是公共行政必須正視的倫理課題之一。本書稍前提及之人性論探討中，對公共行政人員採取的是施爲觀點的假定，此種人性假定認爲行政人員置身於政治的制度結構之中，必然受到制度結構的形塑作用，他（她）們必須依循制度結構所給予的規範採取行動，但是另一方面，在各方社會行動者和行政人員的共同參與之下，又能夠重塑制度結構的具體內涵。學者沃夫（James F. Wolf）進一步指出，前述觀點其實是置於一種社會系絡與行動者之間的關係上，以理解公共行政的內涵，此亦可說明其中所蘊含之自主—社會的自我的人性觀。茲將沃夫的看法之中有關自主—社會的自我之人性假定的主張臚列如下：

第一，在公共的領域之中，存在著持久的與權力性質的動態，而此種動態形塑了行動的系絡，這些系絡可以稱爲結構、型態（patterns）、或是各種社會力量的匯聚，它們決定了行政的情勢，並且能夠引發公務人員的具體回應。

第二，許多行動的規範鑲嵌於前述所謂的系絡之中，而這些規範包含了實務方面的建議，也提供了對於公共行政的理解、詮釋，以及採取行動之依據；第三、前述的人性假定，使得行政行動的系絡與公共行政人員的自我意識，能夠進行更爲適當的整合（Wolf, 1996: 143-144）。

歸納沃夫的看法，以主動—社會的自我人性假定看待公共行政人員，其呈現了兩項的特質，對於民主行政論述的建構而言，極爲重要：第一、公共行政人員的行動不可能脫離特定的系絡，而且這些系絡亦提供了行動的規範。第二、以前述爲基礎所建構的行政論述，並未忽視公共行政人員的自我意識與系絡的整合關係。剖析前述兩點特質，其對於系絡的重視，乃是社會意涵的人性假定之展現，而對於自我意識的重視，則是主動的人性假定之體現。

以上人性假定對公共行政人員及其所從事的行政實務的意義如下：

第一，公共行政人員與其所處的環境系絡密不可分，意即他（她）和他（她）所服務的對象、上級、部屬等應是一種共同體的關係；

第二，基於前項的基礎，公共行政人員一切施爲的意義便不僅是冰冷的依法行政所能涵蓋，其更具一種人文關懷的傾向；

第三，上述的人性假定一方面承認結構（制度、法規或環境系絡）對公共行政人員的行動產生一定的約束作用，但也肯定了公共行政人員影響和改變結構的自主性和可能性。此爲公共行政人員得以爲改善制度法規之缺失而做出努力的可能性，提供了一種理論的基礎。

根據施爲觀點的人性論，公共行政人員應採取如下的自我角色定位：

（一）公共治理的積極參與者

隨著環境的變遷，公共行政人員的角色定位亦必須有所調整。特別是在全球化的趨勢之下，公共行政不但在內政方面必須維繫國家政經局勢的穩定發展，另一方面，又同時必須促使國家的競爭力向上提升。是以，公共行政人員的角色內涵及其專業能力，面臨更爲嚴苛的挑戰。學者Gary L. Wamsley指出，在當今的局勢之下，民眾期望公共行政人員能夠：發展和執行可以促成社會變遷以及維護社會公正與正義的計畫、降低外部性與市場經濟所導致的缺失、面對低迷的景氣可以維持經濟的動態與成長、處理層出不窮的社會問題、以及在國際競爭的環境中使國家力爭上游。更重要者，在致力於前述的任務之同時，仍必須維護公民自由並且促進機會平等。職此之故，公共行政不可避免地會成爲各種價值和利益衝突的中心，公共行政人員處理前述事務的能力因而備受關注（*cf.* Wamsley, 1990b: 114-115）。而作爲國家行政之尖兵的公共行政人員，自然在此複雜多的環境中，應扮演更爲積極的角色才是。

抑有進者，論者或云當代爲所謂的後現代社會，此一情境可以說是一個價值多元而缺乏中心論述、傳統秩序遭到顛覆的時代，公共行政在此種情境當中，應可扮演一種安定的力量。誠如顧賽爾（Charles T. Goodsell）所言，在後現代中，公共建築物應可作爲一種象徵性的社會精神支柱（social anchor），因爲在此一缺乏中心價值論述的年代，政府機關所代表的是一種穩定的、可以產生社會共享意義的所在（Goodsell, 1998: 145）。

（二）政策理念闡述者

公共行政人員必須兼顧政策價值之澄清以及政策之實踐的能力。此處所強調的是，公共行政人員應該以一種專業的態度，致力於培養行政能力以達成績效標準外，其同時還必須有能力向民眾闡述政策背後的理念，以獲得民眾認同與支持。

（三）公共生活的教育者

學者巴斯（T. J. Barth）認為公共行政人員應可做為一位公共生活理念的教育者，其內涵為培養公民認知其權利以及協助公民瞭解各種政策抉擇的代價（trade-off）。進而，啓發公民學習參與公共生活與治理過程（Barth, 1996: 173-174）。更重要者，公共行政人員還應該倡議社會公正以及公民意識等理念，俾以成為建立公民社會的基礎。最重要的是，公共行政人員必須自覺其負有教育公民的責任，並且願意扮演此一角色。

（四）抽象公共價值的落實者

公共行政人員除了強調理念的倡導之外亦應重視實踐的能力。此處所強調的重點不僅止於公共行政人員是否為具備專業能力，而是在於公共行政人員應該以一種專業的態度，致力於培養行政能力和建立標準，並且更應該具備一種能力——將抽象的公共價值轉化成為具體可行的政策方案，以及將達成公共利益的計畫付諸實行。

（五）系統思維的前瞻者

學者路克（J. S. Luke）認為，在交互關連的複雜環境中，政策決策者應該扮演政策催生的領導者，而政策催生者必須具備複雜和系統性的思維能力，俾以進行決策，作者認為此亦為後現代社會中，公共行政人員應具備的能力，茲臚列如下（cf. Luke, 1992: 25-26）：

1. 預估未來的政策視窗（cf. Kingdon, 1984），以便予以掌握使之成為機會；
2. 思考現行的政策如何導致未來的問題；
3. 探討問題的相互關連性，以及評估其關係的重要性；
4. 預估未來的情勢對於行政作為的需求，以及行政作為如何成功地在相互關連的網絡中扮演其角色；
5. 採取系統性的思考（cf. Senge, 1990）——綜觀全局及其各部分，並且多元地觀察而非單一的因果思考；
6. 以網絡的觀念思考策略，並且隨時更新和修正；

7. 對於最後的結果與政策抉擇之第二序的（second-order）變遷[6]和非預期的效應進行反思；

8. 考量最大可能範圍的政策利害關係人，範圍包括跨領域以及府際之間。

四、公共行政人員的倫理修為

公共行政人員的行為如何能夠實踐前述的諸項作為？除了設計客觀的制度結構之規範外，內控性質的倫理修為亦為必須特別予以正視的途徑。本文認為應該運用各種方式強化公共行政人員如下的理念：

（一）以公共利益做為行政行為的基本目標和準則

當今政府績效不彰的問題，並非源自於公共行政本身，而是來自於民主憲政機制設計的原理所形成的分割權力、重疊的管轄權等因素，所造成的治理困境（cf. Wamsley et al., 1990: 32）。儘管政府績效不彰相當程度地肇因於前述種種障礙，但無論是民間、政客、乃至於行政學者，總是將矛頭對準公共行政人員。而且，官僚一詞成為無效率、迂腐、落伍、傲慢的同義語。是以，民選的政治人物及其政治任命的人員，總是對於公共行政人員懷有偏見，例如，美國總統雷根（Ronald Reagan）主政時期貶責公共官僚（bureaucracy bashing）[7]的作法，就充分顯示出政治與行政分離論所引導的政治控制模式之信仰——對於公共行政人員的嚴密控制，以及限縮他（她）們在治理過程中的角色，便是民主政治的基本保障。論者指出，將公共行政在治理過程中的地位予以正本清源，乃是澄清前述誤解的良方，而此涉及到兩種觀念的建立：1.摒棄政治與行政分離論的觀念，正視官僚的政治意涵，亦即，公共官僚體制本來就具備了政治與行政的雙重特質；2.對於公共行政的研究，不應排除政治學的課題，換言之，公共行政本身就具有政治的性質（cf. Meier, 1997: 194）。

---

[6] 所謂第二序的變遷之意義為，政策的演化改變了原先預估的型態與內容，更重要的是，此種改變不可逆轉（irreversible），無法恢復原狀（cf. 許立一等譯，2000：9-11）。

[7] 1970年代與80年代，美國政黨交替執政之際，政治人物經常表現出對常任文官輕蔑和鄙視的言行，社會當中亦瀰漫著反官僚、反權威、反政府的風尚，論者稱之為貶責官僚的現象。

　　據此觀之，公共行政人員的角色內涵中所具備的政治性質，顯然並不比民選以及政治任命的官員低。尤其是，公共行政人員的行政行為之內容包含了政策規劃、執行，以及評估。雖然，民選或政治任命的官員通常決定政策的方針，但是公共行政人員依據前述方針進行政策規劃的過程中，亦必然涉及了目標的界定；其次，在執行的階段，則是涉及了裁量權的運用，其中充滿了價值判斷的意味；再者，政策的評估時的指標選擇和適用，也涉及了公共行政人員的主觀詮釋。因此，細究前述的過程，行政行為其實處處隱含著政治價值的抉擇。治理的過程包含了政治價值的抉擇和政治價值的實踐，而公共行政人員並非僅僅扮演實踐的角色，反之，他（她）們的行政行為中相當程度地涉及了政治價值的抉擇，當然程度的多寡與其所擔任的職務有關。

　　職此之故，此處本文對於公共行政人員的理解，不同於政治與行政分離論或價值中立的觀點。抑有進者，公共行政人員應負有倡導和維護政治價值的使命，此種政治價值主要為公共利益與社會公正（social equity）。學者傅瑞德雷克森（H. George Frederickson）就指出，效率和經濟固然是公共管理不可或缺的一環，但是社會公正亦為公共行政人員必須正視的價值，並且應將之做為行政行為的指導原則（*cf.* Frederickson, 1990: 228-229）。其意義在於，一方面規範公共行政人員的行政行為，避免其溢出正軌而損害人民的權益；另一方面則是，冀圖於公共行政人員為社會創造更大的福祉。亦即，公共利益應為公共行政的終極目標，而公共行政人員應該時時以社會公正做為行政行為的核心。公共行政人員在執行、和評估政策時，必須以公共利益和社會公正做為決策判斷的標準，此為他（她）們最基本的倫理行為準則。

（二）培養負責任的專業精神

　　公共行政人員在運使其專業時，必須以負責的態度和倫理的思維做為基礎，而這些基礎的內涵包括——在公共事務當中，表現出個人最高標準的廉潔、真摯、誠實，以及執著，以便鼓舞和誘發公眾對於公部門的信心和信賴（Barth, 1996: 178），此即本文所提倡之專業主義的特質。此處著重培養的專業精神其重點不只在於公共行政人員是否具備專業技能，或者他（她）是否夠資格在特定的專業享有一定的地位而已，而是著重於培養公共行政人員以一種專業的態度，致力於培養行政能力和建立行政作為的標準，並且更重要的是此一專業精神是以如後價值觀為基

礎：以民主憲政精神的維繫和實踐爲職志。意即，對於公共行政人員而言，以專業的態度行事就是運用專業能力達成捍衛民主憲政之目標（*cf.* Wamsley *et al.*, 1990: 47）。

職此之故，公共行政人員負責任的作爲，並非表現在對民衆或民選官員一味迎合與盲從，同時公共行政人員在面對各種利益團體的壓力時，也不應是陽奉陰違和虛與委蛇，其應該展現於依據公共利益以及忠於憲政傳統扮演好民衆的受託人（trustee）。易言之，所謂負責任的作爲只有在公共行政人員能夠實踐民主憲政的精神以及捍衛公共利益時才會存在。

（三）審慎回應公民的需求

在資訊時代，因爲資訊流通公開與迅速，使得公民能夠在限制較少與時間較短的情況下，獲得其所關注的訊息，並且擁有更多元管道表達意見（例如，電子郵件、call-in節目、平面媒體的讀者投書等），因而社會當中對於議題、政策、計畫的歧見和衝突日趨明顯與頻繁。公共行政人員被要求做爲政策的催生者和教育者，其行政行爲的倫理意涵爲必須對於公民的需求，表現出具有誠意的回應性。此一回應性在公共服務傳輸當中的具體呈現爲：謹愼地答覆公民的疑問，行政作爲以公民的需求爲基礎，以及將行政決策的相關資訊回饋給公民，使其明瞭政府的作爲（*cf.* Barth, 1996: 177）。

抑有進者，公共行政人員更必須扮演深謀遠慮的少數，追求長遠的公共利益而不是嘩衆取寵和短視近利。同時，所謂深謀遠慮的少數並非小型而封閉的精英團體，反之，深謀遠慮的少數應該努力使深謀遠慮者成爲社會中的多數。是以，第一線行政人員的職責就在於，藉由所有對話的機會澄清政策的意義、檢視民衆的需求並審愼地回應，避免過度的民粹造成社會長遠的傷害。

學者顧賽爾曾指出，公共行政人員在促成公共利益的過程中，其必須表現出政治回應性的倫理行爲，順應公民或相關團體的期望，但其並不侷限於市場取向的新公共管理所提倡之市場導向的觀念，更包含著公共行政人員應該致力維護多元的訴求可以獲得充分討論的機制，並且應該重視外部的聲音甚於堅持己見（Goodsell, 1990: 104）。職此之故，儘管既存的制度設計，經常排除公共行政人員與利害關係人直接對話的機會，但是公共行政人員有責任思考——誰可能是利害關係人？他們所關心的事項爲何？以及如果對話可能進行時，將會爲自己的斷然行動提出什麼

樣的解釋（*cf.* Wamsley *et al.*, 1990: 50）？一言以蔽，公共行政人員經常有與民眾對話的機會，因此其更應該透過對話的機會澄清政策的價值、發現政策的瑕疵、傾聽並反應民眾的眞實需求。

（四）公共行政人員應具備價值反省能力

　　即使公共行政是達成政治目的的手段，它僅居於工具性的地位，然就個體的角度而論，實際執行此一工具性任務的公共行政人員，難道眞是一部沒有靈魂的機器嗎？他（她）能對於自己所要完成的任務沒有任何的想法嗎？上述問題的答案顯然與人性的假定息息相關。在科學管理以及官僚體制理念型的論述中，基本上假定了組織成員在組織中的行爲必須「去人性化」（dehumanization）──唯理性是從而不涉任何私人情感以及「去個人化」（depersonalization）──唯組織是從而沒有絲毫個人意識，如果可能的話，最佳境界的行爲表現就是能夠像機器一樣的理性，因此人的價值判斷與反省能力不容於此。而且由於上述的人性假定，政治與行政分離論的理念才能貫徹落實，因爲，政治與行政分離論要求公共行政人員必須無私無我地戮力完成任務，至於任務目標爲何在所不問。

　　上述的人性假定在現實上不可能完全實現，因爲其違反人性，而科學管理以及官僚體制倚恃制度安排試圖達成上述境界，也僅能維持在某種程度，但同時也產生諸多弊病，例如本節先前提及的物化與疏離的問題。根據心理學家馬斯洛（Abraham Maslow）所提出之需求層次論（theory of hierarchy of need），凡是人在滿足低層次的需求（如生存和安全的基本需求）後，總是要追求高層次的需求（如歸屬感、尊榮感）直到最高境界──自我實現（self-actualization）爲止（Maslow, 1954）。所謂自我實現純屬一種精神層次的滿足，意指一個人對於自我成就的肯定，例如服務人群所得到的心靈上的快樂。身爲具備追求自我實現動機的公共行政人員，他（她）就擁有創新能力與創意，並且有意願讓自己的潛能獲得充分的發展。一個擁有自我實現心靈的公共組織成員將會尋求具有挑戰性的任務，把握機會學習和運用創新能力。馬斯洛指出，願意追求自我實現的個人對於民主社會的實現是一項重要因素，因爲他（她）們懂得運用反省意識（critical consciousness），有能力採取基進（改革性）的社會行動，並且能夠理解他人的需求。職此之故，在馬斯洛眼中，所謂追求自我實現的個人意謂一種具有反省能力的人，其不只是接受外界刺激才有所反應的人，相反地，他（她）乃是擁有自我表達之自由以及具備自主性等心理元素的個體，此種心理元素引導了他（她）的思想和行動（Jun, 1986:

160）。

　　此外，心理學家羅傑斯（Car Rogers）進一步補充馬斯洛自我實現的概念，也可用以修正對於公共行政人員人性假定的傳統觀點。他主張人擁有價值反省以及個人學習的能力。他強調個人價值植基於其自我的思想和抉擇，而不是建立在個人對外在環境之影響因素的認同之上。個人有學習新事物的能力，因為他（她）能夠與他人互動，學習發生在人際之間的真誠溝通和相互信任的基礎上（Rogers, 1961 cited by Jun, 1986: 160）。除了從心理學的途徑可以論證人具有價值反省的能力而且經常運用此一能力之外，在行政學界如學者哈蒙（Michael Harmon）便指出，公共行政人員與其服務對象相互理解的情境可以做為行政行動的基礎，他稱此情境為「面對面的境遇」（face-to face encounter）（Harmon, 1981: 45），而如果要從面對面境遇的過程中發掘公共問題的話，公共行政人員所需具備的能力就是價值反省。綜合而言，在行政結合政治的理念之下，公共行政人員擁有價值反省能力，並且對政治所設定之目標的反省應是其工作的主要內涵之一。此外，行政學者史蒂芙（Camilla Stivers）也從公民意識和公民社會的理念指出，一個具公民意識的公民社會乃是一個社會學習的社會（cf. Stivers, 1990: 269），也就是從自己和他人互動中學習，此即一種相互理解的過程，在其中價值反省亦為必要的過程。

第四節　公務操守典則與官箴制度

一、官箴制度的設計取向

　　根據OECD（1996）的觀察與分類，各國政府倫理體制——即官箴制度的設計，可以從「管理」與「制度」二個取向加以分類，大致歸納如圖9-1所示。橫（X）軸是「管理的取向」，分為左端「公共行政」和右端「管理主義」兩種面向，各有其特性。其次，縱（Y）軸為「制度的取向」，上端為「以正直廉潔為基礎的倫理制度」，其主要強調個人的氣質節操，屬非強制性的個人道德修為之養成，此即一般所謂「內省途徑」的公務倫理系統。下端是「以服從遵循為基礎的倫理制度」，其主要強調規則和紀律，此即一般所謂「外控途徑」的公務倫理系統。

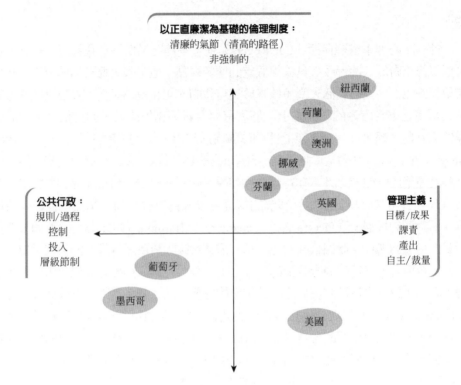

以正直廉潔為基礎的倫理制度：
清廉的氣節（清高的路徑）
非強制的

紐西蘭

荷蘭

澳洲

挪威

芬蘭

英國

公共行政：
規則/過程
控制
投入
層級節制

管理主義：
目標/成果
課責
產出
自主/裁量

葡萄牙

墨西哥

美國

以服從遵循為基礎的倫理制度：
規則、紀律（基底的路徑）
強制的

圖9-1　各國官箴制度設計取向

資料來源：ORCD, 1996: 61。

　　此外，學者路易斯（Carol W. Lewis）和紀爾曼（Stuart C. Gilman）（2005）從學理與實務觀察中，整理出一套公共服務倫理法制應該具備之內涵，其包括了「關鍵要素」、「一般過程與有效的機制」、「主要項目」、「公共管理者應瞭解事項」以及「所需配套措施」等五個面向，茲將其內容臚列如下（Lewis & Gilman, 2005: 194轉引自蔡秀涓、陳敦源、余致力、謝立功，2008：15-16）：

（一）關鍵要素

1. 合理、廣泛的目標
2. 領導行為的優先價值
3. 可瞭解的標準，包含可做與不可做項目
4. 設定有效有意義的罰則
5. 程序規定

（二）一般過程與有效的機制

1. 執行程序：揭露、公正委員會、調查、審計
2. 保護機制：苦情申訴程序、檢舉專線、弊端揭發人保護
3. 有意義的罰則與罰金：行政干預、行政罰
4. 機關執行：各種訓練、倫理行為評估與宣揚、自我管制

（三）主要項目

1. 基本的、可瞭解的禁止行為
2. 財務揭露
3. 不當行為標準
4. 具有調查權或建議權的廉政委員會或機關
5. 補充性的禁止事項（例如兼職、旋轉門條款）
6. 刑罰與行政罰
7. 申訴與員工的保護程序

（四）公共管理者應瞭解事項

1. 我瞭解這些標準嗎？
2. 我記得這些標準嗎？
3. 這些倫理標準對工作有何意義？
4. 這些倫理標準對我有何意義？

（五）所需配措施

1. 高階管理者持續、堅定的承諾與執行
2. 將各項倫理標準落實到各級人員的日常工作

3. 將倫理行爲與生涯及報酬連結

4. 明禁賄賂、選擇性對待、偏私與濫權

5. 重複且公開的向員工、利害相關人與媒體溝通倫理標準與期待

二、聯合國之「國際公務員行爲準則」

聯合國的「國際公務員委員會」（International Civil Service Commission，簡稱 ICSC）經過三年多研商，終於在2001年完成「國際公務員行爲準則」（Standards of Conduct for the International Civil Service），用以指導服務於聯合國相關組織之成員的行爲。本文根據聯合國教科文組織的詮釋[8]爲基礎，茲僅舉其中與當代各國官箴制度與操守準則較爲相關而較爲重要的原則：人權（rights of men and women）、組織願景（vision of their organizations）、正直廉潔（integrity）、包容（tolerance）、忠誠（loyalty）、公平（impartiality）、分際與裁量（tact and discretion）、國際視野（international outlook）、超然獨立（independence）、尊重歧異（respect for diversity）、性別平等（gender equality）、相互尊重（mutual respect）、避免騷擾（avoidance of harassment）、利益衝突之迴避（avoidance of conflict of interest）等，臚列敘述如下，以供參考（ICSC, 2013）：

（一）緒論

1. 聯合國及其所屬專業機構設立的目標在實現世上人們最高的願望。其目的是使後代免受戰爭的禍害，讓每一個男人、女人和孩子能夠尊嚴和自由地生活。

2. 「國際文官委員會」肩負著實現上述理想之責任，而其所依賴的基礎乃是在各會員國早已成長茁壯的公共行政偉大傳統，諸如：能力、正直、公平、獨立和裁量權等。……因此聯合國的國際公務員（international civil servants）堅持這些高標準的行爲……並期使藉此能爲世界帶來和平。

---

[8] 請參考https://www.ictp.it/media/401005/standards_of_conduct_.pdf。檢索日期：2015年5月16日。

（二）指導原則

1. 人權

　　聯合國組織所信奉的價值必然也是國際公務員行動的指導方針，包括：基本人權、社會正義、人的尊嚴和價值以及對於男女和大小國家之平等權利的尊重。

2. 組織願景

　　國際公務員應該共享其所屬組織的願景，這些願景可以確保國際公務員的正直廉潔及其國際視野，並使得組織的願景可以超越國際公務員個人想法之上，且促使國際公務員負責任地運用組織的資源。

3. 正直廉潔

　　在聯合國憲章當中奉爲圭臬的正直廉潔理念涵蓋了國際公務員行爲的所有面向，其包含著：誠實、坦率、公平中立、廉潔，這些特質是能力和效率的基礎，它們同樣也可見諸憲章之中。

4. 包容

　　包容與理解是人類的基本價值。此一價值對國際公務員而言不可或缺，他（她）們必須平等地尊重所有人，不能以任何理由差別待遇。如此的尊重可以培養一種對所有人的需求具備敏銳度的工作氛圍和環境，在多元文化的環境中喚起一種積極的承諾而不只是消極的接受而已。

5. 忠誠

　　此一忠誠意指對於聯合國整個體系的忠誠，而不是局限於對其所服務的組織忠誠而已。國際公務員有義務理解和澄清此一廣義的忠誠。當隸屬不同聯合國組織的國際公務員在同一個國家或地區工作時，這些國際公務員對其他組織的人員採取合作與理解的態度之必要性，顯然至爲重要。

6. 公平

　　如果國際性的公共服務欲維持公平，那麼國際公務員就必須對其組織外部所有權威維持超然立場，他（她）們的行爲必須超然獨立。爲了遵守他（她）們的誓言，他（她）們絕對不得接受任何政府、個人或團體的指示，亦不得接受該組織政

策支持者的要求。

7. 分際與裁量

公正意味著容忍和克制，特別是在處理政治理念和宗教信仰時，當這些個人觀點不可侵犯時，國際公務員沒有選邊的個人自由，也沒有公開表達反對態度的自由，不論是基於個人或是組織的立場。

8. 國際視野

此一價值並不是要求國際公務員放棄他（她）們個人的政治信念或是對國家的熱愛，而是要求他（她）們具備寬闊的國際視野，以及理解國際是一個社群。

9. 超然獨立

國際公共服務的超然獨立並不會與其會員國產生衝突或阻礙會員國之間的合作。反之，此一行為有助於和會員國發展出更進一步的信任關係和信心，有益於聯合國秘書處強化組織功能以及提升其貢獻。

10. 尊重歧異

國際組織的內在凝聚力來自於對他人抱持不同觀點以及不同文化的權利之尊重。

11. 性別平等

免於歧視乃是人類基本權利。國際公務員被要求對所有人的尊嚴、價值和平等權利給予尊重，不得有任何差別待遇。任何刻板印象都必須小心小心翼翼地予以避免之。

12. 相互尊重

聯合國組織的管理者和主管人員有責任維繫以相互尊重為基礎的和諧組織，並且管理者必須負責引導和激勵員工以促進其發展。

13. 避免騷擾

國際公務員必須避免對他人尊嚴之任何樣態的騷擾或任何形式的侮辱。

14. 利益衝突之迴避

利益衝突包括在直接或間接情況下，國際公務員涉及不當利益，或他（她）們在行使職權時協助第三方不當得利，或國際公務員利用企業與國際組織合作或交易時獲得財務方面的利益。

三、OECD建構的官箴原則

（一）OECD 各會員國明令禁止公職人員之行為

OECD彙整各國法制（OECD, 1999: 15; 2000: 42），提出以下其會員國的所規範的公務操守原則大致都禁止以下行為（施能傑，2004：117-118）：

1. 未嚴守祕密，未經許可使用機密性官方資訊，濫用個人資訊
2. 不當行為，濫用公共設備，濫用政府財產資源
3. 販售影響力，交換好處
4. 擔任其他不得從事之工作的規定
5. 作偽證或不實陳述誤導政府官員
6. 接受餽贈
7. 選舉舞弊或干預選舉
8. 干涉或妨礙政府採購
9. 歧視
10. 政治活動限制
11. 參與罷工
12. 私親主義
13. 對揭發弊端者報復
14. 怠忽職守
15. 影響政府聲譽

（二）OECD建議的「公共服務倫理管理原則」

OECD認為政府倫理法制應具備特定原則，以下乃是其所提出之「公共服務

倫理管理原則」共計有12項（PUMA, 1998轉引自蔡秀涓、陳敦源、余致力、謝立功，2008：19）：

1. 倫理標準應該清楚。
2. 倫理標準應該反映在法制架構。
3. 倫理標準應該讓公職人員隨手可得。
4. 政府員工犯錯時應該知道自己的權利與義務。
5. 政治承諾應該強化對公職人員倫理行為之要求。
6. 決策過程應該透明公開。
7. 公私部門互動應有清楚的指引標準。
8. 管理者應該展現與提升倫理行為。
9. 管理政策、程序與措施應該提升倫理行為。
10. 公共服務條件與人力資源管理應該提升倫理行為。
11. 適當的課責機制應該被置於公共服務之中。
12. 應有適當的程序與罰則處理不當行為。

四、美國的官箴制度與操守典則

（一）美國聯邦政府的「倫理行為通則」

1989年美國邦政府布希總統（George Bush）頒行第12674號「行政命令（Executive Order）」，內容闡述「行政部門工作人員道德行為準則」，要求公務人員應遵行十四項「倫理行為通則」（general principles）。該命令於1990年修訂為第12731號「執行命令」，後來成為美國聯邦政府倫理局於1997年頒行「行政機關公務員倫理行為標準手冊」（Standards of Ethical Conduct for Employees of the Executive Branch）之先聲。該手冊於2002年10月重新修訂，其內容涵蓋範圍相當寬廣，包括：收受賄賂、兼職、財產交易、利益衝突、公正執行職務、餽贈、在外活動、揭發浪費、詐欺或濫權等相關法令規章。美國「倫理行為通則」之內涵如下（陳淑森、歐建志，2005：28）：

1. 公共服務是一種公共信任public services is a public trust）的事業，要求公務

人員應將憲法、法律和倫理準則置於個人私利之上。

2. 公務人員不得圖謀與職責相違背之財物利益。

3. 公務人員不得運用政府擁有之資訊從事財務交易，或允許他人不適當地運用政府資訊，追求任何個人私利。

4. 除非法令許可，公務人員不得向任何求職者、有商業往來、受其職權規制或因其執行職務與否利益明顯受影響的個人或單位，要求或收受任何禮物或其他有價之物。

5. 公務人員應本誠信原則，執行職務。

6. 公務人員未經核准不得擅自作出對政府具約束力之承諾。

7. 公務人員不得假借職務，謀求個人利益，亦不得公物私用。

8. 公務人員應公正執行職務，不得給予任何私人、組織或個人特殊待遇。

9. 公務人員應保護聯邦政府之財產，且不得用於未經核准之活動。

10. 公務人員不得於公職外，另從事和正式職責不相容之工作或活動。

11. 公務人員應向權責機關，揭發浪費、詐欺、濫權及貪瀆情事。

12. 公務人員應忠誠履行公民之義務，包括一切財物義務，尤其是各級政府法律規定之義務。

13. 公務人員應恪遵促進全美國人民平等就業機會的所有法令，給予全體國民公平之機會，不得因種族、膚色、宗教信仰、性別、血緣、年齡或傷殘而有差別之待遇。

14. 公務員應致力避免違背法律或倫理標準之情事發生，至於是否由於特定環境而導致前述之違背倫理行為，則應自熟悉相關事實之知名人士的觀點認定之。

總之，「倫理行為通則」之建立，主要係規範及督促公務人員在服膺公職時，應知所惕勵，不得假公濟私並應公正執行職務。並將倫理內化成為各項行為之指導方針，積極謀取公共福祉。

（二）美國聯邦現職公職人員兼職規定

美國刑事法律規定，禁止任何現職公務人員為其公務活動接受他人給予的工資、餽贈或其他額外收入，違者處兩年以下有期徒刑，得併處一萬美元以下之罰金。此外，對公務人員和其前私人雇主之間的關係，有著相當嚴謹的限制。此一規範的目的在防止外部人員透過其他額外給付，誘使該公務人員作出不利於公益之處

分。

然而，此並非絕對禁止公務人員取得一切額外收入。公務人員仍得從事某些活動以取得額外之工資，如任教、講演和寫作。但有兩項限制：

1. 不得使用政府尚未公諸於眾的訊息。
2. 額外收入必須限制在年薪15%以內。

公務人員的額外收入問題，絕大多數與其過去的私人雇主有關，例如：

1. 前雇主付給的勞務費，不受額外收入不得超過年薪15%的限制。例如，律師可以收受合夥人尚未付給的勞務費；作家可以收取版稅。
2. 前雇主付給的解雇費，唯解雇費必須在一定期限內給付完畢，並應通報政府倫理局。

繼續參加前雇主雇員的福利專案。如養老金、退休金、生命、健康、意外事故的保險等。唯福利專案若需持續繳費，比如健康保險，此時公務人員應一併交付需由雇主負擔之費用。

公務人員考量與前雇主之間關係時，需遵循兩項基本原則：

1. 不得使用公權力為前雇主提供特殊利益；
2. 前雇主不得試圖保護公務人員免除任何因擔任政府公職所受之損失（陳淑森、歐建志，2005：29-30）。

（三）美國聯邦公職人員離職後之工作限制

聯邦政府公職人員（含國會議員、法官）不論其職務高低，離職後的工作均受到相當限制，限制方式並非禁止其離職後不得從事任何工作，而是禁止其從事特定活動，特別是指「遊說活動」。

按公職人員於任職期間，既可接觸大量政府資訊且與其他公職人員建立良好互動關係，若其離職後從事私人企業，當可利用掌握的資訊和個人人際關係為其往後服務之私人企業謀取特殊利益，或將無可避免損及公益。為了防止這種事情發生，聯邦法律針對離職公務人員的行為的大致規範情形如下：

1. 公職人員離職後再任私人企業的限制範圍相當寬廣，這些限制不僅規範於

法律中，部份且載明於特定政府機構的行政規則中。

　　2. 公職人員在離職後所受工作限制是不能從事某些特定活動，但並非限制不能在任公職期間曾接觸之企業或其他組織中任職。

　　3. 離職後活動限制的規範是概括性的，相關法律並未明確列舉。離職人員若不能確定某項活動的適法性，應在行動前提請離職前任職之政府機關決定。

　　4. 離職公務人員不得代理他人處理其離職前曾參與之實質性利益的事務。此項限制是為確保離職人員於離職前、後對該等事務積極從事一貫立場之維持。

　　為了確保離職人員遵循離職後活動之限制規定，聯邦政府機關可能要求離職人員提交其離職後活動報告。一旦發現違反相關兼職規定，該機關應向政府倫理局和司法部刑事庭舉發，同時展開行政調查。調查結果如確實違反相關規定，該機關得以適當之紀律處分，包括禁止該等人員於五年內與機關進行任何代理之活動等（陳淑森、歐建志，2005：30-31）。

（四）美國聯邦政府利益衝突迴避制度

　　「政府官員服務應以公眾利益為依歸，不得藉機濫權圖謀本身或其利害關係人之私利」為利益衝突迴避之主要原則，如遭破壞，官吏貪汙腐敗油然而生。為了維護這一原則，美國聯邦政府除了以「財產申報制度」監督、約束政府官員外，並以法律明文規定「公務人員知有利益衝突者，應即自行迴避」。此外，聯邦政府為降低利益衝突發生之機會，業採取法律規範（如利益衝突法、政府倫理法或倫理改革法）並輔之倫理守則（如總統命令或政府倫理局行政執行命令）。同時，美國國會參眾兩院亦自行訂定「議員服務行為倫理手冊」，以規範國會議員的服務倫理和利益迴避行為。依據「政府倫理法」規範的利益衝突迴避行為主要包括禁止貪污收賄、工作外兼職活動、財產申報、離職後工作限制等（陳淑森、歐建志，2005：32）。

　　然而，美國政府最主要的利益衝突迴避制度還是由「利益衝突迴避法」為規範，其屬刑法的性質。該法基本原則規定為「任何政府官員或雇員都不得蓄意參與與自己有財產利益相關的特別事項。違者，處兩年以下有期徒刑得併科一萬美元以下罰金」。前述規定不僅適用於政府官員，且擴及其配偶、未成年子女與經濟合夥人利益的行為。利益衝突情事的出現，通常是政府官員腐敗的前奏，也經常是公眾不信任政府官員清廉的主要原因。事實上，只要政府官員處理之事務使社會大眾普

遍認為有利益衝突，那麼，即使他本人相信，這在法律上並不違反利益衝突迴避法，在美國，政府倫理局也會建議該官員應該明智地避免參與此一事務（陳淑森、歐建志，2005：32）。

此外，在各政府部門組織法中，也規定了各該部門對利益衝突的特殊限制。各該部門行政倫理官在審查財產申報表時，通常會把相關規定週知新進人員。例如，參議院國防委員會認為在國防部任職的官員，只要擁有與該部年生意往來一萬美金以上公司的股票，就有潛在的利益衝突。發生利益衝突的可能性很多，但是絕大多數實質性的利益衝突都集中在以下四種情況（陳淑森、歐建志，2005：32-33）：

第一，政府官員與其過去私人雇主間持續性的利益接觸；

第二，政府官員在其職掌事務潛在可能影響的公司中擁有財產和投資利益（包括信託）；

第三，政府官員擁有可能會因政府決定而影響其價值的個人資產（包括動產和不動產）；

第四，政府官員過去或現在參與法律的、不動產的或其他合夥組織。

美國政府解決潛在利益衝突的具體措施，計有以下幾種方式（陳淑森、歐建志，2005：33-34）：

1. 迴避（Recusals）

迴避就是政府官員以書面形式同意，不參加任何可能碰到利益衝突的特別事務。在迴避書中通常要寫明財產或活動的種類，以明確該官員不參與的事務範圍。迴避只有在「衝突不易發生」的情況下，比較有效。例如，曾擔任過印第安小部落顧問的人，在擔任印第安事務委員會委員時，就可以保證自己不參與涉及該部落的事務。因為這類事務在該委員會中所占的比重很小，這種迴避不會嚴重削弱該委員會的工作能力。但是在聯邦通訊委員會中，曾受僱於美國電報電話公司並擁有該公司大量股票的委員，迴避就不是理想的解決辦法。因為該委員會的大量工作都是與電報電話公司有關，迴避將大大削弱該委員會履行職責的能力。

2. 免除責任書（Waivers）

當政府官員的利益衝突不致於嚴重到足以影響其職責時，法律允許免除其某些利益衝突迴避的要求。惟其「免除責任」之界限頗為模糊，只能由直屬部會首長，

依據具體事實進行准駁之決定。近年來，「免除責任書」比較不常使用。因為事先確定潛在利益衝突之風險太大，一旦發現不當之權力運用，權責長官將招致政治批評。所以權責長官都十分謹慎，只有在潛在衝突明顯地不嚴重時，才會批准「免除責任書」。

3. 資產處理（Divestiture）

解決因個人擁有資產而產生潛在利益衝突的最有效辦法就是「處分該資產」。隨著資產的消失，潛在的利益衝突就解決了。因為這種辦法將造成個人經濟重大損失，有時甚至是精神層面之痛苦，政府倫理局通常將其視為解決問題之最後手段。

4. 合格的不知名信託和多樣性信託（Qualified blind and diversified trusts）

（1）合格的不知名信託

1979年以來，美國聯邦法律允許政府官員在其任職期間，把資產交給一位合格的不知名信託人管理以保留其大部分財產。不知名信託的理論是這樣的：如果政府官員不知道自己的財產在何處，就不能蓄意濫權圖謀自己利益。這種方式對於政府官員本身擁有轄管公司的大量資產之狀況，是非常有效的。因為如一旦使用上述「資產處理」的辦法，直接「處分該資產」，將引發市場重大不利之影響。不知名信託人的條件由法律加以詳細規範。簡單說，受託人必須具有以下條件：

第一，完全獨立，同時與委託人毫無關係；
第二，受託人除報告信託財產收益外，在信託時，不得與委託人聯繫；
第三，受託人不得為委託人隱藏任何法律禁止委託人持有之財產；
第四，受託人及其使用之信託手段須經「政府倫理局」核准。

（2）合格的多樣化信託

另外，須經參議院審核同意任命之政務官，為了利益衝突迴避情事，有時也採用「合格的多樣化信託」方式。這是一種即期、多樣化並由法律明確規範之多種有價證券組成的信託。此種方式須經政府倫理局核准。

（五）美國公共行政學會倡議的「倫理典則」

自1984年以來，美國公共行政學會（American Society for Public Administration, ASPA）就已經致力於促進公務員承諾以高標準的道德履行其實務，因此其提出了

「美國公共行學會倫理典則」（ASPA Code of Ethics）（ASPA, 2013）。該倫理典則列舉了公務員應增進的關鍵原則，而該學會的教育和評鑑活動則是為該會成員的倫理行為提供了支撐作用，並且讓他（她）們堅持這些原則而得以為其公務行為負責。該學會近年來對於公務倫理的重視程度，可以見諸於其官網上所揭示的這段話：「當前本會策略計畫的首要目標就是倡議強大、效率和『倫理』的公共治理」[9]。

本文茲將「美國公共行政學會倫理典則及其促進實務」（Practices to Promote the ASPA Code of Ethics）的全文翻譯如下，以供讀者參考（ASPA, 2013）。

1. 緒言

美國公共行政學會倫理典則是對於公務員的一份熱望和高度期待的聲明。以下所揭示的實務其作用在引導本會成員實踐倫理典則中所提出的各項原則。典則中的原則和實務作法乃是互相結合的整體。一位具備倫理意識的公務員會考慮其所處理特定事件的全方位之標準和價值，並承諾擁護本倫理典則的實質和形式內涵。

2. 各項原則及其促進實務

（1）**推動公共利益**（**Advance the Public Interest**）：促進公共利益，服務公眾優先於服務特定人。其促進實務為——

第一，致力推動不可分割之整體性的公善（the good of the public as a whole），其能夠兼顧當前與長遠的社會利益。
第二，行使裁量權以促進公共利益。
第三，要準備做出可能不受歡迎但對公共利益而言是最佳的決定。
第四，將個人利益和對機構的忠誠融入公共利益。
第五，為所有人提供禮貌的、尊重的服務，並奉獻於高標準的行為。

（2）**維護憲法和法律**（**Uphold the Constitution and the Law**）：尊重並支持政府的憲法與法律，同時尋求改善法律和政策，以促進公共利益。其促進實務為——

9　請參考http://www.aspanet.org/public/ASPA/About_ASPA/Code_of_Ethics/ASPA/Resources/Code_of_Ethics/Code_of_Ethics1.aspx?hkey=222cd7a5-3997-425a-8a12-5284f81046a8。檢索日期：2015年5月16日。

第一，認知並理解作為你工作之基礎的法、法律和規則的架構，並且充分履行你的專業角色和責任。

第二，促進憲法的平等、公平、代表性、回應性以及正當程序等原則以保護公民的權利並促進公善。

第三，提出建議方案以發展健全的法律和政策，以及改善或消除那些不符倫理、適得其反或已過時的法律和政策。

第四，尊重並捍衛那些必須受到保護和機密的資訊。

（3）**促進民主參與**（**Promote Democratic Participation**）：告知並鼓勵公眾積極參與治理；致力於公開、透明以及回應；並且必須尊重和協助所有民眾，當他（她）們與公共組織接洽時。其促進實務為——

第一，致力於公開和透明的同時，也必須保護個人的隱私與安全。

第二，認知並支持公眾對公共事務有知的權利。

第三，讓社區參與政策和公共專案的發展、執行和評估；並尋求公民在民主的過程中獲得授能，包括對那些缺乏資源或影響力的人提供特別的援助。協助公眾與政府交涉，並回應公眾完整、清晰和簡單易瞭的答案。

第四，促進對社區散布關於政府活動之及時和持續的資訊，確保公正和透明的過程，並教育公民使其對公共事務作出有效的貢獻。

（4）**強化社會公正**（**Strengthen Social Equity**）：以公平、正義和平等對待所有人，並且尊重個人的差異、權利和自由。促進平權行動（affirmative action）以及其他消弭社會不公、不義和不平的法案。其促進實務為——

第一，認知個體差異並以公平與一致的態度為市民提供服務。確保所有人都有機會納入政策方案的考量和獲得公共服務，而且這些具備法定資格者所接受到的政策方案和公共服務都能維持公正的品質標準。

第二，向所有人提供平等的對待、保障以及正當程序。

第三，反對一切形式的歧視和騷擾，提倡平權行動、文化能力以及其他努力以減少結果方面的差距，並促進包容那些遭到漠視的少數群體。

（5）**充分告知與建議**（**Fully Inform and Advise**）：為民選的和政治任命的官員以及政府各種委員會成員、你所屬組織內部的相關幕僚人員等，提供正確的、誠實的、全面的和及時的資訊和建議。其促進實務為——

第一，根據對於情勢的全面和客觀評估、公眾需求、組織目標和目的等因素為基礎，提供資訊和建議。

第二，為提供那些可能不受長官或同事歡迎或喜好的資訊和建議，做好準備。

（6）**展現個人正直廉潔**（**Demonstrate Personal Integrity**）：堅持最高的操守標準以激發公眾的信心及其對公共服務的信任感。其促進實務為——

第一，履踐正直、勇敢、同情心、仁慈和樂觀。

第二，保持真心和誠實，不輕易為個人的升遷、榮譽或利益而妥協。

第三，對抗政治、組織和個人的壓力堅持倫理的節操和原則，並支援其他面對這些壓力的人。

第四，承擔你行動之後的個人責任與後果。

第五，防範利用公職謀取個人利益或提升個人或私人的利益。

第六，積極防範利益衝突或它的發生。揭穿任何可能影響決策之客觀性的利益，並幫助人們自己避免身陷於這樣的決策之中。

第七，執行公務時超越黨派或偏私立場。

第八，確保他人因為他（她）們的工作和貢獻而獲得肯定。

（7）**促進倫理的組織**（**Promote Ethical Organizations**）：努力實現公共組織之最高標準的倫理、管理和公共服務。其促進實務為——

第一，致力建立能夠讓個人和組織對其行為負責的程序，並支持這些程序具備明確的活動與成果報告。

第二，藉由定期反覆檢驗政策、方案、服務的效應，以及透過尋求各種避免管理失當或浪費的方法，致力扮演有策略、效率和效能地運用資源之公帑管理者。

第三，鼓勵組織成員公開提出意見，並提供表達異議的行政管道，保障公務人員的舉報權並提供正當法律程序的保證以及保障免受報復，給予遭到報復的受害者之同事支援。

第四，致力改正錯誤行為或將之報告上級。如果透過內部報告無法保證錯誤行為可以獲得改正，就應該尋求外部機構的監察和改正措施。

第五，支持可以促進卓越、能力和專業主義的功績原則，以甄選和升遷公共官員與雇員，並且提供保障以對抗偏見、專斷和反復無常的行動。

第六，促進前瞻的努力以提升公部門人員的代表性，並且充分包容員工的多樣

特性。

第七，鼓勵組織採用、發布和定期檢視倫理典則，而將此一典則的原則以及其他相關典則應用於組織特定任務和情境，都能充實典則的內涵而視之為一種正在持續發展的文件。

（8）促進專業卓越（Advance Professional Excellence）：加強個人幹練行事和倫理行動的能力並鼓勵其專業有所發展。其促進實務為——

第一，對於可能影響你的績效和組織任務達成之新出現的議題、實務和潛在問題保持隨時關注的狀態。

第二，對他人提升能力、參加專業活動及參與專業協會，應給予支持和鼓勵。

第三，分配時間和資源給予正在從事專業發展的學生、見習人員、剛入行的新鮮人以及其他同僚。

五、英國的官箴制度與操守典則

（一）常任「文官行為守則」

在2006年新修訂的「文官行為守則」中，延續揭示做為一位英國文官之四大核心價值，包括：正直廉潔（integrity）、誠實（honesty）、客觀（objectivity）以及中立公平（impartiality）（蔡秀涓、陳敦源、余致力、謝立功，2008：98）。

第一，正直廉潔：係謂將公共服務之責任置於個人私利之上；
第二，正直：係謂真誠與公開；
第三，客觀：係謂所提建議與決策須依嚴謹之證據分析而行；
第四，中立公平：係謂應為所當為，超脫黨派勢力職。

抑有進者，在上述四大價值之下，英國文官應遵循之操守標準臚列敘述如下（蔡秀涓、陳敦源、余致力、謝立功，2008：98-100）：

1. 正直廉潔

作為一位文官，必須：（1）負責地履行責任與義務；（2）秉持專業行事，

以贏得民眾之信賴；（3）確保公共經費與其他資源皆能獲致妥善與效率的運用；
（4）公正、效率、敏捷、有效及敏感地處理公眾事務；（5）在合法授權下，盡可
能地保持資訊公開；（6）遵守法律並維護司法。

作為一位文官，不得：（1）濫用職權，例如以職務之便所取得之資訊做為自
身與他人私利之用；（2）接受他人的禮物或款待，或其他形式的利益，以影響決
策判斷或廉潔；（3）在未得授權情況下揭露官方資訊。即使離開文官體系，仍然
有保密之義務。

2. 誠實

作為一位文官，必須：（1）誠實行事，如有錯誤即時更正；（2）僅依授權之
公共目的運用資源。

作為一位文官，不得：（1）第一，欺騙或蓄意誤導部會首長、國會議員，及
其他；（2）受他人不當壓力或個人不當得利的想望所影響。

3. 客觀

作為一位文官，必須：（1）依據所得證據及正確無誤地說明方案選項與事
實，提供資訊與建議，甚至向部會首長提出建言；（2）依據利弊得失進行決策；
（3）第三，妥善考慮專家與專業人事之建議。

作為一位文官，不得：（1）在提供建言與決策時刻意忽略不利的事實或相關
考量；（2）以拒絕或放棄採取行動的方式，阻撓政策決策的執行。

4. 公平

作為一位文官，必須：以公平、正義與公正的方式，以及恪遵文官對平等和多
元的承諾，執行其職責。

作為一位文官，不得：無理地偏袒或歧視特定個人或利益。

5. 政治中立

作為一位文官，必須：（1）無論執政政黨為何，不論自身的政治信仰為何，
遵循此守則的要求，嚴守政治中立、竭盡所能地為政府服務；（2）贏得部會首長
的信任，並於此同時與未來可能的政府或首長，建立相同的關係；（3）遵守政治

活動參與的相關限制。

作為一位文官，不得：（1）依政黨之考量行事，或將公務資源用於政黨之政治目的；（2）以個人的政治觀點提出建議或行動。

（二）英國政務首長之操守準則

相對於常任文官，英國之內閣大臣，必須遵守由「公職生涯行為標準委員會」（Committee on Standards in Public Life）所頒布之「公職生涯七大原則」（Seven Principles of Public Life），茲分述如下（蔡秀涓、陳敦源、余致力、謝立功，2008：100）：

1. 無私（selflessness）：任公職者應依公共利益行事，而不應以為其個人、家人、或朋友獲取財務或其他物質利益為目的。

2. 正直廉潔：任公職者不應委己於外界之個人或組織之利得或責任而以害公。

3. 客觀（objectivity）：任公職者於執行公共事務之際，如：公職聘任、簽訂契約、薦受獎賞，皆須依其功績，客觀為之。

4. 課責（accountability）：任公職者皆須對其決策與行為負責，如有必要願受詳查。

5. 公開（openness）：任公職者應盡可能公開其所有決策與行動。唯有在符合公共利益之條件下，方可限制決策與資訊之取得。

6. 誠實：任公職者負有申報任何與公務有關之私人利益之責任，並於保障公共利益之原則下，採取必要步驟避免利益之衝突。

7. 領導（leadership）：任公職者應運用其領導能力宣揚與支持此些原則。

（三）常任文官之利益衝突迴避原則

根據英國「文官管理法典」之第4章第3節，該國公務人員利益迴避與利益衝突之原則規範，舉其大要者如下所列（蔡秀涓、陳敦源、余致力、謝立功，2008：101-102）：

1. 除非在特定許可條件下，部會與機關不得與下列對象進行契約關係：（1）部會或機關之公務人員；（2）部會或機關之公務人員為該合作夥伴的會員或成員；（3）部會或機關之公務人員為該公司董事。（4）為避免上述之利益衝突關

係，部會與機關應要求職員呈報與其有關的企業利益。

　　2. 部會與機關應確認處於破產狀態、可能侵占公務資金之公務人員未受聘任。

　　3. 部會與機關不得販售政府剩餘財產予因職務特性熟悉該財產、或曾參與該財產處分、或可享有非一般大眾折扣優惠條件之公務人員。

　　4. 部會與機關必須要求所屬，在接受可能直接或間接影響其工作之外部聘任前，取得上級許可，並作適當的調整與處置。

　　5. 公務人員必須在接受禮品、款待、獎賞、勳章及其他利益前，向上級報告，並於事前取得許可。

　　6. 公務人員不得利用職務上所取得之情報，作為增加自己及他人私人財務利益之用。

　　7. 公務人員必須向其部會或機關申報其事業利益（包含董事職務）、或本人與近親（配偶、非婚關係之夫或妻，及子女）所保有之股票及有價證券；申報範圍包括已知利益，及依其職務上之地位所得利益的可能發展。

　　8. 公務人員已處破產狀態者，必須向其部會或機關陳述其事實。該公務人員亦須向其部會或機關知曉其被逮捕、拒絕交保、或依法判刑之可能。

（四）政務首長之利益衝突迴避原則

　　英國「內閣大臣法典」之第五款，即針對內閣大臣之個人利益及利益衝突與迴避予以規範，其中可供我國借鏡之處臚列如下（蔡秀涓、陳敦源、余致力、謝立功，2008：102-）：

1. 基本原則與義務

　　（1）內閣大臣應確保其公務責任與個人財務或其他利益間，無衝突情事之發生。

　　（2）每位內閣大臣皆負有採取行動以避免利益衝突（或造成得益衝突觀感）之個人責任，並為其作法進行答辯，且如有必要，應向國會進行說明。常務次長之責即在於提供內閣大臣必要之建議，可以提供慣例、或是諮詢內閣秘書長（Secretary of Cabinet）等私人方式提供建言，或以邀集政府內部與外部專家提供專業建議之方式為之。若有極為困難或疑慮之個案，甚可提交首相以徵詢其意見。但最終該內閣大臣仍須負起妥適安排其私人生活，避免招致外界之批評，及其最終

行為決策後果之個人責任。

2. 利益衝突迴避處理程序

（1）凡就任新職，內閣大臣皆須提供常務次長（Permanent Secretary）一份所有可能與其公務產生衝突之個人利益的完整書面清單。此份清單不僅須包括內閣大臣之個人利益，亦應包含其配偶或同居人、子女（含未成年子女）之利益、內閣大臣本人或配偶或同居人為受託人或受益人之信託利益、或其他與之具有密切關係的關係人之利益。並且，此份清單應包含該內閣大臣之各類利益，如：理財工具和合股關係、非公司型企業組織與不動產之財務利益，及外部組織網絡關係和先前任職紀錄等非財務性私人利益。

（2）常務次長接獲該清單後，將安排與該內閣大臣之會面，以商討其內容並思考由何徵詢最妥適之處理建議。常務次長亦會依慣例或內閣辦公室之協助，提供內閣大臣建議，或安排徵詢政府內部與外部專家之專業建言。最後，該內閣大臣須書面方式記錄所考慮之處理方式及已採行之行動，並提供一份此書面記錄予常務次長。

（3）內閣大臣保留私人利益之適當行為。即當內閣大臣與其他大臣同僚商討公務，而該事務將受其私人利益所影響時，該內閣大臣須向其同僚聲明其利益，並於該事務討論與處理過程中，保持全面超然之立場。當該內閣大臣處理部會相關事務，涉及先前或現有私人利益，有利益衝突之虞時，亦須秉持前述之步驟與作法。

（4）前述內閣大臣所揭露之個人資訊，將保有絕對之機密。若有內閣大臣被指出具有利益衝突之嫌，該員必須解釋說明其立場，並舉證其作為。在此過程中，可能將其私人利益清單，以及所採取之避免利益衝突作為，予以公開。

3. 其他利益衝突處理細部原則與方式

（1）內閣大臣於就職時，必須放棄其他任何所擁有之公開聘任。

（2）內閣大臣必須確保和那些與政府政策具有衝突目標之非公共組織無往來關係，避免利益衝突之產生。因此，內閣大臣不得接受來自壓力團體、或受政府全額或部分資助的組織，為其提供贊助或支持的邀請。

（3）內閣大臣必須小心翼翼地避免任何於其職位與私人財務利益間實質或明顯的利益衝突。內閣大臣必須處分可能發生衝突之財務利益，或以替代方式避免之。作為部會之會計長（Accounting Officer），常務次長肩負部會財務監理與檢查

之責，當內閣大臣發生利益衝突之情事，常務次長之建言必須受到重視。

（4）財務利益之衝突常發生於以下情況：

①權力或影響力之運用可能對所擁有利益之價值產生影響；

②因職務關係爲私人之財務利益獲取利潤或規避損失（甚或有此之嫌）。

（5）爲免損及內閣大臣之名譽，以下兩項法律責任需謹記在心：

①任何依法賦予之權力、裁量、或影響力之行使或不行使，其對於內閣大臣之財務利益，皆可受法院提出質疑，且若質疑成立，則該項利益可被宣告無效。

②除本法典外，內閣大臣亦受1993年之刑事司法法案（Criminal Justice Act 1993）之規範，不得利用職務之便，從事內線價格資訊（unpublished price-sensitive information）之運用與散布。

（6）若內閣大臣基於某些理由無法或不願處分其利益，可於常務次長或外部專家之建議下，採取適當方式避免利益衝突之風險。

（7）除處分財務利益之方式外，內閣大臣可考慮將其投資交付「盲目信託」（blind trust，或稱「不知情信託」或「放任信託」），即任何投資之變化或有價證券之狀態將不會知會該內閣大臣，但仍保有接受該信託績效報表之資格，及獲取其獲利所得。一旦交付盲目信託，該內閣大臣將不可介入任何操作。

（8）除非所擁有之財務利益已獲妥適之處分，內閣大臣與其部會須採取必要措施及禁止相關文件之取得，以確保該內閣大臣不再介入任何有關之決策與討論。

（9）對於內閣大臣所擁有之合夥關係，如律師事務所或會計師事務所之專業公司，或其他企業組織，一旦任職內閣大臣，必須終止該公司日常管理事務之參與；但不必終止其合夥關係，或令其執業證照失效。

（10）內閣大臣必須於就任時辭去所擁有之董事職位，不論其於公營或民營企業，亦不論其爲有給職或榮譽職。

六、加拿大的官箴制度與操守典則

（一）「政府高階官員利益衝突和離職後工作規範守則」

加拿大聯邦政府1985年首次訂定「政府高階官員利益衝突和離職後工作規範守則」（Conflict of Interest and Post-Employment Code for Public Office Holders）」，原則上，守則主要不是採取明訂禁止的罰則方式，而是採用「倫理原則基礎途徑」，即強調正面提倡奉行倫理原則的作法。守則中提出十項原則，期待所有內閣部長、國務卿、政務次長、部長政治幕僚和首相政治任用者都能支持體現，包括（施能傑，2004：123-124）：

1. 誠實行事並奉行最高的倫理標準；
2. 根據能經得起民眾充分檢視的方法處理公務和私人事務；
3. 依據公共利益從事決定；
4. 避免參與有涉及個人利害關係的政府活動；
5. 避免讓私人事務之處理造成實際的、潛在的或明顯的利害衝突；
6. 避免邀約或接受贈禮或經濟上好處；
7. 避免運用職權協助私人團體或個人和政府接觸以致獲得特殊性對待；
8. 避免利用職務上獲取的資訊牟利；
9. 避免使用或允許他人使用政府財產於未經正式獲准的事項活動上；
10. 避免離職後運用其原先職務關係獲取不適當的好處。

（二）「公共服務價值與倫理法」中公務操守的基本原則

加拿大要求提供公共服務者必須時時刻刻以倫理行為促進公共利益，因而制定「公共服務價值與倫理法」，以課責機制達成前項目標。具體而言，該法為維持公共行政人員的操守，要求其行為應遵從下基本原則（蔡秀涓、陳敦源、余致力、謝立功，2008：27）：

1. 公務員應盡義務並妥善安排私事，以利公民源於對政府清廉、客觀與無私的公共信任得以被保存與提升。

2. 公務員應時刻以符合最嚴格的公共監督之作為行事；而不應僅簡單地依法行事而已。

3. 公務員除了重法定義務與責任之外，決策時亦應以公共利益為念。

4.假如公務員的私利和法定的義務有所衝突，應以公共利益為先。

（三）公務員在職期間利益衝突迴避

加拿大政府對公務員利益衝突迴避，有著非常周延的相關規定。有關在職期間的利益衝突迴避規範，主要呈現在前揭「公共服務價值與倫理法」第2章，以下說明之（蔡秀涓、陳敦源、余致力、謝立功，2008：257-260）。

1. 立法目的

加拿大政府對於在職期間利益衝突相關規範，主要立法目的在於建立處理利益衝突的規則，希望盡可能最小化公務員個人利益與公共利益產生衝突的機會，以實現公共服務價值倫理法第一章所主張的各項價值。

2. 預防利益衝突應盡的責任與義務

利益衝突迴避是公務員維持人民對政府公共信任的主要方法之一，同時亦可幫助公務員避免利益衝突的訴訟。利益衝突並不單指金錢交易和經濟利益的移轉，雖然財務活動很重要，但它並不是唯一的利益衝突來源。由於規範每一種利益衝突來源是不可能的，當遇到疑問時，公務員應請示他們的管理者和由局處首長指派的資深文官，並參閱公共服務價值倫理法第一章所主張的各項價值內涵。

（1）公務員的一般責任

第一，執行官方義務時，公務員應先對安排個人私事安排妥當，以避免任何實質、明顯或潛在利益衝突的產生。

第二，假如個人利益和官方義務有衝突，應以公共利益為先。

（2）公務員的特定義務

第一，不應因為參與任何政府活動，而明顯或特定的增加私人利益。

第二，不應該索賄，或接受經濟利益移轉。

第三，不應逾越規定代為協助任何私人與團體向官方交涉，圖利他人。

第四，不應利用職務之便獲得不許公開的資訊，從中得利。

第五，除了官方活動，他們不應直接或間接使用政府財產。

3. 利益衝突迴避一般性規範

　　一般而言，要使公務員避免利益衝突，通常藉由呈給局處首長的機密報告（confidential report）就夠了。但報告中必須舉出公務員的資產、收禮狀況、或其他得到的利益，和其他可能引起利益衝突的業外活動。具體而言，主要有以下幾項。

（1）財產申報

　　機密報告應包括各項資產與獲利的種類，注意公務員不可以爲了避免服從這些規定，而將資產轉移給家人或其他人。相關規定主要呈現在公共服務價值倫理法的附錄A，具體規範如下。

　　第一，機密報告中必須呈現的資產和負債：公務員需仔細評估他們的資產和負債是否須陳述於機密報告中，他們必須考量職權的本質，及資產和負債的特性。假如可能有潛在的利益衝突，就必須上呈機密報告。下列是可能引起利益衝突的資產與負債的清單——

　　①企業或外國政府的有價證券，或擁有這些證券的「退休儲蓄計畫」、「教育儲蓄計畫」，而這些證券是被直接擁有的。

　　②與私人公司和家族企業有利益關係，尤其是擁有公營事業部分股票或和政府交易的公司。

　　③營利性質的農地。

　　④非公務員或其家族成員個人使用的不動產。

　　⑤商品、期貨、或外幣。

　　⑥信託的資產，或該公務員是受益人的資產。

　　⑦有擔保或無擔保的貸款。

　　⑧其他任何可能引起潛在利益衝突的資產與負債。

　　第二，無需機密報告的資產：個人或家族使用的資產，和非商業性的資產不需包含在機密報告內——

　　①公務員和家人使用的居所和農地。

　　②居家用品。

　　③藝術和古董等收藏品。

④汽車和其他交通工具。

⑤現金和存款。

⑥加拿大儲蓄債券，和其他各級政府發行的類似固定價值的證券。

⑦非自行購買而是國家設置的退休儲蓄計畫和教育儲蓄計畫。

⑧共同基金。

⑨投資憑證。

⑩年金和壽險保單。

⑪退休俸。

第三，脫產（divestment）：假如副首長認為可能造成潛在利益衝突的話，公務員就必須脫產。無論是透過交易或交付信託，該行動須在就職後的一百二十天內進行。如果是透過仲介人交易，需提供副首長交易明細。假如需要信託，倫理顧問辦公室會協助副首長和公務員辦理信託手續。

（2）業外活動

除非可能引起潛在利益衝突，公務員可以參加公共服務以外的活動。假如這些活動可能使公務員違反規定，使人懷疑其中立性，就必須繳交報告。如果局處首長認為活動可能引起潛在利益衝突，可以要求公務員減少、甚至中止活動。

（3）收禮、或其他的利益

公務員被要求運用最嚴格最佳的判斷，以避免利益衝突的情況，他們應考量下列收禮、住宿招待及其他利益標準，並且時刻謹記公共服務價值倫理相關規定。公務員不應接受或要求任何可能使執行公務不公平的禮物、住宿招待及其他利益、捐獻，這其中也包括免費或優待的運動與藝文活動。簡言之，凡所有與該公務員所管有關的直接或潛在商業關係均需避免。下列情況則是可被允許的：

第一，非經常性和低價物品（餐點和無現金價值的紀念品）。

第二，與公務有關的活動。

第三，符合正常禮儀規範。

第四，不使組織或公務員清廉度受損。

第五，假如不可能避免收禮，或認為其有益組織，公務員應請求副首長的書面指示與批准。副首長需以書面告知公務員這些利益是否應被保留，或捐給慈善機

構。

（4）索賄

公務員絕不可直接或間地，由自己或透過家庭成員或任何其他個人，向和政府交易關係的私部門個人或組織要求、同意或協議任何禮物、招待、利益或其他經濟有價物。假如是為慈善組織募款，公務員應得到副首長的授權，而活動若可能引起潛在利益衝突，則可要求減少或終止活動。

（5）避免偏差待遇

當參與任何人事決策時，公務員不應對家人或朋友有偏差待遇。當須給予外部團體經濟利益時，公務員不應對家人或朋友有偏差待遇。如果非官方義務，公務員不應給予和政府交易的團體任何協助。假如一般大眾都能容易得到的資訊，那麼公務員提供資訊給家人或朋友並不算是有差別待遇。

4. 利益衝突迴避特殊考量

一般而言，公務員如果在職期間，要避免違反利益衝突迴避相關規定，遵循以上三所舉各項規定，撰寫機密報告就行，然而，遇到以下情形，則需做進一步規範與處理。

第一，避免捲入可能引起潛在利益衝突的情況。
第二，雖然出售資產或信託，但仍可能有利益衝突。

在以上情形下，副首長局處首長會做出應有決定，並和公務員溝通，達成雙方協議。決策時主要考量下列因素：

第一，公務員的特定責任。
第二，有關的資產、利益的價值和種類。
第三，因為脫產導致的實際成本。

（四）公務員離職後利益衝突迴避

加拿大政府對公務員離職後的利益衝突迴避規範，主要呈現在前揭「公共服務價值與倫理法」第三章，以下說明之（蔡秀涓、陳敦源、余致力、謝立功，2008：260-261）。

1. 立法目的

規範於公共服務價值倫理法第三章,有關於公務員離職後的相關規定,亦是屬於廣義利益衝突迴避之一環,同時,也是對公共服務價值與倫理做更具體的補充與落實。

2. 公務員的責任

(1) 一般公務員

在沒有限制尋找其他工作的情形下,離職公務員應盡可能降低,與最小化新職與之前擔任聯邦公職有利益衝突的可能性。離職前,公務員應事先告知其副首長未來就職意向,並且討論可能的潛在利益衝突。

(2) 主管職級公務員

上述責任適用於一般公務員,但副首長可對適用主管職(EX),或等同職權(EX minus1、EX minus2)者,進行應盡責任的特別規範。除了以上幾類主管職級之外,副首長亦可將其他職位列入規範內(假如他認為某一職位的離職人員須特別約束),或排除某些職位於規定外,但做相關決定前須先和財政委員會協商。

3. 離開公職前的準備

公務員需於呈給副首長的機密報告中,陳述可能擔任的新職位,實質、明顯或潛在的利益衝突,一旦決定接受某一新職,就必須立刻告知。

4. 限制期間

離開公職後一年內,公務員不應有以下情事:

第一,任職任何與官方有交易關係的委員會或職位。

第二,代表任何組織或個人,透過其本身或部屬,與官方有交易關係。

第三,提供一般民眾不知道的訊息給客戶,而該訊息是來自之前任職或有直接和密切關係的公務機關。

5. 縮短限制期間

副首長有權可以決定縮短或取消公務員離職後的限制期間,但須依據下列因素

做考量，而且所做決策需以書面保存。

第一，職位終止時的情況。

第二，公務員被僱用的前景。

第三，公務員擁有的資訊對政府的重要性。

第四，外界雇主因僱用公務員而可能得到不公平的商業或私人利益程度。

第五，公務員在職時的影響力。

七、德國的官箴制度與操守典則

（一）德國聯邦公務員法

德國聯邦公務員法規定，公務員除了於在職期間與退休後享有一切法律保障的權利外，亦負有履行其職務之義務，此法規範了該國公務員官箴。根據該法規定，公務員之義務計有：慎重與節制義務、職務義務、服從義務、中立義務、保密義務等。以下擇其要者臚列敘述之（蔡秀涓、陳敦源、余致力、謝立功，2008：287-293）。

1. 忠誠義務及服勤務義務

公務員關係為公法上之任職與忠誠關係，其必須忠誠維護其所宣誓之憲法秩序，但並不禁止對國家之批評或對目前施政狀況的批評，但批評必須在憲法所允許的範圍並以合憲的手段為之。公務員不僅應消極的遵守憲法秩序，且須積極的維護憲法秩序。違反公務員政治上的忠誠義務者，屬於職務上不法行為，得加以懲戒，但以有具體違法行為，且得証明者為限。

2. 政治中立及行政中立

聯邦公務員法第52條第1項規定：

第一，政治中立：公務員應為國民全體，而非為特定政黨服務；

第二，行政中立：公務員應公平且適當地履行其任務，且其職務之執行應考量公共利益。

3. 職務義務

聯邦公務員法第54條規定：「公務員執行職務時，必須全心全力投入，而且應依據最佳之良知，不得謀求個人利益。公務員不論是否在執行職務，其行爲均應使人尊重及信賴。」法律解釋上，職務義務包括「禁止罷工」之義務。公務員不得藉「拒絕服勤」或「停止工作」等手段以促進或要求工作條件之提高或改善。

4. 服從及協商義務

聯邦公務員法第55條規定：「公務員應對其長官爲建議及支持。公務員對其長官之指令，有服從之義務，但依法律之特別規定，公務員僅應遵守法律，不受指揮之拘束者，不在此限。」

同法第56條又規定：

第一，公務員對其勤務行爲之合法性，自行負完全責任。

第二，公務員對勤務指令之合法性有疑慮者，應立即向直接長官報告。經維持該指令，而公務員對該指令之合法性仍有疑慮者，應向再上級長官報告。再上級長官確認指令者，公務員應執行之。但受交付之行爲應受刑罰或行政罰制裁，爲公務員所能認識，或受交付之行爲侵害人性尊嚴者，不在此限；免除公務員之責任。確認，經請求應以書面爲之。

第三，因有遲誤之危險，而不能及時取得再上級長官之決定，上級長官要求立即執行指令時，準用第二項第三及第四句規定。」換言之，違法之指令並不具有絕對之拘束力，公務員此時並無絕對服從義務，但是有協商義務。

5. 宣誓義務

聯邦公務員法第58條第1項規定，公務員有宣誓之義務。

第一，其誓詞爲：「余宣誓遵守聯邦基本法及所有在聯邦有拘束力之法律，並依良心執行本人之職務，願上帝保佑！」。

第二，同條第2項規定：宣誓時得將「願上帝保佑！」之誓詞刪除。

第三，同條第3項規定：如公務員爲特殊宗教團體之成員時，「余宣誓」之用語得改用其他之用語。同條第四項規定，在例外之情形，公務員得不經宣誓而任用。

6. 保密義務

聯邦公務員法第61條第1項規定，公務員縱使於公務員關係終止之後，對其因職務上活動而知悉之祕密仍有保密義務。同條第2項規定，公務員在未經許可前，對於須保密之事務，不得在法庭上或法庭外爲陳述或說明。此項許可權限屬於公務員之職務長官；若公務員關係已終止者，許可權者爲其最後之職務長官。

聯邦公務員法第62條第1項規定，如果此種許可與否，涉及到做証之陳述時，只有在此種陳述會侵害聯邦或邦之利益或對公共任務之履行有嚴重危害或有嚴重危害之虞時，方得禁止公務員爲陳述。

7. 離職後利益衝突之迴避（旋轉門條款）

德國聯邦公務員法69a 條規定：

第一，公務員退休或提早離職而仍受領金錢給付者，在離職後五年內；或當公務人員於屆滿六十五歲的當月底退休，並於退休後三年內；從事與其離職前五年內的職務相關的非公職活動或工作，並且有可能因而損害公務機關利益者，應立即告知最後服務的最高機關。

第二，所從事之前項活動或工作有損害公務機關利益之虞者，應禁止之。

第三，前項禁止由最後服務的最高機關決定；前項禁止最多持續至公務人員離職後五年。該最後服務的最高機關得將此權限委託下級機關爲之。

在具體個案中，如果領有退休俸公務員之職業活動或營業活動有損害其前所擔任職務之利益時，其前上級長官得不允許其再任某職業或營業。至於未領有退休俸之前公務員，原則上係指被免職之公務員。因爲其與前所服務之機關，不再存在任何法律關係，所以得不受職務上規則之拘束，易言之，即無所謂從事職業或營業之通知義務。

8. 離職後不得危害國家利益

公務員離職或退休後，除死亡或法律有特別規定外，並未完全終止與國家間的勞動關係，但關係轉換成另一特別的權利義務狀態。因此公務人員在退休或離職後，雖不具有公務人員身分，但仍受公務員法中消極義務之規範，除了聯邦公務員法第70條有關收受與其職務相關之報酬或禮物的禁止原則外，退休或離職之公務人

員至少還受三項義務的約束：

第一，不得從事違害基本法之自由民主憲政秩序的活動；

第二，不得從事損害德國聯邦共和國之現有狀態或安全的活動（從事改變各邦現有狀態者不在此限）；

第三，不得違反公務人員對其執掌業務的緘默原則以及文件保密原則等等。因此，退休或離職後之公務員在不違反前述義務的情況下，擁有自由工作的權利。

9. 接受酬勞或贈與之限制

（1）聯邦公務員法第70條規定

第一，公務員不得因職務上之原因而接受酬勞及贈與，公務員關係終止之後，亦然。

第二，只有經最高職務機關或最後職務機關（對退休公務員而言）之同意，方得例外收受酬勞或贈與。

第三，同意權可委由其他機關行使。

（2）聯邦公務員法第71條規定

「公務員須經聯邦總統之許可，使得接受外國元者或外國政府頒贈之頭銜、勛章或其他榮譽標誌。」

（3）聯邦行政禁止接受酬勞或贈與要點

第一，依據該要點1之規定：公務員、職員、勞工、義務役軍人及職業軍人，不論是否退休，均不得因為與職務相關之原因而接受酬勞或贈與。只有在不影響公正執行公務，且經最高職務機關或最後職務機關同意之例外情形，方得收受酬勞或贈與；但無論如何不得收受任何金額之現金。

第二，依據該要點4之規定：收受價值低於25歐元之物品（例如原子筆、筆記本、月曆等廣告品），視為經職務機關默示同意。對物品價值之判斷，以德國市價為準。

第三，該要點5規定：違反禁止接受酬勞或贈與之規定者，構成失職或為反勞動契約之義務，因此，公務員應受最重可達撤職之懲戒處分；退休公務員應受最重可達剝奪退休俸之懲戒處分；義務役軍人及職業軍人應受最重可達撤職之懲戒處

分：退休義務役軍人及職業軍人應受最重可達剝奪退休俸之懲戒處分；職員、勞工應依勞動法受最重可達提前解約之制裁。

（4）民事責任

此外，違反禁止接受酬勞或贈與之規定者，並應依相關規定負民事損害賠償責任。

（5）行事責任

再者，接受酬勞或贈與之行為，也可能構成德國刑法之犯罪，而應受刑罰制裁。

10. 加班之義務

聯邦公務員法第72條第1項規定，公務員每週正常之工作時間平均不得超過四十四小時。但以下情形例外，

第一，同條第2項規定，基於職務上急迫之理由，於必要時得要求公務員逾越每週正常之工作時間，不領取報酬服勤務，但僅限於例外情形始得為之。

第二，同條第4項規定，聯邦公務員工作時間之進一步規定，為了維持彈性，由聯邦政府以不須聯邦參議院同意之法規命令定之。

11. 不得曠職

聯邦公務員法第73條第1項規定，公務員未得職務長官之允許，不得擅自離開其職務，公務員若因病而曠職時，基於長官報告，應說明生病之情形。

12. 居住地選擇之限制

第一，聯邦公務員法第74條規定，公務員住宅之選擇不應損害其職務之正常執行。

第二，同74條規定，因職務上之需要，職務長官得要求公務員居住於離辦公處所一定距離內之住宅或居住於職務宿舍。

第三，聯邦公務員法第75條規定，基於特殊職務之需要，且有緊急情形時，得要求公務員於下班後，待在離辦公處所不遠之距離內。

本章從規範的角度闡釋了公共行政人員應該扮演的角色與倫理修為，進而引介

重要國際組織和權威公共行政專業學會所倡議的公務操守典則，以及呈現民主先進國家的官箴制度，希望能以他山之石，作為我國公務倫理行為法制建構或改進之參考。管理學大師聖吉（Peter Senge）（1990）認為，人的心智轉換是改變世界至為重要的關鍵，作者也以為，欲實現所謂善治，公共行政人員的心智轉換將是關鍵。欲導引公共行政人員心智轉換以回應民眾需求、實踐民主精神，當不應忽視其公務倫理行為的養成教育以及規範準則。

自我評量

一、請從人文觀點的反思公共官僚體制的倫理問題。

二、請從績效課責觀點的反思公共官僚體制的倫理問題。

三、多元主義觀點下的公共行政人員為何？試申論之。

四、公共選擇理論觀點下的公共行政人員為何？試申論之。

五、知識精英觀點下的公共行政人員為何？試申論之。

六、社群主義觀點下的公共行政人員為何？試申論之。

七、公共行政人員的實務作為蘊含政治性的意義為何？請予以闡釋。

八、公共行政人員行為的效應有哪些？請說明之。

九、請析論公共行政人員擁有裁量權的原因。

十、請申論公共行政人員應如何自我定位？

十一、請扼要敘述公共行政人員應具備的倫理修為。

十二、根據OECD在1996年提出的觀察與分類，各國官箴制度的設計，可以從「管理」與「制度」二個取向加以分類，請扼要解釋其內涵。

十三、學者路易斯（Carol W. Lewis）和紀爾曼（Stuart C. Gilman）在他們2005年出版之著作中提出公共服務倫理法制應該具備之內涵，請說明其中「關鍵要素」、「一般過程與有效的機制」二個面向之內容。

十四、學者路易斯（Carol W. Lewis）和紀爾曼（Stuart C. Gilman）在他們2005年出版之著作中提出公共服務倫理法制應該具備之內涵，請說明其中「主要項目」之內容。

十五、學者路易斯（Carol W. Lewis）和紀爾曼（Stuart C. Gilman）在他們2005年出版之著作中提出公共服務倫理法制應該具備之內涵，請說明其中、「公共管理者應瞭

解事項」之內容。

十六、學者路易斯（Carol W. Lewis）和紀爾曼（Stuart C. Gilman）在他們2005年出版之著作中提出公共服務倫理法制應該具備之內涵，請說明其中「所需配套措施」之內容。

十七、請就聯合國之「國際公務員行爲準則」列舉其中五項與當代各國官箴制度與操守準則較爲相關之原則，扼要解釋其內涵。

十八、請說明OECD各會員國明令禁止公職人員之行爲大致有哪些？

十九、請說明OECD建議的「公共服務倫理管理原則」。

二十、請臚列美國「倫理行爲通則」之內涵。

二十一、請扼要說明美國聯邦現職公職人員兼職規定。

二十二、請扼要說明美國聯邦公職人員離職後之工作限制

二十三、請扼要說明美國聯邦政府利益衝突迴避制度

二十四、請扼要說明美國聯邦政府有哪些解決潛在利益衝突的具體措施？

二十五、請扼要解釋美國公共行政學會倫理典則的八項原則。

二十六、請說明美國公共行政學會倫理典則關於推動公共利益（Advance the Public Interest）之原則的意涵及其促進實務。

二十七、請說明美國公共行政學會倫理典則關於維護憲法和法律（Uphold the Constitution and the Law）之原則的意涵及其促進實務。

二十八、請說明美國公共行政學會倫理典則關於促進民主參與（Promote Democratic Participation）之原則的意涵及其促進實務。

二十九、請說明美國公共行政學會倫理典則關於強化社會公正（Strengthen Social Equity）之原則的意涵及其促進實務。

三十、請說明美國公共行政學會倫理典則關於充分告知與建議（Fully Inform and Advise）之原則的意涵及其促進實務。

三十一、請說明美國公共行政學會倫理典則關於展現個人正直廉潔（Demonstrate Personal Integrity）之原則的意涵及其促進實務。

三十二、請說明美國公共行政學會倫理典則關於促進倫理的組織（Promote Ethical Organizations）之原則的意涵及其促進實務。

三十三、請說明美國公共行政學會倫理典則關於促進專業卓越（Advance Professional Excellence）之原則的意涵及其促進實務。

三十四、請說明英國常任「文官行爲守則」之四大核心價值爲何？

三十五、請說明英國常任文官在正直廉潔（integrity）的核心價值下應遵循之操守標準爲何？

三十六、請說明英國常任文官在正直廉潔（integrity）的核心價值下應遵循之操守標準爲何？

三十七、請說明英國常任文官在誠實（honesty）的核心價值下應遵循之操守標準爲何？

三十八、請說明英國常任文官在客觀（objectivity）的核心價值下應遵循之操守標準爲何？

三十九、請說明英國常任文官在中立公平（impartiality）的核心價值下應遵循之操守標準爲何？

四十、請扼要說明英國政務首長之操守準則之內涵。

四十一、請扼要說明英國常任文官之利益衝突迴避原則。

四十二、請扼要說明英國政務首長之利益衝突迴避原則。

四十三、請說明加拿大「政府高階官員利益衝突和離職後工作規範守則」之內涵。

四十四、請說明加拿大「公共服務價值與倫理法」中公務操守的基本原則。

四十五、請扼要說明加拿大公共服務價值與倫理法中公務員在職期間利益衝突迴避之「立法目的」以及「預防利益衝突應盡的責任與義務」。

四十六、請扼要說明加拿大「公共服務價值與倫理法」當中關於公務員在職期間利益衝突迴避之「一般性規範」。

四十七、請扼要說明加拿大「公共服務價值與倫理法」當中關於公務員在職期間利益衝突迴避之「特殊考量」。

四十八、請扼要說明加拿大公共服務價值與倫理法中公務員離職後利益衝突迴避的規定。

四十九、請扼要說明德國聯邦公務員法所規定之「忠誠義務及服勤務義務」、「政治中立及行政中立」、「職務義務」、「服從及協商義務」、「宣誓義務」等內容。

五十、請扼要說明德國聯邦公務員法所規定之「保密義務」、「離職後利益衝突之迴避」、「離職後不得危害國家利益」等內容。

五十一、請扼要說明德國聯邦公務員法所規定之「接受酬勞或贈與之限制」。

五十二、請扼要說明德國聯邦公務員法所規定之「加班義務」、「不得曠職居住地選擇之限制」等內容。

學習目標

◎瞭解課責的基本概念

◎瞭解公共行政演化對課責的影響

◎瞭解課責觀點的變遷

◎瞭解課責的困境

◎瞭解經典的課責模式之內涵

◎瞭解多元課責關係及其與制度環境系統的配適

◎瞭解適用協力合作之網絡治理的非正式課責

◎瞭解國外課責機制和經驗

◎瞭解我國課責機制

前　言

　　課責（accountability）的議題一向是行政倫理的核心。事實上，行政倫理之落實有賴課責機制的確切實踐。特別是當新公共管理興起後，民營化、委託外包、公私合夥、協力治理、網絡治理成為今日公共行政與治理慣常的模式時，課責的議題當然更為重要。本章首先要闡述課責的基本概念；其次，說明公共行政的演化對課責之影響；再者分析課責觀點的演變；然後代理理論分析課責的困境；接著運用學者梁瑞克的架構以闡述多元課責關係及其與制度系絡的調配應用；進而根據梁瑞克等人發展的概念架構，說明適用於協力合作的網絡治理之非正式課責內涵；隨後引介各國較具特色的課責機制，以為借鏡；最後回歸本土系絡以及實務，以宏觀及微觀二個層次介紹我國兩套課責法制。

第一節　課責的基本概念

課責乃是當前公共行政學界與實務界備受關注的課題。學者莫岡（Richard Mulgan）嘗言道：「課責是一個複雜且有如變色龍般的術語」（Mulgan, 2000: 555），可見有關課責之定義仍是莫衷一是、觀點各異。以下本節先從不同角度說明課責之意涵，然後指出課責必須具備的要素。

一、課責的意涵

所謂課責可以簡要界定為：要求特定人對其行為負起一定責任。以下分從範疇和功能兩大層面闡述課責的意涵。

（一）課責的範疇

就課責意義的分類範疇而論，學者但恩（Delmer D. Dunn）（2003）認為，課責研究的文獻大致上可分為兩類，一類是從民主理論的觀點研究課責，另一類則是從公共行政的觀點研究課責（周育仁、詹富堯，2008）。

1. 民主課責（democratic accountability）或政治課責（political accountability）

在此觀點下，課責被視為所有依據憲法程序獲得授權的政府官員對公眾應盡的職責（Banfield, 1975），由於涉及權力和責任的授權路徑，故民主課責所關注的是選任官（elected officials），有時也包括政務官（the chief administrative officer）和公眾（public）之間課責關係的界定，及其對政府構成的影響；通常以選舉制度、議會制度對公共行政的影響及課責功能為主要探討的焦點。

2. 行政課責（administrative accountability）

從公共行政觀點切入的行政課責，其所關注的是政務官、事務官（non-elected officials）和公眾三者之間課責關係的界定，及其對行政治理的影響；其中政務官和事務官之間體現的是行政層級課責關係，政務官和公眾之間體現的是行政政治課責關係。行政政治課責的目的是解決行政在管理過程中的績效問題和公器私用問題，其課責主體是公眾、利益團體、媒體等，課責對象則是政務官；民主課責的課

責主體是選民、議會，課責對象是選任官，故兩者有異。

（二）課責的功能

若就功能的而論，課責的意涵可以從如下角度加以理解：

1. 促成善治（good governance）實現的機制手段

善治的意義是指：提升政府能力以整合公共資源並妥善因應來自國內外的各種情勢。申言之，在已開發國家，所謂善治就是指維持政府以下數種能力：協調政策、蒐集資訊、透過多元夥伴（包括非政府組織）傳輸服務、以更具彈性的機制取代層級節制的官僚來管理間接政府（indirect government）[1]、解決跨域治理所引發的績效問題（Klingner, 2015: 67）。如何確保上述所謂善治得以實現？課責被視為是重要的機制和途徑。抑有進者，設計並落實一套有效的課責機制以促成善治，此本身也可視為是善治的一環。

2. 達成任務的必要權威

從此一角度論，所謂課責意指二人之間的特定互動關係，在此互動關係中，其中一人有權要求另一人針對特定事情提出說明（answerability），或對其某項行動提出理由（justification）（Day and Klein, 1987: 4-5）。誠如學者梁瑞克（Barbara S. Romzek）所言：「課責乃是一種關係，在其中某人或某機構被要求應對其被授權達成的行動績效，負有說明之責任。」（Romzek, 1997: 36）根據此一定義，課責其實蘊含著權威的運用，對某特定人擁有權力者才可以要求該特定人對其行為表現之結果做出說明（Romzek, 2000: 22; Romzek & Dubnick, 2000: 383；張世杰，2011：283）。

3. 監督防弊的機制

從組織經濟學中之代理理論（agency theory）的觀點加以理解，任何一個組織乃是由委託人（例如公司的股東、公共治理中的民眾）—代理人（例如公司的經理人、政府官員）關係所構成的一個網絡結構。課責的結構則界定了其中的遊戲

---

[1] 所謂「間接政府」意謂公共政策的執行並非由原權責機關直接親自為之，而是委託給其他政府機關或私人機構代為處理。根據學者的觀察，以美國為例，1964-1992年間，乃是美國間接政府之公共治理型態的成長期（Kettl, 2015: 23-25）。

規則，也就是命令與控制的連鎖關係，以及正式的權威關係，藉由這些遊戲規則每個委託人與代理人均受到治理（Besley and Ghatak, 2003: 238；張世杰，2011：283）。因為委託人總是無法充分掌握關於代理人行動的相關資訊，組織經常存在著資訊不對稱的現象，因而導致無法有效監督的問題。所以，如何促使代理人能夠切實遵循組織目標行動，以及如何協調組織中各個不同行動者之間的活動，乃成為組織設計的基本議題。意即，課責正是確保代理人的行動符合委託人意志的一種機制設計，也就是一種監督防弊的機制設計。

課責其實蘊含著一種避免錯誤的預防性質，其不僅僅具備消極地針對結果施以懲罰的作用。易言之，不只是當事情出錯時會有課責的產生，當上級長官、民意代表、委託機關甚至是民眾，希望確認所有的政策執行和公務行為都在正軌之中進行，而依據法規的程序要求政策執行者和業務承辦單位對其各種作為提出說明和解釋，以加強對其之監督和控制，凡此種種皆可視為課責機制之範疇。

4. 績效管理的配套措施

今日公共行政著重績效管理，如何有效促使政府機關（構）及其人員克盡職責、追求卓越、重視成果、服務民眾，建構績效指標以界定行政作為之優劣，並將之視為標準據以對表現良好者給予獎勵、表現不佳者給予督促、違法失職者給予懲罰，此即課責系統的意義。所以，課責當屬績效管理的一環。從此一角度觀之，課責不只是具備防弊的消極意義，還有促使政府機關（構）及其人員提升績效的積極功能。

二、課責的四個W要素

課責關係的成立至少包含四個要素：「誰該負責」（who is accountable）？「向誰負責」（to whom）？「為何事負責」（for what）？以及「如何課責」（how to implement accountability）？以下敘述之。

（一）誰該負責

根據葛瑞格理（Robert Gregory）的看法，課責的議題之所以會被人提出，往

往是因為某些事情出了錯，例如，施工中的公共工程發生坍塌，此時便需要找出該為此負責的相關單位和人員（Gregory, 2003: 557）。在傳統的公共行政當中，公共政策的制定和執行都是政府相關權責單位全部包辦，所以誰該受課責相對明確。但在今日，由於民營化、公共服務委託外包的間接政府模式大行其道，課責的對象因此變得較為模糊和複雜，因此對於相應的配套課責機制之需求應是更形迫切。

（二）向誰負責

向誰負責可以大略分為二個層次予以說明。首先是，在政府部門中，誰有資格或是職權對應受課責之違法失職者施以課責？其次，就民主政治的基本原理而言，人民當然是政府施政良窳必須負責的最終對象，自無疑義，然就具體的行政作為而論，因違法失職之公務行為導致特定人民之權益受損時，釐清究竟是誰有權向政府要求補償或賠償，亦屬重要課題。

（三）為何事負責

為何事負責更是課責機制設計的重要內涵。從消極面而言，其指涉了哪些具體的行為涉及違法失職，並非適當的行政行為，必須加以遏阻，此不但構成了向違法失職者施以懲罰的標準，並且更進一步地成為政府向民眾負責、給予補償和賠償的依據。另外，從積極面而言，其所設定之績效標準，可以做為獎勵優良表現的準則，發揮激勵作用。葛瑞格理指出，在政府政策制定與執行過程中，無可避免地都需要以課責作為一種控制的方式，因為通常政府都會較注意如何去避免錯誤結果的發生，而課責便是找出這些錯誤背後原因的一種手段，以避免下次可能再重蹈覆轍（Gregory, 2003: 558）。

（四）如何課責

如何課責意指：當良好的行政績效出現時或違法失職的行為發生後，課責系統將會對應獲獎勵或應受懲罰的政府機關（構）與當事人，採取的相應處置及其落實程序。這個部分可以說是整個課責系統最為關鍵之所在，因為如果缺乏此一部分或是處置行動與行政作為的後果顯不相稱，導致懲罰對惡行無法產生遏阻效果，或者是獎勵機制對於鼓勵正面表現和避免負面行為不能起積極作用，那麼課責系統將極有可能會完全失靈。人們常將缺乏配套罰則的管制性法規稱為「缺牙的老虎」，其重要性即可見一斑。

第二節　公共行政演化對課責的影響

現代公共行政於20世紀迄今歷經百年來的演化，課責之內涵與重點當然亦隨之變遷。許多學者強調，公共行政與企業管理並不相同，其原因在於前者具備後者所沒有的公共性，然而到了1970年代晚期，則是有更多學者認同學者賽瑞（Wallace Sayre）所言（1958 cited by Rosenbloom, 2015: 1）：「許多不重要的面向上，公共組織和私人組織二者的管理根本上存在著諸多相似之處」。此類有關公私部門組織管理的差異性的研究，迄今為止仍然持續受到學者們的關注，但不可否認的事實是，公共行政所處系絡的變遷，致使其公共性也產生一定程度的變化（Rosenbloom, 2015: 1-2）。這種變化並不是意謂公共行政的公共性遭到淡化或抽離，而是隨著新公共管理興起，公共行政積極師法企業，並將部分公共服務民營化、委託企業或非營利組織提供，於是公私部門之間的畛域逐漸重疊，界線顯得模糊（張世杰，2011：284-285）。

在1990年代新公共管理崛起之後，公共行政人員的「日常管理活動」大幅改變。從課責的角度觀之，瞭解公共行政人員的「日常管理活動」，正是為課責系統設定具體範圍和標的之起點。亦即瞭解公共管理的內容，將有助於澄清：「誰該負責」、「向誰負責」、「為何事負責」，也可明瞭當代公部門課責的複雜性以及困難性。本文將從以下角度予以說明：當非營利的公共服務遇上營利的承包企業、從憲政運作到第一線行政皆需要裁量權、府際關係複雜化和治理網絡化導致政策運作的多頭化、民眾認為公共行政對於公共價值的實現責無旁貸。

誠如學者羅慎倫（David H. Rosenbloom）的觀察，就美國的公共行政而言，自1980年代起，公共行政人員的工作內容結合了管理、政治和法律三者，早已司空見慣。但是羅慎倫強調，這並不是意指公私組織可以等同視之，他認為即使是賽瑞也從沒有輕忽在許多重要的層面上，公私組織存在著差異性。相反的，公共行政的內涵結合著管理、政治和法律正足以說明其與企業管理的本質差異（Rosenbloom, 2015: 1-2）。而正是公共行政內容這樣的演變趨勢，讓公部門的課責變得更為複雜甚至困難。本節將闡述公共行政內容的演化對課責產生的影響。

一、當非營利的公共服務遇上營利的承包企業

今日公共行政人員的工作內容為何？似乎是一個無法立即或直截了當明確回答的問題。他們要負責處理人員、預算、組織、計畫、利害關係人、資訊、溝通以及其他相關事務，其工作內容取決於他們所處的層級、轄區、機關以及環境。關於公共行政人員何以是「公共」行政人員？最為常見的答案是：他們不需要在市場上和其他組織競爭就能夠得到收入。雖然公共行政人員也可以獲得獎金、加薪等待遇，但是此等待遇畢竟不同於私人企業的紅利分享，因為依據法令規定，公共組織的獲利並不能如同私人企業一樣可以分配給員工、經理人和股東（Rosenbloom, 2015: 2）。因為，非以營利為目的乃是政府機關（構）最根本的性質，即使其實際上獲得利益，該利益也不是為該機關及其工作人員賺取的利潤。所以公共服務非以營利為取向，此即公共行政之公共性的關鍵特質。

雖然如此，1990年代以來大行其道的新公共管理，主張將市場機制引進公部門，卻讓公共行政的非營利性質產生某種程度的變化，但變化的不是公共服務的非營利性，而是公共服務提供者早已不再是純然的非營利性組織。由於「委託外包」被視為是政府機關（構）提升績效的良方之一，所以大量的公共服務委外契約應運而生，公共服務的實際供應者轉變成私人企業，政府機關（構）則是扮演公共服務的監督者，監督權限和供應義務由契約明訂，此即奧斯本（David Osborne）和蓋伯勒（Ted Gaebler）所稱之政府扮演「領航者」角色（Osborne & Gaebler, 1992）。例如公共汽車原來是由市政府直接營運，現轉為民間客運公司承包經營。另外，比委託外包更為徹底的為公部門引進市場機制之做法則是「民營化」，承前例將公共汽車完全交給民間客運公司經營，市政府只負責路線規劃管理、票價協商以及服務品質之監督。

學者柯鐸（Donald F. Kettl）（2015: 28-30）指出，跨越公私部門協力日漸頻繁，此種間接治理（indirect governance）[2]成為公共行政的常態換，因此導致課責的落實變得更為複雜。柯鐸指出，以美國政府為例，自從二次大戰起，美國政府發展出一套委託外包的制度，幾乎大小事情都可以委託外包。1990年代新公共管理

2　意即政府透過民間組織（通常是企業，也有非營利或非政府組織）間接從事公共治理的作為。

大行其道後，此風更盛，許多政府機關（構）交出其對公共服務的掌控權。抑有進者，當私人企業爲了營利而主動「開發」新的公共服務「產品」，而政府對之感到興趣願意「購買」時，此時一個空心的骨架政府（skeleton governance）（學者又稱「中空國家」，見本章稍前註釋）便出現了（Kettle, 2015: 28）。美國政府課責署（U.S. Government Accountability Office，簡稱GAO）就曾指出：

「由於運用承包商提供服務爲政府帶來好處，所以我們將主要的工作都交付給承包商，因此它們處理了政府諸多核心任務。然而當我們過度依賴承包商去從事那些原本屬於政府的功能，或爲承包商創造一種情境讓其去接管原被認爲屬於政府的功能時，將置政府於險境……」（Kettle, 2015: 30）

上面一段話不難理解，同時也明確指出建構完善有效的課責系統乃是間接治理日漸頻繁後，政府刻不容緩必須積極著手處理的要務。舉例言之，以美國爲例，其國防事務很多是由承包商協助支援，不論是武器研製、情報蒐集、戰地治安、甚至某些滲透作戰任務，都可見承包商的身影。國防是一種需要高度保密的領域，如何讓承包商切實遵守保密原則？當是一項嚴峻的課責議題。尤其值得注意的是，依照傳統憲政制度分權制衡的設計，原本國防必須受到立法部門之監督，現在雖然國防預算仍受立法監督，但實際操作經由委外程序後，國會幾乎很難掌控。我們不難想像一種場景，某些企業唯利試圖，當其認知道違背合約可以爲其帶來更大利益時，違背合約可能就是它所認定的理性選擇了。

以上所述之爲公部門引進市場機制之作法，使得公共服務的實際提供者成爲以營利爲目的的民間企業，如此一來，課責系統將更形複雜，牽涉的範疇將更爲廣泛，思考「誰該負責」、「向誰負責」、「爲何事負責」勢必要跳脫傳統框架。

二、從憲政運作到第一線行政皆需要裁量權

威爾遜（Woodrow Wilson）（1992）[3]和羅爾（John Rohr）（1986）都曾說

---

[3] 原著出版於1887年。

過，公共行政其實就是在「運作憲法」（running a constitution）。而公共行政人員運作憲法的主要內容是「在三權分立之間從事協調的工作」，他們受到獨立且平權的行政、立法、司法三個部門共同管轄（joint custody），並且必須接受此三個部門的指揮。誠如黑堡宣言的作者所言：「為了透過權力制衡以確保自由，美國憲法採取分權的設計，在行政首長（chief executive）[4]、立法以及司法三個部門之間永無休止的爭鬥之下，公共行政乃是前述三個部門可以『自由開火的區域』（free-fire zone），公共行政人員則是在紛爭的各造之間扮演折衝的角色」（Wamsley et al., 1990: 45）。羅爾因此認為公共行政人員應該扮演憲政的第四權，在三個部門之間周旋以化解衝突、調和鼎鼐（Rohr, 1990）。以實際情況加以觀察，行政、立法和司法三個部門當中，都存在著一群永業文官，他（她）們既非民選首長政治任命的官員，不是法官亦非議員，其工作就是秉承民選首長和政務官、國會議員或法官之命執行業務，他（她）們可以在各機關單位甚至跨越憲政部門間遷調，這些人員便是所謂公共行政人員，他（她）們的業務執掌通稱「公共行政」，或可更為精確的指稱為「行政部門的行政」、「立法部門的行政」或「司法部門的行政」。

公共行政的任務、權威和組織結構的安排可能大部分是由行政首長（總統或總理）決策，而員額和經費則是必須取決於立法部門通過的預算，法院的判決則是可以檢視和挑戰行政作為。在理論上，公共行政人員依法必須完全地服從行政首長、立法人員、法院的命令，亦步亦趨依照其指示從事他們的工作，但是此前提是來自前述三個憲政部門的命令必須總是清晰和精確，當這些命令出現模糊空間時，例如命令的用詞包含了「可行的」、「公共利益」、「充分的」等有賴於執行政策者補充其具體內容時，公共行政人員的工作內容就不僅止於亦步亦趨地遵從命令如此單純了，此即所謂「在三權分立之間從事協調」（Rosenbloom, 2015: 2-3）。

根據前述，行政人員的裁量空間無可避免地因此產生。誠如某些學者所言，公共行政人員總是感到自己身處於「政治羅網」（web of politics）之中（Aberbach & Rockman, 2000）。這個羅網是一種由完全不相干的人們、議題網絡、鐵三角（iron

---

[4] Gary L. Wamsley等人所合著之"Public Administration and the Governance Process: Shifting the Political Dialogue"一文中對於行政權以"chief executive"—行政首長一詞呈現，明顯地與「公共行政」（Public Administration）有所區分，該篇文章中稍早已經界定「公共行政」為一種制度（Wamsley et al., 1990: 34），在此處更能強調其並非憲法中的「行政部門」，它獨立於三權之外，成為一個超然於三權紛爭之外的第四部門。

triangles）⁵、核心空虛（hollow cores）⁶的政府所構成，而此羅網生命線也許是政治權力。對於公共行政人員而言，依法而治當然是必須遵守的原則，但是他們執法的宗旨和幅度卻往往並非那麼明確。第一線行政人員的抉擇以及上層官員（包括政務官）對於第一線行政人員抉擇行動的回應，對於公共行政人員的協調和執行活動影響頗大。因此，在三權分立之間從事協調之至為核心的內涵是「制訂規則」（rulemaking），此即行政機關的日常工作（Rosenbloom, 2015: 3-4）。簡言之，在這種網絡治理的系絡當中，法令制度不一定是最重要的核心，或者說其作用只是在維持基本的遊戲規則，甚至有時候政策網絡參與者之間的互動之適法性會顯得頗為曖昧。而政府機關及其人員，在此過程中或者經常在行動過程中制訂了遊戲規則，這就是裁量權的行使。

此外，直接與民眾面對面接觸並提供服務的第一線行政人員（street-level administrator）為快速回應民眾需求，就必須擁有一定的裁量權。其必須運用裁量權的原因可歸納如下：

第一，工作情境的複雜多變性：第一線行政人員工作的情境通常十分複雜且多變，其複雜多變的程度為法令規章無法完全掌握，故必須賦予其一定裁量權以因應各種狀況（Lipsky, 1980: 15）。舉例言之，關於警察用槍的時機及其程序固然有明文規定，但遭遇歹徒持槍拒捕的實際情況時，警察還是必須根據當下的情況做出適當的判斷、採取必要的措施。因為在警察使用槍械的相關規定當中，並不能明載歹徒所有可能的舉動，它也無法指明當歹徒做出何種動作時，警察可以對歹徒進行射擊。亦即，警察使用槍械的相關規定乃是一種原則性的規範，它必然要授予警察面對具體情境時一些得以自主判斷的彈性，因為情境的複雜性並非法令規章所能掌握。

第二，對個體的情境進行判斷：法令規章往往會針對特定的行為訂出某種範圍規定，但如何適用這些規定就有賴於第一線行政人員的裁量權，針對個體的情境做出適當的判斷（cf. Lipsky, 1980: 15）。舉例言之，有一個兒童因為外傷被父母送至

5　國會委員會、利益團體、公共官僚三者組合而成的政策主要決策者之組合，被稱為政策鐵三角。

6　核心空虛的政府或稱為中空國家（hollow state），意指在新公共管理興起後，主張小而美政府的觀念，許多公共服務已經透過民營化、委託外包等方式，實質由民間提供，這種現象被稱為虛有其表、內在中空的政府或國家機關（Milward, 1994）。

急診室就醫，醫師認爲造成外傷的原因十分可疑，有可能是父母施虐所致，於是通報政府的社政機關前來處理，趕至醫院瞭解情況的社工人員便必須就父母對該孩童身上的瘀傷所提出的解釋進行判斷。究竟這孩童身上的傷是跌倒所致還是父母施虐造成，其證據可能並不明確，此時即需要第一線行政人員敏銳的觀察與適當的判斷（cf. Vinzant & Crothers, 1998: 41）。

第三，強化自尊以及提升民衆的信任程度：李斯齊（Michael Lipsky）認爲，裁量權可以加強第一線行政人員的自尊，並且其可促使民衆相信第一線行政的作爲與他（她）們的福祉息息相關。特別是在社會福利的政策領域當中，對第一線行政人員以及其所服務的民衆而言，裁量權的存續有助於此類政策的正當性（Lipsky, 1980: 15）。就民衆而言，當他（她）們感到命運操之於第一線行政人員的決定時，特別是他（她）們覺得第一線行政人員的裁量有助於自己時，民衆將會支持第一線行政人員擁有更大的裁量權。舉例言之，接受政府就業輔導機構服務的民衆就可能希望該機構的公共行政人員能夠擁有較大的裁量權，因爲如此一來，這些第一線行政人員便可能可以爲其爭取更好的工作機會和條件，或者讓其就業的管道更爲寬闊和順暢。是以，在此種情形下，第一線行政人員以及其所服務的民衆，都希望第一線行政人員擁有並行使裁量權（Vinzant & Crothers, 1998: 41）。

第四，上級主管無法親臨現場：第一線行政人員爲何得以行使裁量權的第四項原因是：上級主管總是無法親臨現場指揮，所以第一線行政人員只好必須自己根據現場的情況做出決定、採取必要的作爲（Vinzant & Crothers, 1998: 41）。根據傳統的官僚體制之組織設計，其要求每一個組織成員的工作都必須受到上一層級的監督，然而在實際的運作時，此種監督不可能無時無刻地進行，因此賽蒙（Herbert A. Simon）指出，組織中的每一層級，即便是最低層級的工作人員，也都經常地從事決策行爲（Simon, 1997）。舉例言之，交通警察在街頭執行取締工作，其主管不可能（事實上亦無需要）親臨每一個現場指揮工作，所以交通警察必須就每一個違反交通法規的個案，引用適當的條文開出罰單，無須事事請示上級。

總言之，爲了使公共行政人員可以快速回應各種突發狀況，而此種突發狀況不論是來自憲政協調運作所必要，或是來自民衆的訴求，終將導致法律必須授予公共行政人員一定程度的裁量權，既然裁量權無可避免，則課責系統亦將應運而生。換言之，「權責相稱」乃是公共行政學術界和實務界貫穿20世紀迄今不斷反覆探索的重要課題，也是公共組織管理受到公認的基本原理。舉例而言，當法律授權政府機

關（構）得以制定某些行政命令以提升行政效能時，這些行政命令若要落實此一目的的話，就必須訂定某些課責機制以鼓舞良好績效或是遏阻違法失職，同時還必須考量避免導致反效果—讓政府機關（構）及其人員不敢行使裁量權。

三、府際關係複雜化和治理網絡化導致政策運作的多頭化

　　公共行政人員日常工作內容還包含了處理府際關係（intergovernmental relations）。現今常見許多政策方案涉及兩個以上機關或不同層級的政府，因此府際協調幾乎成為某些行政人員每日工作的全部內容（Rosenbloom, 2015: 5）。舉例言之，諸如我國全民健保政策的規劃與執行，便牽涉了中央和地方政府，其需要協調與整合多重管轄權力以及不同行政區域間的醫療相關活動。在台灣此種單一國的行政系統之下都顯得複雜，況乎像是美國此類聯邦體制的國家。如果再加上政策當中所衍生的各種特殊方案或計畫，可以想見今日公共行政人員必須負責的府際協調工作將是多麼重要。

　　再者，學者柯鐔（2015）觀察今日公共治理和政策運作的實際狀態，指出公共行政不僅要處理複雜的府際關係，還經常要因應跨部門協力合作（Intersectoral collaboration）的課題。簡單言之，所謂跨部門的協力即是公共治理的作為已經不是侷限於由政府機關（構）及其人員單獨為之，而是民間組織（包括企業、非營利組織）亦投入其間。因而，也使得超越組織藩籬的治理思維和行動成為當今公共行政的顯學，學者一般又稱之為「跨域治理」（across boundary governance），意即公共問題超越原本單一功能部門的治理範疇，而需要不同功能、不同層級、公私合夥共同協力參與處理的一種治理型態（許立一，2008e：329-332）。

　　不論是跨部門協力抑或是跨域治理，今日吾人對於公共行政的認知和理解，似乎已經不能停留於傳統官僚體制那種行動單一統整意象（image）之上，因此學者用「網絡」（network）概念描述今日政策運作的現象，而提出網絡治理（network governance）的概念。此種治理型態發生的原因大概可以歸納如下（莊文忠，2013：80）：

　　1.政策問題牽連的範圍變廣；

2. 政策問題擴散效應增快；

3. 政策問題錯綜複雜；

4. 政策問題管轄權力分散。

為因應上述變遷，當代公共治理必須具備以下特性（莊文忠，2013：80）：

1. 必須能夠跨越地域疆界和組織屬性的藩籬，協調多元行動者採取集體行動；

2. 必須能夠整合不同來源的問題訊息，有效縮短決策時程；

3. 必須能夠結合跨域和跨學科的行動者，共同參與政策制定和執行過程；

4. 必須能夠開放參與管道，提高決策的正當性與合法性；

5. 必須能夠建立有效的績效衡量機制，以回應公共課責的要求和期待。

　　網絡治理似乎就具備了以上特性，在當今的環境系絡之中日漸盛行。檢視相關文獻可以發現，網絡治理常以不同詞彙予以呈現，例如政策網絡（policy network）、新統合主義（new corporatism）、政策社群（policy community）、治理網絡（governance network)、跨部門協力合作（cross-sector collaboration）等（Koliba, Mills & Zia, 2011: 210。高斯密（Stephen Goldsmith）和伊格（William D. Eggers）認為，網絡治理是政府為了達成公共目的，經過審慎設計的一種安排。具有可衡量的績效目標、分派責任給每一位夥伴和結構化的資訊流通。此一努力的最終目標在於極大化公共價值，以合作方式創造大於所有行動者各自努力的總和（Goldsmith & Eggers 2004: 8）。索倫森（Eva Sorensen）和陶芬（Jacob Torfing）亦持相似的看法，認為網絡治理是讓一群具有自主性但又相互依賴的行動者在協商互動和共同決策的基礎上參與公共治理的制度化過程（Sorensen & Torfing, 2009: 237）。在理想狀態下，由於網絡治理強調政府與其他非政府之行動者在政策議題上的互動關係與決策參與。同時具有多元主義與統合主義的特質，恰可彌補多元主義與統合主義的不足之處（Rhodes, 1997）。由此可知，網絡治理的基本內涵可歸納為：透過一種非正式的制度安排，在不同的行動者間建立起夥伴關係，以聯合行動政府形式和共同治理機制處理公共問題。相同理念或立場的行動者可以進一步尋求策略聯盟，在審慎思辨式論壇中相互協商對話，就政策制定與執行策略凝聚共識，促成集體行動的產生和政策目標的實現（莊文忠，2013：84）。

　　就以上網絡治理的定義來看，網絡具有將公、私及志願部門的行動者納入共同合作的能力，可以包含跨國性、全國性、地方性，及個人層次的行動者在內，同

時也假定政府不一定要居於領導或網絡中心的地位，此一治理網絡可以是相當穩定的合作行動和資源交換的模式，包括不同社會階層的政策行動者涉入，從公、私、非營利部門及跨地理層次汲取資源，透過多樣化的競爭、命令與控制、合作和協商的安排，行動者之間有所互動，以達到政策所設定之目的。高斯密和伊格進一步指出，網絡治理代表改變公部門型態的四種影響趨勢的合流（Goldsmith & Eggers 2004: 10轉引自莊文忠，2013：85）：

1. 第三者政府（third-party government）：政府透過契約外包、民營化、公私合夥等方式利用私人公司和非營利組織來遞送公共服務和實踐公共價值的趨勢，例如資訊技術、垃圾清理、社會服務、學校教育、監獄管理等。

2. 聯合行動政府（joined-up government）：利用多元政府機關、多層級政府共同參與提供整合型服務的趨勢，讓不同的政府機關可以共同分享資訊和協調彼此的行動，例如兒童貧困、失業救濟、國家安全等。

3. 數位革命（digital revolution）：科技的進展讓組織能夠及時地和外部的夥伴合作，此一合作可能在過去是不可能的。換言之，由於網際網路的串連可以減少資訊傳播的成本，有效減少組織之間因交通往返、會議舉行、文件交換和資訊溝通所產生的成本，讓合作夥伴之間跨越組織界線的溝通和合作更好、更快和更便宜。

4. 消費者需求（consumer demand）：公民希望對個人的生活有更多的控制，對政府提供的服務有更多的選擇和變化，以迎合私部門已經出現的客製化服務提供技術。此一作法一方面可以讓參與的公民在市場和公共事務中承擔更多的責任，另一方面可以創造出差異化的服務，以滿足各式各樣的公民需求。

由以上可知，網絡治理代表這四種趨勢的綜合，結合第三者政府中公私部門高度合作的特性和聯合政府行動的健全網絡管理能力，運用科技連結網絡和在服務傳遞選項方面提供公民更多的選擇，此一治理模式的特性如圖10-1所示，其在公私合作關係和網絡管理能力方面皆表現出高度能力。

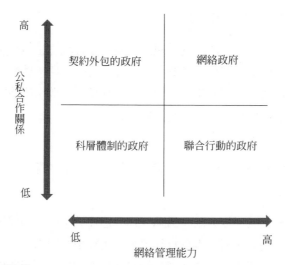

圖10-1 治理的模式

資料來源：Goldsmith & Eggers, 2004: 20轉引自莊文忠，2013：86。

綜合言之，由於政策問題涉及的人、事、資源等日漸複雜多元，因此由單一功能的政府機關（構）負責治理和解決問題的可能性顯然降低，取而代之的是府際之間的緊密互動配合以及公私部門協力的網絡治理，於是課責系統的設計和執行也因此日漸繁複以及困難。易言之，欲明確釐清「誰該負責」、「向誰負責」、「為何事負責」在今日府際關係複雜以及網絡治理之政策參與者眾多紛雜的情況下，似乎不是一件易事。

四、民眾認為公共行政對於公共價值的實現責無旁貸

民眾普遍認為政府機關（構）及其人員對於公共價值的實現責無旁貸，但是這些公共價值經常與其任務並無直接關連（Rosenbloom, 2015: 5）。舉例而言，台北市社會局某位公務人員其業務執掌雖是為「銀髮族服務」，但她同時也會被要求必須遵守和實踐某些法令規定，這些規定則是為實現民眾所期盼的公共價值，並且此些公共價值與其任務之達成並無直接關係，像是依法公開政府資訊、保全民眾個資的等等。是以，課責系統中「為何事負責」此一考量，加入公共價值之實現此一因

素時，其範圍顯然要變得更爲寬廣和多元。

　　當代民主社會之公共治理極爲重視公共價值之實現，也經常會透過行政法以通則性的效力去強制要求所有政府機關必須負起一定的責任。此些公共價值通常與政府機關的任務、專業與技術並無直接關係，但其藉著行政法的強制力，要求政府機關投入相當的資源，以確保這些公共價值能夠獲得實現，而且若是違背行政法之規定，還會對政府機關施以一定懲罰。

　　所謂「與組織任務無關的公共價值」意指具備以下特質之公眾期盼實現的價值（Rosenbloom, 2015: 6）：

　　第一，這些價值並不促成政府機關（構）達成其中心任務與核心活動，它們也不能夠成爲合理化機關（構）本身及其政策方案存續的理由；

　　第二，這些價值與政府機關（構）的專業能力和技術毫無關係；

　　第三，這些價值助長了與組織任務無關的偏好，甚至這些偏好還有可能是組織完成任務的障礙；

　　第四，這些價值通常是以一種「一體適用」（one-size-fits-all）的通則形式施行於所有政府機關（構），不會爲個別組織量身訂製；

　　第五，這些價值不一定會得到政府機關（構）領導和成員的支持。

　　以上公共價值藉由行政法之制定要求政府機關（構）加以實踐的現象，正是今日公部門課責內涵的常見型態。當公共價值透過法律或命令得以強制要求政府機關（構）必須負起實現其之責任時，公部門課責的最終目的—「確保民主自由」的身影便已蘊藏其中了。

　　舉例言之，我國訂有「身心障礙者權益保障法」，該法爲了保障身心障礙者就業權益，避免遭到歧視，在第38條第1項當中就規定了各級政府機關、公立學校及公營事業機構員工總人數在三十四人以上者，進用具有就業能力之身心障礙者人數，不得低於員工總人數百分之三。並且在同法第39條第1項當中還規定，各級政府機關、公立學校及公營事業機構爲進用身心障礙者，應洽請考試院依法舉行身心障礙人員特種考試，並取消各項公務人員考試對身心障礙人員體位之不合理限制。而我國考試院也早在民國85年4月25日訂定了全文15條的「考試院舉辦公務人員特種考試身心障礙人員考試規則」（考試院（85）考台組壹一字第01751號令），促使身心障礙人員就業平等此一公共價值，至少在參與國家考試的權利保障方面，在

我國已成爲一種實踐的制度。抑有進者，「身心障礙者權益保障法」第43條第2項還規定，進用身心障礙者人數未達第38條第1項標準之公立機關（構），應定期向所在地直轄市、縣（市）勞工主管機關之身心障礙者就業基金繳納差額補助費；其金額，依差額人數乘以每月基本工資計算。換言之，此一規定就是一種對於僱用身心障礙者未能達到法定員額標準的公立機關（構）施以一定的懲罰，以收促進公共價值實現之效。

第三節　課責觀點的變遷

有些學者認爲，新公共管理和新型態的公共治理（如前述網絡治理）不僅改變了許多國家公部門的組織運作型態，更造成公部門傳統的課責觀念無法適用於一些具有複雜網絡關係的政策領域，也無法替相關行動者導引出清楚的課責關係架構（Romzek, 2000; Aucoin & Heintzman, 2000）。然而，仔細探究可以發現：長久以來許多公共組織因爲具有多元委託人（multiple principals）與多元工作任務（multiple tasks）的特徵，使得它們必須面對極爲複雜的課責關係結構，在企圖滿足諸多課責要求的情況下，由於這些要求有時會相互衝突矛盾，因此也造成了課責的困境。

一、傳統的課責觀點

傳統公部門的課責觀念反映了政治與行政分離的觀點，在其中，民選官員及政務官主要是以回應選民期望和政治利益要求爲其課責的基本方向；公務人員（事務官）則以回應民選官員所設定的政策目標、依法所必須完成的工作任務及相關專業知識條件爲主要的課責方向（Klingner, Nalbandian & Romzek, 2002: 120）。這種傳統的課責觀點也反映了公共官僚體系以層級節制爲基本的課責關係架構，整個課責的方向是從官僚體系基層單位向上負責，直到高層的民選官員則轉向對外部民意與政治要求做出回應，但這種對外回應的課責方向已是屬於政治的課責範疇。在行政的課責範疇中，層級節制與專業知識被整合進對法規及標準運作程序的重視，公務

人員的專業知識基礎被界定成是對法規程序的嫻熟度，而不是遵守外部專業參照團體所設定的專業規範與執業準則（張世杰，2011：285）。

另外，周斯（Philip. H. Jos）和湯京士（Mark E. Tompkins）（2004: 257）兩位學者指出，傳統的課責觀點強調對法規程序的順服，在此觀點下，公部門的課責過程主要是針對公務機關的行政行為進行審計、調查與司法審核，以查明這些行政行為是否有違反法規程序的問題。若有違失，則須施予適當的懲罰，並確保這些懲罰手段有阻絕未來犯規的懲戒警惕效果（張世杰，2011：285）。

二、新公共管理的課責觀點

然而，新公共管理的興起則將「以市場為基礎的課責」（market-based accountability）觀點引進至公部門的課責關係架構中，其課責過程是強調以產生特定且可衡量的結果做為評估公務人員績效的標準（Jos and Tompkins, 2004: 268），如陳志瑋（2006：178）所指出的，這種課責觀點期望運用經濟誘因與績效評估方式來控制公務人員的行為，整個過程是透過契約文件，在其中明定一些績效結果的衡量標準，以做為引導被課責者做出符合某些期望或要求之行為依據（張世杰，2011：285）。

值得注意的是，這種績效課責的機制並沒有完全取代傳統層級節制的課責機制，而是在公部門許多角落中共存並置。隨著新公共管理運動的興起，許多國家嘗試改變公部門服務輸送的方式，不再只依賴政府直接提供的方式，而是透過諸如像是契約委外、貸款擔保、補助款制度等政策工具的運用，依賴各類型的非政府組織—包含私營企業與非營利組織—來提供一些由公共財政經費所支付的服務或執行一些公共政策的任務，這便是沙樂門（Lester M. Salamon）（2002）所謂的「第三者政府」（third-party government）現象。這種現象顯示政府有將許多公共政策任務移轉給其他非政府組織來執行的趨勢，導致公私部門之間界限逐漸模糊，表面上，許多公共政策推行的結果是公私部門之間共同合作的成果結晶，但能否存在有一明確的課責關係架構來釐清彼此責任之分野？卻也成為公私部門夥伴關係的治理難題（張世杰，2011：285-286）。

三、網絡治理的課責觀點

由於目前許多公共政策需要透過公私部門夥伴關係來推動，這些參與者大都是獨立自主的合作夥伴，並非上下隸屬的關係（Kettl, 2015），故傳統的層級節制課責關係架構根本無法適用。但若想透過績效契約的課責關係架構來引導參與者投入更多的承諾與努力，則會因為合作關係存在有「濫竽充數」或「搭便車」的集體行動困境，使得參與者會隱瞞對己不利之資訊或投機取巧未盡全功；且真實世界中參與者之間很難存在有「完美契約」（complete contract）的關係，故無法在契約中將各種可能狀況下的各方責任予以事先釐清（陳敦源，2009：391），甚至於有些參與者會以無法掌控全局為藉口，而不認為自己應該對某些政策結果負責（張世杰，2011：286）。

在這種「第三者政府」的夥伴關係格局下，柯樂翰（Kath Callahan）（2007: 138-139）認為，其很難指明出誰該對哪些事物負責和誰該對誰負責—此為課責方向不明確的困境。對於政府部門而言，此一關係格局甚至構成了另一個課責困境在於：其一方面要依賴這些獨立自主的參與者來達成公共政策目標，一方面又無法完全掌控他們的行為。需要依賴他們是因為看重非政府組織的創新、彈性與效率之價值；需要掌控他們的行為是希望能確保公共政策的目標價值能夠實現，以避免他們有投機攫取私利的行為產生。所謂「一管就死、一放就亂」，正是現階段這方面公部門課責問題的最佳寫照（張世杰，2011：286）。

值得注意的是，這些課責問題並非只存在於公私部門夥伴關係格局中，實際上，有些公共組織的服務提供與任務執行過程，因為存在有多元委託人和多元工作任務的特徵，先天上，就使得這類型的組織所面臨之課責關係更形複雜且難以治理。在其中，由於這些特徵的存在，形成多元課責關係共存並置的局面，不僅使得課責方向不明確；而且這些課責關係會彼此衝突矛盾，造成公部門的課責環境永遠處在持續變遷的動態過程中（張世杰，2011：286）。

第四節　課責的困境：以代理理論為分析架構

根據代理理論的觀點，治理主要是指委託人如何透過一些誘因機制或監督方

式，以有效影響或控制代理人的行為，使得代理人能夠達成委託人所期望的行為結果與績效表現（Eisenhardt, 1989: 58）。基本上，這些誘因機制與監督方式可透過委託人與代理人之間所訂定的某種契約形式來呈現（Eisenhardt, 1989: 59-61），例如，在誘因機制方面，可以透過一些「以結果為基礎的契約」（outcome-based contracts），使得代理人會致力達成委託人所期望之結果，以期獲得契約所載明之相對程度的報酬；至於監督方式，則可以透過「行為取向的契約」（behavior-oriented contract），由委託人根據代理人的作為是否符合契約所規定的行為與角色規範，來決定最終的賞罰結果（張世杰，2011：287）。

　　然而，這些契約的執行若要有效地激勵代理人，並維護委託人之利益，有幾個先決條件需要滿足（張世杰，2011：287）：

　　1. 代理人之行為與達成結果必須是可觀察得到的（observable），從而減少「資訊不對稱」對委託人的不利情況；

　　2. 誘因必須要強而有力才能抑制代理人的「風險規避」傾向，因為當代理人預期其努力可獲得相對報償時，甚至在可獲得額外剩餘價值請求權（residual claims）的條件下，將會賣力達成委託人所期望之績效結果；

　　3.要去確證代理人績效表現的評估成本，必須要越少越好，換言之，要儘量減少事後審計的成本（Dixit, 2002: 697-701）。上述這些先決條件在私部門營利組織中較容易實現，但是在公部門中則較難獲致，以致於造成公部門的委託人較難去控制其代理人的行為，遂構成了公部門課責的困境。

一、代理理論之下課責困境的總體分析

　　整體而論，從代理理論觀之，以下因素導致公部門課責的落實困難重重（張世杰，2011：287）：

　　1. 因為有關公共服務代理人（例如公務人員）的行為與工作結果之資訊很難獲致完全，所以讓委託人（例如民選官員或最終主人－民眾）不易控制這些代理人；

　　2. 公部門無法提供強有力的誘因讓代理人願意承擔更多風險來達成委託人所

期望之績效結果；

　　3. 在公部門中要確證代理人績效的評估成本極高。

　　由於上述因素的存在，導致公部門必須面對更嚴酷的代理的監督和課責問題。歸根究底，這種課責困境會因爲公共服務存在有多元委託人與多元工作任務的特徵而更形嚴重，使得公部門的委託人更難去控制代理人的行爲，以下進一步分別予以剖析（張世杰，2011：288-291）。

　　最後補充一點，第四、新公共管理興起後，由於企業型政府的主張以及重視分權授能，使得公部門的管理者獲得更大自主權，因此如何在彈性管理的大纛之下運使或設計課責機制，本就存在一定難度（Haque, 2007: 113），再加上前述代理理論所分析的那些因素，使得課責的困難性更高。

二、多元委託人

　　許多政府官僚機構的決策活動與行政行爲會影響廣大民衆的利益，在民主政治之下，這些被影響的民衆皆具有委託人的地位，反過來也會企圖影響官僚機構的行動，以保護自身的利益。狄席特（Avinash Dixit）（2002: 711-712）認爲公部門提供的許多服務具有公共財的外部性特徵，因此，影響所及非常廣泛，遂造成了這種多元委託人的局面，從代理理論的觀點來看，這個局面一旦形成，將會稀釋每個委託人對代理人所提供的各項誘因之影響力，從而更難以控制代理人之行爲。

　　不過，當每個委託人都能施展力量跟其他委託人一起競爭，以影響某個官僚機構的決策時，將會迫使此一官僚機構必須要同時處理這些相互衝突的期望與要求，其結果可能是沒有一個委託人能夠眞正影響此一官僚機構的行動，反而造成此一官僚機構有機會玩弄兩面手法，以某一方委託人之要求去應付另一方之壓力，無形中也強化了其自主性的基礎（Moe, 1984: 768-769）；相反地，也有學者認爲，因爲無法完全滿足每個委託人的期待，若每個委託人皆施展鉅細靡遺的微觀管理（micro-management），這將造成官僚機構決策與行動能力的癱瘓，無形中損害了政府行政體系的政策能力（Weaver & Rockman, 1993）。

　　根據魏福特（Andrew B. Whitford）（2005）對美國環保署受到多元委託人

（例如國會與總統）政治控制與如何回應這些壓力所做之研究結果顯示，不同委託人時常會根據代理人對其他委託人施加控制的反應行為，來調整他們對此一委託人所將採取的下一波控制手段。因此，官僚機構在執行政策任務時，常面臨到時鬆時緊的政治控制力道，有時這些力道會發揮推波助瀾之效，讓他們能更快速達成政策任務；有時某些任務的達成卻會受到更多阻礙而無法順利推動。因此，官僚機構確實是時常被勒著脖子，他們的政策表現取決於這些多元委託人之間的競爭態勢與難以下嚥的協商結果。

三、多元工作任務

官僚機構為了達成廣泛的政策目標，通常需要承擔許多工作任務，此外，也因為政策目標之模糊（有時政策甚至追求一組相互衝突矛盾的目標），使得官僚機構和他們的委託人可能無法分辨到底何項工作任務對政策目標之達成最有影響性？而從事這些工作任務的活動與目標達成之間的關連性，也很難獲得確證（Dixit, 2002: 712-713）。例如，基層警察機關的首要任務是維護治安及打擊犯罪，單就犯罪率降低這事實結果而言，到底是因為基層警察勤於巡邏以致達到預防犯罪的效果？抑或是許多犯罪事實根本未被揭露，以致犯罪率這個統計數字下降。

上述這種多元工作任務的情形，正好指出了績效衡量在公部門中運作的困境，使得官僚機構的上級單位很難設計出良好的績效指標作為有效的誘因機制，來影響或控制官僚機構的行為，甚至會製造錯誤的誘因，導致公共資源的浪費（Courty & Marschke, 2003）。例如，若要以學生基本學力測驗的分數作為評量一個學校辦學績效的指標，並以其作為教育經費補助的參考標準，則容易使得許多學校教師只注重加強學生在基本學科方面的知識理解與綜合分析之能力，但卻忽視了對於學生在性情涵養、公民道德、藝術欣賞、人際衝突處理能力等方面的養成教育，如此便可能造成普遍的教育偏頗情形。

過去我們以為公務人員因為每月領固定薪水，沒有績效薪俸制度，故某種程度造成公務人員保守不知變通的官僚人格。然而，從組織經濟學的角度來看，如果要推動績效獎金制度，則需避免公務人員只重視績效誘因強度較高的工作任務，而忽

略那些沒有被列入績效考評項目的工作內容（*Cf.* Brickley, Jr., Smith, & Zimmerman, 2007: 428）。除非每個公務人員只被指派某個單一獨立的工作任務；或是將績效容易衡量與不容易衡量的工作任務做一明顯區隔，並分別指派不同員工來擔任，前者的工作收入是以績效薪俸爲主，後者的工作收入則以固定薪支爲主，何斯純（Bengt Holmstrom）和米葛倫（Paull Milgrom）（1991: 217-218）認爲這種工作設計方式能提升組織的生產力。然而，這種工作設計方式卻很難在公部門中落實。總之，公務人員因爲要擔任許多工作任務，有時又需要和其他人員共同執行才能獲致某些具體成果，但由於每個人貢獻程度難以清楚釐定，因此，貿然推動績效薪俸制度反而會出現負面效果。

四、官僚機構的政治控制

現代民主國家的官僚機構被賦予極大的自由裁量權，以執行國會或政治領導人所交付的政策執行責任，爲何官僚機構會被賦予廣泛的自由裁量權？主要原因是關於許多政策執行的細節，不論是國會或民選官員，都缺乏足夠的專業知識與技術能力，可以針對細節問題做出正確的判斷與決策，更何況政策執行過程中時常面臨無法預期的問題狀況，因此，唯有賦予官僚機構一些自由裁量權，來解決政策執行的專業細節問題，才能替國會與民選官員省去許多麻煩。根據這個觀點，確實有不少學者認爲，政治人物是爲了節省他們的決策成本，才會授權給官僚機構去解決細節的政策執行問題（Horn, 1995: 44- 45; Peters, 2001: 302; McCubbins & Page, 1987）。不過，洪恩（Murray J. Horn）（1995: 45）也強調，如果國會眞的授予官僚機構自由裁量權的話，必須要先保證他們能夠動用一些工具來防止官僚機構在執行政策時有違背其立法原意及傷害其選民利益的行爲，換言之要去避免代理成本的出現。

這些政治人物要如何來防止這種代理成本的出現？許多學者皆指出，官僚體系結構的選擇可以作爲政治人物控制官僚機構的一種有效工具（Balla, 1998; Moe, 1990; West, 1997; Wood & Waterman, 1991）。以麥谷彬（M. D. McCubbins）爲首幾個學者的研究便指出，美國國會可以動用不少手段來控制官僚機構。例如，可以透過對官僚機構行政程序的設定，以一種事前控制的機制，來確保官僚機構政策

執行的方向能夠忠實反映國會立法聯盟的政策偏好（McCubbins, Noll, and Barry R. Weingast, 1989; McCubbins and Thomas Schwartz, 1984）。這種事前控制的機制，被稱爲「作弊洗牌」（deck-stacking）。因爲，國會立法聯盟在通過某個政府行政機構的設立案，或是在某項政策立法過程中，會巧妙地在相關行政程序的規定裡，對官僚機構的自主性設下一些限制。透過這些限制，可以確保國會立法聯盟的當權利益或其背後支持團體的利益，在政策執行過程中，仍能受到萬全的保護（Scott J. Basinger, 2003: 310）。例如，國會可以要求官僚機構在制定行政法規之前必須舉辦公聽會，或規定某些官僚機構的決策過程必須要有相關利害團體的代表出席，或是掌握一些機構行政主管的任命權。凡此種種，比一般我們所認知的國會監督手段一例如杯葛官僚機構預算或事後舉行聽證會一更能有效影響與控制官僚機構的行爲。

除了國會是官僚機構的主要委託人之外，總統的委託人角色也不可忽略。一般說來，美國總統可以透過對行政部門高級主管的任命權，和對官僚機構設定政策基調與推動一些政策創舉來控制行政部門的官僚體系（Andrew B. Whitford, 2005: 31）。基本上，誠如莫伊（T. M. Moe）（1990: 140- 142）所認爲的，總統和國會的考量重點不一樣，總統希望將所有官僚機構置於其所領導的層級節制命令體系之下，形成一個指揮運如兼具彈性應變能力的戰鬥部隊。因此，總統並不想對官僚體系的手腳銬上太多枷鎖，只要能確保他們是聽命於他的情況下；國會則不是從一個置高點來看待整個官僚體系的運作問題，也不是希望將他們設計成有效運作與便於管理的組織，因爲，這樣會使國會所能考慮的組織型態選項受到限制（Moe, 1990; 142）。在這方面，總統則必須選任一些政務官和透過類似管理預算局這類幕僚單位，幫助他來有效管理整個官僚體系。總之，總統所考量的是一些廣泛的社會利益、其國家領導者的威望和未來歷史的定位問題，在官僚體系的結構選擇上，傾向於將所有政府機構都置於行政系統的層級權威之下，由他來領導。

目前已有不少學者將官僚體系結構選擇的政治動態置於一種多元委託人的觀點之下來探討（請參見 Whitford, 2005）。莫伊（1990: 143）在這方面提供了一些極佳的描述，說出了官僚體系終究是在一個充滿矛盾衝突的政治情況下運作：

「官僚體系的結構是以國會與總統所嚮往的那種形式加減摻和起來的。他們的相對角色和特徵是受到不同設計者的權力、優先順序和策略所共同決定。其結果

是，每個機構從建立開始，那怕是看起來似乎是依據有效的組織技術條件來設計，其獨特的結構不得不反映出其本身特殊的政治狀況」

因此，從多元委託人的角度來觀察當今公部門的課責困境，我們可以發現，許多政府官僚機構的結構與程序似乎不是依據一種理性效率的觀念來設計，因爲它們是蓄積了不少利益衝突與妥協而得的結果。從官僚機構多元工作任務的角度來看，這造就了公部門服務績效難以衡量的局面，以及公務人員對上級所交辦之工作任務時常會有虛僞應付的傾向（張世杰，2011：291）。

五、間接治理或網絡治理所形成的多元代理人

前已述及網絡治理的特性，因此此處僅簡單歸納指出，由於網絡治理已經頻繁出現於今日的公務行政實務之中，以代理理論的用語而論，它所呈現的就是一種多元代理人的現象。若是單一代理人就已經出現課責困境的話，那麼多元代理人再加上網絡治理經常是引進民間力量的間接治理型態，其課責的落實勢必更是複雜且困難。扼要言之，此一課責困境肇因於（*cf.* Haque, 2007: 111-112）：

（一）間接治理導致傳統憲政制衡的課責機制似無用武之地

新公共管理興起後，公部門與私人企業合夥的間接治理盛行，導致公共資源的運用透明性的質疑日漸受到重視，意即圖利私人企業的疑慮成爲課責的重要議題，但是因爲公私合夥乃是透過契約而不是傳統的憲政制衡，因此如何有效掌控多元的治理參與者：

（二）網絡治理難以運用一體適用的課責機制

網絡治理不但府際關係日漸複雜而且公私協力合作也日漸緊密，意即網絡治理的參與者經常跨越公私部門也跨越數個不同政府機關和層級，因此難以採用一體適用的課責機制。

綜合以上分析，我們可以發現公部門中委託人與代理人之間的關係，並非一般代理理論所簡潔描述的那種一對一關係，而是可能呈現出多對多的委託人與代理

人關係。如果每個代理人面臨多元委託人的局面時，該如何面對所可能產生的相互衝突之課責要求？如果每個委託人發現其代理人從事的工作任務是多元的，如何避免代理人會受到自我利益或其他價值考量之驅使而偏重投入某些工作任務，卻因此忽略了其他工作任務的執行。顯而易見的這些都會跟委託人對代理人所施加的課責要求與其所提供之相應的誘因強度有密切關聯性。此外，將這些問題引伸到對官僚機構的控制問題之探討，也使得我們發現政治人物對於行政官僚體系的控制，乃是在多方政治考量與需求壓力之下進行的。簡言之，官僚機構所要面對的是非常多元的課責關係與要求，從而增加了公部門課責的難度，產生許多的困境（張世杰，2011：291）。

第五節　典型的課責模式

在傳統行政的觀點下，課責模式的分析，以學者吉伯特（Charles E. Gilbert）在1959年所提出的「行政責任分析架構」（The Framework of Administrative Responsibility）最為經典，請見圖10-2。

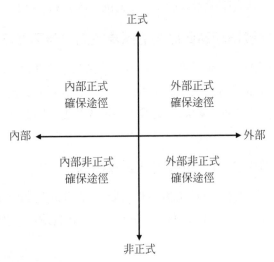

圖10-2　行政責任分析架構
資料來源：Gilbert, 1959轉引自賴維堯，2007：200。

　　該架構以內部、外部以及正式、非正式兩個面向，構成四個向限，將課責的途徑分為四種範疇，臚列敘述如下（Gilbert, 1959: 373-407; 賴維堯，2007：200）。

　　1. 正式確保途徑：意指憲法、法律、行政規章所明訂的責任歸屬機制，例如上級機關的命令、國會的立法、法院的判決。

　　2. 非正式確保途徑：意指責任的要求並非來自國家正式的法規或制度，例如個人道德良知、民眾偏好、政策利害關係人的輿論等。

　　3. 內部確保途徑：意指責任的要求來自於公務機關及其成員所屬之體系。例如行政行為的發動機關為經濟部，課責來源若為經濟部本身或其上級機關行政院，此即屬內部的責任確保途徑。

　　4. 外部確保途徑意指：責任的要求來自於公務機關及其成員所屬之體系以外的機關組織。例如國會、法院、專業學會、利益團體等。

一、內部正式確保途徑

（一）行政控制

　　行政控制是確保行政責任法制性最強的方法，其內容大致如下（賴維堯，2007：201-203）：

1. 古典責任動線

　　此處所指乃是上自行政首長下至基層管理者，所形成之層級節制的監督體制，並以傳統行政學所稱之「行政管理原則」促成高層政策及命令貫徹執行。可分為組織內部的階層設計，例如科（室）以上有局（處）；以及組織之外的上級機關，例如鄉鎮市區公所之上有縣市政府或是內政部之上有行政院。。

2. 決策程序

　　為確保行政運作的公平、公正、公開，並使行政人員有標準可循，決策程序的明確化與法制化勢所必然。

3. 幕僚機關

當政府職能擴張至相當程度後，行政首長必須依賴完善的幕僚機關，協助其領導重任，幕僚提供首長資訊作為對下屬課責之依據，乃為課責系統重要基礎。

4. 機關或部門間的合作與競爭關係

政策執行多半無法由單一機關或部門完成，而需與其他相關的機關或部門合作協調，而為了競爭有限資源它們甚至會彼此競爭，此種既合作又競爭的關係，不但能使政府達到「專業分工」與「協調整合」的作用，又能產生某種防弊效果。

（二）調查委員會

當政府運作出現重大缺失或意外時，行政首長得聘請產官學界具有聲望人士組成調查委員會（investigative commission），以徹底瞭解病因，並提出改進建議，裨益提升績效，美國總統經常使用此法，以杜絕病象。

（三）人事、主計、政風之雙重隸屬監督機制

我國中央至地方行政機關的人事、主計、政風三個機構，一方面隸屬於上級人事、主計、政風主管機關（最高主管機關分別為行政院人事行政總處、行政院主計總處、法務部），另方面它們又隸屬於所在的行政機關，形成所謂的「雙重隸屬監督」體制。在我國行政生態上，認為此種特殊的組織設計，較能確保責任，達到監督控制目的。

二、外部正式確保途徑

外部正式確保途徑包括：議會控制、司法控制、監察控制以及選舉四項（賴維堯，2007：203-204）。

（一）議會控制

議會對行政機關掌握了立法、撥款、調查、質詢等權力，故如果行政機關有不法、不當或越軌情事，議會有權加以批評，要求改正。一般言之，議會可以利用各種機會控制或監督行政官員的施政措施及行為。例如，年度預算的審議、法律草案

或修正案或廢止的審議、向官員質詢、委員會對相關行政機關業務持續關注，甚至可為某種大問題成立特別調查委員會或舉辦公聽會等。

（二）司法控制

法院也是監督控制行政運作的重要力量，惟其居於不告不理的被動地位。如果行政部門有違法亂紀的情事，法院可經由判決，採取制裁行動，使行政權受到憲法及法律的約束。在我國司法系統，得以判決制衡行政部門的法院概指普通法院、行政法院、大法官會議三者。普通法院民事庭大致受理人民與行政機關的財產爭訟或國家賠償、刑事庭則是審判公務員貪污瀆職或圖利等罪行，行政法院專門受理行政機關之行政處分不服當事人的行政爭訟事件，至於大法官會議則以「解釋憲法、統一解釋法律及命令」的法義爭議解釋為職責，三者之中以大法官會議的釋字解釋最具公定力及拘束力。

（三）監察控制

行政監察員（ombudsman，亦稱國會監察官、護民官）是歐美常見之行政監控機制，最早見諸於1809年的瑞典，美國在1970年代設立。其主要功能在於接受民眾陳情訴怨，並調查不當或不公情事。瑞典的行政監察員還可要求行政機關採行改正措施，但在美國則無此項權力。我國監察委員在行政責任的外部控制上，享有比外國更大的法制權力，對事得提出糾正案，敦促行政院及有關機關改善，對人得提出糾舉案或彈劾案，要求失職者改正，或將違法及失職者移送司法院公務員懲戒委員會懲處之，另監察院所屬審計部還負責各機關財務之審計監控業務。

（四）選舉

選舉是人民主權的最終課責手段，但卻是一項相當緩慢的方法。透過定期選舉，人民以選票決定執政者之去留，甚至可以採取罷免手段令不適任者提前下台，這些都是選舉對行政權力的控制功能。另外，就是透過公民投票行使創制複決權，對政策直接表達意見，以確保政府履行職責、回應民意。

三、外部非正式確保途徑

外部非正式確保途徑包括：公民參與、傳播媒體以及資訊自由三項（賴維堯，2007：204-205）：

（一）公民參與

就主權在民之民主理論而言，人民是國家的主人，政府官員是人民的公僕，人民理應對政府運作具有控制權。公民參與行政權力的表現方式很多，諸如透過利益團體對政府機關的施壓活動（進行宣傳、協助競選、草擬法案、進行遊說、請願活動、集會遊行等），或個人陳情、請願、抗議、示威、遊行或參與志工活動，或接受民意調查表達對政府的支持或不滿。

（二）傳播媒體

傳媒媒體包括：報紙、雜誌、廣播、電視以及網路等，媒體以資訊供應者，資訊轉換者、資訊詮釋者的立場，除做為民意的表達者、民意形塑者的功能外，更可做為政府施政及官員作為的監督者。其可發揮之功能在於監督政府重大施政措施、減少弊端發生，如有弊端，媒體揭發違法失職情事之效果極大。所以媒體又被稱為社會的「第四權」（the fourth estate or branch），意指除了行政、立法、司法之外的第四種監督制衡機制。

（三）資訊自由

政府機關的資訊若不能公開，則外部的正式及非正式監督控制管道，根本不能發揮作用，此正是極權國家管控媒體並嚴管機密的理由。是以當代民主國家，皆將透明政府視為主流價值，制定法規確保政府資訊公開化。例如美國聯邦政府在1966年公布「資訊自由法」（Freedom of Information Act），規定除涉及國家安全、商業機密、個人隱私者外，政府機關應將其他資訊迅速地讓任何想得到的民眾獲得。我國也在民國94年12月28日由總統令正式頒布實施「政府資訊公開法」。

四、內部非正式確保途徑

內部非正式確保途徑包括：代表性官僚體制（又稱代表性科層體制）

（representative bureaucracy）、專業倫理以及弊端揭發（whistle blowing）（賴維堯，2007：205-207）

（一）代表性官僚體制

代表性官僚體制是指，政府機關永業文官的人力組成結構應該要能反映社會人口的組合特性。希望除了立法機關之外，其他非由選舉產生的政府機關的官僚體制要如同議會般具有代表性。此乃基於政策主要是由這些官僚體制成員規劃起草的事實，所以負責政策規劃與執行的事務官的人力組合，應來自社會上各個文化、經濟階層，方得以反映出社會的多元性，以實現社會公正、公平或正義的價值。據此理念，才會有所謂「弱勢優先措施」（Affirmative Action）以優先僱用弱勢族群作為實現社會公正的政策，我國也有相關政策，如先前所提及之「身心障礙者保護法」。政府以舉辦身心障礙特種國家考試進用身心障礙者成為文官體系之一員，正是代表性官僚體制理念的具現。這種代表性官僚體制本身就是政府履行其保障民眾公平獲得公共服務之課責機制。

（二）專業倫理

行政責任的確保訴諸於行政官員個人的承諾、價值、忠誠，以及彼此的團隊意識等發自內心的自律倫理，使之自我警惕規範，避免違法或不當行為，這種內省途徑可能在某些時候較外控途徑更為有效。現代社會中，行政專業與裁量權的擴張已是必然趨勢，藉由行政人員的各式專業組織與倫理規範，在憲法和法律的規範下，積極地造福民眾，實現公共利益，將是落實民主憲政的另一種機制。

（三）弊端揭發

弊端揭發是指，公務員把機關的違法失職情事之訊息釋放給外界知悉，並以媒體為常見的揭露對象，其次為議會、檢調（政風）或上級機關，而做此行為之人通常被稱為「揭弊者」（whistle blower）。揭發弊端與保守祕密存在某種程度的倫理衝突，且揭弊者也經常必須面臨遭機關控制、免職或長官報復的風險，甚且不易留在原單位繼續其公務生涯發展。所以弊端揭發總是易於遭到以下阻礙：

第一、就人性而言，願意承擔揭發弊端所帶來之風險者是為少數；
第二、就組織運作而言，能夠知悉「黑幕」的知情者亦為少數；
第三、就個人責任而言，公務員之所以涉及弊端，「服從上級命令」經常是

主要原因，而且此亦成爲卸責的最佳說詞。是以其自我保護尚且不及，況乎揭發弊端？

　　然而，當公益與保密二種價值置於天秤進行衡量時，人們當然希望公益是公務員的最高價值，知悉弊端者能夠勇敢地扮演「揭弊者」。事實證明，機關內部的揭弊行爲往往是政府弊端得以公諸於世的最有力途徑。是以，今日公務員的揭弊行爲在許多國家受到認可並由法律給予正式保護，例如美國始於1978年「文官改革法」（Civil Service Reform Act）。隨後在1989年，美國又制訂「揭弊者保護法」（Whistleblower Protection Act）讓揭弊行爲得到更爲周詳的保護。該法成立一個獨立地位的專責機關：「特別檢察官辦公室」（Office of Special Counsel），前者乃是從功績制度保護委員會（Merit Systems Protection Board）獨立出來，賦與其「保護公務員尤其是揭弊者，使他（她）不會遭受諸如報復、歧視、強迫政治等違反功績原則的人事措施迫害」。特別檢察官的主要職權有二：

　　1. 調查任何合理懷疑其有違反法令、不當管理、浪費公帑、濫用職權，或危害公共安全的舉發事件。
　　2. 與功績制度保護委員會共同合作，保護揭弊者，使其不受任職機關因揭發弊端而給予的人事懲處。

第六節　公部門多元課責關係的局面

　　接下來將進一介紹梁瑞克等學者所提出的多元課責關係分析架構，這個分析架構可使我們對公部門課責關係的內涵及類型能有更進一步的瞭解，也可以讓我們對多元課責關係所產生的困境，獲得更深刻的體會和認識（張世杰，2011：292）。

一、公部門呈現多元課責關係

　　從前面代理理論可知，委託人爲了控制代理人的行爲，使其彼此之間利益能趨向一致，委託人可以透過「以結果爲基礎的契約」或「行爲取向的契約」等二個最

典型的課責機制來影響代理人的行為。值得注意的是，目前各國盛行的績效管理制度雖可視為是一種「結果導向的」課責機制，但是績效管理制度在運作上的一個成功條件是各方委託人和代理人之間對於績效目標與衡量方式要存有共識（Wholey, 1999: 289; Romzek, 2000: 40）。然而，柯堤（Pascal Courty）和馬席克（Gerald. Marschke）（2003: 269）也曾提及，因為公共組織時常會面對多元委託人的局面，故有時得追求一些相互衝突的目標，也因為這個緣故，公共組織的績效衡量制度很難打造出各方皆可接受的績效目標。績效管理制度僅只是官僚機構諸多課責機制中一種正在流行的管理控制工具（張世杰，2011：292）。

　　事實上，由於官僚機構時常得面對多元委託人的局面，故其和每一個委託人之間關係最起碼可能存在有一種以上的課責機制；由於公共服務的提供時常涉及到多元工作任務的推動，因此為了掌控這麼多工作任務的績效表現，也需要對官僚機構施加許多課責機制以控制他們的行為。總之，誠如梁瑞克（1997: 37; 2000: 23）所指出的，政府與公務人員實際上是身處在一個由諸多課責關係所編織成的羅網裡（張世杰，2011：292）：

　　「當有一個管理問題或醜聞事件發生時，新的課責關係便會被建立起來，以防止類似這種狀況再度發生。這些新的課責關係無法取代事發當時已存在的課責關係（對目前狀況這些舊的課責關係被視為是不適當的），但卻是加在這些已存在的課責關係上。結果便導致多元且重疊的課責關係被編織成一個深厚的羅網，而這是公務人員必須要面對的工作狀況。」

　　對於梁瑞克（2000: 22）來說，課責之所以成立，必須是在有合法性的權威關係中，委託人才可以要求代理人對其績效表現之結果提出說明。梁瑞克等人根據以下這兩個面向發展出一個被普遍應用的課責關係分析架構[7]（張世杰，2011：293-295）：

　　1.課責關係的權威來源（課責之期待或控制是源自於內部？還是外部？）；

---

[7] 已有非常多學者根據梁瑞克等人的分析架構發展出許多相關應用的研究，但以下所列舉的僅只是Romzek等人所發表的部分論文資料來源，：Romzek（1997, 2000）；Romzek and Dubnick（1987）；Johnston and Romzek（1999）；Romzek and Dubnick（2000）；Romzek and Ingraham,（2000）。

期待或控制的來源

內部　　　　　　　　外部

	內部	外部
低	層級節制	法律
高	專業	政治

自主性的程度

圖10-3　課責關係類型

資料來源：Romzek, 2000: 24轉引自張世杰，2011：293。

2.官僚機構受控制程度的高低（也可以看成官僚機構的自主性）。

在這個分析架構中（見圖10-3），可區分為以下四種課責關係：「層級節制課責關係」（hierarchical accountability relationships）、「法律課責關係」（legal accountability relationships）、「專業課責關係」（professional accountability relationships）和「政治課責關係」（political accountability relationships），茲將這些課責關係的內涵說明如下：

（一）層級節制課責關係

這是最被人們所熟知的課責關係，其特徵是個人時常受到上級的監督，而且工作上的許多行動須依照程序規則來辦事，故個人的自主性程度很低。由於權威的控制來源是出自內部，故這層關係主要表現在上級—部屬之間的課責關係。根據梁瑞克（2000: 24）的觀點，直屬長官的工作監督與定期績效審核乃是這方面課責關係的典型代表。然而，績效標準則是根據個人是否有遵照長官指示或期待來做事，因此，績效表現是針對人的行為，而非針對事情的結果來考核。

（二）法律課責關係

當權威的控制來源是出自於外部，而個人對於是否要遵守這些外部權威所制定的規則或期待之結果來辦事，沒有多大的自由裁量權時，此時的課責關係便是所謂的法律課責關係。梁瑞克（2000: 25）認為，「潛藏在法律課責關係之下的是一種

委託人一代理人的關係；課責的標準是針對代理人是否遵守委託人的期待（外部驅使的）。」雖然，我們可以預期委託人會對代理人進行詳細的監督，但是這種課責形式是有點被動的（reactive）。例如，國會對行政部門的監督或外在監督機關對某個官僚機構人員申訴案件的審議等是。值得注意的是，法律課責關係所標榜的是「法治價值」，因此，監督的重點在於檢視官僚機構是否有依法行政。

（三）專業課責關係

專業課責關係主要反映在某些工作任務方面，若能給予個人高度的自主權，並讓他是根據其內化的（internalized）專業規範與判斷來做決策時，這種工作任務的制度安排便是專業課責關係的具體表現。這類型的課責關係強調對行政專業知識的尊重，只要在可接受的實務範圍內，官僚機構公務人員的自由裁量權之行使，被期望是一種負責任的專業行為（Romzek, 1997: 42）。因此，績效標準乃是根據同儕團體之間的專業規範、共同議定的準則與普遍盛行的實務規則來訂定。

（四）政治課責關係

政治的課責關係給予官僚機構人員相當多的自主權來回應外在主要利害關係人的期望，例如民選官員、服務對象與一般大眾。根據梁瑞克（2000: 27）的說法，在這層關係上，公務人員擁有自由裁量權來決定是否要或如何來回應這些利害關係人的關注與期待。此外，目前所強調的顧客服務取向與對服務對象需求的回應性，也可以視為是此種課責關係的展現。梁瑞克（2000: 27-28）有意強調這層關係的「政治面向」，除了反映在前述「回應性」此一價值上，最重要的是，官僚機構時常身陷在「政治市場」和「政治遊戲」之中，官僚機構必須要權衡政治現勢，當政治權力的天平傾向某方利害關係人時，則最好是先選擇回應這方強勢權力的期望與要求。

根據上述對各種課責關係的說明與討論，梁瑞克（2000: 29）則簡要指出了每種課責關係所強調的價值，以及對被課責者所期待的行為表現。茲以表10-1來顯示不同類型課責關係所強調的價值與行為期待。

表10-1　不同類型課責關係的價值與行為期待

課責關係類型	強調的價值	行為期待
層級節制	效率	服從組織的命令
法律	法治	遵守外部的授權法規與命令
專業	專業知識	尊重個人的判斷與專業
政治	回應性	回應重要的外在利害關係者

資料來源：Romzek, 2000: 29轉引自張世杰，2011：295。

二、課責關係與制度環境系絡的配適

　　基本上，每個官僚機構都有可能同時面對上述這四種課責關係的類型，而且根據梁瑞克（2000: 29）的看法，有時會有一至二種的課責關係類型乃是某些官僚機構最主要須面對的課責關係，其他的可能可以暫時忽略。這似乎得視官僚機構所處的制度環境系絡而定。雖然我們可以預期許多官僚機構所處的制度環境系絡極為穩定，因此，主要須面對的課責關係也呈現極穩定的類型。但是，如前所述，當有些管理問題或意外狀況發生，而此時大家對這些問題狀況的調查與瞭解，強調須加強哪方面的課責關係時，也許便會改變了這些課責關係的優先順序。此外，梁瑞克（2000: 30）也進一步強調，有時某種課責關係可以用來刺激引起對另一種課責關係的強調重視，例如，前柯林頓總統於1993年任內時發布總統行政命令第12862號，便是依據其在整個行政體系層級節制課責關係上的領導地位，推動了當時政府再造的行政改革方案，使得聯邦政府官僚機構從強調層級節制課責關係，轉向以強調專業和政治課責關係的制度環境系絡（張世杰，2011：295）。

　　從上述柯林頓總統行政改革的例子來看，當許多有識之士要求政府需要引進更多的課責機制時，也許不是指數量方面的多，而是意指應該引進不同類型的課責機制。針對這個觀點，梁瑞克（2000: 35）則進一步主張，當政府為了改變官僚機構的運作方式與公務人員的行為時，其實就是等同於引進某個類型的課責關係。而且在改革過程中，必須連帶考量到這類課責關係是否契合該官僚機構實際的制度環境系絡。此處梁瑞克（2000: 35）主張，在制度環境系絡因素方面，跟當時官僚機構

主要工作性質

管理策略		例行			非例行
	輸入	層級節制			
	過程		法律		
	輸出			政治	
	結果				專業

圖10-4　課責關係與制度環境系絡配適架構圖

資料來源：Romzek, 2000: 36轉引自張世杰，2011：296。

所強調的管理策略，以及工作性質是否為例行性或非例行性有很大的關聯性。換言之，對某個官僚機構企圖引進某類課責關係時，必須連帶考量一些配套措施的問題，例如，該機構的管理策略是否也需要一併改變？同時也要考慮是否適合該官僚機構的主要工作性質？梁瑞克（2000: 36）針對此一問題，提出了一個理念型的課責關係與制度環境系絡配適架構，如圖10-4所示（張世杰，2011：295-296）。

根據梁瑞克（2000: 35-37）的看法，當官僚機構的管理策略是強調輸入取向，而其主要工作性質大都是例行性時，此時與層級節制課責關係是最適合的組合。在這方面的績效標準，則是根據該機構人員是否能安善處理及分配組織輸入的資源來決定，簡言之，將以資源分配與使用的效率為衡量標準。當官僚機構的管理策略是強調過程取向，而其主要工作性質相對仍然是例行性時，這時法律課責關係是最適合的選擇，此時績效衡量的標準則是根據該機構人員辦事是否有遵守各項法規或授權命令來決定。當官僚機構的管理策略是強調輸出取向，而其主要工作性質則較少是例行性時，政治課責關係則能驅使該機構人員重視對顧客的回應性，此時的績效標準則以該機構產出服務之數量與品質是否符合主要利害關係人的期望來判斷。當官僚機構的管理策略是強調結果取向，而其主要工作性質是非常專業化且非例行性時，此時應該強調專業課責關係，因為專業課責關係能夠授予行政人員較多的自由裁量權，使得他們能夠在專業考量下，彈性地達成所期望的結果（張世杰，2011：296）。

雖然，許多官僚機構同時都要面對多元課責關係的壓力，因此，以上這些最適組合的理念架構在實際改革過程中，難免會碰到無法落實的困境。然而，梁瑞克（2000: 39）提醒我們，假若政府行政管理改革是強調彈性化管理的理念，因而賦予員工更多的自主權，但此時主要的課責關係架構卻是以遵守程序規則為績效評量

的標準，那麼大多數的員工仍然會在舊有的績效誘因之下，只注重嚴守程序規則而不敢有太多創舉，以免多作多錯。因此，如果我們只是注意許多改革方案的華麗修辭，而無法進行相關配套措施的研擬及推動，則所有的問題現況將會持續下去，甚至會造成更多意想不到的錯誤結果（張世杰，2011：297）。

三、梁瑞克課責關係分析架構的應用

　　梁瑞克等人所提出的課責關係分析架構，對於目前公部門複雜的課責關係結構，確實能提供一個清晰的分析架構，來幫助我們抽絲剝繭去釐清許多控制與期望之來源，有助於管理多元課責關係的衝突困境。例如，梁瑞克和杜尼克（Melvin J. Dubnick）曾經利用這個架構來分析1986年美國挑戰者號太空梭爆炸事件的原因始末（Romzek and Dubnick, 1987）。他們發現這是由於美國太空總署（NASA）的制度環境系絡發生改變，在聯邦政府財政日益拮据，以及預算經費窘困的情況下，迫使美國太空總署必須注重成本與效率的問題，因此逐漸依賴類似官僚制度促進效率的手段（張世杰，2011：297）。

　　此外太空總署也發現其將一些細節工作委託給外面廠商來執行，也能節省不少成本，並可以跟這些廠商連同一氣，向政府施壓要求更多經費補助。然而，政治上的壓力，卻促使NASA必須急於讓挑戰者號升空執行任務，以博得更多政治上的支持與同情。結果因為層級節制課責關係與政治課責關係逐漸引導太空總署的思維，忽略了過去他們一直重視的專業課責關係。於是，在忽略一些專業判斷的意見與太空總署本身官僚結構訊息傳遞錯誤的情況下，致命性的錯誤升空造成無法彌補的悲劇（張世杰，2011：297）。

　　另外，梁瑞克和莊士登（Jocelyn M. Johnston）也利用相同分析架構，去瞭解美國堪薩斯州對貧困老人疾病照護個案管理方案的契約委外過程之課責問題（Johnston and Romzek, 1999）。結果她們發現，負責契約執行的這些非營利性質的「區域老年福利機構」（Area Agencies on Aging，簡稱AAAs），從一開始便處在這四種多元課責關係衝突的問題狀況中。特別是這些區域老年福利機構個案管理方案的管理者認為其專業自主權，一直受到州政府對口單位「醫療援助計畫區域管

理員」的刁難，而區域老年福利機構的行政主管也常抱怨州政府的老人福利部人員時常越過他們，直接干涉個案管理者的業務。總之，在這方面，區域老年福利機構的專業自主權受到法律與層級節制課責關係的嚴重干預（張世杰，2011：297-298）。

不過，區域老年福利機構卻能在政治課責關係方面，因能有效回應幾個有影響力的州議員之期望，使得他們的報酬待遇比以前優渥，而且也使得其在該州醫療援助計畫（Medicaid）中提供老人照護服務的角色更受到重視。然而，即便是如此，整個委外方案的成效並不如預期，以為可以節省許多州政府的經費。相反地，對於州政府相關人員來說，由於缺乏適當的契約管理能力，再加上這方面的服務市場是被少數區域老年福利機構壟斷，沒有市場競爭機制的存在。因此，這些區域老年福利機構反而最後能夠影響它們績效評估的設定標準，在這方面，州政府成為區域老年福利機構的俘虜（張世杰，2011：298）。

從前述對公部門多元委託人與多元工作任務特徵的解釋，可以瞭解公部門多元課責的困境，在某些狀況中，可能會造成官僚機構運作的停滯不前，甚至會增加官僚機構的自主性，讓委託人無法掌控。柯培爾（Jonathan G. S. Koppell）（2005：95）便針對這種課責的矛盾性，認為當組織企圖回應這些相互衝突的期望時，將會無法取悅任何的委託人而對組織造成負面的影響。然而，本文卻認為應該對這種課責的矛盾性抱持一種積極正面的處理態度，誠如，前面對公部門課責關係動態過程的探討，基本上，某個課責關係的發生，有時是針對公部門某個錯誤事件、管理不當與嚴重失職問題而被提出來的。換言之，課責關係本身也蘊含了一種「嘗試錯誤與學習」的歷程，所以，歐可因（P. Aucoin）和韓子曼（R. Heintzman）（2000）強調「課責是一個持續改進」的學習過程（張世杰，2011：298）。

四、適用協力合作的網絡治理之非正式課責概念架構

前已述及，當代公共治理常見協力合作的網絡治理（collaborative governance network）型態，網絡治理的參與者除了政府機關（構）之外，還可能包含了企業、非營利或非政府組織、公民（利益）團體等。針對那些非政府機關（構）之參

與者，很難適用行政法加以課責；而非營利或非政府組織以及公民（利益）團體的參與動機和型態也不同於企業，不能用契約的方式要求它們對其行動負責。易言之，在這種網絡治理的狀態中，傳統的課責關係顯得無用武之地，學者梁瑞克等人首先在2012年發展出一個「服務傳輸協力合作的非正式課責初步概念架構」（Preliminary Conceptual Framework of Informal Accountability in Service Delivery Collaboration）（Romzek, LeRoux & Blackmar, 2012），然後將之用於網絡治理實務的實際檢驗，並在2014年發表實證研究發現，使得前述概念架構獲得進一步的精緻化，請見圖10-5所示（Romzek, LeRoux, Johnston, Kempf, & Piatak, 2014）。

此一非正式課責概念架構包含了：共享的規範（shared norm）、促進的行為（facilitative behaviors）、獎賞與懲罰、對非正式課責的挑戰等四大組成部分。茲將其內容說明如下。

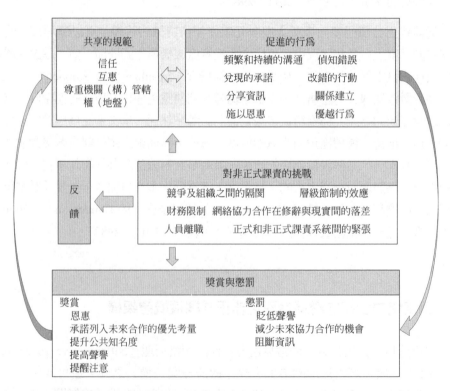

圖10-5　服務傳輸協力合作的非正式課責初步概念架構
資料來源：Romzek, LeRoux, Johnston, Kempf, & Piatak, 2014: 822。

（一）共享的規範

梁瑞克等人於2012年的研究中指出，適用於網絡治理的協力行動之非正式課責概念架構中，共享的規範是最關鍵的組成要素，而共享的規範包含了如下要素（Romzek, LeRoux & Blackmar, 2012）：1.信任；2.互惠；3.尊重機關（構）管轄權（地盤）。

共享的規範促使治理網絡的參與者有意願協調彼此之間的行動以及認真去瞭解民眾的需求。尤其值得一提的是，梁瑞克等人在2014年的實證研究中，更證明了信任是共享的規範之重要成分，它促成了成功的協力合作行動（Romzek, LeRoux, Johnston, Kempf, & Piatak, 2014: 823）。

（二）促進的行為

梁瑞克等人提出之非正式課責概念架構的第二項主要成分為「促進的行為」。所謂促進的行為意指有助於增進網絡治理的協力行動之課責效果的行為，其包含了如下的要素（Romzek, LeRoux & Blackmar, 2012）：

1. 頻繁和持續的溝通；
2. 兌現的承諾；
3. 分享資訊；
4. 施以恩惠；
5. 偵知錯誤；
6. 改錯的行動。

然後在2014年的研究中，梁瑞克等人透過實證，不但強化了上述的論點，同時又發現了另二項要素（Romzek, LeRoux, Johnston, Kempf, & Piatak, 2014: 825-826）：

7. 關係建立（relationship building）：關係是網絡治理之行動者形塑其各項顧客服務與非正式課責的基礎，因為網絡治理的參與者若能發展出良好關係，其合作行動將會更為緊密，協同工作將會更加順利，公共服務品質當然會更好。是以，關係建立會產生非正式課責的效果。

8. 優越行為（champion behavior）：所謂優越行為意指網絡治理的參與者不只是將工作視為工作而已，他（她）們把為民眾服務而帶來的成果當成是自己個人的

勝利。一旦工作的成果可以引發網絡治理參與者個人的成就感，他（她）們當樂於奉獻於公共服務並追求績效，此不啻爲一種課責的作用。

（三）獎賞與懲罰

在協力合作的網絡治理關係中，透過非正式課責之獎賞或懲罰措施的運用將有助於補充正式課責之不足（Romzek, LeRoux, Johnston, Kempf, & Piatak, 2014: 826）。

1. 獎賞

根據2012年梁瑞克等人提出的概念架構，獎賞的措施包含如下幾項（Romzek, LeRoux & Blackmar, 2012）：

（1）給予恩惠：例如給予配合度高且表現績優的廠商一些行政上的便利措施。

（2）承諾列入未來合作的優先考量：例如政府機關將某組織或團體列入優先合作名單。

（3）提升公共知名度：例如舉行記者會公布政策運作的合作伙伴；

（4）提高聲譽：例如將合作網絡治理的參與者列入表現績優名單、優良廠商並且予以公告周知。

（5）提醒注意：例如提醒網絡治理的參與者注意法規的變動。

2. 懲罰

（1）貶低聲譽：例如公告表現不良的廠商。

（2）減少未來協力合作的機會：例如將表現不佳者列入黑名單，降低合作之可能性。

（3）阻斷資訊：將表現不良的網絡治理參與者排除於相關訊息傳遞網絡之外。例如徵求協力合作夥伴的電子郵件不再發布給表現不佳的組織。

進而，在梁瑞克等人2014年發表的研究報告中，他們指出根據其近年來蒐集的資料分析結果，獎懲效果最爲顯著的是在聲譽和未來（合作）機會這二種項目上（Romzek, LeRoux, Johnston, Kempf, & Piatak, 2014: 826）。

（四）對非正式課責的挑戰因素

根據2012年梁瑞克等人提出的概念架構，對非正式課責的挑戰因素計有如下數項（Romzek, LeRoux & Blackmar, 2012）：

1. 競爭及組織之間的隔閡

雖然協力合作的目的之一就是在消除機關團體之間的藩籬，但是組織的自主性仍對協力合作形成極大壓力。根據梁瑞克等人在2014年發表的後續調查發現，位居組織高層的受訪者普遍認為，組織的界線防守很重要，特別是當資源有限而形成競爭時，這種隔閡更為嚴重。此外組織的隔閡也有可能是由於「組織文化」和「處事的成規」之差異所造成。根據實證調查發現，上述隔閡都將導致組織並不樂見其成員對協同合作行動參與太多和太深（Romzek, LeRoux, Johnston, Kempf, & Piatak, 2014: 828）。

2. 財務限制

實證資料顯示，因為政策預算受限、經費使用規則的限制（會計科目或契約限定）及其他政府經費運用的諸多規定等，都將對協力合作的彈性構成約束，這或許將使得公共服務的品質受到一定程度的限制（Romzek, LeRoux, Johnston, Kempf, & Piatak, 2014: 829）。

3. 人員離職

人員的流動造成協力合作的網絡治理關係不穩定可想而知，進而此一現象也就對非正式課責形成一定的困難度，因為此一狀況使得「對誰課責」變得難以確定。根據實證調查發現，人員的流動不但對網絡治理的參與者造成影響，更對於他（她）們共同服務的對象造成不利的結果。例如接手服務者通常必須從頭摸索，或者是前後任承辦人員的認知差異，也經常對接受服務的民眾造成很大困擾甚至權益受損。尤有甚者，當前述所稱之「優越行為者」離任時，對於協力合作的網絡治理帶來的負面作用更大，因為他（她）們多半是整個合作行動的領頭羊和促進者，少了他（她）們的帶領，當然對於協力合作關係帶來極大衝擊（Romzek, LeRoux, Johnston, Kempf, & Piatak, 2014: 829-830）。

進而，在2014年發表的調查報告中，梁瑞克等人又補充提出如下三項要素。

4. 層級節制的效應

此一要素意謂，組織位階不同的網絡治理參與者對於協力合作關係的態度以及表現有所差異。根據梁瑞克等人的實證研究發現，不同位階的參與者對於組織間的關係究竟是競爭還是合作保持著不同的認知和態度，最高階的管理者幾乎都認為組織間的競爭與協力合作關係二者同時存在。相反地，位居組織中低階層的管理者或第一線人員與其協力合作者日復一日地相處密切，所以他（她）們比較不會認為自己和其他網絡治理的參與者是處於競爭關係中。因此，梁瑞克等人根據其所獲得之證據指出，基層工作者基於自己的專業規範、裁量權的運使、以及自詡扮演「公民代理人」（citizen agent）[8]之角色，對於非正式的課責系統之建構與實踐，扮演更為正面的助力（Romzek, LeRoux, Johnston, Kempf, & Piatak, 2014:830-831）。

5. 網絡協力合作在修辭與現實間的落差

在任何行政的制度安排中，總是存在修辭與現實間的落差，也就是存在著「名實不符」的現象，例如關於對規範的承諾和促進的行為的陽奉陰違或是力有未逮，像是所謂的信任只是口惠而實不至、溝通是應付了事。協力合作在論述上意謂一種平等的夥伴關係，但是在實際的網絡治理行動中，政府機關（構）和承包商之間卻遠遠不是夥伴關係，前者所扮演的是合約監管者的角色，他們是管制者、不是平等的合夥人。總之，由於「政治人物以及網絡治理中其他行動者的宣示」和「提供服務之整合者的實際行動」二者間的落差，使得非正式課責的實現受到極大威脅（Romzek, LeRoux, Johnston, Kempf, & Piatak, 2014:831-832）。

6. 正式和非正式課責系統間的緊張

根據梁瑞克等人的研究，有時候，有助於非正式的課責之誘因系統會對正式的課責造成負面作用。正式和非正式課責系統間的緊張有的是「顯而易見的衝突」，有的則是因為政策、契約或過程的複雜性所形成的障礙（Romzek, LeRoux, Johnston, Kempf, & Piatak, 2014: 832-833）。前者像是將行政法規的規範訂得十分嚴格，導致公務員在協力合作過程中不敢行使裁量權或是授權給民間參與者較大彈

---

[8] 「公民代理人」意指公務員之角色界定為「受公民委託的代理人」，因而其服務對象是公民。相對而言則是「國家代理人」（state agent），意指公務員之角色界定為「作為國家之代表人」，因而其服務對象是國家（Maynard-Moody & Musheno, 2000)。

性空間提供服務。後者，則是如前者一樣的邏輯，只是束縛來自政策方案或契約。

第七節　外國較具特色的課責機制

　　要落實公部門課責以提升政府績效、維護人民權利、實現公共價值、達成公共利益，就必須建構妥善的課責機制，其中包含了組織和法制兩個要素。根據Mulgan（2003）的看法，所謂課責係指負責對象與負責者之間的關係，以及負責者（accountor或agent）受制於個人或機構（account-holder或principal）的外在監督機制。在實際運作上，Mulgan整理出公部門的課責完整機制包括了選舉、立法監督（施政報告、質詢、調查）、司法審查、政策對話（公民）、媒體監督與政府審計等（Mulgan, 2003: 109-110），如表10-2所示。一個民主社會，愈是開放多元，其課責機制就愈是全方位。所以，愈是開放多元的社會，想要窮盡並完整掌握其所含納的課責機制，勢必是一件龐大的工程。

表10-2　政府課責機制

課責機制	誰該負責	向誰負責	為何事負責	如何課責	
				方法	步驟
選舉	執政政府 個別議員	選民	整體表現	競選 政黨	討論 矯正
國會監督	執政政府 官僚體系	議員／民眾	整體表現 一般政策 特殊決策	會計審計 內閣責任 委員會調查 憲政審查	訊息揭露 討論 矯正
會計審計	行政官僚	議員／民眾	財政表現 整體表現		訊息揭露
部會責任	執政政府 國會	議員／民眾	一般政策 特殊決策		訊息揭露 討論 矯正
委員會調查	執政政府 官僚體系	議員／民眾	一般政策 特殊決策		訊息揭露 討論
憲政審查	執政政府 官僚體系	議員／民眾	一般政策 特殊決策		訊息揭露 討論

表10-2 政府課責機制（續）

課責機制	誰該負責	向誰負責	為何事負責	如何課責	
				方法	步驟
政策對話	執政政府 行政官僚	利害關係人 利益團體	一般政策	諮詢機構 政策聲明	訊息揭露 討論
媒體	執政政府 行政官僚	記者 民眾	一般政策 特殊決策	新聞報導 訪問 揭弊	訊息揭露 討論
外部審查： 司法審查	執政政府 行政官僚	法庭 調查機關	依法行政 特殊決策	聽證會 報告	訊息揭露 討論 矯正
外部審查： 政府審計	執政政府 行政官僚	審計機關／ 議員／民眾	財政適法性 整體表現	例行審計 績效考核	訊息揭露 討論 矯正（財政方面）
外部審查： 調查與監控	行政官僚 公共服務提 供者	政風單位 督察 民眾	特殊決策 程序 績效	調查 建議	訊息揭露 討論
民意反映	行政官僚	民眾	一般政策 特殊決策	抱怨	訊息揭露 討論 矯正
個人課責	政客 政務官	上級長官 法庭	績效 依法行政	向上負責 揭弊	訊息揭露 討論 矯正

資料來源：Mulgan, 2003: 109-110，轉引自周育仁、詹富堯，2008。

　　職此之故，若想在本文中完整呈現國外課責機制勢必要耗費極大篇幅，而且其重複性想必極高因而似無必要。是以本節僅扼要介紹幾個經濟發展較為先進的國家中較具特色的課責機制，這些機制確有值得我國借鏡之處，以供讀者參酌。

一、美國政府課責署

（一）組成

「美國政府課責署」是獨立於黨派之外隸屬於美國國會的幕僚機關，其前身爲「美國審計總署」（U.S. General Accounting Office）。2004年時，該署功能大幅調整，遂更名爲美國政府課責署。更名後的美國政府課責署，任務著重在調查聯邦政府擬定的各項計畫及政策，是否符合社會大眾的需要與原先所設定的目標。美國政府課責署的機關首長爲「審計總長」（the Comptroller General），由總統提名、參議院同意後任命，並擁有長達15年的任期。由於審計總長任期長達十五年，也讓他得以長遠的眼光來處理問題，並有寬裕的時間解決複雜且具爭議的議題（萬秀娟，2015）。

（二）任務行動

該署所提出的藍皮報告書，不再只將焦點放在研析聯邦政府所設立之基金，其各項開支是否用在刀口上，反而著重對聯邦政府擬定的各項計畫及政策，是否符合社會大眾的需要與原先所設定的目標爲探討重心。美國政府課責署不僅仔細監督各單位及部門的政策運作結果，同時也必須擔負起讓類似「恩隆金融案」或「世界通訊會計醜聞案」等事件在公部門中成爲絕響的重大任務，因此，每一份美國政府課責署所提出的報告及國會所提供之相關證辭等資料，都會在提出報告的同時，一併於網站上公開，以保證政府政策運作的確實性與運作過程的透明化。此外，爲提高政府工作績效，並保證美國政府對其公民與國會的「盡忠職守」，政府課責署的完整性與獨立性是不容置疑的，因爲獨立於黨派之外，不受意識型態的影響，才敢講眞話，也才能從專業、客觀，以及以事實爲基礎的角度出發，提供國會所需的資訊（萬秀娟，2015）。

美國政府課責署也對重大且非金融或財政的政府績效進行報告，例如其也針對「加強聯邦政府大樓安全」，以及「改善全國護理之家的照護品質」等問題提出其參考建議，可知其報告內容十分廣泛。事實上，美國政府課責署將提高政府運作績效，以及提出更貼近未來政府運作的建議視爲首要任務。現任審計長也明白指出，單是2003年，該署就已提出二千多項建議，建議一經提出，則會密切追蹤其建議是否得到落實，據統計，近四年來其所提的建議中，將近有八成得以落實，這樣的政

策成效，足以證明政府課責署不僅積極行使職權，更在其報告中提供了實際可行的政策建議。不過，這種以「統計數字」來衡量部門績效的方式，是否適用於其他各部門或單位，學者則持較保留的態度（萬秀娟，2015）。

　　根據美國憲法規定，美國政府課責署無權對行政機關進行強制性懲罰措施，僅能就所發現的問題，提出解決問題的建議。不過，相關單位在收到建議後，有義務採取行動，否則國會將舉行聽證會，對相關單位施加壓力（萬秀娟，2015）。換言之，美國政府課責署做為國會幕僚機關，它除了對相關行政機關提出建議外，更積極的課責行動還是需要透過國會為之。

二、英國公部門透明局

（一）組成

　　英國中央政府在首相辦公室之下設置一個「公部門透明局」（Public Sector Transparency Board）[9]，該局首長是由內閣辦公室大臣（the Minister for the Cabinet Office）擔任，其成員由跨部門的數據和資料分析專家所組成。

（二）任務與理念

　　公部門透明局的任務是協助首相提升政府的透明度，落實民眾對公部門的課責。英國將政府的透明性與課責視為政府的重要政策，其主張政府將其所持有的資訊公諸於大眾，例如公開資料讓大眾知道政府的經費如何使用以及公務如何執行，對於促進公共課責以提升政府績效進而發展經濟而言，至為關鍵。英國政府主張，盡量使政府資訊公開透明化直接的好處就是讓公共課責得以落實，同時英國政府相信，當公共課責落實之後，政府的績效得以提升，因而國家的經濟能夠成長發展。所以該局秉持以下理念[10]：

1. 發布政府經費使用的相關資訊，裨益於民眾追蹤包括公務員的薪資、預算

---

[9]　資料來源為：https://www.gov.uk/government/groups/public-sector-transparency-board。
[10]　請參考https://www.gov.uk/government/policies/improving-the-transparency-and-accountability-of-government-and-its-services。

開銷、委外契約等，皆有助於民眾對政府進行課責；

　　2. 發布公共服務績效的資訊，以利於民眾檢視公共政策之效能；

　　3. 藉由相關資訊之公布，民眾可以知曉政府如何從事其工作，進而可以發現完成工作更好途徑和方法；

　　4. 公開資訊可以促使經濟成長，因爲企業可以根據這些資料從事研發，以提供更好的商品以及服務。

（三）具體措施與成果

　　公部門透明局的具體措施與成果如下[11]：

　　1. 確保公民能夠取得更多以及更易取得公共服務的相關資訊，包括醫療衛生、教育、警政治安、司法等，讓民眾得以瞭解其周遭發生何事，可以獲得政府何種服務和協助。

　　2. 建置政府資訊發布平台www.data.gov.uk，並自詡其應爲世界上資訊最爲充實豐富的政府資訊公開網站之一。

　　3. 發布於前揭平台的政府資訊發布，必須呈現：

- 以一個月爲週期，政府機關（構）經費運用的情形以及運用的目的；
- 以六個月爲週期，政府機關（構）的工作狀況及其開銷；
- 以六個月爲週期，政府機關（構）達成目的和目標的方法和途徑。

　　4. 政府資訊的公布範圍極爲廣泛，根據2015年英國政府公布的數據，當時其所公布的政府資訊已涉及了超過1880億英鎊公共支出，包括地方政府任何一個超過500英鎊的支出項目以及中央政府任何一項超過10000英鎊的新契約與招標案。

　　5. 確保所有政府部門將具體的資訊開放承諾納入其業務推動計畫之中，此促使英國中央各部會紛紛訂定「資料開放策略」（Open Data Strategies）[12]，政府資訊公開措施成爲英國中央政府施政必要的環節。

　　6. 推動制定「資訊自由法」（Freedom of Information Act 2000）[13]以保障「公共資料權」（the right to public data）[14]，讓民眾獲取政府資訊受到法律保障，也強

---

[11] 同前註。
[12] 請參考http://data.gov.uk/open-data-strategies。
[13] 請參考http://www.legislation.gov.uk/ukpga/2000/36/contents。
[14] 意指民眾應該享有取得政府資訊的權利。

制要求政府必須向大衆公開資訊。

　　7. 出版「資料公開白皮書」（Open Data White Paper），此一白皮書內容包括：下一階段政府促進民衆取得政府資訊的計畫、提升公共信任和更爲有效運用資訊的計畫。

　　由以上敘述可以得知，英國中央政府透過直屬首相的公部門透明局力促政府資訊公開透明，其目的就在於促進公共課責的有效落實。因爲，唯有民衆知曉政府所爲何事，才能明白「誰該負責」、「向誰負責」、「爲何事負責」以及「如何課責」。

三、瑞典監察制度

（一）組成

　　近代西方各國之監察使制度，實源自於瑞典。究其淵源，與瑞典王權式微，國會勢力之抬頭，有極爲密切之關聯。瑞典國王查理十二世在北方戰爭敗北後，逃往土耳其經年，國王權力因而削減，爲有效治理國內且避免官員濫用職權，其於西元1713年指定設立「最高檢察長」，負責保障法律的實施，巡查各地監督官吏之活動，同時亦受理人民對官吏之申訴案件；在當時專制的政治氛圍下，此一職位等同於國王的代理人。在國王戰死後，最高檢察長改名「司法大臣」。至自由時代，司法大臣的任命權由等級議會掌控，故此時的司法大臣可視爲瑞典國會監察使的前身。後又回歸王權掌控。直至西元1809年，由君主專制改爲君主立憲，當時的憲法確立了權力分立原則，當中並規定，政府機關與官員的監督由二位官員共同爲之，一是司法大臣，以國王與樞密院之名行事，另一則爲國會監察使（Riksdagens Justitieombudsman，簡稱JO），以等級議會司法代表之名行事。後於1810年，由國會選出第一任國會監察使（黃越欽，1998轉引自周育仁、詹富堯，2008）。

　　1976年以後增爲4名，其中一位爲首席監察使，各人職掌不同，雖由議會任命，亦受國會充分尊重，但職權完全獨立，監察使彼此亦獨立運作，不受干預，甚至可以向政府調閱一切文件，任何官員均不得對其保密，而且不得拒絕回答其詢問。監察使任期四年，繼續連任不得超過兩任，享有最高法官之待遇，並有50位

左右的法律助理及祕書從旁協助，而其職掌範圍甚廣，幾乎所有政府官員皆在監督之列，甚至是法院也受到國會監察使之監督；惟內閣部長、大法官、國會議員與地方議員與中央銀行董事長等，依法由國會直接監督，故排除在外（監察院國際事務小組，2000；張世賢、陳恆鈞，2005）。依據瑞典第一任國會監察使馬爾海姆（Lars Augustin Mannerheim）對國會監察使所下的定義，「是由國會（Riksdag）所推選，目的在確保政府機關及職員遵守國會之法令及其相關規程，並依法履行其職務。」故國會監察使依其職權所能管轄之範圍，可分為對人或對機關、對事的監察（周育仁、詹富堯，2008）。

此外，瑞典還為促進民眾期盼之公共價值的實現，設置「監察員」；以及設置了30位的「政府監察專員」直接監督政府內部各部門（周育仁、詹富堯，2008）。

（二）任務職掌

國會監察使、監察員、政府監察專員此三者構成了瑞典的監察制度，其職掌分述如下：

1. 國會監察使

國會監察使主要職權包括受理人民申訴、巡察權、主動調查權、起訴權、官方文件調閱、建議、報告公開權、豁免權、裁量權、警告或申誡權。整體來說，瑞典監察使制度以經濟而簡明的方式，提供一般民眾對機關行政之合法與公平性的審查標準，監察使平均每年處理約5000件左右的陳情案，且其不單只是作為事後課責的機制，由於許多行政疏失是因監察制度的存在而免於發生，故其亦能發揮事前或事中課責的效果（周育仁、詹富堯，2008）。

2. 監察員

監察專員掌管反托拉斯、消費者保護、男女平權、反種族歧視及歧視相關的新聞言論等重要的公共價值之實現和維護。

3. 政府監察專員

直接監督政府內部各部門，類似我國政風機關。

第八節　我國的課責系統

一、主要參與者

如同世界上其他民主國家一般，我國課責系統的主要參與者也相當多元，茲扼要臚列如下。

（一）立法院

基於憲政分權制衡的設計，立法部門是最直接行政部門施政作為施以課責的參與者，最重要的課責方法就是藉由立法要求行政部門對其作為負起責任。

（二）司法院

法院對於違法失職或違憲的政府機關（構）及其人員可以施以審判給予懲罰以及司法審查。機制設計包括有：

1. 刑事庭

對公務員犯罪行為之裁判，例如貪污、圖利。

2. 行政法院

不當行政處分之裁判。

3. 公務員懲戒委員會

對於公務員違法和廢弛職務或其他失職行為給予懲戒。

4. 大法官會議

解釋憲法、統一解釋法律命令。

5. 憲法法庭

審理正副總統彈劾案（先由立法院提出再送交憲法法庭）、審理政黨違憲解散。

（三）監察院

對行政機關及公務人員進行調查；行使彈劾權、糾舉權及提出糾正案；收受人民檢舉書狀。

（四）審計部

雖隸屬於監察院，但依我國憲法第105條規定，審計長應於行政院提出決算後3個月內，依法完成其審核，並提出審核報告於立法院。各級審計機關，掌理各級政府及其所屬機關財務之審計，依審計法第2條規定，審計職權共為七項：

1. 監督預算之執行。
2. 核定收支命令。
3. 審核財務收支、審定決算。
4. 稽察財物及財政上之不法或不忠於職務之行為。
5. 考核財務效能。
6. 核定財務責任。
7. 其他依法律應行辦理之審計事項。

（五）公民（利益）團體

公民（利益）團體對政府施政和政策課題表達意見、進行遊說、施予輿論壓力乃是今日常見之公共課責途徑。

（六）媒體

新聞報導、意見廣場、政論節目等，都是以輿論對政府形成壓力的公共課責管道。

（七）民眾個人

可以透過諸如定期選舉、公民投票、司法訴訟、意見投書甚至群眾運動的方式對政府的行政行為和政策課題表達意見，此為最直接的公共課責。

二、課責的法制

　　一個國家的公法體系是公部門課責的依據所在，而所謂公法是指規範國家和人民之間關係的法律，其特色在於它們所規範的是國家一方對人民一方下達命令的關係。然而更精確而言，只要適用法律的一方是公權力主體，那麼此種法律就是公法，因此排除了私經濟行為的相關規範。憲法、行政法、刑法及其特別法，就是所謂公法，其在課責系統的主要作用就是明確化了課責的標準與程序。也就是在課責的法制之中，我們可以很具體的掌握「誰該負責」、「向誰負責」、「為何事負責」以及「如何課責」，而課責法制的內涵主要可歸納為以下數項：

1. 指導政府機關法令規章的訂定、修正、執行；
2. 監管公共組織之資訊的掌握運用方式和透明程度；
3. 規範政府與政策利害關係人之制式的互動關係；
4. 建構公共參與的型態與機制；
5. 規定公共決策的正當程序；
6. 構成司法審查以及立法監督的依據和基礎；
7. 要求政府實現民眾所盼望但與其任務並無關係的公共價值。

　　綜觀上述七項，可以發現，公法不但界定了公共行政具體的行動內容，同時它們也提供了課責的標準和程序。換言之，公法具備強制力，經常要求政府機關（構）「應」或「不得」為一定之作為，一旦違反法之規定，違法失職者需受到懲罰，其目的就在確保政府機關（構）能夠按照其當初設置的目的與功能正常運作。進而，公法的最終目的就在於實現一個國家的民主憲政價值，亦即它們就是一種要求政府機關（構）實踐民主憲政精神的課責機制，它們應該包含代表性（正當性）、公共參與、透明公開、正當程序等價值的實踐途徑。以下本節將介紹「針對機關」以及「針對個人」二個不同層次之我國重要的課責法制。

（一）針對行政機關課責的「行政程序法」

　　我國於民國88年2月3日由總統令公布全文175條的「行政程序法」，並自民國90年1月1日起施行。自此開始，我國行政機關的行政程序與課責機制邁入新的紀元，行政程序法的施行可以說是我國公共行政的里程碑，它使得我國政府施政更為井然有序，而且將原屬行政法學中保障人民權益的抽象概念具體規範於該法之中，

因此大大提升民眾權益保障功能，具備了課責的效用。上述功用可見於該法第1條：「爲使行政行爲遵循公正、公開與民主之程序，確保依法行政之原則，以保障人民權益，提高行政效能，增進人民對行政之信賴，特制定本法」。

1. 誰該負責

該法所規範的對象是所謂「行政機關」，此即呈現其宏觀屬性之所在。根據該法第2條第2項規定，所謂行政機關係指：代表國家、地方自治團體或其他行政主體表示意思，從事公共事務，具有單獨法定地位之組織。第2條第3項又規定：受託行使公權力之個人或團體，於委託範圍內，視爲行政機關。而且第3條第2項又明確規定以下機關不在規範之列：

第一，各級民意機關；
第二，司法機關；
第三，監察機關。

2. 向誰負責

在行政程序法的規範之下，行政機關各項作爲應負責之對象如下：

（1）最終負責之對象爲人民

該法第1章第1條明示其立法宗旨在保障人民權益，故人民當是其「最終負責之對象」。

（2）直接負責對象爲上級機關

該法第14條規定，數行政機關於管轄權有爭議時，由其共同上級機關決定之，無共同上級機關時，由各該上級機關協議定之。故上級機關乃是本法行政作爲之機關的「直接負責對象」。又該法第2章對行政處分有所規定，依我國行政救濟程序規定，上級機關當屬行政機關必須負責之對象。

（3）違法失職行爲之裁判者爲司法系統

第一，行政法院：行政法院的功能是受理人民不服行政處分進行訴訟的裁判機關，所以行政法院在本法中也屬行政機關必須負責之對象，。

第二，公務員懲戒委員會：公務員懲戒委員會針對違法失職做出懲戒處分，當

然也是課責機制之一。

第三，一般法院刑事庭：刑事法庭必須受理檢察官對違法失職之公務員提起公訴進行審判，當然也是課責機制之一。

第四，一般法院民事庭：若涉及國家賠償時，民事法庭必須受理民眾提出訴訟做出裁判，以彌補人民權益的損失，其自屬課責機制之一。

3. 爲何事負責

（1）基本原則

第一，可預期性：該法第5條規定，行政行爲之內容應明確。

第二，公平性：該法第6條規定，行政行爲，非有正當理由，不得爲差別待遇。

第三，比例原則：該法第7條規定

①採取之方法應有助於目的之達成。

②有多種同樣能達成目的之方法時，應選擇對人民權益損害最少者。

③採取之方法所造成之損害不得與欲達成目的之利益顯失均衡。

（2）迴避

該法第1章第4節規定了公務員從事公務行爲時應該迴避的事項。

第一，公務員應自行迴避：該法第32條規定，公務員在行政程序中，有下列各款情形之一者，應自行迴避——

①本人或其配偶、前配偶、四親等內之血親或三親等內之姻親或曾有此關係者爲事件之當事人時。

②本人或其配偶、前配偶，就該事件與當事人有共同權利人或共同義務人之關係者。

③現爲或曾爲該事件當事人之代理人、輔佐人者。

④於該事件，曾爲證人、鑑定人者。

第二，公務員應自行迴避卻不迴避且當事人未申請迴避時，行政機關之處理：

該法第33條第5項規定，公務員有第32條所定情形不自行迴避，而未經當事人申請迴避者，應由該公務員所屬機關依職權命其迴避。

　　第三，當事人得申請公務員迴避：該法第33條規定，公務員有下列各款情形之一者，當事人得申請迴避——

　　①有本法第32條所定之情形而不自行迴避者。
　　②有具體事實，足認其執行職務有偏頗之虞者。

　　第四，當事人申請迴避時之處理：

　　①被申請迴避之公務員，對於該申請得提出意見書。
　　②不服行政機關之駁回決定者，得於五日內提請上級機關覆決，受理機關除有正當理由外，應於十日內爲適當之處置。
　　③被申請迴避之公務員在其所屬機關就該申請事件爲准許或駁回之決定前，應停止行政程序。但有急迫情形，仍應爲必要處置。

（3）調查事實及證據

　　該法第1章第6節規定了行政機關有義務要對當事人有利及不利事項一律注意。如何注意就是要求行政機關和公務員要善盡調查事實與蒐集證據之責，其目的就是在保障人民權益，當然也在確保國家不蒙受損失。

（4）資訊公開

　　該法第1章第7節要求行政機關和公務員必須要在特定條件和情形下向當事人開放資訊。例如第1章第46條規定，當事人或利害關係人得向行政機關申請閱覽、抄寫、複印或攝影有關資料或卷宗。但以主張或維護其法律上利益有必要者爲限。並且，行政機關對前項之申請，除有下列情形之一者外，不得拒絕——

　　第一，行政決定前之擬稿或其他準備作業文件；
　　第二，涉及國防、軍事、外交及一般公務機密，依法規規定有保密之必要者；
　　第三，涉及個人隱私、職業祕密、營業祕密，依法規規定有保密之必要者；
　　第四，有侵害第三人權利之虞者；有嚴重妨礙有關社會治安、公共安全或其他公共利益之職務正常進行之虞者。

　　前述第二和第三項若無保密必要之部分，仍應准許閱覽。當事人就資料或卷宗內容關於自身之記載有錯誤者，得檢具事實證明，請求相關機關更正。

（5）陳述意見

該法第39條規定為，行政機關基於調查事實及證據之必要，得以書面通知相關之人陳述意見。又第102條規定，行政機關作成限制或剝奪人民自由或權利之行政處分前，除已依前揭第39條規定，通知處分相對人陳述意見，或決定舉行聽證者外，應給予該處分相對人陳述意見之機會。但法規另有規定者，從其規定。

（6）聽證

該法第1章第10節以及第2章第10節都有關於聽證的相關規定規定了行政機關，其目的在於保障民眾，在行政機關做成行政處分後，讓民眾可以透過聽證的舉行主張自己的權利。如該法107條規定，行政機關遇有下列各款情形之一者，舉行聽證：

第一，法規明文規定應舉行聽證者。本法第155條規定，行政機關訂定法規命令，得依職權舉行聽證。

第二，行政機關認為有舉行聽證之必要者。

（7）行政處分

該法第92條規定，本法所稱行政處分，係指行政機關就公法上具體事件所為之決定或其他公權力措施而對外直接發生法律效果之單方行政行為。前項決定或措施之相對人雖非特定，而依一般性特徵可得確定其範圍者，為一般處分，適用本法有關行政處分之規定。有關公物之設定、變更、廢止或其一般使用者，亦同。抑有進者，由於行政處分會造成民眾權益的改變，所以行政程序法明定了：

第一，行政處分的形式：第95條規定行政處分除法規另有要式之規定者外，得以書面、言詞或其他方式為之。以書面以外方式所為之行政處分，其相對人或利害關係人有正當理由要求作成書面時，處分機關不得拒絕。

第二，行政處分之生效：第110條規定，行政處分生效時間分別是：

①書面之行政處分自送達相對人及已知之利害關係人起；

②書面以外之行政處分自以其他適當方法通知或使其知悉時起，依送達、通知或使知悉之內容對其發生效力；

③一般處分自公告日或刊登政府公報、新聞紙最後登載日起發生效力；

④但處分另訂不同日期者，從其規定；

⑤行政處分未經撤銷、廢止，或未因其他事由而失效者，其效力繼續存在；

⑥無效之行政處分自始不生效力。

第三，行政處分之無效：該法第111條規定，行政處分有下列各款情形之一者，無效：

①不能由書面處分中得知處分機關者。

②應以證書方式作成而未給予證書者。

③內容對任何人均屬不能實現者。

④所要求或許可之行為構成犯罪者。

⑤內容違背公共秩序、善良風俗者。

⑥未經授權而違背法規有關專屬管轄之規定或缺乏事務權限者。

⑦其他具有重大明顯之瑕疵者。

⑧第112條規定，行政處分一部分無效者，其他部分仍為有效。但除去該無效部分，行政處分不能成立者，全部無效。

（8）裁量權

明確規定裁量權運用的限制乃是保障人民權益的重要設計——

第一，該法第10條規定，行政機關行使裁量權，不得逾越法定之裁量範圍，並應符合法規授權之目的。

第二，第93條規定行政機關作成行政處分有裁量權時，得為附款。

第三，第94條規定，裁量權不得違背行政處分之目的，並應與該處分之目的具有正當合理之關聯。

（9）法規命令及行政規則

該法第4章規範了法規命令及行政規則如何制定與發布以及其限制。

第一，位階限制：第150條規定，法規命令之內容應明列其法律授權之依據，並不得逾越法律授權之範圍與立法精神。

第二，提出者：第152條第1項規定法規命令之訂定，除由行政機關自行草擬者外，並得由人民或團體提議為之。

第三，發布程序：該法第157條規定──

①法規命令依法應經上級機關核定者，應於核定後始得發布。

②數機關會同訂定之法規命令，依法應經上級機關或共同上級機關核定者，應於核定後始得會銜發布。

③法規命令之發布，應刊登政府公報或新聞紙。

第四，效力：該法第158條規定，法規命令，有下列情形之一者，無效──

①牴觸憲法、法律或上級機關之命令者。

②無法律之授權而剝奪或限制人民之自由、權利者。

③其訂定依法應經其他機關核准，而未經核准者。

④法規命令之一部分無效者，其他部分仍為有效。但除去該無效部分，法規命令顯失規範目的者，全部無效。

4. 如何課責

如該法第4條規定，行政行為應受法律及一般法律原則之拘束。意即，若有違反本法者將視情節適用於我國行政救濟、行政訴訟、公務員懲戒、刑法等法施以課責，此外造成人民生命財產損失，亦可依據國家賠償法予以彌補。

綜合以上所臚列之我國行政程序法內容，它們都是針對行政機關課以責任以保障民眾權益的要項，意即，行政程序法基本上是較為宏觀層次的課法制。其所規範的是行政機關而不是個人的行政作為。以下，本文所要引介者正好與行政程序法層次相對，公務員服務法乃是針對公務員個人所設計的課責法制。

（二）針對公務員個人課責的「公務員服務法」

我國早在民國28年10月23日便公布實施公務員服務法，該法最近一次修法時間為民國89年7月19日。公務員服務法可以說是針對公務員課責最具基礎性的法律，它主要的內涵應在於界定了我國公務員的「角色」和「本分」，將公務員「應為何事」以及「不得為何事」做了基礎性的規範。易言之，公務員服務法可以說是我國進一步發展其他更為具體的公部門課責法制的起點，該法的重要性可見一斑。以下針對公務員服務法的課責規範予以說明。

1. 誰該負責

從該法名稱「公務員服務法」觀之，本法的規範對象為「公務員」。而該法第24條又規定本法適用對象有：（1）受有俸給之文武職公務員；（2）公營事業機關服務人員。

而依銓敘部民國96年4月25日部法一字第0962741639號書函解釋：公務員服務法第24條所稱「受有俸給之文武職公務員及公營事業機關服務人員」，包括（1）服務於行政機關及公立學校之職員（含聘用人員聘用條例及行政院暨所屬機關約僱人員僱用辦法進用之聘僱人員）；（2）公立學校兼任行政職務之教師；（3）警察；（4）現役軍（士）官；（5）依法令從事公務之義務役士兵；（6）公營事業機關服務人員（含受有俸給代表民股之董事或監察人，惟不包括純勞工）；（7）擔任政府投資民營事業機構且受有俸給之官股董事。

再者，銓敘部99年6月2日部法一字第0993212815號書函解釋：非依「聘用人員聘用條例」及「行政院暨所屬機關約僱人員僱用辦法」進用之聘僱人員，並非公務員服務法之適用對象。此一解釋再次明確地界定在該法之下「誰該負責」的範圍。

2. 向誰負責

在公務員服務法的規範中，公務員應負責之對象如下：

（1）最終負責之對象為人民

公務員服務法在界定公務員的品格節操、職責義務，第1條明示「公務員應恪守誓言，忠心努力，依法律命令所定，執行其職務」，進而細看我國「公務人員服務誓言」，請見圖10-6所示，公務人員服務的最終目標就是「為人民謀求最大福祉」。故而可以得知，依據公務員服務法的精神，公務員所要負責的最終對象是人民。

公務人員服務誓言

　　余誓以至誠，恪遵憲法與政府法令，以清廉、公正、忠誠及行政中立
自持，關懷民眾，勇於任事，充實專業知能，創新改革，興利除弊，提昇
政府效能，為人民謀求最大福祉。如違誓言，願受最嚴厲處分。謹誓。

　　　立誓人：

中華民國　　　　　　　年　　　　　　　月　　　　　　　日

填寫說明：
一、本誓言依公務員服務法第1條及公務人員任用法施行細則第3條、第29
　　條規定訂定。
二、各機關（構）新進人員，應填寫本誓言1式2份，1份隨同擬任人員送審
　　書表送銓敘部銓敘審定，1份由本機關（構）留存查考。

圖10-6　中華民國公務人員服務誓言

資料來源：銓敘部[15]。

（2）直接負責對象為主管長官與上級長官

　　該法第2條規定：「長官就其監督範圍以內所發命令，屬官有服從之義
務……。」又，該法第3條規定：「公務員對於兩級長官同時所發命令，以上級長
官之命令為準，主管長官與兼管長官同時所發命令，以主管長官之命令為準」。由
以上觀之，在公務員服務法的規範下，公務員直接負責的對象為是主管長官與上級
長官。

（3）違法失職行為之裁判者為司法系統

　　第一，行政法院：行政法院的功能是受理人民不服行政處分進行訴訟的裁判機

---

[15] 取自：www.mocs.gov.tw/FileUpload/548-1620-40/Documents/2.doc。檢索日期：2015年4月30
日。

關，所以行政法院在本法中也屬行政機關必須負責之對象。

　　第二，公務員懲戒委員會：公務員懲戒委員會針對違法失職做出懲戒出處分，當然也是課責機制之一。

　　第三，一般法院刑事庭：刑事法庭必須受理檢察官對違法失職之公務員提起公訴進行審判，當然也是課責機制之一。

　　第四，一般法院民事庭：若涉及國家賠償時，民事法庭必須受理民眾提出訴訟做出裁判，以彌補人民權益的損失，其自屬課責機制之一。

3. 爲何事負責

　　（1）**忠誠執行職務**：該法第1條規定，公務員應恪守誓言，忠心努力，依法律命令所定，執行其職務。

　　（2）**服從命令**：該法第2條規定，長官就其監督範圍以內所發命令，屬官有服從之義務。但屬官對於長官所發命令，如有意見，得隨時陳述。

　　（3）**命令服從的順序**：該法第3條規定，公務員對於兩級長官同時所發命令，以上級長官之命令爲準，主管長官與兼管長官同時所發命令，以主管長官之命令爲準。

　　（4）**保守祕密**：該法第4條規定，公務員有絕對保守政府機關機密之義務，對於機密事件無論是否主管事務，均不得洩漏，退職後亦同。公務員未得長官許可，不得以私人或代表機關名義，任意發表有關職務之談話。

　　（5）**保持節操**：該法第5條規定，公務員應誠實清廉，謹慎勤勉，不得有驕恣貪惰，奢侈放蕩，及冶遊賭博，吸食煙毒等，足以損失名譽之行爲。

　　（6）**禁止濫權**：該法第6條規定，公務員不得假借權力，以圖本身或他人之利益，並不得利用職務上之機會加損害於人。

　　（7）**勤愨確實**：該法第7條規定，公務員執行職務，應力求切實，不得畏難規避，互相推諉或無故稽延。

　　（8）**就職期限**：該法第8條規定，公務員接奉任狀後，除程期外，應於一個月內就職。但具有正當事由，經主管高級長官特許者，得延長之，其延長期間，以一個月爲限。

　　（9）**公差優先**：該法第9條規定，公務員奉派出差，至遲應於一星期內出發，不得藉故遲延，或私自回籍，或往其他地方逗留。

　　（10）**堅守崗位**：該法第10條規定，公務員未奉長官核准，不得擅離職守；其

出差者亦同。

（11）服務時間：該法第11條規定，公務員辦公，應依法定時間，不得遲到早退，其有特別職務經長官許可者，不在此限。公務員每週應有二日之休息，作為例假。業務性質特殊之機關，得以輪休或其他彈性方式行之。

（12）請假規定：該法第12條規定，公務員除因婚喪、疾病、分娩或其他正當事由外，不得請假。公務員請假規則，以命令定之。

（13）經商之禁止：該法第13條規定：

第一，公務員不得經營商業或投機事業。但投資於非屬其服務機關監督之農、工、礦、交通或新聞出版事業，為股份有限公司股東，兩合公司之有限責任股東，或非執行業務之有限公司股東，而其所有股份總額未超過其所投資公司股本總額百分之十者，不在此限。

第二，公務員非依法不得兼公營事業機關或公司代表官股之董事或監察人。

第三，公務員利用權力、公款或公務上之祕密消息而圖利者，依刑法第131條處斷；其他法令有特別處罰規定者，依其規定。其離職者，亦同。

公務員違反第一項、第二項或第三項之規定者，應先予撤職。

（14）兼職之限制：該法第14條規定，公務員除法令所規定外，不得兼任他項公職或業務。其依法令兼職者，不得兼薪及兼領公費。

依法令或經指派兼職者，於離去本職時，其兼職亦應同時免兼。

（15）旋轉門之限制：該法第14條之一規定，公務員於其離職後三年內，不得擔任與其離職前五年內之職務直接相關之營利事業董事、監察人、經理、執行業務之股東或顧問。

（16）兼任之許可

第一，該法第14條之2規定，公務員兼任非以營利為目的之事業或團體之職務，受有報酬者，應經服務機關許可。機關首長應經上級主管機關許可。前項許可辦法，由考試院定之

第二，該法第14條之3規定，公務員兼任教學或研究工作或非以營利為目的之事業或團體之職務，應經服務機關許可。機關首長應經上級主管機關許可。

（17）**禁止請託關說**：該法第15條規定，公務員對於屬官不得推薦人員，並不得就其主管事件有所關說或請託。

（18）**禁止贈送財物**：該法第16條規定，公務員有隸屬關係者，無論涉及職務與否，不得贈受財物。公務員於所辦事件，不得收受任何餽贈。

（19）**利益迴避**：該法第17條規定，公務員執行職務時，遇有涉及本身或其家族之利害事件，應行迴避。

（20）**視察接受招待餽贈之禁止**：該法第18條規定，公務員不得利用視察、調查等機會，接受地方官民之招待或餽贈。

（21）**任意動用公物公款之禁止**：該法第19條規定，公務員非因職務之需要，不得動用公物或支用公款。

（22）**公共財物保管責任**：該法第20條規定，公務員職務上所保管之文書、財物，應盡善良保管之責，不得毀損、變換、私用或借給他人使用。

（23）**互惠之禁止**：該法第21條規定，公務員對於左列各款與其職務有關係者，不得私相借貸，訂立互利契約或享受其他不正利益：

第一，承辦本機關或所屬機關之工程者。

第二，經營本機關或所屬事業來往款項之銀行、錢莊。

第三，承辦本機關或所屬事業公用物品之商號。

第四，受有官署補助費者。

4.如何負責

（1）**刑事處罰**：依該法第22條規定，公務員有違反本法者，應按情節輕重分別予以懲處；觸犯刑事法令者，並依各該法令處罰。

（2）**違反兼職之懲處**：該法第22條之1規定，離職公務員違反本法第14條之1者，處二年以下有期徒刑，得併科新臺幣一百萬元以下罰金。犯前項之罪者，所得之利益沒收之。如全部或一部不能沒收時，追徵其價額。

（3）**包庇屬官之懲處**：該法第23條規定，公務員有違反本法之行為，該管長官知情而不依法處置者，應受懲處。

綜觀以上所臚列之我國公務員服務法內容，它們都是針對公務員個人課以責任以確保行政績效、操守品行進而保障民眾權益的課責機制。意即，公務員服務法的著眼點，在於微觀層次的公務人員本身。一個國家的課責法制似乎應該要採取一種

整合性的觀點，將宏觀與微觀併同考慮，似乎才能建構較為周延的課責系統。以此觀之，我國課責法制應已大致符合此一要求。最後需特別加以說明者，本章先就宏觀和微觀各擇一個我國較具特色的課責法制予以介紹，並不意味我國課責法制就僅以此二者為限。

自我評量

一、何謂課責？試述其範疇與功能。

二、課責的四個W要素的對於建構課責系統的意義為何？請闡述之。

三、公共服務委託外包對課責產生的影響為何？

四、裁量權與課責的關係為何？試申論之。

五、今日府際關係複雜化和治理網絡化的現象對課責可能造成的衝擊為何？

六、公共價值的實現與課責的關係為何？

七、請從當代公共治理多元委託人和多元工作任務的特徵析論公部門課責困境。

八、政治人物為何要控制官僚機構裁量權的行使？可透過哪些方法予以控制？請扼要說明之。

九、學者吉伯特（Charles E. Gilbert）提出之行政責任的內部正式確保途徑為何？

十、學者吉伯特（Charles E. Gilbert）提出之行政責任的內部非正式確保途徑為何？

十一、學者吉伯特（Charles E. Gilbert）提出之行政責任的外部正式確保途徑為何？

十二、學者吉伯特（Charles E. Gilbert）提出之行政責任的外部非正式確保途徑為何？

十三、請簡述梁瑞克（Barbara S. Romzek）等學者所提出的公部門多元課責關係之內涵。

十四、請簡述梁瑞克（Barbara S. Romzek）等學者所提出的課責關係與制度環境系絡的配適觀點。

十五、請簡述梁瑞克（Barbara S. Romzek）等學者所提出的協力合作的網絡治理之非正式課責概念架構之內涵。

十六、請解釋以下名詞：1.美國政府課責署；2.英國公部門透明局；3.瑞典監察制度。

十七、我國的課責系統的主要參與者有哪些？請說明其扮演之角色或功能。

十八、請從「誰該負責」、「向誰負責」以及「如何課責」三個面向分析我國行政程序法的課責機制。

十九、請從「為何事負責」此一面向分析我國行政程序法的課責機制。

二十、請從「誰該負責」、「向誰負責」以及「如何課責」三個面向分析我國公務員服務法的課責機制。

二十一、請從「為何事負責」此一面向分析我國公務員服務法的課責機制。

第十一章 政治中立

學習目標

◎瞭解政治中立的一般定義與目的

◎瞭解政治中立法制的理論基礎

◎瞭解各國公務人員政治中立法制

◎瞭解我國「公務人員行政中立法」之內涵

前 言

　　我國民主政治隨著政黨輪替執政逐漸朝成熟之路邁進，行政中立業已成為共識。考試院所擬制之「公務人員行政中立法」，也已經在民國98年5月19日由立法院三讀通過，並於民國98年6月10日由總統公布施行。過去在野政治人物時而於公開場合質疑我國行政體系總是受到執政黨的強力影響，無法在政策執行和選舉過程中保持超然立場，社會對於公共行政人員是否真能嚴守政治立場中立以及以專業負責的操守態度履行職務總是有所質疑。因此，公共行政人員行政作為嚴守政黨立場之中立以及參與政黨活動之限制，遂成為我國「公務人員行政中立法」的主要內容。公共行政人員在履行職務時，應謹守政黨立場中立乃為政治中立的重要一環，而且對於公共行政人員參與政黨活動應予以某種程度限制亦屬必要。政治中立在19世紀末、20世紀初政治與行政分離論提出後發展成為公共行政的主流價值，是文官制度區分政務官和事務官的根源，也是公共行政發展成一種專業（professional）的基礎，故以此專章探討。總之，從倫理的角度思考，本章所要呈現的主題為：政治中立是公共行政人員必須遵守之原則，其主要內涵就是公共行政人員執行其職務時應嚴守超越黨派、專業和依法行政之基本原則。

第一節　政治中立的一般定義與目的

近代如美國之政治中立（political neutrality或political impartiality）觀念的起源，應可溯源於1887年美國行政學者威爾遜（Woodrow Wilson）爲針貶政黨分贓制（spoils system）[1]之弊端所提出之政治與行政分離論（Wilson, 1887 reprinted in 1992）。隨後，古德諾（Frank J. Goodnow）更進一步補充前述觀念，認爲「政治爲國家意志之表現，行政爲國家意志之執行」，明白區分政治與行政之差異（Goodnow, 1990 reprinted in 1992）。此外，德國社會學家韋伯（Max Weber）觀察19世紀末以來人類組織型態的發展，提出了工業社會之中組織的理念型（ideal type）── 官僚體制，其明示了高效率的組織須將政治與人情的因素排除於外（Weber, reprinted in 1992）。

綜合前述，近代西方政治中立觀念興起之主要因素，可扼要地歸納臚列如下：

1. 工業社會對高效率組織的重視，因而行政組織亦被要求應仿效之，是以政治、人情因素應予排除。
2. 美國社會對19世紀盛行的政黨分贓制之弊病深惡痛絕。

總言之，主流的論述採取了以下的立場：公共行政若能與政治因素分離，則行政效率以及行政科學始能獲致。上述的觀念影響所及，建立了現行的永業文官制度，也是公共行政發展成一種專業（professional）的基礎。以下先說明政治中立的定義。

一、定義

雖然政治中立之意涵甚廣，不過一般咸認其應包括如下的內容（陳德禹，1993a：6-7；許南雄，1994：7-8）：

---

[1] 在永業文官體制尚未健全之前，所有的政府官職無分高低及重要性接隨政黨輪替執政而更換，此即政黨分贓制。此種現象可能導致政府官員在選舉期間無心辦事、政策無法延續，而且不論何種職務，政府官員任命的主要考量不在專業而在於政治立場，對政府效率和公共利益造成極大傷害。

　　公共行政人員對政治事務保持中立、客觀及公平的立場，以國家、人民的整體利益為考慮，並非指絕對不可涉入政治事務，但不可涉入政爭。公共行政人員不參與政黨政治、不受政治因素影響，不介入政治活動即所謂政治中立。公共行政人員受公共行政人員法保障，不受政黨特權、遵守行政法制、維護行政安定，即謂政治中立。

　　就上述定義，茲將其中所包含的幾個概念進一步細述如下：

（一）公共行政人員

　　以上所稱公共行政人員意指永業的官員，即所謂事務官，不隨執政黨之更替對其公職生涯構成威脅（許南雄，1994：7-8）。

（二）政策執行者

　　此一概念來自前項概念，換言之，事務官之角色為政策之執行者。政策制定之決策權，並非事務官之職責。故而，政治中立乃發生於政策執行的過程，而非政策制定。因此，公共行政人員對執政黨所制定之政策忠誠加以執行（政策須以不違反憲法、法律為前題），無論執政黨為何（Ellis, 1989: 86）。

（三）中立、客觀及公平

　　公共行政人員執行政策之際，對任何黨派、團體，切實依照政策內涵之規範，採取應有之作為，並不得因個人之偏好愛惡，左右政策之內容與結果。

（四）非不可涉入政治事務，但不可涉入政爭

　　公共行政人員並非不得參與政治活動，尤其民主體制之下，憲法保障人民參政權以及自由權。同時政黨政治盛行，加入政黨參與政黨活動，自是十分普遍，即使公共行政人員亦不例外。但永業公共行政人員制度之維繫，實賴公共行政人員扮演政策執行角色之際，摒棄政治立場之成見，更不應堅持政治立場介入政治鬥爭。職此之故，公共行政人員之政治活動應予限制，在所難免。

（五）政治中立與行政中立之關係

　　所謂行政中立（administrative neutrality）泛指公共行政的任何作為必須對所有人和團體一視同仁、平等對待。在理論上，其經常又擴及價值中立（value

neutrality）。本書稍前曾對價值中立進行析論和反思，此處不再贅言。只是要再次
強調，公共行政人員執行公務時謹守行政中立，應該是對公務操守之「無私無偏」
（impartiality）此一價值的實踐。所以，行政中立至少隱含著「無偏無私」此一價
值，據此觀之，行政中立並非價值中立，反之，它是根據特定價值所導引的行動。
所以就本文的觀點，行政中立不應包含價值中立的意涵。抑有進者，行政中立不僅
可以實踐無偏無私的價值，還可以同時實踐公務操守中的其他價值，例如正直、廉
潔、公平等，透過上述價值的實踐，政策當中的公共價值也更容易獲得實現。

誠如前述，行政中立既然是泛指公共行政的任何作為必須對所有人和團體一
視同仁、平等對待，其範圍當然就包含了政治中立。因為，所謂政治中立乃是專指
公共行政必須超越黨派、政爭，甚至某些公務員還必須嚴格限制其參與任何政治
（黨）活動（可能包括參與競選）。是以政治中立就是對任何政治人物、團體公平
對待、一視同仁，當然是被包含在行政中立的概念之中。

誠如前述，由於政治中立是文官制度區分政務官和事務官的根源，也是公共行
政發展成一種專業的基礎，故以此專章探討。而行政中立則是包含在稍前關於公務
操守與官箴的探討範疇，不再贅言。

二、政治中立之目的

公共行政人員應嚴守中立之理由，論者見解頗多，然而其論點可整合歸納如下
（許濱松，1988：6；陳德禹，1993a：9）：

1. 公共行政人員謹守立場超然，不致於政策執行之際，濫用裁量權偏私特定
黨派、團體，造成公共政策淪為私器。
2. 永業公共行政人員體制得以確立，促使公共行政永續進行，否則國家社會
動盪不安，人民生活福祉難獲保障（Ellis, 1989: 84）。根據上述理由觀之，政治中
立之最終目的其實是在確保公共利益。

從以上分析可以發現，根據政治與行政分離論發展而來的政治中立理念，其重
要的成分就是政治立場或黨派立場的中立。抑有進者，政治中立乃是構成現代民主
與專業的公共行政體系之基本條件，政治中立主要功能在於其能夠避免政黨分贓制

所帶來的腐化和無效率，而有助於建立廉能與專業的官僚體系，爲人民提供高品質的公共服務。因此，一個國家的公共行政是否達到所謂現代化的程度，其指標之一便是公共行政能否嚴守政治中立之原則。以下將引介一些民主先進國家政治中立法制。

第二節　政治中立法制化的理論基礎

一、民主鞏固階段與文官政治中立進程

根據學者薛德勒（Andreas Schedler）（1998：93-105）所提出之五種民主鞏固的概念，參考學者蔡良文（2007：606-607）的觀察，本文認爲政治中立法制化實與民主鞏固息息相關。我國民主化已進入成熟階段，如同學者薛德勒所稱之「組織民主」階段，在此階段政治中立的法制化乃是鞏固民主的配套機制。以下臚列敘述文官政治中立與民主鞏固的發展進程。

（一）防止民主崩潰（Preventing Democratic Breakdown）

意指防止「選舉的民主」與「自由的民主」快速消失，而退回原來的威權主義。亦即避免民主崩潰，專心致力於民主體制之維護，以鞏固民主基礎。根據此一觀點，「文官政治中立化與專業主義基礎之建立」乃是防止民主崩潰的首要之務。

（二）防止民主腐蝕（Preventing Democratic Erosion）

意指防止「自由的民主」遭到侵蝕而漸次消失。除上述所謂崩潰的危險之外，許多新興民主政體必須防範和抵禦民主衰退的危險，避免民主根基逐漸腐蝕，導致半民主體制（semidemocracy）的發生。學者杭廷頓（S. P. Huntington）曾指出，第三波民主化的問題不是崩潰而是腐蝕，而且是由民選領袖引導的民主弱化。據此觀點，「文官公平執法」當有防止民主腐蝕的輔助功能。

（三）完成民主（Completing Democracy）

意指由「選舉的民主」發展到「自由的民主」之階段。民主化的完成需要去

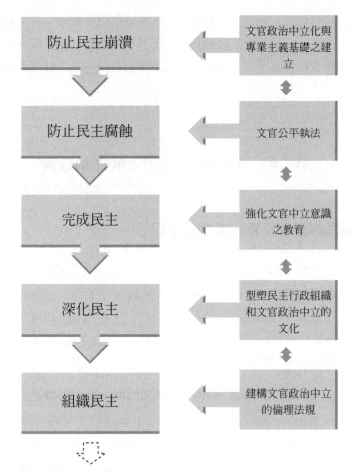

圖11-1　民主鞏固階段與文官政治中立進程

資料來源：參考Schedler, 1998：93-105; 蔡良文，2007：606-607，作者自繪。

除威權主義的遺緒，而自由的民主必須有效地保證人們擁有基本的政治權利、公民權利和人權。因為威權政治之復辟，總是在於文官之民主性弱化、文官之自主性不張，亦即文官中立能量不足。易言之，欲完成民主化的工程，「強化文官中立意識之教育」是必要條件。

（四）深化民主（Deepening Democracy）

意指在民主品質的優化階段。即從「選舉的民主」與「自由的民主」提升到

「先進的民主」之水準。換言之，無論是在政府表現、公共行政、司法體系、政黨制度、利益團體、公民社會、政治文化與決策模式等方面，均應表現先進民主國家之特質。在民主發展進程中，「形塑民主行政組織和文官政治中立的文化」乃是維護可長可久的民主政治基業的基礎工程。

（五）組織民主（Organizing Democracy）

此即建立「制度化的民主」之階段。此一階段期望建立民主的永久性的規則和組織，等同於制度建立（institution building）。在此階段，「建構文官政治中立的倫理法規」乃是主要任務，亦即制度化的民主有賴政治中立相關法制之配套，方克有成。

二、政治中立法制化的原因

論者認為，我國「公務人員行政中立法」之立法目的，係著重於政務官與事務官角色權責之區劃，並為因應公務人員與國家之關係應有新定位，強調公務人員除應享有憲法賦予人民之言論、集會及結社之自由、以及參政等權利外，同時也應依其於執行職務時，能夠做到依法行政、公正執法，不介入黨政派系紛爭，以為全國人民服務。當然，為了讓公務人員不受不當之政治力涉入，以公共利益為前提而勇於任事，有關公務人員之保障與救濟應予同等重視（蔡良文，2007：606-607）。歸納而言，將政治中立之理念予以法制化的具體原因如下：

（一）確保依法行政

依法行政乃是行政中立的基本要件，既然行政中立包含了政治中立，因此確保依法行政當然也就是政治中立法制化的重要原因之一。

蓋法治國家的國家意思之形成、國家機關與人民之關係以及所有政治運作規則，概以法律為準繩。又法律是否發生功能，端視執法者之良莠與是否確切落實執行（翁岳生，1985：103-105）。若以「行政程序法」之立法目的為例，該法是規範行政機關作成行政行為前應遵行一定程序的法律，其立法目的在使行政機關行使公權力時，能透過一套公正、公開的程序及人民參與的過程，強化人民與政府的溝通，以確保政府依法行政，作成正確的行政決定，進而保障人民權益，促進行政效

能。是以其學理基礎大致有：以公益理論為主軸，強調保障人民權益或維護行政效能；或以利益團體政治為主軸，強調提供公平競爭的制度環境（蔡良文，2007：609）。而行政程序法之立法原則，強調以公權力行政為規範，屬普通法性質，採職權主義，以保障人權、提高行政效能為目的，兼顧行政實體法之法理等。事實上，應可再強調引導社會轉型、聯結憲政發展，以及正當化行政權等功能。從依法行政角度思考行政中立法制化之考量大致如同「行政程序法」（蔡良文，2007：609-610）。

　　職此之故，政治中立法制化較能確保公務員依法行政的理念獲得貫徹，而依法行政理念獲得貫徹之後，以下目標將可一一實現：

1. 以公益為主軸，強調保障人民權益或維護行政效能；
2. 保障各政治團體公平競爭的制度環境；
3. 以保障人民權益及提高行政效能為目的；
4. 引導社會轉型向政黨輪替常態化邁進；
5. 強化行政權的正當性。

（二）確保執法公正

　　確保執法公正乃是政治中立法制化的另一個重要原因。誠如稍前所述，正直、廉潔、公平、無偏無私等都是一般國家之民眾對於公務員的操守要求，也可視為是民眾所期待實現的公共價值。而正直、廉潔和無偏無私的具體展現就是執法公正，亦即，唯有執法公正才能印證某公務員是正直、廉潔、公平、無偏無私的公僕，證明她（他）在執行公務和運用職權時，並沒有獲取不當利益而做出圖利及扭曲法令的行為。而政治中立法制化，可以透過制度建立的途徑，保障公務員執法公正免受政治迫害，裨益執法公正理念的貫徹，進而執法公正的最終目的當是實現公共利益。

　　抑有進者，欲落實執法公正之理念，應採取下列原則從事行政行為：

1. 公務員執行法律時以憲政價值為依歸；
2. 將行政裁量中的「物化」動機（例如趨利、避害），轉化成尊重人性尊嚴與實踐社會正義的德行裁量，以強化執法公正之倫理意涵（蔡良文，2007：611）。

3. 執法公正應以國家資源有效分配與運用進而裨益社會公義之實現爲目的。

4. 公務員應重視法治素養，兼顧人品陶冶之德行，以貫徹執法公正。

第三節　各國公務人員政治中立法制

一、美國

美國確立政治中立法制係於1939年8月2日國會通過的「赫奇法」（The Hatch Political Activities Act），其明文規定「聯邦公務人員不得參加任何贊成以武力推翻政府的任何組織，違者論罪」，且逐步推廣其適用範圍，從不許地方公務人員（受聯邦基金補助者）從事政治活動，禁止公務人員充當政黨提名的候選人、政治捐助、發表助選演說、參加選舉等（林文益，1991：145-146；吳秀玲，2009：11）。

1993年國會通過「赫奇法」修正案除少數政治活動限制外，其餘均予放寬，從參與政治活動範圍區分，大致可分爲二類人員（許南雄，2010：95）：

1. 嚴格限制類：包括聯邦競選委員會、情治特勤機構、功績制保護委員會等機構人員。他（她）們禁止參與政黨或從事政治活動，如競選、輔選、政治募款、政見評論等。

2. 寬鬆限制類：可積極參與政治活動，但不得干預選舉、政治捐款、影響他人參與政治活動或尋求黨派性政治職位。

上述兩類人員均有特殊禁止事項，例如在執行職務時、辦公場所中、穿著機關制服或配戴機關標誌時，皆禁止從事政治活動。

此外，在赫奇法及文官管理規則均設有抽象的禁止規定。至於具體的禁止活動則由文官委員會訂定。這些規定大抵如下：

1. 禁止要求競選捐獻；

2. 不得利用職權強制參加政治活動；

3. 不得利用職權或影響力干擾選舉或影響選舉結果；

4. 不得積極參與政治管理或政治競選；

5. 不得為公職候選人；

6. 禁止加入破壞性團體；

7. 得依自己的意志投票，對於政治話題及候選人，有表示個人意見的權利。

美國對於違反行政中立之罰則，中央與地方公務人員有所不同：

1. 聯邦政府公務人員：若裁定確屬違法者，可課以「免職」的最重處分；而最輕處分則為停職停薪30日。

2. 州政府和地方政府公務人員：若遭裁定應予解聘者，則所屬服務機關即須解聘之，或喪失相當於當事人兩年薪資總額之聯邦政府補助款；若裁定不具有解聘當事人之正當理由者，則無需課以任何處罰（銓敘部，2004：15；吳秀玲，2009：11-12）。

二、英國

論者或謂，英國乃是政治中立的發源地，因為該國極為重視常任文官與政務官之差別，是以常任文官之政治權利受到非常嚴格的限制。在英國有個說法是「順、默、隱」係文官的美德，即可一窺堂奧。英國常任文官政治中立制度的歷史淵源及其特性大致臚列如下（許南雄，2010：57-58）：

1. 1850年代英國已規劃實施區分政務官與事務官之體制，政務官以國會議員出任政治職務之官員為主，而行政層次的官吏則經由「文官考選制度」甄選，適用永業制。因此，事務官不得參與政黨或政治活動，而逐漸形成政治中立的傳統。

2. 1884年，國會決議公務人員欲競選下議院議員時，須先行辭職。

3. 1910年樞密院規定「公務人員不能公開涉入政治紛爭而損官箴，參加競選議員前，應即辭職」。

4. 1927年「勞資爭議與工會法」（The Trade Disputes and Trade Union Act）規定，公務人員團體不能具有政治目的，不得與政黨或其他政治團體聯繫。本法亦規定公務人員不得參加工會或罷工，但於1947年修法取消不得參加工會或罷工的限

制。

5. 1949年馬斯勒曼委員會（The Maslermen Committee）研擬公務人員政治活動時將之區分為全國性與地方性兩種範疇，同年工黨「公務人員政治活動委員會（The Committee on the Political Activities of Civil Servants, 1948-1949）建議公務人員政治活動得分為「不受限制」與「限制參加全國性政治活動」（意即經核准後得參加地方政治活動）兩類。上述建議經1953年財政部命令付諸施行。

6. 自1978年以來，英國規範文官參與政治活動之範疇包含三類：

①「政治自由類」（politically free group）：指實業類人員與非編制內人員可自由從事全國或地方政治活動。

②「政治限制類」（politically restricted group）：指中上級、行政見習員及高等文官，禁止參加全國性政治活動，但經核准得參加地方性政治活動。

③「政治中間類」（intermediate group）：指上述人員以外，即下層級員吏與專業技術人員經核准得參加全國或地方政治活動。

根據1953年的統計資料，政治自由類占62%，中間類占22%，政治限制類占16%，上述分類方式，仍沿用迄今。

7. 1960年樞密院規定，任何公務人員不得向選民發表演說或競選。

8. 1970至1980年代，各部公務人員係由財政部常務次長或內閣秘書長負責管理，不受政治干預，各部部長亦加以尊重。

9. 前首相柴契爾夫人執政期間（1979-1990），高階文官「政治化」色彩明顯，對於高等文官的任命與管理，多少帶來衝擊，但傳統與慣例所形成的「永業化、中立與責任分際」體制仍是文官制度的基礎。自1990年代以來，事務官的政治活動範圍漸寬，高階文官與政治首長的幕僚（政治限制類）仍禁止參選國會議員、不得擔任黨職、不得輔選助選與不得公開發表政見或評論。但在報准之後仍可參與地方政治活動。至於中級官吏（「執行官」HEO）以下，則多准許其參與中央或地方政治活動。1996年，英國首度制定並實施「文官管理法」（Civil Service Management Code）與「文官服務法」（Civil Service Code, 1996, 1999修訂），其中仍重申行政責任與政治中立的基本原則，例如其規定：機關首長（部長）有義務接受事務官之公平建議並制定成政策、事務官向機關首長負責、不得破壞或拒絕執行執政黨或政府（首長）的決策與行政活動。

10. 被否決參與政治活動之申請，文官可提起申訴。依現行文官管理法（第12章第1、14節）規定：文官於上述事件發生後8週內得向「文官申訴委員會」申訴，並於4週內提出書面控訴，「文官申訴委員會」受理後得允許申訴人與其機關主管列席答覆詢問、接受證據調查，然後做成裁決。主管如不能接受裁決，則須將該項裁決報請其機關首長重行審核。

11. 政治中立的法制規範多樣而健全。英國政務官與事務官的區隔以及政治中立的體制，已在各種法制上建立了穩固基礎，例如「政務官法」、「文官管理法」、「文官服務法」、樞密院令等規範均甚為明確，加上英國民主政治文化純熟，故該國政治中立似幾乎無可動搖。

12. 英國「文官行為守則」所揭示之文官核心價值中關於政治中立的規定如下（蔡秀涓、陳敦源、余致力、謝立功，2008：99）——

作為一位文官，必須：

①無論執政政黨為何，不論自身的政治信仰為何，遵循此守則的要求，嚴守政治中立、竭盡所能地為政府服務；
②贏得部會首長的信任，並於此同時與未來可能的政府或首長，建立相同的關係；
③遵守政治活動參與的相關限制。

作為一位文官，不得：

①依政黨之考量行事，或將公務資源用於政黨之政治目的；
②以個人的政治觀點提出建議或行動。

三、法國

法國公務人員參加政治活動的限制較諸歐洲其他國家，可說是最為寬鬆者。其「國家公務員法」第6條規定：「公務員之意見自由應予保障。任何政治、職業團體、哲學、宗教上之意見，或因性別、種族之理由，對公務員所做之歧視，均不得為之。」法國法律並不禁止公務人員擔任民選職務，甚至提供對其有力的保障，例如規定不可因公務人員參選期間發表之意見影響其升遷；以及允許其以調職方式兼

任民選職務；倘參選失敗，可重返原職（吳秀玲，2009：9）。

　　該國公務人員享有一般公民擁有的政治權利，法令的拘束較少，以不違反公務人員的義務爲主要條件。政治活動範圍包括（許南雄，2010：133）：

　　1. 大多數公務人員均得自由參加政黨活動，但不得淪入政爭漩渦。

　　2. 公務人員得參加政黨提名候選，如當選國會議員或中央政府公職，須辭去公務人員職務，如當選地方公職則可休職。但均可再回任公務人員職務。

　　3. 公務人員在不妨害執行職務的情況下，得自由發表政治意見，自由參選、助選、輔選。參選期間不必辭去現職而可以休假方式競選。

　　4. 若干特定行政人員（如司法人員）政治活動較受限制，以免妨害獨立審判功能。

　　適用上述「政治中立」基本規範之公務人員包括全國（中央與區域、省、縣各級）機關及其所屬「公營造物」之文職公務人員。基本上，公務人員參加合法政治活動受到保障，亦不受歧視（公務員權利義務法第6條第1項）。法國係成文法（或稱制定法Positive Law）的國家（與德國相似，而與英國不同），公務員必須遵守法制規範，行政法院的判例也規定公務人員執行職務時，應該公正地嚴守法令，以服務公共利益。亦即公務人員依法行政的過程中，不可偏袒任何黨派或私人利益，而在個人意見發表的自由範疇內，也不得違害或侮辱其長官或官署（許南雄，2010：133）。

　　總之，法國公務人員參與政治活動，並不像我國有具體的規範項目，只要不妨害職務即可參與，與所有公民相同，得自由發表政治意見，亦得自由參選、助選、輔選；對參加政黨亦無任何禁止或限制的法令，加入反對黨亦無妨。在慣例上高級公務人員必須請假後，才能參與政治活動。在競選國會議員期間，可支原俸給並給休假從事競選活動。得兼任民選公職，但執行國會議員職務時，其身分應改爲派遣服務（吳秀玲，2009：10）。

四、德國

　　德國關於行政中立法制之起源相當早，1919年《威瑪憲法》已將公務人員中

立義務入憲。二次戰後，有鑑於納粹和法西斯政黨的影響，1950年聯邦政府特別列舉對自由民主的基本秩序，有顛覆意圖的13個極左、極右政黨或團體名稱，禁止公務人員參與其組織或活動，如有違反者，應受免職懲戒處分。1953年德國「聯邦公務員法」第52條規定：「公務人員為全國人民服務，而非為一黨派服務，且需公平與公正履行職責，執行職務時應注意公共利益之維護。公務員應以一切行為維護並保障基本法之自由民主的基本秩序」。而同法第53條規定：「公務人員應注意其身分與全體之關係，並考慮其職位上之義務，對政治活動應節制，或採取保守之態度」。是以，公務人員從事政治活動時負有「慎重與節制」義務（林文益，1991：155-162；陳英鈐，2002：40；吳秀玲，2009：10）。

簡言之，德國對政治活動要求公務員儘量自制，減少或採取保守的態度。一般政治活動的範圍約如下述（許南雄，2010：164-165）：

1. 公務員參加選舉（可休假兩個月參選，亦稱選舉假）而成為國會議員，須辦離職，公務員如獲政治任命，結束職務後得回任公務人職位。如當選地方各邦或市鄉鎮議員，則可兼任。

2. 公務員得表達政治意見，不得有計畫的煽惑或違背「忠誠義務」與自由公民的原則。

3. 公務員禁止參加偏激性質之政治團體，凡違背自由民主而具顛覆性的極左、極右政黨或其他社團，均禁止參加，違反此一規定者，須受懲戒（可能免職）。

4. 德國聯邦公務員不論其為常任文官或契約職與勞動職公務員，均受上述法制規範。

德國公務員深具服從或遵守法制的精神，公務員是整體國家利益（the entire body politic）的服務者，故公務員不得涉入政黨、派系，其執行職務必以公共利益為依據，此等政治文化的背景，乃是事務官政治中立的堅實基礎。

此外，德國有關行政中立法制最大特色係在於違反行政中立的罰則，其懲戒規定較為嚴密。依「聯邦公務員法」規定，凡違法失職公務人員，除受刑事處分外，另有懲戒處分。懲戒種類包括警告、申誡、罰金、減俸、停止晉級、降級、降職及免職等方式，以此架構了德國嚴謹的行政中立法制，甚至超越重視程序正義的英美法國家（吳秀玲，2009：10-11）。

五、日本

　　日本的行政中立法制以嚴謹細密著稱，其對公務人員政治活動之限制和規範之強度，可謂獨步世界。1947年公布施行的《日本憲法》第15條第二項規定：「所有公務人員係全國國民之服務者而非部分國民之服務者」，由憲法的高度架構了行政中立的價值體系，同年並以此爲基礎制訂《國家公務人員法》，明訂「政治目的」和「政治行爲」之定義和限制。例如該法對政治行爲的限制規定，分爲下列四類：

1. 政治性捐款；
2. 爲民選公職候選人；
3. 爲政黨或其他政治團體之職員等；
4. 其他人事院規則規定之政治行爲。

　　日本除謹愼地對《國家公務人員法》做解釋外，於1950年則公布了「地方公務員法」，將政治活動做更嚴密的限縮，該法第36條規定：

　　1. 公務人員不得參加政黨及其他政治團體之組成，或擔任此等團體之幹部，亦不得勸誘他人加入或不加入此等團體之成員。

　　2. 公務人員不得以支持或反對特定之政黨或其他政治團體，或特定之內閣或地方公共團體之執行機關爲目的，或在公開選舉或投票時，以支持、反對某特定人物或事件，而從事下列政治活動。但在各該公務人員所屬地方公共團體管轄區外，則得爲下列之政治活動——

　　①在公開選舉或投票時，勸誘他人作爲或不作爲。
　　②參與募捐或其他勸募款物之行爲。
　　③除前列各款規定者外，以條例規定之政治行爲。

　　3. 任何人不得要求公務人員，或教唆、煽動公務人員，爲前述規定之政治活動，或給予、或企圖給予所約定已任用職務、俸給及其他有關公務人員地位之利益或不利益，作爲公務人員對前述規定政治活動之作爲或不作爲之代價或報復」（銓敘部，2004：60；吳秀玲，2009：12-13）。

　　除了「國家公務人員法」和「地方公務員法」兩部嚴謹的法律規範外，日本還有「公職選舉法」，以徹底避免公務人員介入選舉，影響選舉公正性。除此之外，

日本的「政治資金規正法」（相當我國之政治獻金法）第22-9條也詳盡規範公務人員不得接受政治活動相關捐獻或是要求他人參與政治活動捐獻（吳秀玲，2009：13-14）。

　　日本政治中立法制最具特色之處是在罰則中規定了刑事責任。使得日本成為在現代各民主先進國家中，對公務員政治權利限制最嚴的國家，如「國家公務員法」第103條、「地方公務員法」第36條，均嚴格規定「國家或地方公務員不得參加黨政活動而妨礙政治中立體制，違反此等規範及相關的人事院規則，得處『有期徒刑』兩年及『罰金』，或免職等懲戒處分」，可見政治中立的規範是日本公務員的基本義務與責任（許南雄，2010：164-165）。

六、加拿大

　　加拿大在其「公務員僱用法」（Public Service Employment Act, PSEA）中強調公共服務的非黨派性與功績原則。該法在第七部分（第111 條至222條），專門針對公務員的政治活動進行規範，茲說明如下（蔡秀涓、陳敦源、余致力、謝立功，2008：264）。

（一）立法目的與範圍

　　「公務員僱用法」第112 條指出，此一部分立法目的，在於維持公共服務政治中立性的前提下，肯定公務員參與政治活動的權利。所謂的政治活動，在第111條界定如下（蔡秀涓、陳敦源、余致力、謝立功，2008：264）：

　　1. 持續參與支持或反對特定政黨的活動；
　　2. 在選舉之前或期間，持續參與支持或是反對特定候選人的活動；
　　3. 在選舉之前或期間，尋求被提名為候選人。
　　4. 至於本法所謂「選舉」（election）規範的對象與範圍（111條），則是包含了聯邦、省（provincial）、特區（territorial）與市（municipal）的選舉。聯邦選舉意指參議員的選舉；省選舉意指省立法者的選舉；特區選舉意指特區議會或立法會選舉；而市的選舉，則包括了各級地方政府的民選首長與民意代表。

（二）一般公務員參與政治活動的規範

1. 允許的政治活動與管制

此一部分第113條規定，基本上，公務員只要在執行勤務時，不會因爲個人政治偏好而有政治不中立的行爲，或是被認爲政治不中立，均可參與政治活動。以聯邦政府層級而言，對於閣員或高級文官，治理委員會（Governor in Council）基於公共服務委員會的推薦，於考慮政治活動的本質，以及特定職務與職級的工作性質與義務後，可以另訂管制規則（蔡秀涓、陳敦源、余致力、謝立功，2008：264）。

2. 參與選舉的相關規範

一般公務員無論上述所規範的哪一種選舉，在選舉前或選舉期間，欲尋求政黨提名時，均需要事先向公共服務委員會提出申請，並獲得留職停薪許可後，才得以參選。委員會必須考慮該項申請是否符合113條的規定、該申請人有無能力表現出公正的行爲、選舉的性質、該公務員應盡的義務性質，以及職位的層級與能見度等因素，決定是否批准該項申請。一旦公務員申請參與政治活動的案件被公共服務委員會批准，只要其公開宣佈參選，就不再是公務員（114 條至116條）。但是，由於加拿大政府與其他OECD 國家想法與作法類似，均認爲越高層級者的政治活動，應受到越嚴格的規範。所以，各機關副首長，即使連選舉投票，在117 條都規定爲「不應該參與」（蔡秀涓、陳敦源、余致力、謝立功，2008：264-265）。

（三）公共服務委員會（Public Service Commission）處理政治中立案件的職權

「公務員僱用法」從第118條至122條，主要都在規範公共服務委員會處理政治中立案件的職權與行使方式。基本上，公共服務委員會對於公務員（包含副首長在內）上述違反政治中立規範的任何案件，都有權力進行調查。委員會可以自行進行調查或指派定人員負責，一旦調查屬實，該名公務員就會遭到解職，或是採取適當的矯正處理（蔡秀涓、陳敦源、余致力、謝立功，2008：265）。

第四節　我國「公務人員行政中立法」

　　我國民主政治日趨成熟，政治中立的課題成為各界關注的議題。社會輿情對於我國官僚體系長年浸染於一黨主政的體制之下，可能無法接受政黨更替執政之事實或於選舉過程中保持超然立場之疑慮，似乎也隨著政黨輪替的發展逐漸淡去，但公務人員政治中立的法制化仍是朝野高度重視的課題。因此，經過長時期之努力，考試院提議之「公務人員行政中立法」，業已於民國98年5月19日由立法院三讀通過，並於民國98年6月10日由總統公布施行，讓我國政治中立正式邁向新紀元。本節將探討我國政治中立法制，俾使讀者瞭解政治中立實務運作的規範。首先扼要敘述我國的行政生態，指出建立政治中立法制的重要性；其次介紹我國「公務人員行政中立法」的內容。

一、我國的行政生態需要一部政治中立法典

　　我國的行政生態致使政治中立之實踐遭遇困境，可從公共官僚體系內、外二個層面扼要析論之，並據此呈現政治中立法制的重要性。

（一）公共官僚體系內部生態

　　公共行政人員的工作情境不可能完全不受政治因素影響，在永業化官僚體制高度發展的國家尚且如此，何況我國中、高階公共行政人員總是受到政治因素左右其前景。我國公務人員永業化的體制雖然根基深厚，卻仍有不足之處，中高階主管的職位總是會隨著首長進退有所調整，位居高階的公共行政人員在選舉過程被要求配合輔選等情形，時有所聞，此外常務次長隨部會首長進退、常務次長轉任政務次長等情形更是常見。惟隨著政黨輪替執政的民主新紀元來臨，永業化的公職與黨職互通的情形可以說已不復存在，至少是一種進步。但公共行政人員升遷視首長的立場、親疏而定（基於派系、五同關係等）的情形（天下雜誌，1994/11：125），仍不能說全然消失。基於以上生態，政治中立法制的重要性在於其能夠確立公共行政人員與政治互動的行為分際，並保障公共行政人員在嚴守政治中立原則時不受迫害。

（二）公共官僚體系外部生態

我國民意代表介入和干預政策執行的情形時而可見，關說風氣已爲我國政治運作的一種常態。近年來由於選舉頻仍，基於選票壓力，民代的關說文化似乎更爲盛行。公共行政人員希望堅守政策目標、依法行政，常感無能爲力、公僕難爲（天下雜誌，1994/11：134-135）。基於此一生態，政治中立法制的重要性在於提供公共行政人員依法行政時不受不當干預的屏障，並且可以促使公共行政人員無偏無私地克盡其職責。

二、我國「公務人員行政中立法」的內容

綜觀我國「公務人員行政中立法」的內容，其主要立法意旨在於希望貫徹公共行政人員政治中立的理念，可謂爲因應前述行政生態所設計的一套法制，此從該法之立法總說明可見一斑。誠如該法之立法總說明指出：

公務人員行政中立法之制定、施行，祈使今後公務人員有關行政中立之行爲分際、權利義務等事項有明確之法律依據可資遵循，俾使其於執行職務時，能做到依法行政、公正執法，不偏袒任何黨派，不介入政治紛爭，以爲全國人民服務。對於提昇政府效率與效能，健全文官體制，助益尤多；因此，本法條文之研擬期間，極爲審慎，期臻周延。另鑑於憲法或法律規定須超出黨派以外之政務人員，其遵守行政中立規範之要求，應與常任文官之公務人員相同，爰依其職務特性，納入本法規範，俾臻完備。

我國「公務人員行政中立法」的立法過程頗爲繁複、耗時，該法草案由銓敘部研擬，隨後報請考試院審議，分別於民國83年12月30日、92年9月19日及94年10月13日三度函請立法院審議，但均未能完成立法程序，最後終於在98年5月19日由立法院三讀通過，並於民國98年6月10日由總統公布施行。該法全部條文共計20條，以下臚列敘述其要點。

（一）「行政中立」之法律意涵

　　此處首先必須特別說明的是，本文前述皆使用「政治中立」一詞，乃是採取一般學界對公務員政治立場、處理政黨事務中立之倫理行為的定義和概念名詞，此與我國「公務人員行政中立法」所規範的行為內涵並無二致。以下介紹我國此一法制時，本文完全尊重考試院使用「行政中立」一詞的理由。

　　根據該法的立法說明指出，該法名稱為「公務人員行政中立法」而非「政治中立法」（雖然內容以「政治中立」為主軸），乃是考試院對行政中立與政治中立二者意義審慎研酌並參考專家學者意見的結果。

　　歸納言之，考試院決定使用「行政中立」為該法名稱，其所提出之理由在於：

　　第一，「行政」與「政治」事實上不可能分離，所以稱為政治中立並不恰當。

　　第二，該法名稱採用「行政中立」而未採用「政治中立」一詞，主要考量「行政中立」是就「行政之立場與態度」而言，它至少包括三點意義——

　　①公務人員在職期間應盡忠職守、盡心盡力，推動政府政策，造福社會大眾；

　　②公務人員在處理公務上，其立場應超然、客觀、公正，一視同仁，既無偏愛也無偏惡；

　　③公務人員在日常活動中不介入地方派系或政治紛爭，只盡心盡力為國為民服務。

　　第三，「行政中立」乃指公務人員應大公無私，造福全民，不得偏倚之意，故採用「行政中立」一詞，旨在要求公務人員應依法行政、執法公正並建立公務人員之政治活動規範。而「政治中立」一詞，僅及於公務人員政治行為之中立，未能涵括更為重要之依法行政、執行公正。

　　第四，使用「政治中立」一詞易遭誤解為要求公務人員應放棄其政治立場及憲法所保障之集會結社等基本權利。

（二）規範對象

1. 適用對象——

　　該法第2條中明定適用對象即該法所稱「公務人員」，意指：

　　第一，法定機關依法任用、派用之有給專任人員。

第二，公立學校依法任用之職員。

而在該條文說明中，則進一步指出該法不適用之對象：

第一，政務人員及民選地方行政首長。因為其係政治任命或民選產生，與常任文官有別，其遵守之行政中立事項，基於其身分屬性及法律體系之一貫性，應於政務人員法草案另為規範。

第二，軍人及教師。因為其應遵守之行政中立事項，應另以其他法律規範，理由是——

①依憲法第138條規定「全國陸海空軍，須超出個人、地域及黨派關係以外，效忠國家，愛護人民」；第139條規定「任何黨派及個人不得以武裝力量為政爭之工具。」故要求軍人行政中立之標準，理應高於公務人員，且基於文武分治原則，自應依據憲法及軍人職務特性，於相關軍事法令中另予規範。

②教師係從事教學、研究工作，並享有憲法保障之言論、講學等自由，且教師法公布施行後，教師與公務人員已分途管理，而教師之權利義務亦於教師法中加以規範，故如要求其行政中立，宜因其職務特性而於教師法中明定。

③考試院業於92年9月19日分別函請國防部及教育部，建請配合制定或修正相關法律，以規範軍人及教師之行政中立事項。

此外，法官從事審判之行為依憲法第80條規定，須超出黨派以外，依據法律獨立審判，憲法已有規範，原不受該法之規範，但是法官審判外之行為仍適用該法。然而，若是其他法律（例如法官法）有更嚴格規定者，當從其較嚴之規定。

2. 準用對象——

該法第17條明定準用本法之對象如下：

第一，公立學校校長及公立學校兼任行政職務之教師。

第二，教育人員任用條例公布施行前已進用未納入銓敘之公立學校職員及私立學校改制為公立學校未具任用資格之留用職員。

第三，公立社會教育機構專業人員，例如公立博物館和美術館的研究員；以及公立學術研究機構研究人員，例如中央研究院的研究員。

第四，各級行政機關具軍職身分之人員（如總統府、國家安全會議、國家安全局、行政院海岸巡防署、國防部及其所屬機關等）及各級教育行政主管機關軍訓單

位或各級學校之軍訓教官。

第五，各機關及公立學校依法聘用、僱用人員。

第六，公營事業機關人員。

第七，經正式任用為公務人員前，實施學習或訓練人員。

第八，行政法人有給專任人員。

第九，代表政府或公股出任私法人之董事及監察人。

第十，憲法或法律規定須超出黨派以外，依法獨立行使職權之政務人員。

上列第一至第四項人員均因為可能接觸行政機關人員或學校學生等，為免其不當動用行政資源違反行政中立，故該法納入準用對象。而第五項各機關之聘僱人員，雖係政府機關及公立學校以契約進用之人員，惟該等人員之人事管理與公務人員大致相同，亦有不當動用行政資源，或被要求違反行政中立之可能，故納入該法準用對象。第六項公營事業人員雖係屬企業經營體系成員，惟其職務乃執行特定公共任務。且公營事業之經費或補助亦多由政府編列預算支應，所以公營事業人員掌握相當行政資源，為免其不當動用行政資源違反行政中立，所以納入該法準用對象。第七項未正式任用但已參加學習或訓練之人員，是指那些經考試錄取須接受「訓練」「學習」始能取得考試及格資格之準公務人員，雖尚未經正式任用為公務人員，但其亦有執行公權力或握有行政資源，或有被要求違反行政中立之可能，所以納入本法準用對象。第八項行政法人之有給專任人員，基於行政法人係依法律設立，其職務為執行特定公共任務，且行政法人之經費多由政府編列預算支應，所以行政法人之有給專任人員於執行職務時，掌有一定程度之行政資源，可能有不當動用之虞，故將其併納入該法準用對象。第九項代表政府或公股出任私法人之董事及監察人，握有豐富之資源，可能有不當動用之虞，且公職人員財產申報法，亦將之列入財產申報之對象，故將其納入該法準用對象。第十項所列之政務人員，例如中央與地方選舉委員會主任委員、考試委員、監察委員、大法官等，其職務屬性須超越黨派，自不得參加政黨活動，以及為公職候選人助選。是以其遵守行政中立規範之要求，應與常任文官之公務人員相同。至於其他隨政黨或政策成敗進退之政務人員，以及民選之地方行政首長，其行政中立事項與常任文官應有不同層次之規範，自應依其身分屬性，於政務人員法草案另予規定。

（三）行政中立的基本原則

該法宣示行政中立之原則如下——

第一，依法行政，忠實推行政策（第3條）；

第二，依法公正執行職務，不得對任何團體或個人予以差別待遇（第4條）。

（四）公務人員參與政黨或政治活動的分際

公務人員得加入政黨或其他政治團體（第5條），因憲法第14條規定人民有集會及結社之自由，故不宜因人民具有公務人員身分，而剝奪其憲法所賦予之集會結社權利。但對於參與政黨或政治活動的分際，則有以下的限制規定：

第一，不得兼任政黨或其他政治團體之職務（第5條）。為使公務人員忠誠努力執行職務，故限制公務人員不得兼任政黨或其他政治團體之職務，以免有偏私行為發生。

第二，不得介入黨政派系紛爭（第5條）。

第三，不得兼任公職候選人競選辦事處之職務（第5條）。公務人員兼任各候選人競選辦事處之職務，可能與本身執行公務人員職務之角色混淆，並不當動用行政資源，所以在第5條第3項明確規範公務人員不得兼任公職候選人競選辦事處之職務。

第四，不得利用職務上之權力、機會或方法，使他人加入或不加入政黨或其他政治團體，亦不得要求他人參加或不參加政黨或其他政治團體有關之選舉活動（第6條）。此乃為維護公務人員執行公權力之威信及公正性，故禁止公務人員從事上述行為；

第五，不得於上班或勤務時間，從事政黨或其他政治團體之活動。但依其業務性質，執行職務之必要行為，不在此限。以上所稱上班或勤務時間，指下列時間——

①法定上班時間。

②因業務狀況彈性調整上班時間。

③值班或加班時間。

④因公奉派訓練、出差或參加與其職務有關活動之時間（第7條）。

鑑於公務人員於上班或勤務時間，本應盡忠職守，為全體國民服務，所以於第

7條第1項規定公務人員不得於上班或勤務時間,從事政黨或其他政治團體之活動,包括不得於政府機關內部成立政黨之黨團等類似之組織。然而,公務人員依其業務性質,執行職務之必要行為,如警察執行蒐證任務、國家安全局人員的總統維安任務、中央政府機關首長及特定人士的安全警衛等,則不在禁止之列。

第六,不得利用職務上之權力、機會或方法,為政黨、其他政治團體或擬參選人要求、期約或收受金錢、物品或其他利益之捐助,亦不得阻止或妨礙他人為特定政黨、其他政治團體或擬參選人依法募款之活動(第8條)。本條規定係為確保公務人員執行職務不偏不倚,另此處所稱「擬參選人」,意指「政治獻金法」第2條及第12條所定義之在規定期間內,已依法完成登記或有意登記參選公職之人。

第七,不得為支持或反對特定之政黨、其他政治團體或公職候選人,從事下列政治活動或行為——

①動用行政資源編印製、散發、張貼文書、圖畫、其他宣傳品或辦理相關活動。

②在辦公場所懸掛、張貼、穿戴或標示特定政黨、其他政治團體或公職候選人之旗幟、徽章或服飾。

③主持集會、發起遊行或領導連署活動。

④在大眾傳播媒體具銜或具名廣告。

⑤對職務相關人員或其職務對象表達指示。

⑥公開為公職候選人站台、遊行或拜票。

⑦其他經考試院會同行政院以命令禁止之行為。上述所稱行政資源,指行政上可支配運用之公物、公款、場所。房舍及人力等資源(第9條)。

本條文的意義在於,公務人員應注意其身分之特殊性,並考慮其職務上之義務,對政治活動應自制,或採取中立之態度,除具體規定公務人員不得從事之政治活動或行為外,另為期周延可行,授權考試院會同行政院以命令發布公務人員不得從事之政治行為。

第八,不得利用職務上之權力、機會或方法,要求他人不行使投票權或為一定之行使(第10條)。不過,公務人員經長官依相關法令派遣部屬任務,例如選務機關公務人員、警察因執行勤務等,致無法行使投票權者,並不違反本條之規定。

（五）公務人員競選公職的處理方式

公務人員登記為公職候選人者，自候選人名單公告之日起至投票日止，應依規定請事假或休假。公務人員依前項規定請假時，長官不得拒絕（第11條）。此項規定是為避免公務人員登記為公職候選人並經選務機關公告後，運用職權作為競選資源，或因其參選行為影響機關整體工作。

（六）公務人員需公平對待所有政黨及政治團體

公共行政人員政治立場中立主要體現於其秉公處理公務，對所有黨派、團體、候選人均應依法公正、公平對待，因此該法為確保上述精神之落實亦有如下規定：

第一，公務人員於職務上掌管之行政資源，受理或不受理政黨、其他政治團體或公職候選人依法申請之事項，其裁量應秉持公正、公平之立場處理，不得有差別待遇（第12條）。本條係規定公務人員對所有政黨、政治團體或公職候選人依法申請之事項，其裁量應公正、公平處理，不得有歧視或不平等的對待方式。

第二，各機關首長或主管人員於選舉委員會發布選舉公告日起至投票日止之選舉期間，應禁止政黨、公職候選人或其支持者之造訪活動，並應於辦公、活動場所之各出入口明顯處所張貼禁止競選活動之告示（第13條）。本條主要目的在於營造公務人員行政中立之環境。

（七）對公務人員政治中立行為之保障

政治中立法制若缺乏對公務人員嚴守政治中立立場的保障條款，則該法制便形同具文，故該法對此有相關規定：

第一，長官不得要求公務人員從事本法禁止之行為。長官違反前項規定者，公務人員得檢具相關事證向該長官之上級長官提出報告，並由上級長官依法處理，未依法處理者，以失職論，公務人員並得向監察院檢舉（第14條）。本條所約束的對象是行政中立行為者之長官，以保障公務人員之權益，落實政治中立。又為有效處理長官違反政治中立時之情形，讓公務人員得向監察院檢舉之規定。惟原則上，為免監察院是類案件不當激增，所以在條文中仍以優先向該違反政治中立之長官的上級長官報告為原則。同時，為避免造成誣控濫告之情形，故適度課予公務人員檢具相關事證之責任。

第二，公務人員依法享有之權益，不得因拒絕從事該法禁止之行為而遭受不公

平對待或不利處分。公務人員遭受前項之不公平對待或不利處分時，得依「公務人員保障法」及其他有關法令之規定，請求救濟（第15條）。

（八）對違反政治中立行為之處罰

行政中立法制若缺乏對違反行政中立行為之處罰規定，則該法制亦形同具文，故該法對此有相關規定：公務人員違反本法，應按情節輕重，依公務員懲戒法、公務人員考績法或其他相關法規予以懲戒或懲處，其涉及其他法律責任者，依有關法律處理之（第16條）。

茲將上述「公務人員行政中立法」之主要架構與內容要點呈現如表1-1。

表11-1　「公務人員行政中立法」之主要架構與內容要點

目的		使文官系統體現為國家道德正義的化身，以建立值得信賴與尊敬的政府。
主要內容	適用對象	1.常任事務文官。 2.憲法明定依據法律獨立行使職權之政務官、法官。 3.基於職務性質之政務官，如監察委員會或負責選務之最高負責人等。
	服務對象	1.一般人民（包括壓力團體、利益團體）。 2.民選首長、民選代表。 3.各級長官（包含政務官與事務官）。
	服務原則	1.忠於國家，為民效命，為民服務。 2.依法行政、其執行職務不因不同之政黨或利益團體等，而有所不同，更不介入黨爭、政爭、派爭。 3.對長官陳述不同意見之權利與義務應予制度化。 4.不得利用職權影響、干擾選舉或選舉結果。 5.公務員於離（退休、離職）職後三年內，不得任職與其原主管職務相關之民間營利事業機構。
	保障原則	1.公務員身分、地位及權益之保障。至其具體保障規定，則另以公務人員保障法規範之。 2.保護、鼓勵舉發貪污、賄賂（選）等貪瀆枉法之告密者。 3.從寬認定請願行動的合法性。 4.賦予公務團結權及視其業務性質適度准許怠工權。 5.健全申訴制度，強化救濟途徑。
	限制活動	1.公務員不得利用職權推展或從事政治活動。 2.公務員不得利用職權勸募政治捐助。 3.依公務人員中央與地方之層級、職務性質等高低於非上班期間合理限制參加全國性或地方性政治活動。 4.公務人員不得擔任各項公職候選人之助選員。 5.基於職務性質而適用本法之政務官，不宜擔任政黨組織職務。

表11-1　「公務人員行政中立法」之主要架構與內容要點（續）

懲罰原則	1.違反「依法行政」、「行政公正」規定者，適用公務員懲戒法有關懲戒處分。 2.對誣告、濫告者之處分規定。 3.對離職者違反上開服務原則第5項者之處分規定。 4.參照美國赫奇法、德國公務員法及日本國家公務員法與地方公務員法有關罰則規定，對違犯政治活動限制或禁止規定者，分別加以處分。
附註	採單獨立法規範公務人員行政中立，將首創世界立法先例，可充分表明我國推動行政中立制度之決心，且以本法之規範密度應予提高，以彰顯決策者（包括立法者）之規範決心與企圖。

資料來源：蔡良文，2007：618。

三、對我國「公務人員行政中立法」的簡評

「公務人員行政中立法」的制定，無疑是我國民主政治漸臻成熟的重要一步，值得肯定。然根據以上內容的介紹與分析，以下仍要提出二點值得思考的課題：

（一）本法應可明示行政中立以公共利益之實現為最終目標

該法在宣示行政中立的基本原則時，未能著眼於公共行政具有捍衛公共價值與公共利益之責任，亦即要求公務人員行政中立應該是以實現公共價值與公共利益為其目標，而不僅是忠誠執行任務而已。

（二）本法未能設計具體明確之罰則

該法對於公務人員因行政中立行為而遭致長官不當對待、長官要求公務人員或公務人員本身違反該法之行為，未能設計具體明確之罰則，可能導致該法的效果受限。

（三）本法將公立學術研究機構研究人員納入規範而有箝制學術自由之虞

論者指出，本法基於講學自由未將教師列為適用對象，而兼任行政職的公立學校教師比照公務人員，適用本法，應遵守政治中立行為，較無疑義。但通過三讀之版本卻將草案中「公立學術研究機構兼任行政職務之研究人員」中之「兼任行政職務之」七個字刪除，致使所有公立學術研究機構研究人員，例如中央研究院研

究員，納入「行政中立法」的規範，則有影響學術自由之虞（吳秀玲，2009：15-16）。

（四）本法實質內涵與法之名稱似不相符

　　考試院在立法說明指出，本法名稱定為「公務人員行政中立法」乃是因為「行政中立」一詞意謂公務人員應大公無私，造福全民，不得偏倚之意，故採用「行政中立」一詞。而「政治中立」一詞，僅及於公務人員政治行為之中立，未能含括更為重要之對待全民應依法行政、執行公正。以上說法從學理角度而言，考試院的界定和理解完全正確，但是見諸本法所規範內涵，幾乎僅限於政治中立，並無規範行政中立之事項。因此，法之名稱雖如考試院所稱，有期許公務人員行政不偏不倚之意，但法之實質內涵卻與此理念無關，故有審酌空間。

四、我國行政中立法制配套系統

　　誠如前述，我國「公務人員行政中立法」並未明訂罰則，而是必須運用「公務員懲戒法」、「公務人員考績法」或其他相關法規（例如刑法、選罷法等）予以懲戒或懲處。因此，從整體的系統角度看待我國行政中立法制，似較為真確。學者蔡良文（2007：617）便指出我國完整的行政中立法制體系應是如圖11-2所示。

五、我國與他國相關法制之比較

　　以下引用吳秀玲（2009）針對我國「公務人員行政中立法」與法、美、德、日四國相關法制所做之比較如表11-3所示，提供讀者參考省思。

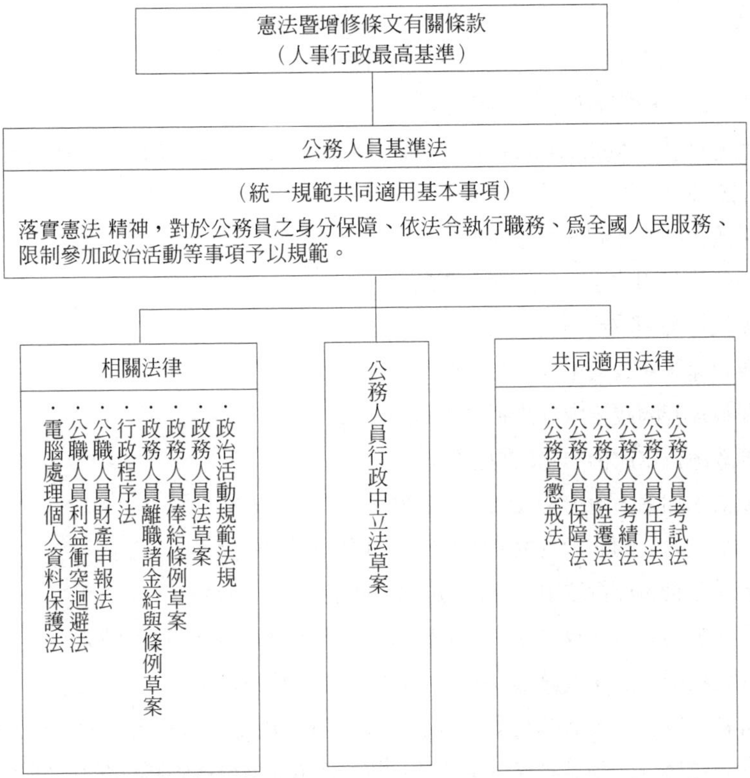

圖11-2　我國行政中立法制完整體系

資料來源：蔡良文，2007：617。

表11-3　我國政治中立法制與外國相關法制之部分規範事項的比較

規範事項 ＼ 國別	日本	德國	美國	法國	我國
要求他人政治獻金	✕	✕	✕	✕	✕
表示或支持特定政黨	✕	○	○	○	✕
公開助選	✕	○	○	○	✕
兼任政黨職務	✕	○	○	○	✕
表演、主持或援助有政治目的之戲劇行為	✕	○	○	○	✕
發行具有政治目的之文書圖畫、唱片	✕	○	○	○	○
非公職工作時間參加政黨活動	✕	○	○	○	○

✕表示禁止；○表示開放。

資料來源：吳秀玲，2009：14。

自我評量

一、行政中立的一般定義與目的為何？

二、請說明薛德勒（Andreas Schedler）所提出之五種民主鞏固階段與文官政治中立發展進程的對應。

三、請分析政治中立法制的學理基礎。

四、請扼要敘述美國政治中立法制之要點。

五、請扼要敘述英國政治中立法制之要點。

六、請扼要敘述法國政治中立法制之要點。

七、請扼要敘述德國政治中立法制之要點。

八、請扼要敘述日本政治中立法制之要點。

九、請扼要敘述加拿大政治中立法制之要點。

十、試就所知析論我國的行政生態需要行政中立法制的原因。

十一、我國「公務人員行政中立法」為何以「行政中立」命名？

十二、我國「公務人員行政中立法」所宣示的行政中立基本原則為何？

十三、請簡述我國「公務人員行政中立法」規範的對象為何？

十四、請解釋我國「公務人員行政中立法」第七條之規定：公務人員不得於上班或勤務時間，從事政黨或其他政治團體之活動，其中「上班或勤務時間」之意義為何？

十五、我國「公務人員行政中立法」規定公務人員不得運用行政資源為特定候選人助選，其所稱之「行政資源」意義為何？

十六、請列舉三項我國「公務人員行政中立法」關於公務人員參與政黨或政治活動分際的規定？

十七、我國「公務人員行政中立法」對於保障公務人員行政中立行為之規定為何？

十八、我國「公務人員行政中立法」對於違反行政中立行為之處罰規定為何？

十九、試依己見簡單對我國「公務人員行政中立法」做一評價。

二十、請扼要說明我國完整的行政中立法制配套系統應為何？

二十一、請扼要比較我國「公務人員行政中立法」與法、美、德、日等國相關法制規範政治活動之要項。

參考文獻

一、中文部分

工商時報（200/10/12）。史蒂格利茲砲轟布希減稅政策。取自：http://ec.chinatimes.com.
　　tw/scripts/chinatimes/iscstext.exe?DB=ChinaTimes&Function=ListDoc&From=4&Sing
　　le=1。檢索日期：2012年1月22日。

天下編輯部（1993）。**變形蟲組織**。台北市：天下。

天下雜誌（1994/11）。政府再造特刊，116-168。

毛榮富（1991）。傅柯。載於葉啓政（主編）**當代西方思想先河**。台北市：正中。

王又如（譯）（1995）。西方心靈的激情（原作者：R. Tarnas）。台北市：正中。

王汶成（2010）。文本基礎主義：回到文學研究的人文指向。**中國社會科學報**。取自：
　　http://www.literature.org.cn/Article.aspx?id=65876。檢索日期：2012年1月18日。

仰哲出版社西洋哲學編譯小組（譯）（1982）。**西歐理性論哲學資料選輯**（原作者：R.
　　Descartes等）。台北市：仰哲。

仰哲出版社西洋哲學編譯小組（譯）（1984）。**英國經驗論哲學資料選輯**（原作者：F.
　　Bacon等）。台北市：仰哲。

任宏傑（2005）。後現代哲學中的基礎主義傾向。取自：http://devilred.pixnet.net/blog/
　　post/6661501-%E5%BE%8C%E7%8F%BE%E4%BB%A3%E7%BE%A9%E5%93%B2
　　%E5%AD%B8%E4%B8%AD%E7%9A%84%E5%8F%8D%E5%9F%BA%E7%A4%8E
　　%E4%B8%BB%E7%BE%A9%E5%82%BE%E5%90%91。檢索日期：2011年12月26
　　日。

朱元鴻、馬彥彬、方孝鼎、張崇熙、李世明（譯）（1994）。**後現代理論：批判的質疑**
　　（原作者：S. Best與D. Kellner）。台北市：巨流。

江岷欽、林鍾沂（1995）。**公共組織論**。新北市：國立空中大學。

余致力（2000）。論公共行政在民主治理過程中的正當角色：黑堡宣言的內涵、定位與

啓示。公共行政學報，4，1-2。

余致力（2001）。民意與政策分析。載於張四明、余致力（合著），政策分析（85-112）。新北市：國立空中大學。

吳秀光、許立一（2008）。公共治理。新北市：國立空中大學。

吳定、張潤書、陳德禹、賴維堯、許立一（2007）。行政學（上）（修訂再版）。新北市：國立空中大學。

吳定、張潤書、陳德禹、賴維堯、許立一（2007）。行政學（下）（修訂再版）。新北市：國立空中大學。

吳秀玲（2009）。我國《公務人員行政中立法》之評析。T&D飛訊，86，1-19。

吳瓊恩（2002）。公共行政學發展趨勢的探究：三種治理模式的互補關係及其政治理論基礎。公共行政學報，7，173-220。

吳瓊恩（2005）。行政學的範圍與方法（2版）。台北市：五南。

李英明（1986）。哈伯馬斯。台北市：東大。

李茂興、李慕華、林宗鴻（譯）（1992）。組織行為（原作者：S. P. Robbins）。台北市：揚智文化。

李謁政（1999）。建構社區美學：邁向台灣集體記憶之空間美學。文建會主辦1999社區美學研討會宣讀之論文。台北市。

沈清松（1993）。從現代到後現代。哲學雜誌，4，4-25。

周功和（2004）。Plantinga的知識論應用在詮釋學。華神教師研討會宣讀之論文。取自：http://wwwlibe.ces.org.tw/library/thesis/Articles/%E5%91%A8%E5%8A%9F%E5%92%8C_Plantinga%E7%9A%84%E7%9F%A5%E8%AD%98%E6%87%89%E7%94%A8%E5%9C%A8%E8%A9%AE%E9%87%8B%E5%AD%B8.pdf。檢索日期：2012年1月10日。

周伯戡（譯）（1983）。社會思想的冠冕：韋伯（原作者：D. G. MacRae），台北市：時報文化。

周育仁、詹富堯（2008）。從課責觀點探討內閣制下政府負責機制的設計與運作。國政研究報告。台北市：財團法人國家政策研究基金會。取自：http://www.npf.org.tw/post/2/4789。檢索日期：2015年4月29日。

尚衡譯（1992）。性意識史—第一卷：導論（原作者：M. Foucault）。台北市：桂冠。

林水波（2007）。體悟價值領導的內涵。載於吳英明、但昭強、施惠文（主編），價值領導與管理：激發工部門生命力的理論與實務分享（3-21）。台北市：五南。

林文益（1991）。**公務人員行政中立之研究**。台北市：國立政治大學公共行政研究所碩士論文

林春明（1993）。後結構主義與差異哲學。**哲學雜誌**，4，42-49。

林鍾沂（1994）。**政策分析的理論與實踐**。台北市：瑞興。

林鍾沂（2001）。**行政學**。台北市：三民。

林鎮國（2006）。龍樹《迴諍論》與基礎主義知識論的批判。**國立政治大學哲學學報**，16，163-196。

侯景芳（1994）。公務人員行政中立法草案簡介。人事月刊，19（6），60-65。

姜雪影、朱家一（譯）（2010）。**失控的未來：揭開全球中產階級被淘空的真相**（原作者：J. E. Stiglitz）。台北市：天下遠見。

施能傑（1999）。政府的績效管理改革。載於R. T. Golembiewski、孫本初、江岷欽（主編），**公共管理論文精選I**（107-127）。台北市：元照。

施能傑（1999）。公共服務倫理的理論架構與規範作法。**政治科學論叢**，20，103-140。

洪佩郁、藺青譯（1994）。**交往行動理論**（原作者：J. Habermas）。重慶市：重慶出版社。

唐力權（1993）。權力、意志與詮釋：尼采的透視主義與後現代思想。**哲學雜誌**，4，26-41。

唐小兵（譯）（1993）。**後現代主義與文化理論**（原作者：F. Jameson）。台北市：合志文化。

孫本初（1999）。前言。載於R. T. Golembiewski、孫本初、江岷欽（主編），公共管理論文精選I（3-32）。台北市：元照。

翁岳生（1985）。**行政法與現代法治國家**。台北市：台大法學叢編。

徐崇溫（1994）。**結構主義與後結構主義**，台北市：結構群。

張台麟（1995）。**法國總統的權力**。台北市：志一。

張世杰（2011）。新公共管理與公務倫理。載於許立一、張世杰（合著），**公務倫理**（141-184）。新北市：國立空中大學。

張世杰（2011）。課責。載於許立一、張世杰（合著），**公務倫理**（281-308）。新北市：國立空中大學。

張世杰、黃新福、許世雨、倪達仁、張瓊玲、陳愷（譯）（1994）。公共組織理論（原作者：R. Denhardt）。台北市：五南。

張世賢、陳恆鈞（2005）。**比較政府**。台北市：五南。

張劍寒（1973）。**行政立法之研究**。台北市：自印。

張國清（1995）。**羅逖**。台北市：生智文化。

張潤書（1998）。**行政學**。台北市:三民。

許玉雯（譯）（2003）。**當企業購併國家：全球資本主義與民主之死**（原作者：N. Hertz）。台北市：經濟新潮社。

許立一（1999）。後現代主義與公共行政：理論與實務的反思。**行政暨政策學報**，1，219-265。

許立一（2002）。新公共管理的反思：以黑堡觀點為基礎。**公共行政學報**，6，29-65。

許立一（2003）。行政中立之審視：概念意涵的重新界定（上）。**空大學訊**，316，103-108。

許立一（2003）。行政中立之審視：概念意涵的重新界定（下）。**空大學訊**，317，69-75。

許立一（2004）。公共行政的社會公正與公共對話理念之研究。**空大行政學報**，14，47-80。

許立一（2005）。地方公務人力發展的倫理課題：第一線行政人員應採取的角色與作為。**人事月刊**，41（2），27-37。

許立一（2007）。公共服務面向。載於吳定、張潤書、陳德禹、賴維堯、許立一（合著），**行政學（上）（修訂再版）**（281-307）。新北市：國立空中大學。

許立一（2008a）。實質公民參與：台灣政治後現代性危機的解決途徑？。**人文社會學報**，133-158。

許立一（2008b）。公共治理主流模式的反思：以傅柯對治理意識的解構為途徑。**空大行政學報**，19，1-40。

許立一（2008c）。公民治理：理論的探索以及澳洲、美國、愛爾蘭的實踐經驗。**競爭力評論**，12，83-121。

許立一（2008d）。公民。載於吳秀光、許立一（合著），**公共治理**（165-193）。新北市：國立空中大學。

許立一（2008e）。後現代化與公共治理：以跨域治理為例。載於吳秀光、許立一（合著），**公共治理**（307-332）。新北市：國立空中大學。

許立一（2009）。公務倫理思維及其實踐行動的再思考：從人性假定出發。**文官制度**，1，77-96。

許立一（2011）。從形式參與邁向實質參與的公共治理：哲學與理論的分析。**行政暨政**

策學報，52，39-85。

許立一、梁美慧、李沛慶（2011）。政府策略規劃與公共價值創造的理論建構：金門縣古蹟維護政策的啓發。空大行政學報，22，57-92。

許立一、許立倫、夏道維、辜柏宏（譯）（2000）。後現代組織（原作者：W. Bergquist）。台北市：地景。

許立一、許立倫、夏道維、辜柏宏（譯）（2001）。鉅觀變局（原作者：S. Crook、J. Pakulski與M. Waters）。台北市：地景。

許南雄（1994）。政務官與事務官的體制。中國行政，54，1-13。

許南雄（2010）。各國人事制度。新北市：國立空中大學。

許濱松（1988）。如何建立公共行政人員中立體制－從外國制度談起化。人事月刊，7（5），4-13。

許濱松（1994）。英美公務員政治中立之研究－兼論我國公務員政治中立應有之做法。中研院歐美研究所主辦「公共行政人員體制之跨國比較學術研會」宣讀之論文。

陳金貴（1990）。從兩次明瑙布魯克會議看美國公共行政學的發展。美國月刊，4（9），110-117。

陳志瑋（2006）。全局治理與課責。法政學報，20，173-194。

陳英鈐（2002）。各國公務人員行政中立之保障。台北市：公務人員保障暨培訓委員會。

陳敦源（2009）。民主治理：公共行政與民主政治的制度性調和。台北市：五南。

陳淑森、歐建志（2005）。美國檢核長及政府倫理局制度考察報告。台北市：法務部。

陳德禹（1988）。國家發展與行政中立。中國論壇，26（311），6-9。

陳德禹（1993a）。公共行政人員中立的理論與實際（上）。人事月刊，16（1），5-10。

陳德禹（1993b）。公共行政人員中立的理論與實際（下）。人事月刊，16（2），5-10。

黃東益（2000）。審愼思辯民調：研究方法的探討與可行性評估。民意研究，211，123-143。

黃東益（2002）。審愼思辨民調「全民健保公民論壇」評估報告。行政院衛生署委託研究計畫。

黃訓慶譯（1996）。後現代主義（原作者：R. Appignanasi & C. Garratt）。台北市：立緒文化。

黃越欽（1998）。**各國監察制度之比較研究**。台北市：翰蘆圖書。

莊文忠（2013）。網絡治理。載於許立一等（合著），**當代治理新趨勢**（77-108）。新北市：國立空中大學。

彭文賢（1986）。**組織原理**。台北市：三民。

彭文賢（2000）。後現代組織理論的空幻。**行政管理論文選輯**，14，89-109。

程樹德、傅大為、王道還、錢永祥（譯）（1989）。**科學革命的結構**（原作者：Thomas Kuhn），台北市：遠流。

項靖（2002）。數位化民主。載於項靖等（合著），**數位化政府**（69-91）。新北市：國立空中大學。

萬秀娟（2015）。美國國會支援機關初探：兼論我國立法機關輔助機構。**國政研究報告**。台北市：財團法人國家政策研究基金會。取自：http://old.npf.org.tw/PUBLICATION/CL/094/CL-R-094-012.htm。檢索日期：2015年4月29日。

楊大春（1995）。**傅柯**。台北市：生智。

楊洲松（1998）。哈伯瑪斯（J. Habermas）「現代性哲學論辯」與李歐塔（J.-F. Lyotard）「後現代知識論述」的論戰及其教育意義。**教育研究集刊**，40，73-90。

楊深坑（1997）。**溝通理性：生命情懷與教育過程**。台北市：師大書苑。

楊鈞池（2002）。公民投票制的實踐。國政評論。台北市：國家政策研究基金會。取自：http://www.npf.org.tw/PUBLICATION/IA/091/IA-C-091-114.htm。檢索日期：2012年2月1日。

楊麗君、王嘉源（譯）（1992）。**自滿年代**（原作者：J. K. Galbraith）。台北市：時報文化。

葉啓政（2000）。**進出「結構—行動」的困境**。台北市：三民。

鄒理民（譯）（1991）。**社會實體的建構**（原作者：P. L. Berger & T. Luckmann）。台北市：桂冠。

銓敘部（2004）。**各國公務人員行政中立相關規定輯要**。台北市：銓敘部。

趙敦華（1992）。**勞斯的正義論解說**。台北市：遠流。

劉北成、楊遠櫻（譯）（1992）。規訓與懲罰—監獄的誕生（原作者：M. Foucault）。台北市：桂冠。

劉北成、楊遠櫻（譯）（1992）。**瘋顛與文明**（原作者：M. Foucault）。台北市：桂冠。

劉絮凱（譯）（1994）。**臨床醫學的誕生**（原作者：M. Foucault）。台北市：時報文

化。

劉繼（譯）（1990）。**單向度的人：發達工業社會意識型態研究**（原作者：H. Marcuse）。台北市：桂冠。

蔡良文，2007，**考銓人事法制專題研究**。台北市：五南。

蔡秀涓（2009）。台灣文官的公共服務觀與新公共服務精神的比較：經驗調查初探。**文官制度季刊**，1（4），111-135。

蔡秀涓、陳敦源、余致力、謝立功（2008）。**我國統合性政府倫理法制之研究**。台北：行政院研究發展考核委員會（現改組為國家發展委員會）。

蔡錚雲（1993）。後現代的哲學論述是如何可能的？德里達對胡塞爾現象學的解構。**哲學雜誌**，4，50-67。

監察院國際事務小組（2000）。**瑞典國會監察使概要**。台北市：監察院。

鄭祥福（1995）。**李歐塔**。台北市：生智。

賴維堯（2007）。責任政府。載於吳定、張潤書、陳德禹、賴維堯、許立一（合著），**行政學**（下）（修訂再版）（187-221）。新北市：國立空中大學。

盧嵐蘭（譯）（1991）。**社會世界的現象學**（原作者：A. Schutz）。台北市：桂冠。

蕭武桐（2002）。**公務倫理**。台北市：智勝。

顧慕晴（2009）。行政人員的控制：德性途徑的探討。**哲學與文化**，36(1)，25-44。

二、英文部分

Aberbach, J. & Rockman, B. (2000). *The Web of Politics*. Washington, DC: Brookings Institution.

Alkadry, M. G., Blessett, B. & Patterson, V. L. (2015). Public administration, diversity, and the ethic of getting things done. *Administration & Society*. Retrieved from http://aas.sagepub.com/content/early/2015/04/16/0095399715581032.full.pdf. doi: 10.1177/0095399715581032. May 5, 2015.

Aucoin, P. & Heintzman R. (2000). The dialectics of accountability for performance in public management reform. *International Review of Administrative Science*, 66(1): 43-55.

Appleby, P. H. (1949). *Big Democracy*. New York, NY: Knopf.

Argyris, C. (1957). *Personality and Organization*. New York, NY: Harper and Row.

Argyris, C. (1962). *Interpersonal Competence and Organizational Effectiveness*. Homewood,

IL: Dorsey Press.

Argyris, C. (1973). Some limits of rational man organization. *Public Administration Review,* 33(3), 253-267.

Aristotle. (1976). *The Ethics*. Baltimore, MD: Penguin.

Aristotle. (1980). *The Nichomachean Ethics*. Trans. by D. Ross. Oxford, UK: Oxford University Press.

Aristotle. (1995). *The Politics*. New York, NY: Oxford University Press.

Aronowitz, S. (1992). The tensions of critical theory: is negative dialectics all there is? In S. Seidman, & D. G. Wagner (Eds.), *Postmodernism and Social Theory: the Debate over General Theory* (pp. 289-321). Cambridge, MA: Basil Blackwell.

ASPA (2013). *Practices to Promote the ASPA Code of Ethics*. Washington, DC: ASPA. Retrieved from http://www.aspanet.org/PUBLIC/ASPADocs/ASPA%20Code%20of%20 Ethics-2013%20with%20Practices.pdf. May 16, 2015.

Bailey, S. K. (1964). Ethics and the public service. *Public Administration Review*, 24, 234-243.

Bailey, M. T. (1992). Beyond rationality: decision making in an interconnected world. In M. T. Bailey & R. T. Mayer (Eds.), *Public Management in an Interconnected World* (pp. 33-52). New York, NY: Greenwood Press.

Balla, S. J. (1998). Administrative procedures and political control of the bureaucracy. *The American Political Science Review*, 92(3), 663- 673.

Banfield, E. C. (1975). Corruption as feature of governmental organization. *Journal of Law and Economics*, 18, 587-605.

Barbalet, J. M. (1988). *Citizenship*. Minneapolis, MN: The University of Minnesota Press.

Barber, B. (1986). *Strong Democracy: Participatory Politics for a New Age*. Berkeley, CA: University of California Press.

Barber, B. (2003). *Strong Democracy: Participatory Politics for a New Age* (2nd Ed.). Berkeley, CA: University of California Press.

Barnard, C. I. (1938). *The Functions of the Executives*. Cambridge, MA: Harvard University Press.

Barth, T. J. (1996). Administering in the public interest: the facilitative role for public administrators. In G. L. Wamsley & J. F. Wolf (Eds.), *Refounding Democratic Public Administration: Modern Paradoxes, Postmodern Challenges* (pp. 168-197). Thousand

Oaks, CA: Sage.

Basinger, S. J. (2003). Regulating slavery: deck-stacking and credible commitment in the Fugitive Slave Act of 1850. *Journal of Law, Economics, & Organization*, 19(2), 307- 342.

Baudrillard, J. (1983). *Simulations*. New York, NY: Semiotext.

Bauman, Z. (1993). *Postmodern Ethics*. Cambridge, MA: Blackwell.

Benington, J. (2011). From private choice to public values. In J. Benington & M. H. Moore (Eds.), *Public Value: Theory and Practice* (pp. 31-51). New York, NY: Palgrave Macmillan.

Benington J. & Hartley, J. (2009). *Whole Systems Go! Improving Leadership Across the Whole Public Service System*. Sunningdale, UK: National School of Government.

Benington, J. & Moore, M. H. (2011). Public value in complex and changing times. In J. Benington & M. H. Moore (Eds.), *Public Value: Theory and Practice* (pp. 1-30). New York, NY: Palgrave Macmillan.

Bennett, R. W. (1997). Democracy as meaningful conversation. *Constitutional Commentary*, 14(3), 481-533.

Berger, P. L., & Luckmann, T. (1966). *The Social Construction of Reality: A Treatise in the Sociology of Knowledge*. New York, NY: Anchor Books.

Bertens, H. (1995). *The Idea of the Postmodern: A History*. New York, NY: Routledge.

Besley, T. & Ghatak M. (2003). Incentives, choice, and accountability in the provision of public services. *Oxford Review of Economic Policy*, 19(2), 235-249.

Blaikie, N. (1993). *Approaches to Social Enquiry*. Oxford, UK: Polity Press.

Bohman, J., & Rehg, W. (1997). *Deliberative Democracy*. Cambridge, MA: The MIT Press.

Bohman, J., & Rehg, W. (1997).Introduction, In J. Bohman & W. Rehg (Eds.), *Deliberative Democracy* (ix-xxx). Cambridge, MA: The MIT Press.

Botwinick, A. (1993). *Postmodernism and Democratic Theory*. Philadelphia, PA: Temple University Press.

Box, R. C. (1997). *Citizen Governance: American Communities in the 21st Century*. Thousand Oaks, CA: Sage.

Box, R. C. (2004). *Public Administration and Society*. Armonk, NY: M. E. Sharpe, Inc.

Bozeman, B. (2007). *Public Values and Public Interests: Counterbalancing Economic Individualism*. Washington DC: Georgetown University Press.

Bozeman, B. & Sarewitz, D. (2005). Public values and public failure in US science policy. *Science and Public Policy*, 32(2), 119-136.

Brickley, J. A., Smith, Jr. C. W. & Zimmerman, J. L. (2007). *Managerial Economics and Organizational Architecture*. New York: McGraw-Hill/Irwin.

Brittan, A. & Maynard, M. (1984). *Sexism, Racism and Oppression*. Oxford, UK: Blackwell Publishing.

Brown, C. (1981). Mothers, father, and children: from private to public patriarchy. In L. Sargent (Ed.), *Women and Revolution*. Boston, MA: South End.

Bryman, A. (1988). *Quantity and Quality in Social Research*. London, UK: Unwin Hyman.

Burrell, G. (1994). Modernism, postmodernism and organizational analysis 4: the contribution of Jürgen Habermas. *Organization Studies*, 15(1), 1-45.

Burrell, G., & Morgan, G. (1979). *Sociological Paradigms and Organizational Analysis: Elements of the Sociology of Corporate Life*. Hants, England: Gower Publishing Company.

Cabinet Office of UK (1998). *An Introductory Guide: How to Consult Your User*. WebSite: http://archive.cabinetoffice.gov.uk/servicefirst/1998/guidance/users/index.htm#cont.

Callahan, K. (2007). *Elements of Effective Governance: Measurement, Accountability and Participation*. Roca Raton, FL: Taylor & Francis.

Callinicos, A. T. (1989). *Against Postmodernism: A Marxist Critique*. Cambridge, UK: Polity Press.

Cavaye, J. (2004). Governance and community engagement: the Australian experience. In W. R. Lovan, M. Murray, & Shaffer, R. (Eds.), *Participatory Governance: Planning, Conflict Mediation and Public Decision-Making in Civil Society* (85-101). Burlington, VT: Ashgate Publish Co.

Charney, E. (1998). Political liberalism, deliberative democracy, and the public sphere. *The American Political Science Review*, 92(1), 97-110.

Clay, J. A. (1996). Public-institutional processes and democratic governance. In G. L. Wamsley, & J. F. Wolf (Eds.), *Refounding Democratic Public Administration: Modern Paradoxes, Postmodern Challenges* (pp. 92-113). Thousand Oaks, CA: Sage.

Clegg, S. R. (1990). *Modern Organizations: Organization Studies in the Postmodern World*. Newbury Park, CA: Sage.

Clegg, S. R. (1994). Max Weber and contemporary sociology of organizations. In L. J. Ray & M.

Reed (Eds.), *Organizing Modernity* (pp. 46-80). New York, NY: Routledge.

Clemons, R. S., & McBeth, M. K. (2001). *Public Policy Praxis, Theory and Pragmatism: A Case Approach*. Upper Saddle River, NJ: Prentice-Hall.

Cohen, I. J. (1989). *Structuration Theory: Anthony Giddens and the Constitution of Social Life*. London, UK: Macmillan Education.

Cohen, M. D., March, J. G., & Olsen, J. G. (1972). A garbage can model of organizational choice. *Administrative Science Quarterly*, 17, 1-26.

Comstock, A. (2007). Establishing, expectations, providing guidelines, and building trust maintaining government integrity. In W. L. Richter & F. Burke (Eds.), *Combating Corruption, Encouraging Ethics: A Practical Guide to Management Ethics* (2nd Ed.) (pp. 165-184). Lanham, MD: Rowman & Littlefield Publishers.

Cooper, T. L. (1987). Hierarchy, virtue, and the practice of public administration: a perspective for normative ethics. *Public Administration Review*, 47, 320-328.

Cooper, T. L. (1990). *The Responsible Administrator: An Approach to Ethics for the Administrative Role* (3rd Ed.). San Francisco, CA: Jossey Bass Publishers.

Cooper, T. L. (1991). *An Ethic of Citizenship for Public Administration*. Englewood Cliffs, NJ: Prentice Hall.

Cooper, T. L. (2006). *The Responsible Administrator: An Approach to Ethics for the Administrative Role* (5th Ed.). San Francisco, CA: Jossey-Bass.

Crenson, M. A., & Ginsberg, B. (2002). *Downsizing Democracy*. Baltimore, MD: The Johns Hopkins University Press.

Courty, P. & Marschke G. (2003). Dynamics of performance-measurement systems. *Oxford Review of Economic Policy*, 9(2), 268-284.

Courville, S. (2003). Social accountability audits: challenging or defending democratic governance? *Law & Policy*, 23(3), 269-297.

Dahl, R. A. (1963). *Modern Political Analysis*. Englewood Cliffs, NJ: Prentice-Hall.

Dahl, R. A. (1989). *Democracy and Its Critics*. New Haven, CT: Yale University Press.

Day, P. & Klein R. (1987). *Accountabilities: Five Public Services*. London, UK: Tavistock.

DeLeon, L. & Denhardt, R. B. (2000). The political theory of reinvention. *Public Administration Review*, 60(2), 89-97.

Denhardt, J. V., & Denhardt, R. B. (2003). *The New Public Service: Serving, not Steering*.

Armonk, NY: M. E. Sharpe.

Denhardt, K. G. (1988). *The Ethics of Public Service: Resolving Moral Dilemmas in Public Organization*. Westport, CT: Greenwood Press.

Denhardt, K. G. (1991). Unearthing the moral foundations of public administration: honor, benevolence, and justice. In J. S. Bowman (Ed.), *Ethical Frontiers in Public Management* (pp. 91-113). San Francisco, CA: Jossey-Bass Publishers.

Denhardt, R. B. (2004). *Theories of Public Organization* (4th Ed.). Belmont, CA: Wadsworth Group.

Dennard, L. F. (1996). The maturation of public administration: the search for a democratic identity. In G. L. Wamsley & J. F. Wolf (Eds.), *Refounding Democratic Public Administration: Modern Paradoxes, Postmodern Challenges* (pp. 293-326). Thousand Oaks, CA: Sage.

Deutsch, K. W (1980). *Politics and Government: How People Decide Their Fate*. Boston, MA: Houghton Mifflin.

Dixit, A. (2002). Incentives and organizations in the public sector. *Journal of Human Resources*, 37(4), 696-727.

Downs, A. (1967). *Inside Bureaucracy*. Boston, MA: Little Brown and Company.

Downs, A. (1993). *Inside Bureaucracy* (2nd Ed.). Long Grove, IL: Waveland Press.

Dudley, L. (1996). Fencing in the inherently governmental debate. In G. L. Wamsley, & J. F. Wolf (Eds.), *Refounding Democratic Public Administration: Modern Paradoxes, Postmodern Challenges* (pp. 68-91). Thousand Oaks, CA: Sage.

Dunleavy, P., & O'Leary, B. (1987). *Theories of the State: The Politics of Liberal Democracy*. New York, NY: The Macmillan Press.

Dunleavy, P., & O'Leary B. (1987). *Theories of the State: The Politics of Liberal Democracy*. London, UK: The Macmillan Press.

Dunleavy, P. (1991). *Democracy, Bureaucracy and Public Choice: Economic Explanations in Political Science*. New York, NY: Harvester Wheatsheaf.

Dunn, Delmer D. (2003). Accountability, democratic theory, and higher education. *Educational Policy*, 17 (1), 60-79.

Dobel, J. P. (1990). Integrity in the public service. *Public Administration Review*, 50, 354-366.

Dye, T. R. (2007). *Understanding Public Policy* (12th Ed.). Englewood Cliffs, NJ: Prentice-

Hall.

Edge, H. L. (1994). *A Constructive Postmodern Perspective on Self and Community: from Atomism to Holism*. Lewiston, NY: The Edwin Mellen Press.

Eisenhardt, K. M. (1989). Agency theory: An assessment and review. *Academy of Management Review*, 14(1), 57-74.

Eisner, M. A. (1993). *Regulatory Politics in Transition*. Baltimore, MD: The John Hopkins University Press.

Ellis, A. (1989). Neutrality and the civil service. In R. E. Goodin & A. Reeve (Eds.), *Liberal Neutrality* (pp. 84-105). London, UK: TJ Press.

Elster, J. (1999). The market and the forum: three varieties of political theory. In J. Bohman & W. Rehg (Eds.), *Deliberative Democracy* (pp. 3-33). Cambridge, MA: The MIT Press.

Etzioni, A.(1967). Mixed scanning: a third approach to decision-making. *Public Administration Review*, 27, 385-392.

Etzioni, A.(1968). *The Active Society: A Theory of Societal and Political Processes*. New York, NY: Free Press.

Etzioni, A. (1993). *The Spirit of Community: Rights, Responsibilities and the Communitarian Agenda*. New York, NY: Crown Publishers.

Etzioni, A. (1996). *The New Golden Rule: Community and Morality in a Democratic Society*. New York, NY: Basic Book.

Farmer, D. J. (1995). *The Language of Public Administration: Bureaucracy, Modernity, and Postmodernity*. Tuscaloosa, AL: University of Alabama Press.

Finer, H. (1936). Better government personnel. *Political Science Quarterly*, 51(4), 569-599.

Finer, H. (1941). Administrative responsibility in democratic government. In F. Rourke (Ed.), *Bureaucratic Power in National Politics* (2nd Ed.). Boston, MA: Little, Brown & Company.

Fisher, F. (1990). *Technocracy and the Politics of Expertise*. Newbury Park, CA: Sage.

Fishkin, J. S. (1991). *Democracy and Deliberation: New Directions for Democratic Reform*. New Haven, CA: Yale University Press.

Fishkin, J. S. (1991). *Democracy and Deliberative*. New Haven, CT: Yale University Press.

Foot, P. (1959). Moral beliefs. *Proceedings of the Aristotelian Society, 1958-59*, 59, 83-104.

Foucault, M. (1991). Governmentality. In G. Burchell, C. Gordon, & P. Miller (Eds.), *The Foucault Effect: Studies in Governmentality with Two Lectures by and An Interview with Michel Foucault* (pp. 87-104). London, UK: Harvester Wheatsheaf.

Fox, C. J., & Miller, H. T. (1995). *Postmodern Public Administration: Toward Discourse*. Newbury Park, CA: Sage.

Frederickson, H. George. (1980). *New Public Administration*. Tuscaloosa, AL: University of Alabama Press.

Frederickson, H. G. (1989). Minnowbrook II: changing epochs of public administration. *Public Administration Review*, 49(2), 95-100.

Frederickson, H. G. (1990). Public administration and social equity. *Public Administration Review*, 50(2), 228-237.

Frederickson, H. G. (1994). Research and knowledge in administrative ethics. In T. L. Cooper (Ed.), *Handbook of Administrative Ethics* (pp. 31-47). New York, NY: Marcel Dekker.

Frederickson, H. G. (1997). *The Spirit of Public Administration*. San Francisco, CA: Jossey-Bass Publishers.

Frederickson, H. G. (2005). Public ethics and the new managerialism: an axiomatic theory. In H. G. Frederickson, & R. K. Ghere (Eds.), *Ethics in Public Management* (pp. 165-183). Armonk, NY: M. E. Shrpe.

Frederickson, H. G., & Smith, K. B. (2003). *The Public Administration Theory Primer*. Boulder, CO: Westview Press.

Friedrich, C. J. (1935). Responsible government service under the American constitution. In C. J. Friedrich *et al.* (Eds.), *Problems of the American Public Service*. New York, NY: McGraw-Hill.

Friedrich, C. J. (1972). Public policy and the nature of administrative responsibility. In F. E. Rourke (Ed.), *Bureaucratic Power in National Politics* (2nd Ed.). Boston, MA: Little, Brown & Company.

Gaarder, J. (1995). *Sophie's World* (P. Moller, Trans.). London, UK: Phoenix, Orion Books. (Original work published 1991).

Galbraith, J. K. (1996). *The Good Society: The Humane Agenda*. New York, NY: Houghton Mifflin.

Gardner, J. (1991). *Building Community*. Washington, DC: Independent Sector.

Garofalo, C., & Geuras, D. (1999). *Ethics in Public Service: the Moral Mind at Work*. Washington, DC: Georgetown University Press.

Garvey, G. (1993). *Facing the Bureaucracy: Living and Dying in a Public Agency*. San Francisco, CA: Jossey-Bass Publishers.

Gawthrop, L. C. (1998). *Public Service and Democracy*. New York, NY: Chandler.

Gawthrop, L. C. (1998).*Public Service and Democracy: Ethical Imperatives for the 21st Century*. Chappaqua, NY: Chatham House publishers of Seven Bridges Press.

Gay, P. D. (2000). *In Praise of Bureaucracy: Weber, Organization, Ethics*. Thousand Oaks, CA: Sage.

Geuras, D., & Garofalo, C. (2005). *Practical Ethics in Public Administration* (2nd Ed.). Vienna, VA: Management Concepts.

Giddens, A. (1976). *New Rules of Sociological Method*. London, UK: Hutchinson.

Giddens, A. (1979). *Central Problems in Social Theory: Action, Structure and Contradiction in Social Analysis*. Berkeley, CA: University of California Press.

Giddens, A. (1984). *The Constitution of Society: Outline of the Theory of Structuration*. Berkeley, CA: University of California Press.

Gilbert, C. E. (1959). The framework of administrative responsibility. *Journal of Politics*, 21(3), 373-407.

Gilbert, D. U., & Rasche, A. (2007). Discourse Ethics and Social Accountability - The Ethics of SA 8000. *Business Ethics Quarterly*, 17(2), 187-216.

Gilman, S. C. (2005). Ethics codes and codes of conduct as tools for promoting an ethical and professional public service: comparative successes and lessons. *Note for the Poverty Reduction and Economic Management Network (PREM) of the World Bank*. Retrieved from http://www.oecd.org/mena/governance/35521418.pdf. May 5, 2015.

Godfrey, P. C. & Madesen, G. C. (1998). Bureaucracy in the Postmodern World: Problems and Solutions. *International Journal of Public Administration*, 21(5), 691-721.

Goffman, E. (1963). *Behavior in Public Places: Notes on the Social Organization of Gatherings*. New York, NY: Free Press of Glencoe.

Goldsmith, S. & Egger, W. D. (2004). *Governing by Network: The New Shape of the Public Sector*. Washington, DC: Brookings Institute Press.

Golembiewski, R. T. (1967). *Men, Management, and Morality*. New York, NY: McGraw-Hill.

Gooden, S. T. (2015). From equality to social equity. In M. E. Guy & M. M. Rubin (Eds.), *Public Administration Evolving: From Foundations to the Future* (pp. 211-230). New York, NY: Routledge.

Goodnow, F. J. (1992). Politics and Administration. Reprinted In J. M. Shafritz & A. C. Hyde (Eds.), *Classics of Public Administration* (3rd Ed.) (pp. 25-28). Pacific Grove, CA: Book/ Cole Publishing Company.

Goodsell, C. T. (1990). Public Administration and the Public Interest. In G. L. Wamsley *et al.* (Co-authored). *Refounding Public Administration* (pp. 96-113). Newbury Park, CA: Sage.

Goodsell, C. T. (1994). *The Case for Bureaucracy: a Public Administration Polemic* (3rd Ed.). Chatham, NJ: Chatham House Publishers.

Gore, A. (1993). *Report of the National Performance Review: Creating a Government that Works Better & Costs Less*. Washington, DC: The White

Gordon, C. (1991). Governmental Rationality: An Introduction. in G. Burchell, C. Gordon, & P. Miller (Eds.), *The Foucault Effect: Studies in Governmentality (with Two Lectures by and An Interview with Michel Foucault)* (pp. 1-51). London, UK: Harvester Wheatsheaf.

Gormley, Jr., W. T. (1989). *Taming the Bureaucracy: Muscles, Prayers, and other Strategies*. Princeton, NJ: Princeton University Press.

Green, R. T. & Hubbell L. (1996). On Governance and Reinventing Government, in G. L. Wamsley and J. F. Wolf (Eds.), *Refounding Democratic Public Administration: Modern Paradoxes, Postmodern Challenges* (pp. 38-67). Thousand Oaks, CA: Sage.

Gregory, R. (2003). Accountability in modern government. In B. G. Peters & J. Pierre (Eds.), *Handbook of Public Administration* (pp. 557-568). London, UK: Sage.

Haber, H. F. (1994). *Beyond Postmodern Politics: Lyotard, Rorty, Foucault*. New York, NY: Routledge.

Habermas, J. (1972). *Knowledge and Human Interests*. London, UK: Heinemann.

Habermas, J. (1989). *The Structural Transformation of the Public Sphere*. Cambridge, MA: The MIT Press.

Habermas, J. (1992). Modernity: An Incomplete Project. In Patricia Waugh (Ed.), *Postmodernism: A Reader* (pp. 160-170). London, UK: Edward Arnold.

Habermas, J. (1997). Popular Sovereignty as Procedure. In J. Bohman & W. Rehg (Eds.), *Deliberative Democracy* (pp. 35-65). Cambridge, MA: The MIT Press.

Haque, M. S. (2007). The diminishing publicness of public service under the current mode of governance. In M. Bevir (Ed.), *Public Governance* (Vol. 4, pp. 101-130). Thousand Oaks, CA: Sage.

Harmon, M. M. (1981). *Action Theory for Public Administration*. New York, NY: Longman.

Harmon, M. M., & Mayer, R. T. (1986). *Organization Theory for Public Administration*. Boston, MA: Little, Brown &Company.

Hart, D. K. (1984). The virtuous citizen, the honorable bureaucrat, and public administration. *Public Administration Review*, 44, 111-120.

Hart, D. K. (1994). Administration and the Ethics of Virtue: In All Things, Choose First for Good Character and Then for Technical Expertise. In T. L. Cooper (Ed.), *Handbook of Administrative Ethics* (pp. 107-123). New York, NY: Marcel Dekker.

Hartley, J. (2011). Public value through innovation and improvement. In J. Benington & M. H. Moore (Eds.), *Public Value: Theory and Practice* (pp. 171-184). New York, NY: Palgrave Macmillan.

Hatch, M. J. (1997). *Organization Theory: Modern Symbolic and Postmodern Perspectives*. New York, NY: Oxford University Press.

Heckscher, C. C. (1994).*The Post-Bureaucratic Organization: New Perspectives on Organizational Change*. Thousand Oaks, CA: Sage.

Heller, A., & Feher, F. (1988). *The Postmodern Political Condition*. Cambridge, UK: Polity Press.

Henry, N. (1992). *Public Administration and Public Affairs* (5th Ed.). Englewood Cliffs, NJ: Prentice-Hall.

Hill, L. B. (Ed.), (1992).*The State of Public Bureaucracy*. New York, NY: M. E. Sharpe.

Hill, Jr. T. E. (2000). Kantianism. In H. LaFollette (Ed.), *The Blackwell Guide to Ethical Theory* (pp. 227-246). Malden, MA: Blackwell Publishing.

Hollinger, R. (1994). *Postmodernism and the Social Sciences: a Thematic Approach*. Thousand Oaks, CA: Sage.

Holmstrom, B. & Milgrom, P. (1991). Multitask principal- agency analyses: Incentive contracts, asset ownership, and job design. *Journal of Law Economics and Organization*, 7, 24-52.

Holub, R. (1992). *Antonio Gramsci: Beyond Marxism and Postmodernism*. New York, NY:

Routledge.

Hood, C. (1991). A Public Management for All Seasons? *Public Administration*, Vol. 69(1), 3-19.

Hughes, O. E. (1998). *Public Management and Administration* (2nd Ed.). New York, NY: St. Martin's Press.

Hughes, O. E. (2005). *Public Management and Administration* (4th Ed.). New York, NY: St. Martin's Press.

Hummel, R. P. (1989). I'd Like to Be Ethical, but They Won't Let Me. *International Journal of Public Administration*, 12(6), 855-866.

Hummel, R. P. (1990). Bureaucracy Policy: Toward Public Discourse on Organizing Public Administration. *Policy Studies Journal*, 18(4), 907.

ICSC (2001). Standards of Conduct for the International Civil Service. New York, NY: ICSC. Retrieved from http://icsc.un.org/resources/pdfs/general/standardsE.pdf. May 15, 2015.

Immergut, E. M. (1998). The Theoretical Core of the New Institutionalism. *Politics & Society*, 26(1), 5-34.

Ingraham, P. W., & Romzek, B. S. (1994). Issues Raised by Current Reform Efforts. In J. L. Perry (Ed.), *New Paradigms for Government: Issues for the Changing Public Service* (pp. 1-14). San Francisco, CA: Jossey-Bass Publishers.

Jackson, P. M. (1993). Public Sector Bureaucracy: the Neoclassical Perspective. In N. Garston (Ed.), *Bureaucracy: Three Paradigms* (pp. 113-130). Norwell, MA: Kluwer Academic Publishers.

Jameson, F. (1981). *The Political Unconsciousness: Narrative as a Socially Symbolic Act*. Ithaca, NY: Cornell University Press.

Johnson, N. J. & Svara, J. H. (2011). (Eds.), *Justice for All: Promoting Social Equity in Public Administration*. Armonk, NY: M. E. Shrpe.

Johnston, J. M. & Romzek, B. S. (1999). Contracting and accountability in State Medicaid reform: Rhetoric, theories, and reality. *Public Administration Review*, 59(5), 383-399.

Jones, P. (1989). The Ideal of the Neutral State. In R. E. Goodin & A. Reeve (Eds.), *Liberal Neutrality* (pp. 9-38). London: TJ Press.

Jørgensen, T. & Bozeman, B. (2007). Public values: an inventory. *Administration and Society*, 39(3), 354-381.

Jos, P. H. & Tompkins, M. E. (2004). The accountability paradox in an age of reinvention: The perennial problem of preserving character and judgment. *Administration & Society*, 36(3), 255-281.

Jun, J. S. (1986). *Public Administration: Design and Problem Solving*. New York, NY: Macmillan Publishers.

Kant, I. (1964). *Groundwork of the Metaphysic of Morals*. H. J. Paton (Trans. and Ed.). New York, NY: Harper & Row.

Kant, I. (2003). The Categorical Imperative. In J. Rachels (Ed.), *The Right Thing to Do: Basic Readings in Moral Philosophy* (3rd Ed.), (pp. 76-81). New York, NY: The McGraw-Hill.

Kernaghan, K. (2003). Integrating values into public service: the values statement as centrepiece. *Public Administration Review*, 63(6), 711-719.

Kettl, D. F. (1994). Managing on the Frontiers of Knowledge: the Learning Organization. In P. W. Ingraham et al. (Co-authored). *New Paradigms for Government: Issues for the Changing Public Service* (pp. 19-40). San Francisco, CA: Jossey-Bass Publishers.

Kettl, D. F. (2015). From Intergovernmental to Intersectoral. In M. E. Guy & M. M. Rubin (Eds.), *Public Administration Evolving: From Foundations to the Future* (pp. 19-36). New York, NY: Routledge.

Kim, P. S. & Lewis, G. (1994). Asian Americans in the public service: success, diversity, and discrimination. *Public Administration Review*, 54(3), 285-290.

Kim, S., O'Leary, R., Van Slyke, D. M., Frederickson, H. G., & Lambright, W. H. (2010). Introduction: the legacy of Minnowbrook. In R. O'Leary, D. M. Van Slyke, & S. Kim (Eds.). *The Future of Public Administration around the World* (pp. 1-16). Washington, DC: Georgetown University Press.

King, C. S., & Stivers, C. (1998). Citizens and Administrators: Roles and Relationships. In C. S. King & C. Stivers (Eds.), *Government Is Us: Public Administration in an Anti-Government Era* (pp. 49-67). Thousand Oaks, CA: Sage.

Kingdon, J. W. (1984). *Agendas, Alternatives, and Public Policies*. Boston, MA: Little, Brown and Company.

Kingdon, J. W. (1995). *Agendas, Alternatives, and Public Policy*. New York, NY: Haper Cllins.

Klingner, D. E. (2015). From Local to Global. In M. E. Guy & M. M. Rubin (Eds.), *Public Administration Evolving: From Foundations to the Future* (pp. 65-82). New York, NY: Routledge.

Klingner, D. E., J. Nalbandian, & B. S. Romzek. (2002). Politics, administration, and markets: conflicting expectations and accountability. *American Review of Public Administration*, 32(2), 117- 144.

Kobrak, P. (1996). The Social Responsibilities of a Public Entrepreneur. *Administration & Society*, 28(2), 205-237.

Koliba, C. J., Mills, R. M., & Zia, A. (2011). Accountability in Governance Network: An Assessment of Public, Private, and Nonprofit Emergency Management Practices Following Hurricane Katrina. *Public Administration Review*, 71(2), 210-220.

Koppell, J. G. S. (2005). Pathologies of accountability: ICANN and the challenge of multiple accountabilities disorder. *Public Administration Review*, 65(1), 94-108.

Kuhn, T. S. (1970). *The Structure of Scientific Revolutions* (2nd Ed.). Chicago, IL: The University of Chicago Press.

Law, J. (1993). Organization, Narrative and strategy. In J. Hassard & M. Parker (Eds.), *Toward a New Theory of Organizations* (pp. 248-268). New York, NY: Routledge.

Lewis, C. W. & Gilman, S. C. (2005). *The Ethics Challenge in Public Service: A Problem-Solving Guide*. San Francisco, CA: Jossey-Bass.

Lipsky, M. (1980). *Street-Level Bureaucracy: Dilemmas of the Individual in Public Service*. New York, NY: Russell Sage Foundation.

Locke, J. (1689). *Second Treatise of Government*. Review from: http://oregonstate.edu/instruct/phl302/texts/locke/locke2/2nd-contents.html.

Lovan, W. R. (2004). Regional transportation strategies in the Washington, D. C. area: when will they be ready to collaborate? In W. R. Lovan, M. Murray, & R. Shaffer (Eds.), *Participatory Governance: Planning, Conflict Mediation and Public Decision-Making in Civil Society* (pp. 115-128). Burlington, VT: Ashgate Publish.

Lovan, W. R., Murray, M., & Shaffer, R. (2004). Participatory governance in a changing world. In W. R. Lovan, M. Murray, & R. Shaffer (Eds.), *Participatory Governance: Planning, Conflict Mediation and Public Decision-Making in Civil Society* (1-20). Burlington, VT: Ashgate Publish.

Lowi, T. J. (1979). *The End of Liberalism* (2nd Ed.). New York, NY: W. W. Norton.

Luckmann, T., & Berger, P. L. (1967).*The Social Construction of Reality*. Garden City, NY: Doubleday.

Luke, J. S. (1992). Managing Interconnectedness: the New Challenge for Public Administration. In M. T. Bailey & R. T. Mayer (Ed.), *Public Management in an Interconnected World* (pp. 13-32). New York, NY: Greenwood Press.

Lyotard, J-F. (1984). *The Postmodern Condition: A Report on Knowledge.* Trans. by G. Bennington, & B. Massouri (Original work published 1979). Minneapolis, MN: University of Minnesota Press.

MacIntyre, A. (1981). *After Virtue.* Notre Dame, IN: Indiana University Press.

Maynard-Moody, S. & Musheno, M. (2000). State agent or citizen agent: two narratives of secretion. *Journal of Public Administration Research and Theory*, 24, 329-358.

Mansbridge, J. (1994). Public spirit in political system. In H. Aaron, T. Mann, & T. Taylor (Eds.), *Values and Public Policy* (pp. 146-172). Washington, DC: Brookings Institute.

Marable, M. (1984). *Race, Reform and Rebellion: The Second Reconstruction in Black America, 1945-1982.* Jackson, MS: University Press of Mississippi.

Maranto, R., & Skelley, B. D. (1992). Neutrality: an enduring principle of the federal service. *American Review of Public Administration*, 22(3), 173-186.

March, J. G., & Olsen J. P. (1989). *Rediscovering Institutions: the Organizational Basis of Politics.* New York, NY: Free Press.

March, J. G., & Olsen, J. P. (1995). *Democratic Governance.* New York, NY: The Free Press.

Marini, F. (Ed.), (1971). *Toward a New Public Administration: the Minnowbrook Perspective.* New York, NY: Chandler Publishing.

Marini, F. (1971). The Minnowbrook Perspective and the future of public administration education. In F. Marini, (Ed.), *Toward a New Public Administration: the Minnowbrook Perspective* (pp. 346-367). New York, NY: Chandler Publishing.

Marini, F. (1992). Introduction. In M. T. Bailey & R. T. Mayer (Ed.), *Public Management in an Interconnected World* (pp. 1-9). New York, NY: Greenwood Press.

Maslow, A. (1954).*Motivation and Personality.* New York, NY: Harper & Row.

Massey, A. (1993). *Managing the Public Sector.* Aldershot, UK: Edward Elgar.

Mathews, D. (1994). *Politics for People.* Urbana, IL: University of Illinois Press.

McSwite, O. C. (1996). Postmodernism, public administration, and the public interest. In G. L. Wamsley & J. F. Wolf (Eds.), *Refounding Democratic public Administration: Modern*

Paradoxes, Postmodern Challenges (pp. 198-224). Thousand Oaks, C. A.: Sage.

McSwite, O. C. (1997). *Legitimacy in Public Administration: A Discourse Analysis*. Thousand Oaks, CA: Sage.

McSwite, O. C. (1997a). Jacques Lacan and the theory of the human subject: how psychoanalysis can help public administration. *The American Behavioral Scientist*, 41, 43-63.

McNaughton, D. (2000). Intuitionism. In H. LaFollette (Ed.), *The Blackwell Guide to Ethical Theory* (pp. 268-287). Malden, MA: Blackwell Publishing.

Meier, K. J. (1997). Bureaucracy and democracy: the case for more bureaucracy and less democracy. *Public Administration Review*, 57(3), 193-199.

Meier, K. J. (2007). *Politics and the Bureaucracy: Policymaking in the Fourth Branch of Government*. Pacific Grove, CA: Books/Cole Publishing Company.

Meldon, J., Kenny, M., & Walsh, J. (2004).Local government, local development and citizen participation: lessons from Ireland. In W. R. Lovan, M. Murray, & Shaffer, R. (Eds.), *Participatory Governance: Planning, Conflict Mediation and Public Decision-Making in Civil Society* (pp. 39-59). Burlington, VT.: Ashgate Publish.

Menzel, D. C. (2005). State of the art of empirical research on ethics and integrity in governance. In H. G. Frederickson, & R. K. Ghere (Eds.), *Ethics in Public Management* (pp. 16-46). Armonk, NY: M. E. Shrpe.

Meyhardtm, T. (2009). Public value inside: what is public value creation? *International Journal of Public Administration*, 33(3-4), 192-219.

Michels, R. (1959). *Political Parties*. New York, NY: Dover.

Milward, H. B. (1994). Implications of contracting out: new roles for the hollow state. In J. L. Perry, P. W. Ingraham, & B. S. Romzek (Eds), *New Paradigms for Government: Issues for the Changing Public Service* (pp. 41-62). San Francisco, CA: Jossey- Bass Publishers.

Moore, M. (1995). *Creating Public Value: Strategic Management in Government*. Cambridge, MA: Harvard University Press.

Moore, G. E. (1996). The subject matter of ethics. In M. Weitz (Ed.), *Twentieth Century Philosophy: the Analytic Tradition*. Toronto, Canada: Collier McMillan.

Morrell, K. (2009). Governance and the public good: a virtue/narrative approach. *Public Administration*, 87(3), 538-656.

Morgan, D. F. (1994). The public interest. In T. L. Cooper (Ed.), *Handbook of Administrative Ethics* (pp. 125-146). New York, NY: Marcel Dekker.

Morgan, G. (1986).*Image of Organization*. Newbury Park, CA: Sage.

Morgan, G. (1998). *Image of Organization: The Executive Edition.* Thousand Oaks, CA: Sage.

McCubbins, M. D., Noll, R. G. & Weingast, B. R. (1989). Structure and process, politics and policy: administrative arrangements and the political control of agencies. *Virginia Law Review*, 75, 431-482.

McCubbins, M. D. and T. Page. (1987). A theory of congressional delegation. In M. D. McCubbins and T. Sullivan. (Eds). *Congress: Structure and Policy* (pp. 409-425). Cambridge, UK: Cambridge University Press.

McCubbins, M. D. and T. Schwartz. (1984). Congressional oversight overlooked: police patrols vs. fire alarms. *American Journal of Political Science*, 28(1), 165- 179.

Moe, T. M. (1984). The new economics of organization. *American Journal of Political Science*, 28(4), 739-777.

Moe, T. M. (1990). The politics of structure choice: toward a theory of public bureaucracy. In O. E. Williamson (Ed.), *Organization Theory: From Chester Barnard to the Present and Beyond* (pp. 116-153). New York, NY: Oxford University Press.

Mulgan, R. (2000). Accountability: an ever-expanding concept? *Public Administration*, 78(3): 555-573.

Nicholson, L. (1992). On the postmodern barricades: feminism, politics, and theory. In S. Seidman, & D. G. Wagner (Eds.), *Postmodernism and Social Theory: the Debate over General Theory* (pp. 82-100). Cambridge, MA: Basil Blackwell.

Niskanen W. A. (1973). *Bureaucracy: Servant or Master*. London, UK: Institute of Economic Affairs.

Norman. R. (2011). Redefining 'public value' in New Zealand's performance management system: managing for outcomes while accounting for output. In J. Benington & M. H. Moore (Eds.), *Public Value: Theory and Practice* (pp. 202-211). New York, NY: Palgrave Macmillan.

OECD (1996). *Ethics in the Public Service: Current Issues and Practice*. Paris, FR: OECD.

OECD (2000). *Trust in Government: Ethics Measures in OECD Countries*. Paris, FR: OECD.

O'Leary, R., Van Slyke, D. M., & Kim, S. (2010). Preface. In R. O'Leary, D. M. Van Slyke, & S. Kim (Eds.). *The Future of Public Administration around the World* (pp. xiii-xiv). Washington, DC: Georgetown University Press.

Oldfield, A. (1990). *Citizenship and Community: Civic Republicanism and Modern World*. New York, NY: Routledge.

O'Nell, J. (1995). *The Poverty of Postmodernism*. New York, NY: Routledge.

Osborne, D., & Gaebler, T. (1992). *Reinventing Government: How the Entrepreneurial Spirit Is Transforming the Public Sector*. New York, NY: Addison-Wesley Publishing Company.

Ostrom, V. (1974). *The Intellectual Crisis in American Public Administration*. Tuscaloosa, AL: The University of Alabama Press.

Palmer, D. D. (1999). *Structuralism and Poststructuralism for Beginners*. New York, NY: Writers and Readers Publishing.

Parkin, J. (1994). *Public Management: Technocracy, Democracy and Organizational Reform*. Brookfield, VT: Avebury Ashgate Publishing.

Parsons, W. (1995). *Public Policy: An Introduction to Theory and Practice of Policy Analysis*. Brookfield, VT: Edward Elgar Publishing Company.

Peters, B. G. (1996). Models of governance for the 1990s. In D. F. Kettl, & H. B. Milward (Eds.), *The State of Public Management* (pp. 15-44). Baltimore, MD: The Johns Hopkins University Press.

Peters, B. Guy. (2001). *The Politics of Bureaucracy* (5th Ed.). London, UK: Routledge.

Peters, G., & Wright, V. (1996). Public policy and administration, old and new. In Goodin, R. E., & Klingemann, H-D. (Eds.), *A New Handbook of Political Science* (pp. 628-641). New York, NY: Oxford University Press.

Pierre, J. (1995). The marketization of the state: citizens, consumers, and the emergence of the public market. In G. Peters, & D. J. Savoie (Eds.), *Governance in a Changing Environment* (pp 55-81). Montreal, Canada: Canadian Centre for Management Development.

Pincoffs, E. L. (1986). *Quandaries and Virtues: Against Reductivism in Ethics*. Lawrence, KS: University Press of Kansas.

Pope, J. (2000). *Confronting Corruption: The Elements of A National Integrity System*. Berlin, DE: Transparency International.

Popper, K. (1961). *The Poverty of Historicism* (2nd Ed.). London, UK: Routledge.

Power, M. (1990). Modernism, postmodernism, and organization. In J. Hssard, & D. Pym (Eds.), *The Theory and Philosophy of Organizations: Critical Issue and New Perspectives* (pp. 109-136). New York, NY: Routledge.

PUMA (1998). *Principles for Managing Ethics in the Public Service*. Paris, FR: OECD.

PUMA (2000). *Trust in Government: Ethics Measures in OECD Countries*. Paris, FR: OECD.

Putnam, R. (2000). *Bowling Alone*. New York, NY: Simon and Schuster.

Rae, D., & Yates, D. (1989). *Equalities*. Cambridge, MA: Harvard University Press.

Rawls, J. (1971). *A Theory of Justice*. Cambridge, MA: Harvard University Press.

Rawls, J. (1997). The idea of public reason. In J. Bohman & W. Rehg (Eds.), *Deliberative Democracy* (pp. 93-134). Cambridge, MA: The MIT Press.

Reed, M. I. (1994). Max Weber and the Dilemmas of Modernity. In L. J. Ray, & M. Reed (Eds.), *Organizing Modernity: New Weberian Perspectives on Work, Organization and Society* (pp. 58-197). New York, NY: Harvester Wheatsheaf.

Rhodes, R. A. W. (1997). *Understanding Governance: Policy Networs, Governance, Reflexivity and Accountability*. Buckingham, UK: Open University.

Rhodes, R. A. W. (2000). Governance and public administration. In J. Pierre (Ed), *Debating Governance* (pp. 54-90). New York, NY: Oxford University Press.

Rhodes, R. A. W. & Wanna, J. (2007). The litimits to public value, or rescuing responsible government from Platonic guardians. *Australian Journal of Public Administration*, 66(4), 406-421.

Rice, C. S., & Kuhre, C. (2004). Rural action: participatory planning for healthy communities in Appalachian Ohio. In W. R. Lovan, M. Murray, & Shaffer, R. (Eds.), *Participatory Governance: Planning, Conflict Mediation and Public Decision-Making in Civil Society* (pp. 189-205). Burlington, VT: Ashgate Publish.

Roberts, N. C. and P. J King (1996). *Transforming Public Policy: Dynamics of Entrepreneurship and Innovation*. San Francisco, CA: Jossey- Bass.

Rogers, C. (1961). *On Becoming A Person*. Boston, MA: Houghton Mifflin.

Rohr, J. A. (1986). *To Run a Constitution: The Legitimacy of the Administrative State*. Lawrence, KS: University Press of Kansas.

Rohr, J. A (1989). *Ethics for Bureaucrats: An Essay on Law and Values*. New York, NY: Marcel Dekker.

Rohr, J. A. (1990). The constitutional case for public administration. In Gary L. Wamsley *et al.* (Co-authored), *Refounding Public Administration* (pp. 52-95). Newbury Park, CA: Sage.

Rohr, J. A (2002). *Civil Service and Their Constitutions*. Lawrence, KS: University Press of Kansas.

Romzek, B. S. (1997). Accountability challenges of deregulation. In C. Ban and N. M. Riccucci (Eds.), *Public Personnel Management: Current Concerns, Future Challenges* (pp. 35-54). New York, NY: Longman.

Romzek, B. S. (2000). Dynamic of public sector accountability in an era of reform. *International Review of Administrative Science*, 66(1), 21-44.

Romzek, B. S. (2011) The tangled web of accountability in contracting networks: the cases of welfare reform. In H. George Frederickson & M. Melvin Dubnick (Eds.), Accountable Governance: Promises and Problems (pp. 22-41). New York, NY: Sharpe.

Romzek, B. S. & Dubnick, M. J. (1987). Accountability in the public sector: lessons from the challenger tragedy. *Public Administration Review*, 47(3), 227-238.

Romzek, B. S. & Dubnick, M. J. (2000). Accountability. In J. M. Shafritz (Ed.), *Defining Public Administration: Selections from the International Encyclopedia of Public Policy and Administration* (pp. 382-395). Boulder, CO: Westview Press.

Romzek, B. S. & Ingraham, P. W. (2000). Cross pressures of accountability: initiative, command, and failure in the Ron Brown plane crash. *Public Administration Review*, 60(3), 240-253.

Romzek, B. S., LeRoux, K. & Blackmar, J. (2012). A preliminary theory of informal accountability among network organizational actors. *Public Administration Review*, 72(4), 442-453.

Romzek, B. S., LeRoux, K., Johnston, J., Kempf, R. J. & Piatak, J. S. (2014). Informal accountability in multisector service delivery collaborations. *Journal of Public Administration Research and Theory*, 24(4), 813-842.

Rosenbloom, D. H. (2015). The public context. In M. E. Guy & M. M. Rubin (Eds.), *Public Administration Evolving: From Foundations to the Future* (pp. 1-17). New York, NY: Routledge.

Rosenbloom, D. H. & Kravchuk, R. S. (2002). *Public Administration: Understanding Management, Politics, and Law in the Public Sector* (5th Ed.). New York, NY: McGraw-

Hill Book.

Ross, W. D. (1930). *The Right and the Good*. Oxford, UK: Clarendon Press.

Rousseau, J.-J. (1762). *On the Social Contract*. Translated by G. D. H. Cole, 2003. Mineola, NY: Dover Publications.

Sabine, G. H. & Thorson, T. L. (1973).*A History of Political Theory* (4th Ed.). Hinsdale, IL: Dryden Press.

Salamon, L. M. (2002). The new governance and the tools of public action: an introduction. In L. M. Salamon (Ed.), *The Tools of Government: A Guide to the New Governance* (pp. 1-47). New York, NY: Oxford University Press.

Sandel, M. J. (1982).*Liberalism and the Limits of Justice*. Cambridge, UK: Cambridge University Press.

Sandel, M. J. (1996). *Democracy's Discontent*. Cambridge, MA: Harvard University Press.

Sarup, M. (1993). *An Introductory Guide to Post-Structuralism and Postmodernism* (2nd Ed.). Athens, GA: University of Georgia Press.

Savas, E. S. (1982). *Privatizing the Public Sector*. Chatham, NJ: Chatham House.

Schütz, A. (1954). Concept and Theory Formation in the Social Science. *Journal of Philosophy*, 51(9), 257-273.

Schütz, A. (1976). *The Phenomenology of the Social World*. London, UK: Heinemann.

Schneider, M., Teske, P. & Mintrom, M. (1995). *Public Entrepreneurs: Agents for Change in American Government*. Princeton, NJ: Princeton University Press.

Scott, C. (2000). Accountability in the regulatory state. *Journal of Law and Society*, 27(1), 38-60.

Scott, F. E. (2000). Participative democracy and the transformation of the citizen: some Intersections of feminist, postmodernist, and critical thought. *American Review of Public Administration*, 30(3), 252-270.

Scott, W. G. (1973). Organization government: the prospect for a truly participative system. In J. S. Jun, & W. B. Storm (Eds.), *Tomorrow's Organizations*. Glenview, IL: Scott Foresman.

Scott, W. R. (1992). *Organizations: Rational, Natural, and Open Systems* (3rd. Ed.). Englewood Cliffs, NJ: Prentice-Hall.

Seattle Office for Civil Rights (2009 Rev. 2012). *Inclusive Outreach and Public Engagement Guide*. Retrieved from http://www.seattle.gov/Documents/Departments/RSJI/GRE/

IOPEguide01-11-12.pdf. May 6, 2015.

Senge, P. M. (1990). *The Fifth Discipline: the Art and Practice of the Learning Organization.* New York, NY: Currency Doubleday.

Self, P. (1993). *Government by the Market? The Politics of Public Choice.* London, UK: the Macmillan Press.

Self, P. (2000). *Rolling Back the Market: Economic Dogma and Political Choice.* London, UK: Macmillan Press.

Senge, P. M. (1990). *The Fifth Discipline: the Art and Practice of the Learning Organization.* New York, NY: Currency Doubleday

Shafritz J. M., & Hyde A. C. (Eds.), (1992). *Classics of Public Administration* (3rd Ed.). Pacific Grove, CA: Book/Cole Publishing Company.

Shafritz J. M., & Ott, J. S. (Eds.), (1996). *Classics of Organization Theory* (4th Ed.). New York, NY: Harcourt Brace College Publisher.

Sim, S. (1992). *Beyond Aesthetics: Confrontations with Poststructuralism and Postmodernism.* New York, NY: Harvester Wheatsheaf.

Simon, H. A. (1946). The proverbs of administration. *Public Administration Review*, 6(1), 53-67.

Simon, H. A. (1997). *Administrative Behavior: A Study of Decision-Making Process in Administrative Organization* (4th Ed.). New York, NY: The Free Press.

Simons, H. W., & Billing, M. (Eds.). (1994). *After Postmodernism: Reconstructuring Ideology Critique.* Newbury Park, CA: Sage.

Smart, B. (1993). *Postmodernity.* New York, NY: Routledge.

Sørensen, E. & Torfing, J. (2009). Making governance networks effective and democratic through metagovernance. *Public Administration,* 87(2), 234-258.

Stillman II, R. J. (1995). The refounding movement in American public administration: from 'rabid' anti-statism to 'mere' anti-statism in the 1990s. *Administrative Theory & Praxis*, 17(1), 29-45.

Stivers, C. M.(1990).Active citizenship and public administration. In Gary L. Wamsley *et al.* (Co-authored). *Refounding Public Administration* (pp. 246-273). Newbury Park, CA: Sage.

Stivers, C. M. (1996). Refusing to get it right: citizenship, difference and the refounding Project.

In G. L. Wamsley, & J. F. Wolf (Eds.), *Refounding Democratic Public Administration: Modern Paradoxes, Postmodern Challenges* (pp. 260-278). Thousand Oaks, CA: Sage.

Stuart, G. (2011). Sustaining public value through microfinance. In J. Benington & M. H. Moore (Eds.), *Public Value: Theory and Practice* (pp. 185-201). New York, NY: Palgrave Macmillan.

Swilling, M. (2015). Greening public value: the sustainability change. In J. Benington & M. H. Moore (Eds.), *Public Value: Theory and Practice* (pp. 89-111). New York, NY: Palgrave Macmillan.

Tansey, S. D. (2000). *Politics: The Basics* (2nd Ed.). London, UK: Routledge.

Taylor, C. (1992).*Multiculturalism and the "Politics of Recognition"*. Princeton, NJ: Princeton University Press.

Taylor, F. W. (1947). *Scientific Management*. New York, NY: Harper and Brothers.

Taylor, F. W. (1992).Scientific management. In J. M. Shafritz & A. C. Hyde (Eds.), *Classics of Public Administration* (3rd Ed.) (pp. 29-32). Pacific Grove, CA: Book/Cole Publishing Company.

The World Bank (2004). The public sector governance reform cycle: available diagnostic tools. *Note for the Poverty Reduction and Economic Management Network (PREM) of the World Bank*. Retrieved from http://www1.worldbank.org/prem/PREMNotes/premnote88.pdf. May 5, 2015.

Thompson, P. (1993). Postmodernism: fatal distraction. In J. Hassard, & M. Parker (Eds.), *Postmodernism and Organizations* (pp. 183-203). Newbury Park. CA: Sage.

Tong, R. (1986). *Ethics in Public Analysis*. Englewood Cliffs, NJ: Prentice-Hall.

Tullock, G. (1974). Dynamic hypotheses on bureaucracy. *Public Choice*. 17(2), 128-132.

Vinzant, J. C., & Crothers, L. (1998). *Street-Level Leadership: Discretion and Legitimacy in Front-Line Public Service*. Washington, DC: Georgetown University Press.

Wamsley, G. L. (1990a). Introduction. In Gary L. Wamsley et al. (Co-authored), *Refounding Public Administration* (pp. 6-18). Newbury Park, CA: Sage.

Wamsley, G. L. (1990b).The agency perspective: public administrators as agential leaders. In Gary L. Wamsley *et al*. (Co-authored). *Refounding Public Administration* (pp. 114-162). Newbury Park, CA: Sage.

Wamsley, G. L., Bacher, R. N., Goodsell, C. T., Kronenberg, P. S., Rohr, J. A., Stivers, C. M.,

White, O. F., & Wolf, J. F. (1990). Public administration and the governance process: shifting the political dialogue. In Gary L. Wamsley et al. (Co-authored), *Refounding Public Administration* (pp. 31-51). Newbury Park, CA: Sage.

Wamsley, G. L., & Wolf, J. F. (Eds.), (1996). *Refounding Democratic Public Administration: Modern Paradoxes, Postmodern Challenges*. Thousand Oaks, CA: Sage.

Wamsley, G. L., & Wolf, J. F. (1996). Introduction: can a high-modern project find happiness in a postmodern era? In G. L. Wamsley, & J. F. Wolf (Eds.), *Refounding Democratic Public Administration: Modern Paradoxes, Postmodern Challenges* (pp. 1-37). Thousand Oaks, CA: Sage.

Weaver, R. K. & Rockman, B. A. (1993). Assessing the effects of institutions. In R. K. Weaver and E. A. Rockman (Eds), *Do Institutions Matter? Government Capabilities in the United States and Abroad* (pp. 1-41) Washington, DC: The Brookings Institution.

Weber, M. (1962). *Basic Concepts in Sociology*. New York, NY: The Citadel Press.

Weber, M. (1964). *The Theory of Social and Economic Organization*. Trans. by A. M. Henderson and T. Parsons. New York, NY: Free Press.

Weber, M. (1992). Bureaucracy. In J. M. Shafritz & A. C. Hyde (Eds.), *Classic of Public Administration* (3rd Ed.) (pp. 248-268). Pacific Grove, CA: Book/Cole Publishing Company.

Weeks, E. C. (2000). The practice of deliberative democracy: results from four large-scale trials. *Public Administration Review*, 60(4), 360-372.

West, W. F. (1997). Searching for a theory of bureaucratic structure. *Journal of Public Administration Research and Theory*, 7(4), 591- 613.

White, O. F., & McSwain, C. (1990). The Phoenix Project: raising public administration from the ashes of the past. In H. Kass & B. Catron (Eds.), *Images and Identities in Public Administration* (pp. 23-59). Newbury Park, CA: Sage.

White, J. D. (1992). Knowledge development and use in public administration: views from postpositivism, poststructuralism, and postmodernism. In M. T. Bailey, & R. T. Mayer (Eds.), *Public Management in an Interconnected World: Essay in the Minnowbrook Tradition* (pp. 159-176). New York, NY: Greenwood Publishing Group.

White, O. F. (1990). Reframing the authority/participation debate. In Gary L. Wamsley et al. (Co-authored), *Refounding Public Administration* (pp. 182-245). Newbury Park, CA:

Sage.

White, O. F. (1998). The ideology of technocratic empiricism and the discourse movement in contemporary public administration: a clarification. *Administration & Society*, *30*(4), 471-476.

White, S. K. (1991). *Political Theory and Postmodernism*. Cambridge, UK: Cambridge University Press.

Whitford, A. B. (2005). The pursuit of political control by multiple principals. *The Journal of Politics*, 67(1), 29-49.

Wholey, J. S. (1999). Performance-based management: responding to the challenges. *Public Productivity & Management*, 22(3), 288-307.

Willoughby, W. F. (1927). *Principles of Public Administration: With Special Reference to the National and State Governments of the United States*. Baltimore, MD: Johns Hopkins Press.

Wilson, W. (1992). The study of administration. Reprinted In J. M. Shafritz & A. C. Hyde (Eds.), *Classics of Public Administration* (3rd Ed.) (pp. 11-24). Pacific Grove, CA: Book/Cole Publishing Company.

Wolf, J. F. (1996). Moving beyond prescriptions: making sense of public administration action contexts. In G. L. Wamsley & J. F. Wolf (Eds.), *Refounding Democratic Public Administration: Modern Paradoxes, Postmodern Challenges* (pp. 141-167). Thousand Oaks, CA: Sage.

Wood, B. D. & Waterman, R. W. (1991). The dynamics of political control of the bureaucracy. *The American Political Science Review*, 85(3), 801- 828.

Wooldridge, B. & Gooden, S. (2009). The epic of social equity: evolution, essence, and emergence. *Administrative Theory and Praxis*, 31(2), 225-237.

Young, I. M. (1990). *Justice and the Politics of Difference*. Princeton, NJ: Princeton University Press.

Young, I. M. (1996). Political theory: an overview. In R. E. Goodin, & H-D. Klingemann (Eds.), *A New Handbook of Political Science* (pp. 479-502). Oxford, UK: Oxford University Press.

國家圖書館出版品預行編目資料

公務倫理／許立一著. -- 初版. -- 臺北市：
五南圖書出版股份有限公司, 2015.09
　　面；　公分
　ISBN 978-957-11-8265-0（平裝）

1.公共行政　2.行政倫理

198.572　　　　　　　　　104015979

1PTB

公務倫理

作　　者 ― 許立一（232.9）

發 行 人 ― 楊榮川

總 經 理 ― 楊士清

總 編 輯 ― 楊秀麗

副總編輯 ― 劉靜芬

封面設計 ― P. Design視覺企劃

出 版 者 ― 五南圖書出版股份有限公司

地　　址：106台北市大安區和平東路二段339號4樓

電　　話：(02)2705-5066　　傳　　真：(02)2706-6100

網　　址：https://www.wunan.com.tw

電子郵件：wunan@wunan.com.tw

劃撥帳號：01068953

戶　　名：五南圖書出版股份有限公司

法律顧問　林勝安律師

出版日期　2015年9月初版一刷
　　　　　2024年2月初版六刷

定　　價　新臺幣550元

經典永恆・名著常在

五十週年的獻禮——經典名著文庫

五南，五十年了，半個世紀，人生旅程的一大半，走過來了。
思索著，邁向百年的未來歷程，能為知識界、文化學術界作些什麼？
在速食文化的生態下，有什麼值得讓人雋永品味的？

歷代經典・當今名著，經過時間的洗禮，千錘百鍊，流傳至今，光芒耀人；
不僅使我們能領悟前人的智慧，同時也增深加廣我們思考的深度與視野。
我們決心投入巨資，有計畫的系統梳選，成立「經典名著文庫」，
希望收入古今中外思想性的、充滿睿智與獨見的經典、名著。
這是一項理想性的、永續性的巨大出版工程。
不在意讀者的眾寡，只考慮它的學術價值，力求完整展現先哲思想的軌跡；
為知識界開啟一片智慧之窗，營造一座百花綻放的世界文明公園，
任君遨遊、取菁吸蜜、嘉惠學子！